Coleção Eu gosto m@is

INTEGRADO

LÍNGUA PORTUGUESA · MATEMÁTICA
HISTÓRIA · GEOGRAFIA · CIÊNCIAS
ARTE · LÍNGUA INGLESA

CÉLIA PASSOS

Cursou Pedagogia na Faculdade de Ciências Humanas de Olinda, PE, com licenciaturas em Educação Especial e Orientação Educacional. Professora do Ensino Fundamental e Médio (Magistério), coordenadora escolar e autora de materiais didáticos.

ZENEIDE SILVA

Cursou Pedagogia na Universidade Católica de Pernambuco, com licenciatura em Supervisão Escolar. Pós-graduada em Literatura Infantil. Mestra em Formação de Educador pela Universidade Isla, Vila de Nova Gaia, Portugal. Formação em *coaching*. Professora do Ensino Fundamental, supervisora escolar e autora de materiais didáticos e paradidáticos.

4ª edição
São Paulo
2022

4º ANO
ENSINO FUNDAMENTAL

IBEP

Coleção Eu Gosto Mais
Integrado 4º ano
© IBEP, 2022

Diretor superintendente	Jorge Yunes
Diretora editorial	Célia de Assis
Coordenadora editorial	VIviane Mendes
Editores	Mizue Jyo, Marília Pugliese Branco, Deborah Quintal, Adriane Gozzo, Soraia Willnauer
Assistentes editoriais	Isabella Mouzinho, Stephanie Paparella, Daniela Venerando, Patrícia Ruiz
Revisores	Denise Santos, Yara Afonso, Pamela P. Cabral da Silva, Marcio Medrado
Secretaria editorial e processos	Elza Mizue Hata Fujihara
Departamento de arte	Aline Benitez, Gisele Gonçalves
Assistentes de iconografia	Victoria Lopes, Irene Araújo, Ana Cristina Melchert
Ilustração	João Anselmo e Izomar, José Luís Juhas, Dawidson França, Mw Ed. Ilustrações, Lu Kobayashi, J. C. Silva/ M10, Anderson de Oliveira Santos, Fábio/Imaginário Studio, Eunice/Conexão, Imaginário Studio e Ulhôa Cintra
Produção Gráfica	Marcelo Ribeiro
Projeto gráfico e capa	Departamento de Arte - Ibep
Diagramação	Dilex Editoração, Dinâmica Produção Editorial, Formata Produções Editoriais, Nany Produções Gráficas, NPublic

Dados Internacionais de Catalogação na Publicação (CIP) de acordo com ISBD

P289e   Passos, Célia

      Eu gosto m@is: Integrado / Célia Passos, Zeneide Silva. - 4. ed. - São Paulo : IBEP - Instituto Brasileiro de Edições Pedagógicas, 2022.
      544 p. ; 20,5cm x 27,5cm. – (Eu gosto m@is ; v.4)

      ISBN: 978-65-5696-256-6 (aluno)
      ISBN: 978-65-5696-257-3 (professor)

      1. Educação infantil. 2. Livro didático. I. Silva, Zeneide. II. Título. III. Série.

2022-3014   CDD 372.2
                                                               CDU 372.4

Elaborado por Vagner Rodolfo da Silva - CRB-8/9410

Índice para catálogo sistemático:
1. Educação infantil : Livro didático 372.2
2. Educação infantil : Livro didático 372.4

Impressão e Acabamento
Oceano Indústria Gráfica e Editora Ltda
Rua Osasco, 644 - Rod. Anhanguera, Km 33
CEP 07753-040 - Cajamar - SP
CNPJ: 67.795.906/0001-10

4ª edição – São Paulo – 2022
Todos os direitos reservados

Rua Gomes de Carvalho, 1306, 11º andar, Vila Olímpia
São Paulo – SP – 04547-005 – Brasil – Tel.: (11) 2799-7799
www.grupoibep.com.br/ – editoras@ibep-nacional.com.br

APRESENTAÇÃO

Querido aluno, querida aluna,

Ao elaborar esta coleção, pensamos muito em vocês. Queremos que esta obra possa acompanhá-los em seu processo de aprendizagem pelo conteúdo atualizado e estimulante que apresenta e pelas propostas de atividades interessantes e bem ilustradas.

Nosso objetivo é que as lições e as atividades possam fazer vocês ampliarem seus conhecimentos e suas habilidades nessa fase de desenvolvimento da vida escolar.

Por meio do conhecimento, podemos contribuir para a construção de uma sociedade mais justa e fraterna: esse é também nosso objetivo ao elaborar esta coleção.

Um grande abraço,

As autoras

SUMÁRIO

	PÁGINA
LÍNGUA PORTUGUESA	5
MATEMÁTICA	151
HISTÓRIA	273
GEOGRAFIA	353
CIÊNCIAS	411
ARTE	487
LÍNGUA INGLESA	521
ALMANAQUE	553
ADESIVOS	557

Coleção Eu gosto m@is

LÍNGUA PORTUGUESA

4º ANO
ENSINO FUNDAMENTAL

SUMÁRIO

Lição 1 – O macaco e a banana 8
Letra e fonema 9
Encontros vocálicos 10
Palavras que começam com **h**..11

Lição 2 – Proteção aos animais..13
Encontro consonantal 16
Dígrafo 17
Palavras com **qu**, **gu**, **c** e **g** 18

Lição 3 – A lenda do Papa-Figo 21
Sílaba tônica: classificação 32
Emprego de **m** ou **n** 33

Lição 4 – Duas palavrinhas 36
Acentuação de palavras paroxítonas 38
Palavras com **z** em final de sílaba..39

Lição 5 – Por que temos sobrenome? 42
Acentuação de palavras proparoxítonas 44
Uso de **por que**, **porque**, **por quê** e **porquê**...............................45

Lição 6 – A cigarra e as formigas 49
Substantivo 52
Substantivos comuns e substantivos próprios 53
Substantivos simples e substantivos compostos 54
L ou U em final de sílaba 55

Lição 7 – O reformador do mundo...58
Substantivo coletivo...61
Palavras com **l** e **lh**...64

Lição 8 – Educação financeira para crianças..66
Grau do substantivo 70

Lição 9 – Amarelinha..72
Artigo definido e artigo indefinido 74
Mal ou mau?...75
Mais ou mas?...75

Lição 10 – Combata o preconceito 78
Numerais 83
Uso de **g** e **j** 85

Lição 11 – Qual é sua opinião? 88
Pronomes pessoais 93
Pronomes possessivos 95
Pronomes demonstrativos 96
Uso de **-am** e **-ão** 96

Lição 12 – A estranha passageira 100
Discurso direto e discurso indireto 102
Pronomes indefinidos 103
Sons do **s** 103

Lição 13 – Alimentação saudável 105
Adjetivo 110
Adjetivo pátrio 110
Palavras terminadas em **-eza** e **-esa** 113

Lição 14 – A lenda das estrelas 117
Verbo 121
Concordância verbal 122
Verbo: conjugações 124
Palavras terminadas em **-isar** e **-izar** 127

Lição 15 – No país dos prequetés 130
Pontuação: vírgula 136
Palavras com **r** (entre vogais) e **rr** 136
Palavras com **r** em final de sílaba 137

Lição 16 – Chuva 141
Vocativo 143
Sons do **x** 144

Ampliando o vocabulário 148

LIÇÃO 1 — O MACACO E A BANANA

VAMOS COMEÇAR!

Leia uma versão do conto "O macaco e a banana", produzida pela escritora Heloísa Prieto. Esse é um conto popular brasileiro acumulativo.

Leia o conto e observe as sequências que se acumulam.

O macaco e a banana

Um macaco estava comendo uma banana que escapou da sua mão e caiu no oco de uma árvore. Irritado, o macaco desceu da árvore e disse ao pedaço de pau:

— Ô seu pedaço de pau, me ajuda a apanhar minha banana!

O pedaço de pau não lhe deu a menor atenção. Furioso, o macaco foi até o lenhador e lhe disse:

— Ô seu lenhador, venha mandar o pedaço de pau ajudar a apanhar minha banana que caiu no oco da árvore.

O lenhador não ligou para ele. Exasperado, o macaco procurou o delegado e disse:

— Ô seu delegado, venha mandar o lenhador ir comigo até a floresta para mandar o pedaço de pau ajudar a apanhar minha banana que caiu no oco da árvore.

O delegado não obedeceu. O macaco foi até o rei pedir que ele mandasse o delegado mandar o lenhador até a floresta para mandar o pedaço de pau ajudar a apanhar a banana que tinha caído no oco da árvore. O rei não lhe deu atenção.

O macaco foi atrás da rainha. A rainha não lhe deu ouvidos. O macaco foi até o rato pedir que ele roesse a roupa da rainha. O rato se recusou a atender. O macaco foi até o gato pedir a ele que comesse o rato. O gato não fez conta dele. O macaco foi até o cachorro e pediu a ele que comesse o gato.

O cachorro não quis. O macaco foi até a onça pedir a ela que comesse o cachorro. A onça não respondeu. O macaco foi até o caçador pedir a ele que matasse a onça. O caçador se negou a obedecer. O macaco foi até a Morte.

A Morte sentiu pena do macaco e ameaçou o caçador, que procurou a onça, que perseguiu o cachorro, que seguiu o gato, que atormentou o rato, que roeu a roupa da rainha, que mandou no rei, que ordenou ao delegado, que chamou o lenhador, que mandou o pedaço de pau ajudar o macaco, que tirou a banana do oco da árvore e, finalmente, a comeu.

Heloísa Prieto. *Lá vem história*. São Paulo: Companhia das Letrinhas, 2010. p. 46-47.

As palavras destacadas em azul também estão na seção **Ampliando o vocabulário**.

ESTUDO DO TEXTO

1. O macaco quer sua banana de volta. A quem ele pede ajuda? Copie do texto o nome dos personagens, na ordem em que eles aparecem na história.

_____

_____

_____

2. Qual foi a única personagem que ouviu o macaco?

_____

3. Por que essa personagem resolveu ajudar o macaco?

_____

_____

4. Por que o caçador fez o que a Morte e o macaco queriam?

_____

_____

_____

_____

5. Releia estas falas do macaco no conto.

— Ô seu lenhador, venha mandar o pedaço de pau ajudar a apanhar minha banana que caiu no oco da árvore.
[...]
— Ô seu delegado, venha mandar o lenhador ir comigo até a floresta para mandar o pedaço de pau ajudar a apanhar minha banana que caiu no oco da árvore.

a) Sublinhe a parte que se repete nas duas falas.

b) Copie a parte que foi acrescentada na segunda fala.

_____

_____

_____

_____

ESTUDO DA LÍNGUA

Letra e fonema

Para escrever, usamos as 26 letras do alfabeto:

A B C D E F G H I J K L M
N O P Q R S T U V W X Y Z

Letras são sinais gráficos que representam os fonemas.

Veja: ao falar as palavras **g**ato e **r**ato, percebemos que os sons do **g** e do **r** são diferentes.

Os sons da fala são chamados **fonemas**.

ATIVIDADES

1. Escreva a quantidade de letras de cada palavra.

onça ☐   respondeu ☐

cachorro ☐   finalmente ☐

LÍNGUA PORTUGUESA

2. Leia estas palavras em voz alta: apenas um fonema diferencia uma da outra. Sublinhe, em cada palavra, a letra que representa esse som.

não	cão	são
mão	pão	vão

Encontros vocálicos

Releia este trecho do conto e observe os destaques.

A Morte sent**iu** pena do macaco e am**ea**çou o caçador, que procur**ou** a onça, que perseg**uiu** o cachorro, que seg**uiu** o gato, que atorment**ou** o rato, que r**oeu** a r**ou**pa da r**ai**nha, que mand**ou** no r**ei**, que ordenou ao delegado, que cham**ou** o lenhador, que mand**ou** o pedaço de p**au** ajudar o macaco, que tir**ou** a banana do oco da árvore e, finalmente, a com**eu**.

Quando duas ou mais vogais aparecem juntas em uma palavra, dizemos que há um **encontro vocálico**, ou seja, um encontro de vogais.

Os encontros vocálicos são classificados de acordo com a separação silábica das palavras.

Na palavra r**ei**, o encontro vocálico está na mesma sílaba. Esse encontro recebe o nome de **ditongo**.

Na palavra r**a**-**i**-nha, o encontro vocálico não está na mesma sílaba. Esse encontro recebe o nome de **hiato**.

Em palavras como en-xa-g**uei** e i-g**uai**s, as três vogais ficam na mesma sílaba. Esse encontro recebe o nome de **tritongo**.

ATIVIDADES

1. Leia as palavras abaixo e separe as sílabas. Em seguida, circule e classifique os encontros vocálicos, como no exemplo.

gaita → g(ai) - ta (ditongo)

Uruguai _____

oitava _____

saguões _____

flauta _____

faixa _____

saúde _____

2. Leia em voz alta as palavras do quadro.

abaixar   faixa   eixo   cadeira
estouro   outono

a) Você pronuncia essas palavras da mesma forma como as escreve? Explique.
_____
_____

b) Cite outras palavras com os ditongos **ai**, **ei** e **ou** que costumam apresentar diferenças entre a maneira como são escritas e o modo como são pronunciadas.
_____
_____

3. Todas estas palavras têm encontro vocálico. Separe-as em sílabas.

chapéu _____

ruim _____

ameixa _____

história _____

ORTOGRAFIA

Palavras que começam com h

Leia os versos e observe as palavras iniciadas por **h**.

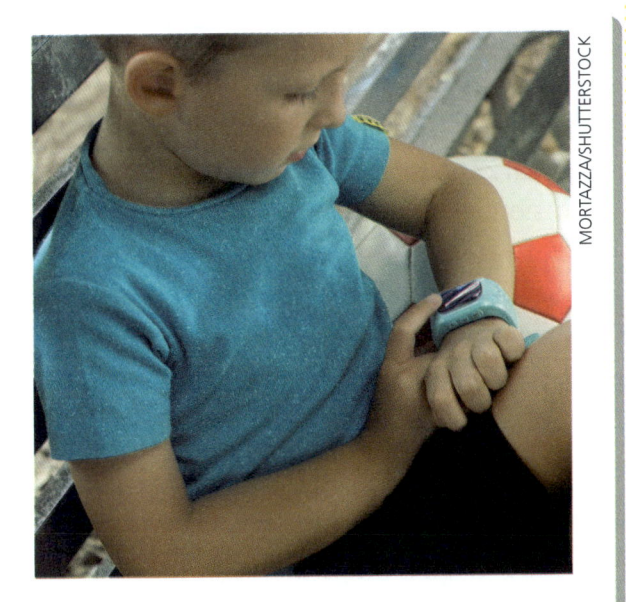

H de Hora

Há hora pra tudo, dizem,
e tudo tem sua hora
mas ninguém fez no relógio
a hora de não ter hora

Elza Beatriz. In: *Poesia fora da estante*. Vera Aguiar (coord.). Simone Assumpção e Sissa Jacoby. Porto Alegre: Projeto, 1995.

> Quando aparece no começo de uma palavra, o **h** não é pronunciado.

ATIVIDADES

1. Contorne as palavras do poema que começam com **h** e copie-as.

_____

_____

2. Na imagem abaixo estão desenhadas quatro figuras cujos nomes começam com a letra **h**. Descubra e escreva.

_____

_____

_____

_____

3. É com **h** ou sem **h**? Pesquise três palavras que comecem com vogais e três palavras que comecem com a letra **h**. Agora, junte-se a um colega: você vai ditar suas seis palavras para ele escrever. Atenção! Não vale dar dica sobre a ortografia! Depois, é a vez dele: escute com atenção e anote as palavras no caderno. Se precisar, peça a ele que repita. Vocês acertaram a escrita das palavras ditadas? Façam a correção.

_____

_____

_____

_____

PRODUÇÃO DE TEXTO

Reúna-se em grupo para escrever um conto de repetição e acumulação. Depois, vocês vão apresentar o texto aos colegas da turma.

Preparação

Antes de começar, leia um conto de repetição e acumulação bastante conhecido.

A casa que Pedro fez

Esta é a casa que Pedro fez.
Este é o trigo que está na casa que Pedro fez.
Este é o rato que comeu o trigo que está na casa que Pedro fez.
Este é o gato que matou o rato que comeu o trigo que está na casa que Pedro fez.
Este é o cão que espantou o gato que matou o rato que comeu o trigo que está na casa que Pedro fez.
Esta é a vaca de chifre torto que atacou o cão que espantou o gato que matou o rato que comeu o trigo que está na casa que Pedro fez.
Esta é a moça malvestida que ordenhou a vaca de chifre torto que atacou o cão que espantou o gato que matou o rato que comeu o trigo que está na casa que Pedro fez.
Este é o moço todo rasgado, noivo da moça malvestida que ordenhou a vaca de chifre torto que atacou o cão que espantou o gato que matou o rato que comeu o trigo que está na casa que Pedro fez.
Este é o padre de barba feita que casou o moço todo rasgado, noivo da moça malvestida que ordenhou a vaca de chifre torto que atacou o cão que espantou o gato que matou o rato que comeu o trigo que está na casa que Pedro fez.
Este é o galo que cantou de manhã que acordou o padre de barba feita que casou o moço todo rasgado, noivo da moça malvestida que ordenhou a vaca de chifre torto que atacou o cão que espantou o gato que matou o rato que comeu o trigo que está na casa que Pedro fez.
Este é o fazendeiro que espalhou o milho para o galo que cantou de manhã que acordou o padre de barba feita que casou o moço todo rasgado, noivo da moça malvestida que ordenhou a vaca de chifre torto que atacou o cão que espantou o gato que matou o rato que comeu o trigo que está na casa que Pedro fez.

Domínio público.

Escrita

Agora, crie com seu grupo, uma história semelhante à do conto "A casa que Pedro fez".

Ao escrever o conto, lembre-se de apresentar situações que se repetem e de acrescentar palavras e frases sempre na mesma ordem, até o final da narrativa. Dê um título ao conto.

Revisão

Releiam o conto, verificando se: é possível entender o que acontece na história; as palavras estão escritas corretamente.

Mostrem o texto ao professor. Quando ele devolver o texto, reescrevam o que for necessário.

Roda de leitura

Por fim, participe com seu grupo de uma roda de leitura de contos.

2 PROTEÇÃO AOS ANIMAIS

VAMOS COMEÇAR!

Você tem ou conhece alguém que tenha um animal de estimação? De quais cuidados básicos eles necessitam?

Leia a propaganda e confira um dos cuidados que se deve ter com os animais de estimação.

Campanha nacional de vacinação contra a raiva do Ministério da Saúde.

ESTUDO DO TEXTO

1. A que público a propaganda se dirige?

_____

2. Que frase permite compreender qual é o público-alvo?

_____

_____

3. No cartaz aparece o seguinte texto "Campanha Nacional de Vacinação". A palavra **nacional** caracteriza a campanha, indicando que ela ocorre:

☐ na praça da cidade.

☐ em todo o território brasileiro.

☐ apenas na cidade em que o cartaz circula.

☐ em todo o estado no qual o cartaz é divulgado.

4. Se a pessoa quiser saber o local específico para vacinar seu cão ou gato, o que deve fazer?

_____

_____

5. Segundo o cartaz, a partir de que idade os animais podem participar da campanha?

_____

_____

6. É preciso pagar para vacinar os animais? Por quê?

_____

_____

7. O que deve ser feito se o animal de estimação ficar doente?

_____

_____

_____

8. Em caso de dúvidas, para onde as pessoas devem ligar?

_____

_____

_____

9. Observe as duas frases a seguir:

I. Previna-se.   **II.** Se previna.

a) Qual das duas frases foi utilizada na propaganda?

_____

A **propaganda** tem a intenção de convencer o leitor ou o ouvinte a participar e se envolver em uma campanha (seja ela de saúde, doações de alimentos, roupas, cuidados com o meio ambiente etc.) ou divulgar uma ideia. Na propaganda, empregam-se imagens e linguagem criativa.
Os textos publicitários, como o **anúncio publicitário**, têm a intenção de convencer o leitor ou o ouvinte, por meio de imagem e linguagem criativa, a consumir um produto ou serviço.

b) Em sua opinião, por que foi utilizada essa forma e não a outra?

_____
_____
_____
_____

Situação informal de uso da língua
Se previna.
Quando a fala e a escrita podem ser mais coloquiais, porque temos proximidade com a pessoa ou quando a situação em que ocorre o ato de fala é menos formal. **Exemplos:** conversa com familiares, amigos, *e-mail* para colegas etc.

Situação formal de uso da língua
Previna-se.
Quando a situação de comunicação exige que sejam obedecidas fielmente as normas gramaticais, porque geralmente as pessoas não se conhecem ou possuem pouca ou quase nenhuma proximidade. **Exemplos:** em documentos, livros, discursos, palestras, seminários etc.

10. Imagine a seguinte situação: em determinado dia, você tem de levar seu cão ou seu gato para vacinar e não sabe onde há um posto de vacinação. Seu vizinho conhece bem o bairro onde moram e tem um cão que já foi vacinado nesse dia. Então, você vai perguntar a ele o local de vacinação.

a) Qual das frases abaixo você usaria para pedir informação?

> "– Me diga onde você vacinou seu cão, por favor?"
>
> "– Diga-me onde vacinou seu cão, por favor?"

_____
_____
_____
_____
_____

b) Em seu dia a dia, para comunicar-se com amigos e familiares, você normalmente usa frases como a primeira ou a segunda indicadas no item **a**? Por quê?

_____
_____
_____
_____
_____

11. Leia as frases a seguir.

> "Fale-me a hora em que você vai chegar!"
>
> "Sirva-me um copo de suco, por favor!"
>
> "Empreste-me um lápis de cor da sua caixa."

Você acharia estranho se algum familiar ou colega se dirigisse a você e usasse frases como essas? Por quê?

_____
_____
_____

LÍNGUA PORTUGUESA

ESTUDO DA LÍNGUA

Encontro consonantal

Quando duas ou mais consoantes pronunciadas aparecem juntas em uma mesma palavra, temos um **encontro consonantal**.

O encontro consonantal pode ocorrer:
- na mesma sílaba. Exemplos: ou-tu-**br**o, se-**cr**e-ta-ria, **pr**o-te-ge.
- em sílabas separadas. Exemplo: ge**s**-**t**ão.

ATIVIDADES

1. Separe as sílabas das palavras destacadas. Observe os encontros consonantais.

a) Glória foi à **biblioteca pública**.

_____

_____

b) O **atleta** participou do **treino**.

_____

c) Clóvis não esquece **absolutamente** nada.

_____

_____

2. Circule os encontros consonantais das palavras do quadro.

glacê	aclamação	dragão
	admirar	cacto
lágrima	abrigar	planeta

3. Complete estas palavras com br , cr , dr , fr , gr , pr , tr e vr .

ze____a   ____ilo

____igar   ____uta

____iança   ____ego

____avo   ____ato

pe____a   ____evo

po____e   ____abalho

____uta   li____o

____ade   pala____a

4. Forme frases com as palavras de cada item.

a) trabalho – criança – escola

_____

_____

_____

_____

_____

b) aprender – prazer – aluno

_____

_____

_____

_____

_____

Dígrafo

Leia.

Se seu animal ficar doente, mantenha-o, se possível, dentro de casa e procure um médico veterinário.

Nas palavras **mantenha** e **possível** aparecem duas letras juntas, **nh** e **ss**, que representam um único som.

Quando, na mesma palavra, duas letras representam um único som, elas formam um **dígrafo**.

Os principais dígrafos são:

ch	**ch**eio – **ch**apéu
lh	mu**lh**eres – pi**lh**a
nh	so**nh**ar – ba**nh**o
gu	san**gu**e – se**gu**inte
qu	mo**qu**eca – le**qu**e
rr	co**rr**eio – e**rr**o
ss	gira**ss**ol – pa**ss**o
sc	na**sc**er – pi**sc**ina
sç	de**sç**a – cre**sç**a
xc	e**xc**eto – e**xc**eção

Também são dígrafos os grupos que apresentam sons nasais. Exemplos:

am, an = ã	c**am**po – c**an**to
em, en = ẽ	s**em**pre – m**en**te
im, in = ĩ	l**im**po – l**in**do
om, on = õ	s**om**bra – t**on**ta
um, un = ũ	alg**um** – im**un**do

Os dígrafos **rr**, **ss**, **sc**, **sç** e **xc** ficam sempre em sílabas separadas.

ciga**rr**a – ci-ga**r-r**a
na**sc**ido – na**s-c**i-do
e**xc**eção – e**x-c**e-ção
o**ss**o – o**s-s**o
cre**sç**a – cre**s-ç**a

Os dígrafos **ch**, **nh**, **lh**, **gu** e **qu** não se separam.

chuva – **ch**u-va
di**nh**eiro – di-**nh**ei-ro
fo**lh**agem – fo-**lh**a-gem
fo**gu**eira – fo-**gu**ei-ra
quilo – **qu**i-lo

Atenção! Nas palavras em que as duas letras são pronunciadas, os grupos **gu**, **qu**, **sc** e **xc** não são dígrafos.

lin**gu**iça   tran**qu**ilo
e**sc**ada   e**xc**lamar

ATIVIDADES

1. Destaque os dígrafos, como no modelo, e copie a palavra.

gafanhoto – **nh** gafa**nh**oto

assoalho _____
manhã _____
carro _____
nascido _____
foguete _____

2. No caderno, escreva duas palavras para cada um destes dígrafos: **ch**, **rr**, **lh**, **ss**, **nh**, **sc**, **gu**, **sç**, **qu**, **xc**.

Palavras com qu, gu, c e g

1. Leia esta frase do texto "A bola", observando os destaques das palavras

> Conse**gu**iu e**qu**ilibrar a bola no peito do pé, **co**mo antigamente, e chamou o **ga**roto.
>
> Luís Fernando Veríssimo. *Comédias para se ler na escola*: apresentação e seleção de Ana Maria Machado. Rio de Janeiro: Objetiva, 2010.

a) O que você percebeu quanto ao som de **qu** e **c** nas palavras **equilibrar** e **como**?

_____
_____
_____

b) O som do **g** é o mesmo nas sílabas **guiu** (conseguiu) e **ga** (garoto)?

_____
_____
_____

2. Use **qu** ou **gu** e complete estas palavras.

es____eleto

ami____inha

ban____inho

moran____inho

par____e

pin____inho

alu____el

che____e

le____e

3. Complete estas palavras com **c** ou **g** e depois escreva-as.

____omprar _____

lu____ar _____

____onseguir _____

o____upado _____

lar____ar _____

____rudado _____

____ara _____

____ritar _____

pêsse____o _____

____raças _____

____alçada _____

____rama _____

4. Complete as palavras das frases com **c** ou **qu**.

a) Minha amiguinha comprou ____eijo e geleia.

b) ____omo não sabíamos o ____aminho, ele ____eria voltar para ____asa.

c) O mole____e ____orria pela ____alçada.

d) O menino ganhou um bar____inho bran____inho.

e) ____ando chegamos, o lugar já estava o____upado.

f) Papai foi fazer o depósito do che____e e do aluguel da ____asa.

18

5. Forme frases com estas palavras.

minguante – Lua

_____

_____

curiosidade – gato

_____

_____

conseguir – lugar

_____

_____

6. Leia com atenção estas palavras do quadro.

> fo**go** – fo**guinho**
> co**co** – co**quinho**
> man**ga** – man**guinha**
> maca**ca** – maca**quinha**

Siga o modelo.

prego _____

amigo _____

macaco _____

vaca _____

frango _____

faca _____

caco _____

manteiga _____

cerca _____

barriga _____

> As palavras terminadas em **ga** ou **go** formam o diminutivo em **guinha** ou **guinho**.
> As palavras terminadas em **ca** ou **co** formam o diminutivo em **quinha** ou **quinho**.

PRODUÇÃO DE TEXTO

Você vai formar um grupo com alguns colegas e criar com eles uma propaganda — com uma imagem e um texto curto – para fazer parte de uma campanha para manter a escola limpa. Ela será colocada no pátio ou no corredor e será lida pelos alunos de outras turmas, por professores e funcionários da escola.

Vocês vão precisar de uma folha de cartolina ou de outro papel bem resistente, canetas e/ou lápis coloridos, cola, tesoura e revistas que possam ser recortadas.

Preparação

Para inspirar-se para esta produção de texto, observem mais estas propagandas. Vejam que a imagem sempre tem relação com o texto.

LÍNGUA PORTUGUESA

19

Campanha do Agasalho do Governo do Estado de São Paulo.

Produção

Vocês vão convencer a todos que trabalham ou estudam na escola para que joguem o lixo nos cestos de lixo. Vocês podem explicar quais são as vantagens de estudar e trabalhar em um ambiente limpo ou podem mostrar as desvantagens de passar tantas horas em um ambiente sujo.

Na propaganda, usem imagem e texto que tenham relação entre si.

Criem frases curtas e dirijam-se diretamente aos leitores, usando verbos que mostrem pedidos, sugestões (faça, limpe, não jogue, não suje etc.).

Destaquem a imagem, pois ela vai ser responsável por chamar a atenção das pessoas.

Revisão e finalização

Antes de colar ou desenhar a figura e passar as frases a limpo, vejam se:
- os leitores vão entender o que está sendo pedido/sugerido a eles;
- vocês estão dando às pessoas um motivo para participar da campanha;
- a imagem tem relação com o texto;
- as palavras estão escritas corretamente.

Depois da correção dele, finalizem a propaganda e afixem-na no local determinado pelo professor.

LEIA MAIS

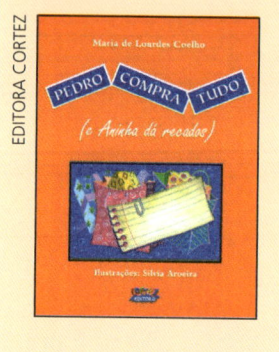

Pedro compra tudo (e Aninha dá recados)

Maria de Lourdes Coelho. São Paulo: Cortez, 2009.

Pedro compra tudo que vê pela frente, sem pensar. Basta ver uma propaganda de um produto e ele logo quer tê-lo. Já Aninha é bem diferente. Escolhe com cuidado os produtos, pesquisa preços, pensa bem antes de comprar: é uma consumidora consciente. Conheça as aventuras dessas duas crianças.

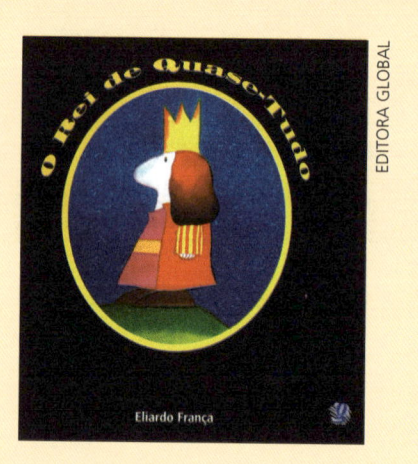

O Rei de Quase-Tudo

Eliardo França. São Paulo: Global, 2011.

É a história de um rei que vivia insatisfeito. Quanto mais tinha, mais queria: todas as terras, todos os exércitos, todo o ouro do mundo. Até que quis as estrelas, o Sol, as frutas, as flores e os pássaros.

3 A LENDA DO PAPA-FIGO

VAMOS COMEÇAR!

Você conhece os personagens Maluquinho e Carolina? Onde já viu esses personagens?

Leia o título da história em quadrinhos. Quem será o Papa-Figo? O que você acha que pode acontecer com os personagens nesta história?

Leia a história em quadrinhos e veja se o que você pensou se confirma ou não.

1

A LENDA DO PAPA-FIGO

— OBRIGADA PELO SORVETE, MALUQUINHO!

— DE NADA. OLHA, AINDA SOBROU UM TROQUINHO DA MESADA!

2

— O QUE SE PODE FAZER DE LEGAL COM 5 "PILAS"?

3

Madame Zenóbia
LÊ SEU FUTURO E TRAZ A PESSOA AMADA

— HUM...

EDITORA GLOBO

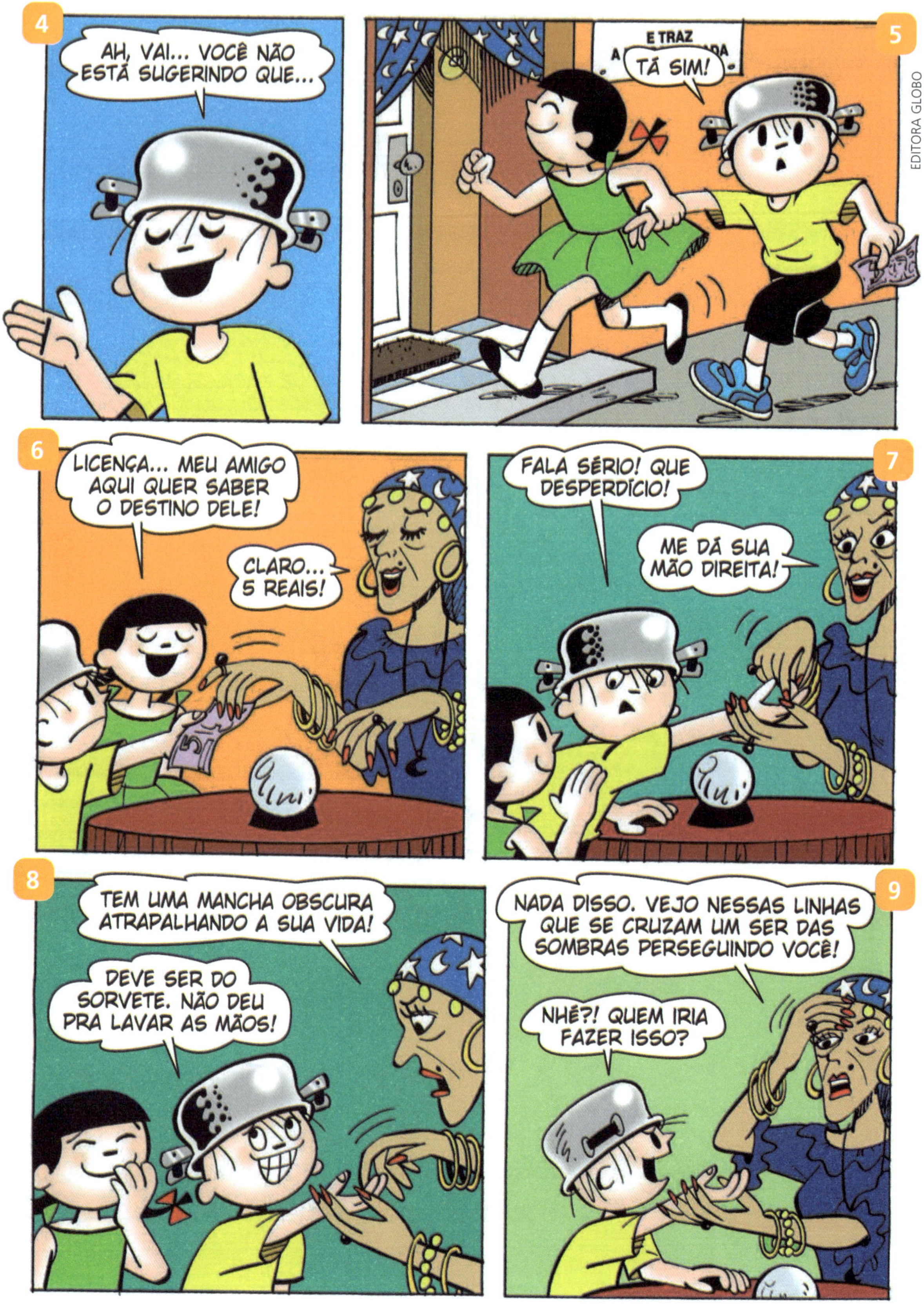

EDITORA GLOBO

10. SÓ PODE SER... O PAPA-FIGO!

11. PAPA O QUÊ?
UM HOMEM SINISTRO QUE PEGA AS CRIANÇAS... PRA COMER O "FIGO" DELAS!

12. A SENHORA QUER DIZER FÍGADO, NÉ?
ISSO! COMER O FÍGADO!

13. ...MAS NÃO SE PREOCUPE. MADAME ZENÓBIA TEM A SOLUÇÃO!

14. PRONTO. ESTE AMULETO VAI TE PROTEGER DE TODO O MAL!

15. NOSSA... ISSO PESA!

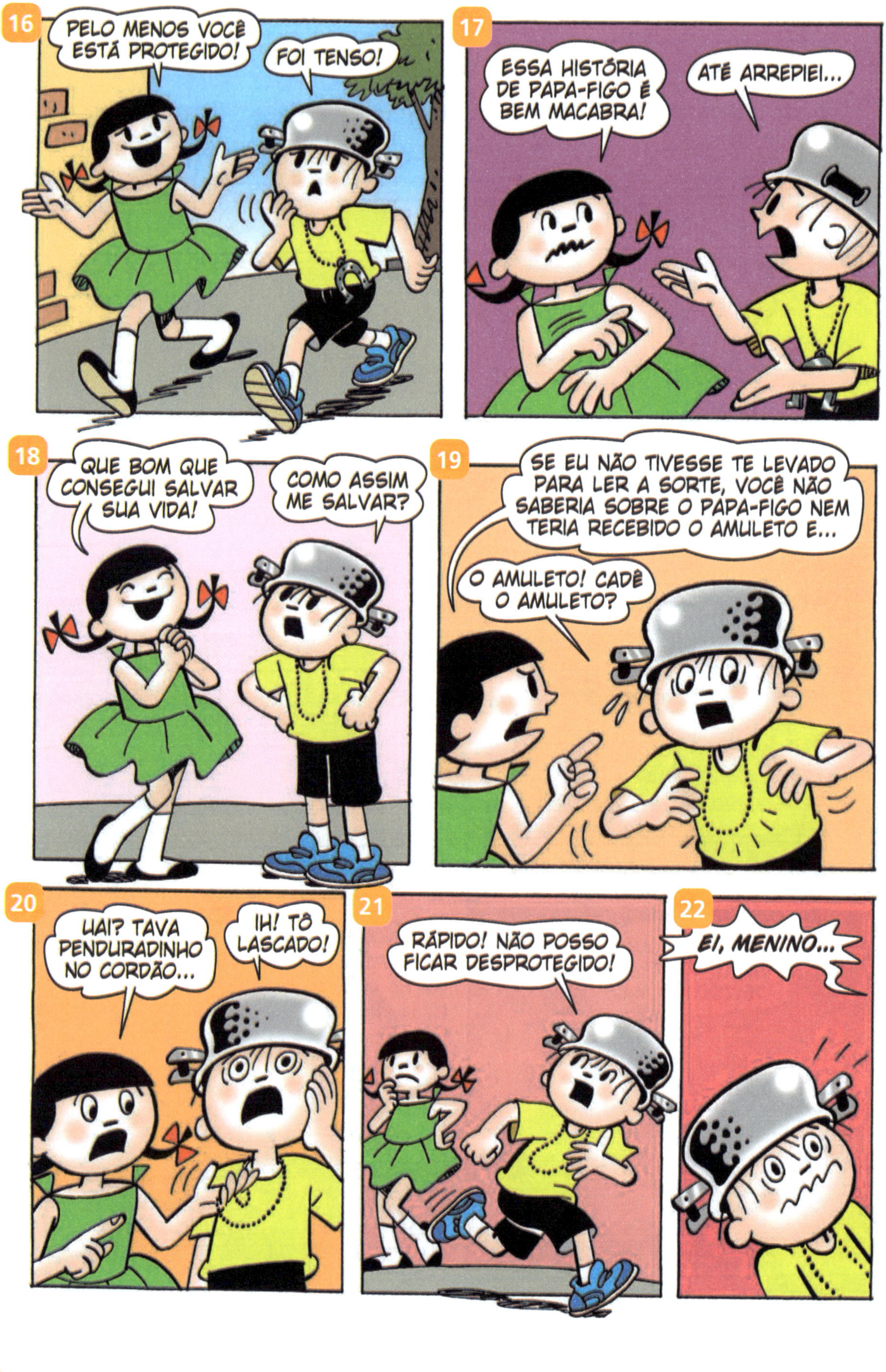

EDITORA GLOBO

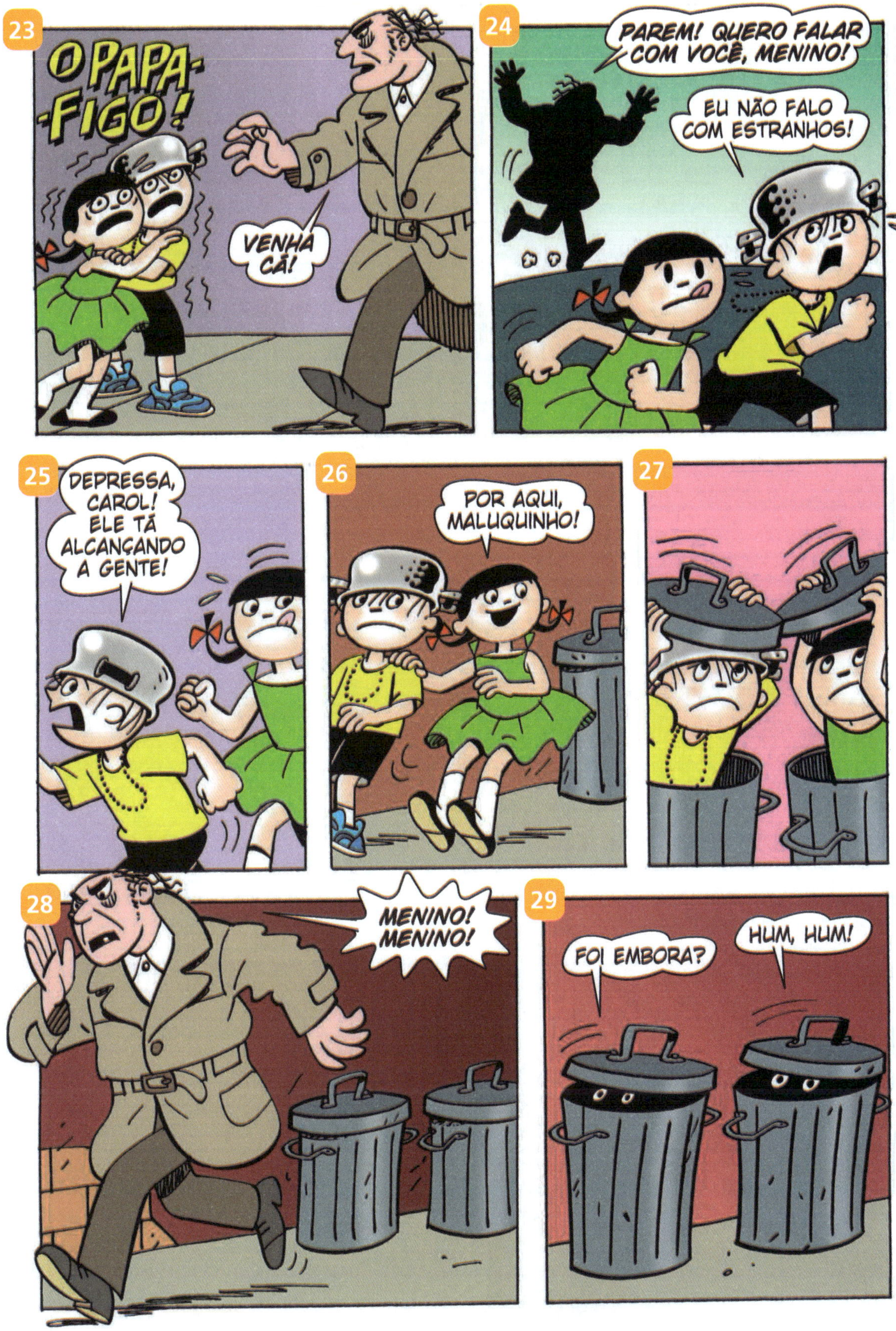

EDITORA GLOBO

30 — E SE A GENTE CHAMAR A POLÍCIA?
— PRA DIZER O QUÊ? QUE UMA CRIATURA DO MAL QUER JANTAR O MEU FÍGADO?

31 — TEM RAZÃO. NINGUÉM VAI ACREDITAR!
— MELHOR IR PRA CASA E NÃO SAIR POR PELO MENOS DEZ ANOS!

32 — FINALMENTE PEGUEI VOCÊ!
AH!

33 — DEU A VOLTA NO QUARTEIRÃO!
— NÃO DÁ PRA FUGIR DELE! É... É SOBRENATURAL!

34 — MENINO MAU... FAZENDO UM VELHO CORRER ASSIM ATRÁS DE VOCÊ...

EDITORA GLOBO

26

35 ...SÓ PRA DEVOLVER ESSA COISA QUE VOCÊ DEIXOU CAIR LÁ LONGE!

HÃ?

COF! COF!

36 DA PRÓXIMA VEZ, CUIDE MELHOR DOS SEUS PERTENCES!

UAU!

37 HUA! HUA! HUA! HUA! HUA! HUA! HUA!

QUE VIAGEM...

38 O SENHORZINHO ERA BACANA E A GENTE FUGINDO FEITO BOBOS...

MADAME ZENÓBIA ERROU FEIO NESSA!

39 PAPA-FIGO, TSC, TSC...

ALIÁS... NÃO PRECISO MAIS DISSO!

40 PEI!

AI, MINHA CABEÇA!

41 OK! ADMITO QUE A MADAME ACERTOU QUE EU SERIA PERSEGUIDO...

...MAS, DE PROTETOR, O AMULETO DELA NÃO TEM NADA!

VOU TE ARRANCAR O FÍGADO, SEU DESASTRADO!!!

42

FIM

Ziraldo. A lenda do Papa-Figo. *Maluquinho assombrado*.
São Paulo: Globo, 2012. p. 79-85.

ESTUDO DO TEXTO

1. Agora que você já sabe quem é o Papa-Figo, converse com os colegas.

a) Sua opinião sobre o que poderia acontecer com o Menino Maluquinho e a Carolina na história em quadrinhos se confirmou ou não? Explique.

b) Você acha que o título "A lenda do Papa-Figo" dá alguma pista sobre o tipo de história lida?

2. A história que você acabou de ler foi publicada em um livro. Qual é o título desse livro?

3. Além de Maluquinho e Carolina, que outros personagens participam da história?

4. A ideia de consultar Madame Zenóbia não partiu de Maluquinho. Que falas desse personagem provam que ele, a princípio, não estava acreditando nos poderes de adivinhação da Madame?

> A história do Papa-Figo é muito usada pelos adultos para alertar as crianças sobre o perigo de falar com estranhos. O Papa-Figo faz parte de um conjunto de histórias do nosso folclore denominado **mito urbano**, isto é, histórias transmitidas oralmente que se passam em ambientes da cidade. Em geral, essas histórias são contadas para provocar medo nos ouvintes, principalmente nas crianças.

5. Marque um **X** nas alternativas que podem completar o que se afirma a seguir.

Maluquinho acreditou nas previsões de Madame Zenóbia, pois:

☐ aceitou o amuleto que ela lhe deu.

☐ sentiu-se desprotegido quando perdeu o amuleto.

☐ perdeu o amuleto.

6. Neste quadrinho, Maluquinho demonstra ter entendido a mensagem do mito urbano "Papa-Figo"? Por quê?

_____
_____
_____

7. Como o leitor fica sabendo onde as crianças estão escondidas? Converse com os colegas.

8. Observe os quadrinhos a seguir e responda às perguntas.

a) Por que os personagens se assustam?

_____
_____
_____
_____
_____

b) Que recursos foram utilizados nesses quadrinhos para mostrar que as crianças e o gato estão assustados?

_____
_____
_____
_____
_____
_____

9. A história em quadrinhos "A lenda do Papa-Figo" tem a intenção de provocar humor no leitor. Em quais quadrinhos essa intenção fica bem clara?

_____
_____

10. Nos quadrinhos a seguir, identifique os elementos que indicam movimento, como caminhada, corrida, arremesso de um objeto.

_____
_____
_____
_____
_____
_____

As **HQs** são histórias contadas por meio de quadros organizados em sequência: um conjunto de quadrinhos constrói uma história. Nesses quadros, podemos encontrar apenas desenhos ou desenhos e textos.

11. Veja como Madame Zenóbia explica para Maluquinho e Carolina quem é o Papa-Figo.

> Um homem sinistro que pega as crianças... pra comer o "figo" delas!

Maluquinho entendeu o que Madame Zenóbia quis dizer? Confirme sua resposta com uma fala do menino.

_____

No título do mito urbano "Papa-Figo", a palavra **figo** é empregada no lugar de **fígado**. Por se tratar de uma história transmitida oralmente, o título registra o modo de falar de algumas pessoas.

12. Nas histórias em quadrinhos, geralmente os personagens empregam a linguagem informal, isto é, aquela usada em situações orais em que temos proximidade com quem conversamos.

a) Leia esta fala de Maluquinho.

> O que se pode fazer de legal com 5 "pilas"?

Quais palavras indicam o uso de linguagem informal?

_____

b) Compare a fala de Maluquinho com a frase a seguir.

> O que se pode fazer de interessante com 5 reais?

Em sua opinião, que linguagem é mais adequada para uma HQ? Responda em seu caderno.

13. Releia as falas de Carolina e Maluquinho nos quadrinhos a seguir.

> SE EU NÃO TIVESSE TE LEVADO PARA LER A SORTE, VOCÊ NÃO SABERIA SOBRE O PAPA-FIGO NEM TERIA RECEBIDO O AMULETO E...
>
> O AMULETO! CADÊ O AMULETO?
>
> UAI? TAVA PENDURADINHO NO CORDÃO...
>
> IH! TÔ LASCADO!

EDITORA GLOBO

a) O diálogo entre os personagens mostra uma situação formal ou informal de comunicação?

_____

b) Quais expressões usadas nos quadrinhos acima justificam sua resposta ao item **a**?

_____

14. Antes de afirmar que o amuleto estava pendurado no cordão, Carolina usa uma expressão que exprime espanto e surpresa.

a) Que expressão é essa?

_____

b) Essa expressão é muito utilizada na linguagem de um estado do Brasil. Você sabe que estado é esse?

_____

c) Se você não mora nesse estado, que expressão costuma utilizar para exprimir espanto e surpresa?

_____

15. Ao tomar conhecimento do sumiço do amuleto, Maluquinho afirma: "– Ih! Tô lascado!".

a) Essa expressão faz parte da linguagem formal ou informal?

_____

b) Ela é mais usada em uma situação de fala ou de escrita?

_____

c) Em linguagem formal, como essa expressão poderia ser escrita?

_____

16. Volte à HQ "A lenda do Papa-figo", nas páginas 21 a 28, e procure exemplos de linguagem informal e característica de uma situação de fala. Copie no caderno. Depois, com os colegas, escrevam outras que vocês costumam utilizar entre vocês.

LÍNGUA PORTUGUESA

ESTUDO DA LÍNGUA

Sílaba tônica: classificação

Vamos relembrar:

Classificação	Sílaba tônica	Exemplos
Oxítonas	última	nin**guém** quartei**rão**
Paroxítonas	penúltima	amu**le**to senhor**zi**nho
Proparoxítonas	antepenúltima	**fí**gado **rá**pido

Apenas algumas palavras recebem acento gráfico – agudo ou circunflexo. Vamos estudar algumas regras de acentuação nas próximas lições.

ATIVIDADES

1. Observe os quadrinhos abaixo, extraídos da HQ "A lenda do Papa-Figo".

a) Qual é a sílaba tônica das palavras **polícia** e **fígado**?
_____

b) Circule a sílaba tônica das palavras abaixo.

razão   ninguém

melhor   acreditar

c) Como você identificou a sílaba tônica nas palavras dos itens **a** e **b**?
_____
_____
_____

2. Sublinhe a sílaba tônica das palavras a seguir.

rápido   sítio   boneca
anel   testa   maldade
café   fascículo   pássaro
panela   estômago   príncipe

3. Classifique as palavras em oxítona (O), paroxítona (P) ou proparoxítona (PP).

obturação _____

lágrima _____

água _____

açúcar _____

4. Escreva a sílaba tônica destas palavras e classifique-as.

apagador ☐ _____

caderno ☐ _____

escola ☐ _____

abóbora ☐ _____

Emprego de m ou n

Antes de **p** e **b** e, geralmente, em final de palavra, usamos a consoante **m**.

Antes de outras consoantes, usamos **n**.

ATIVIDADES

1. Leia o poema a seguir.

> Meu nome é ASPAS
> Sou muito badalado
> E venho sempre acompanhado
> Sou usado com elegância
> Em frases, falas e palavras,
> Que merecem destaque e importância.
>
> Texto das autoras.

a) Em quais palavras dos versos acima, a letra **m** aparece antes de **p**?

_____

b) Quais palavras terminam com a letra **m**? Em que palavra a letra **n** vem antes de **c**?

_____
_____

2. Complete com **am**, **em**, **im**, **om**, **um**. Depois, copie as palavras e separe as sílabas.

Complete	Copie	Separe as sílabas
___baixo		
ch___bo		
C___prido		
l___po		
___bigo		

3. Complete as palavras com **m** ou **n**.

ve___to   pe___te
jove___   i___seto
te___poral   fo___te
ta___bém   estuda___
so___bra   bri___car
se___ente   e___xugar
po___bal   e___purrar
pla___tar   e___brulhar

4. Agora complete com **an**, **en**, **in**, **on**, **un**.

red___do   c___tura
___visível   f___do
p___tera   m___dar
r___da   ___feite
ja___to   ___tigo
p___tor   ___golir

5. Leia as palavras e escreva-as nas colunas adequadas.

simpático   enviar
enxada   combate
afinco   manjar
ambulatório   ondas
assunto   desempregado
antes   complicar
pimpolho   limpa
anfíbio   cumbuca
tonto   enxergar
comprido   lâmpada
panqueca   símbolo
enciumado   ampliar

M antes de P e B	N antes de outras consoantes

Parlendas são versos com palavras que rimam entre si e que proporcionam divertimento e aprendizagem.

6. Complete a parlenda colocando **m** ou **n** nas palavras.

Hoje é domingo
Pede cachi____bo
O cachimbo é de barro
Bate no jarro
O jarro é fino
Bate no sino
O sino é de outro
Bate no touro
O touro é vale____te
Bate na ge____te
A ge____te é fraco
Cai no buraco
O buraco é fu____do
Acabou-se o mu____do.

Domínio público.

7. Contorne com a mesma cor as rimas da parlenda.

PRODUÇÃO DE TEXTO

Preparação

Que tal fazer uma apresentação do seu personagem de HQ preferido para os colegas?

Planejamento e escrita

Para planejar sua apresentação, siga algumas etapas.

Escolha um personagem de HQ e pesquise para saber:
- quem é o criador desse personagem;
- quais são suas características;
- de que tipo de história ele participa (de aventura, terror, humor etc.);
- uma curiosidade sobre ele.

Pesquise em livros, revistas, *sites*; em casa, no laboratório de informática, na biblioteca; sozinho ou com a ajuda do professor.

Procure responder o que torna esse personagem interessante. Veja este exemplo:

ESCOLHI TINTIM COMO MEU PERSONAGEM FAVORITO PORQUE, COMO ELE É BASTANTE INTELIGENTE, CONSEGUE DESVENDAR GRANDES MISTÉRIOS, O QUE TORNA SUAS HQS SURPREENDENTES.

No caderno, escreva um texto que será a base da sua apresentação oral.

Ele deverá conter todas as informações sobre seu personagem e deixar claros os motivos que levaram você a escolhê-lo. Atente-se para a escrita e para a acentuação correta das palavras, além da pontuação e organização das frases.

Revisão e reescrita

Releia o texto que você escreveu, confira se quer acrescentar mais informações sobre o personagem e, se achar necessário, peça orientação ao professor ou a um familiar. Após essa revisão, proceda à edição final do texto.

Apresentação

Depois de revisar e reescrever o texto, você estará quase preparado para se apresentar. Treine em casa, como se estivesse olhando para seu público.

No dia da apresentação, traga para a sala de aula materiais que contenham o personagem para apresentar aos colegas.

Na hora de sua apresentação:
- fale pausadamente, usando um tom de voz que possibilite a todos ouvir você;
- cuide para que a linguagem seja mais formal, evitando pronunciar as palavras de forma abreviada (né, pra, tô...) e o uso de gírias;
- responda às perguntas que os colegas fizerem;
- respeite o tempo estabelecido pelo professor.

Avaliação

Pense se durante sua apresentação:
- seus colegas demonstraram interesse por seu personagem;
- você falou de maneira clara e todos ouviram sua voz;
- ficou claro para todos o motivo pelo qual você escolheu esse personagem para a apresentação.

LEIA MAIS

Maluquinho assombrado

Ziraldo. São Paulo: Globo, 2012.

Nesse livro há treze histórias em quadrinhos de arrepiar. Os personagens da turma do Menino Maluquinho encontram personagens folclóricos, como o Lobisomem, a Mula sem Cabeça e outros.

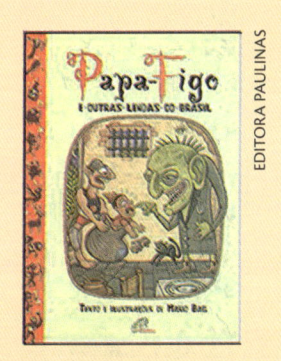

Papa-Figo e outras lendas do Brasil

Mario Bag. São Paulo: Paulinas, 2008.

Esse livro narra lendas de animais e seres fantásticos do folclore brasileiro, como As Amazonas (e o muiraquitã), Sapo-Aru, Mapinguari, Uirapuru, Cabeça-de-cuia, Papa-Figo, Anhangá, Romãozinho, Porca dos 7 leitões, Diabinho da garrafa (famaliá), Mão-de-cabelo, Gralha Azul.

LIÇÃO 4

DUAS PALAVRINHAS

VAMOS COMEÇAR!

Você conhece alguma anedota? **Anedota** é uma narrativa breve de um fato engraçado. Leia esta.

Duas palavrinhas

E tinha aquele professor de gramática que gostava de falar direitinho, um português limpo, a pronúncia bem caprichada, os termos bem escolhidos. Ao ouvir as gírias que os filhos usavam, ficou escandalizado e pediu:
— Eu queria pedir um favor, pode ser?
— Claro, papai.
— Por favor, não falem duas palavrinhas: uma é "cafona" e a outra é "careta". Está bem?
— Tudo bem, papai. Quais são as palavras?

Ziraldo. *As anedotinhas do Bichinho da Maçã*. São Paulo: Melhoramentos, 2014.

36

ESTUDO DO TEXTO

1. Para descrever o professor, diz-se que ele gostava de "falar direitinho", que tinha um "português limpo". Falar direitinho, nessa história, quer dizer:

☐ falar com educação, dizendo sempre "por favor", "obrigado" e "com licença".

☐ falar usando uma linguagem adequada à situação.

2. Que palavras o pai pediu aos filhos que não falassem?

_____

3. Os filhos não entenderam o pedido do pai. O que eles pensaram que o pai estava pedindo?

_____
_____
_____

4. A anedota lida é um texto curto.

a) Os personagens têm nome?
_____

b) O leitor sabe onde e quando acontece o fato contado? _____

5. Qual destes trechos apresenta uma fala inesperada e que provoca riso?

☐ "Ao ouvir as gírias que os filhos usavam, ficou escandalizado."

☐ "Por favor, não falem duas palavrinhas: uma é 'cafona' e a outra é 'careta'."

☐ "Tudo bem, papai. Quais são as palavras?"

6. Pelo sentido das frases, dê o significado das palavras destacadas nos trechos a seguir.

a) "os **termos** bem escolhidos"

_____

b) "ficou **escandalizado**"

_____

> **Piada** ou **anedota** é uma narrativa curta, escrita ou oral, em geral anônima, de final surpreendente, contada, basicamente, para provocar risos e descontração.

7. O pai usa as palavras **cafona** e **careta**.

a) O que essas palavras significam?
_____
_____

b) Pelo uso dessas palavras, você acha que essa anedota é atual? Explique.
_____
_____

8. Releia o início da anedota.

> E tinha aquele professor de gramática [...]

Qual dos trechos a seguir é mais parecido com o início de uma anedota?

☐ Era uma vez uma menina muito linda que morava...

☐ Numa terra muito distante, no tempo em que os bichos falavam...

☐ Já ouviram aquela do papagaio?

37

9. O pai diz aos filhos:

> Eu queria pedir um favor. Pode ser?

a) Essa é uma forma educada, **polida** de falar. Escreva outras formas educadas de fazer o mesmo pedido.

_____

_____

b) Use **1** para a frase mais polida, **2** para a educada e **3** para a menos educada.

☐ Dá licença, por favor?

☐ Quer sair daí que eu vou passar?

☐ Por favor, você poderia me dar licença?

ESTUDO DA LÍNGUA

Acentuação de palavras paroxítonas

Palavras **paroxítonas** são aquelas em que a sílaba pronunciada com mais intensidade é a penúltima. Exemplo:

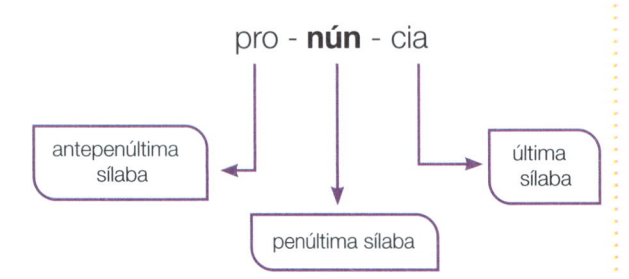

pro - **nún** - cia

- antepenúltima sílaba
- penúltima sílaba
- última sílaba

Nem todas as palavras paroxítonas precisam receber acento agudo ou circunflexo. Para saber quando colocar acento, leia o quadro:

paroxítonas terminadas em:	recebem acento
i, **is**	júri, táxi, lápis, tênis
ã, **ãs**	ímã, ímãs, órfã, órfãs
ão, **ãos**	bênção, órgão, órfãos
us	bônus, vírus, ônus
l	amável, fácil, imóvel
um, **uns**	álbum, médium, álbuns
n	hífen, Nílton
ps	bíceps, tríceps
r	César, mártir, líder
x	látex, tórax
io, **ia**, **ie**, **ua**	Mário, Júlia, série, estátua

ATIVIDADES

1. Leia a piada.

— Para termos uma vida saudável, devemos nos alimentar de forma correta — dizia a professora. — Por isso, é importante saber o valor nutritivo dos alimentos. Paulinha, dê um exemplo de alimento que engorda!

— Pão, professora! — respondeu Paulinha.

— Exatamente — enfatizou a professora. — Pão é um dos alimentos que mais engordam.

— Errado, professora — gritou Zezinho lá do fundo. — O pão não engorda, e sim quem come ele.

Paulo Tadeu. _Proibido para maiores_: as melhores piadas para crianças. São Paulo: Matrix, 2007.

a) Copie do texto uma palavra paroxítona acentuada.
_____

b) Explique por que ela é acentuada.
_____
_____

2. Leia outra piada.

> Pouco antes do casamento, o pai se aproximou do noivo e perguntou:
> — Meu rapaz, o senhor tem condições de sustentar uma família?
> — É claro! — ele respondeu.
> Todo feliz, o pai retrucou:
> — Ótimo! Somos em nove.
>
> Domínio público.

Circule a palavra paroxítona acentuada do texto e complete a regra.

A palavra _____ termina em ditongo, por isso é acentuada.

3. Copie as palavras separando as sílabas. Sublinhe a sílaba tônica e circule a última letra.

difícil	açúcar	Nílton
repórter	hífen	ônix
impossível	tórax	

Exemplo: fácil → fá-ci(l)

_____
_____
_____
_____
_____
_____
_____

a) Com quais letras terminam as palavras que você separou?
_____

b) Observe as palavras e a resposta ao item **a**. Complete a regra.

Recebem acento gráfico (agudo ou circunflexo) as palavras paroxítonas terminadas em _____.

Palavras com **z** em final de sílaba

Leia estas frases da piada "O papagaio do navio".

> — Tá bom, desisto! Mas me diga, de uma vez, seu pilantra, onde é que você escondeu o maldito navio?

Que palavra dessas frases termina com a letra **z**?
_____

ATIVIDADES

1. Complete as palavras com uma vogal seguida da letra z. Depois, separe as sílabas.

n___ _____

acid___ _____

d___ _____

fer___ _____

nar___ _____

fel___ _____

p___ _____

cap___ _____

cicatr___ _____

cr___ _____

l___ _____

cart___ _____

2. Passe as palavras para o plural, conforme o modelo.

> luz – luzes

atriz _____

nariz _____

rapaz _____

capuz _____

cartaz _____

giz _____

noz _____

vez _____

> Como você percebeu, a letra **z**, quando aparece no final de uma palavra, tem o mesmo som do **s**, como em **quis, atrás** e **lápis**. Para saber como escrevê-las, pode ajudar se você pensar em outras palavras da mesma família. Quando isso não for possível, você pode consultar o dicionário.

3. Complete as palavras com **s** ou **z**.

a) Não é tão difícil jogar xadre____!

b) O jui____ e os bandeirinhas elogiaram os jogadores.

c) Ana sempre qui____ tocar violão.

d) No fim do mê____ você verá suas notas.

e) Marta está no final da gravide____.

f) Todos pediram seus picolés, cada um na sua ve____.

g) A professora usou todo o gi____.

h) Chegaram as contas de gá____ e lu____.

i) Os cantores precisam cuidar da vo____.

j) O nome da atri____ é muito bonito: Beatri____.

PRODUÇÃO DE TEXTO

Nesta atividade, você vai pesquisar uma piada. Depois, ela será apresentada aos alunos de outras turmas do 4º ano.

Preparação
Escolha uma piada e escreva-a em uma folha de papel. Você pode pesquisar em casa com seus familiares ou conhecidos.

Cuide para que seja uma piada apropriada para a situação de sala de aula. Mostre-a ao professor.

Em seguida, recorte os parágrafos da piada, embaralhe as partes e coloque em um envelope.

Troque seu envelope com um colega.

Escrita
Leia as partes da piada que você recebeu e organize o texto.

Cole as partes da piada em uma folha de papel, na sequência correta.

Revisão
Depois de organizar o texto, mostre-o ao colega que escolheu essa piada. Peça a ele que leia seu texto e verifique se a ordem está correta.

Se necessário, faça as alterações que ele indicar.

Festival de piadas

Agora, você e os colegas da turma vão preparar o Festival de Piadas para todos os alunos do 4º ano.

Para isso, leiam as dicas a seguir. Lembrem-se de que a graça não está só no que se conta, mas como se conta. Boa interpretação!

- Leia o texto várias vezes para ver se o entendeu bem.
- Todo bom contador deve ter uma boa dicção, isto é, deve pronunciar as palavras com clareza. As palavras devem ser ouvidas pelo espectador. Uma voz abafada torna impossível a audição e deixa o texto inexpressivo. De acordo com o que o texto pretende expressar, a voz deve ser modulada.
- Em algumas situações, é preciso dar mais destaque a palavras que possam criar uma atmosfera que envolva o espectador. Pare nessas palavras; pronuncie-as com mais intensidade. Outras vezes é preciso baixar o tom, falar com mais suavidade. Outras, ainda, falar mais apressadamente, no caso de se estar contando uma perseguição, por exemplo.
- Preste atenção à pontuação do texto, que marca, na escrita, a expressividade da fala.
- A postura, a expressão facial (do rosto) e a gestual (dos gestos) são muito importantes para se contar uma boa história.
- Interagir com os ouvintes é também uma forma de envolver o espectador.

Apresentação

Durante o Festival, respeitem os colegas que estiverem se apresentando e o público presente, pois cada dupla terá sua vez de apresentar.

Lembrem-se de observar se a linguagem usada na piada escolhida é mais informal e de reproduzir as palavras dando a entonação necessária para que produzam o efeito desejado.

Ótima apresentação e boas gargalhadas!

Avaliação

Após a apresentação, escreva se você e seus colegas conseguiram despertar a atenção e o riso dos alunos que assistiram ao Festival de piadas.

LEIA MAIS

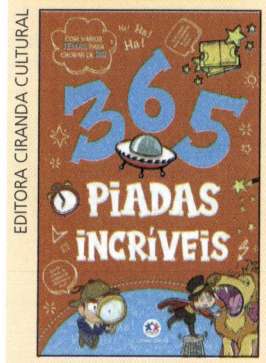

365 piadas incríveis

São Paulo: Ciranda Cultural, 2019.

Com esse livro, o leitor poderá rir o ano inteiro. Há uma piada incrível para cada dia.

Conta outra? Piadas divertidíssimas para crianças

Paulo Tadeu. São Paulo: Matrix, 2010.

Deliciosas piadas, de temas variados, apresentadas em uma edição com ilustrações coloridas e alegres.

LIÇÃO 5

POR QUE TEMOS SOBRENOME?

VAMOS COMEÇAR!

Você conhece a origem de seu sobrenome? O que aconteceria se as pessoas não tivessem sobrenome?

O texto a seguir foi produzido com base na pesquisa de uma especialista em linguagem. Ela responde a essa curiosidade que muitas pessoas têm. Leia e conheça um pouco mais sobre a origem do sobrenome.

Por que temos sobrenome?

Silva, Oliveira, Faria, Ferreira... Todo mundo tem um sobrenome e temos de agradecer aos romanos por isso. Foi esse povo, que há mais de dois mil anos ergueu um império com a conquista de boa parte das terras banhadas pelo Mediterrâneo, o inventor da moda. Eles tiveram a ideia de juntar ao nome comum, ou prenome (do latim *praenomen*), um nome (ou *nomen*). Por quê? Porque o Império Romano crescia e eles precisavam indicar o clã a que a pessoa pertencia ou o lugar onde tinha nascido.

Ferreira é um sobrenome adotado como referência à profissão de ferreiro.

Com a decadência do Império Romano, essa prática foi se enfraquecendo, até que na Idade Média os sobrenomes caíram em desuso e as pessoas passaram a ser chamadas apenas pelo seu prenome. Eu, por exemplo, seria apenas Raquel nessa época. Que grande confusão isso deveria causar, não é mesmo? Imagine quantas outras pessoas com o nome "Raquel" não deviam existir? Por isso mesmo, os sobrenomes voltaram a ser usados e passaram a ser obrigatórios no século XI. Assim, não tinha mais como confundir uma Raquel Pereira com uma Raquel Valença e isso era muito importante na hora de cobrar impostos das pessoas certas e evitar casamentos entre pessoas da mesma família.

O sobrenome Calvo refere-se a características físicas de uma pessoa.

Novamente, os sobrenomes não foram inventados do nada. Os homens passaram a escolher sobrenomes que tinham a ver com o seu local de origem — Coimbra é um caso destes — ou para confirmar o parentesco — o sobrenome Fernandes, por exemplo, significa "filho do Fernando". Outros escolheram sobrenomes que se referiam a características físicas e de personalidade, como Louro, Calvo e Severo.

Também houve aqueles que adotaram sobrenomes ligados a atividades desenvolvidas pela família, como é o caso de Ferreira que, provavelmente, é uma referência à profissão de ferreiro.

O costume de usar sobrenomes se mostrou muito útil, foi se espalhando pela Europa, pelas colônias europeias e, depois, pelo mundo. Hoje não dá mais para imaginar alguém sem sobrenome, está na carteira de identidade, na ficha que preenchemos na matrícula da escola e em tantos outros documentos importantes, é ou não é?

Raquel Teixeira Valença, filóloga, Fundação Rui Barbosa.
Ciência Hoje das Crianças, 2 mar. 2014, n. 254, p. 12.

ESTUDO DO TEXTO

1. Quem é a autora desse texto?

2. Você sabe o que faz um **filólogo**? Leia no quadro a seguir a explicação sobre uma das atividades de um filólogo.

> Estuda as sociedades e civilizações antigas por meio do exame de documentos e textos deixados por elas, privilegiando a língua escrita e literária como fonte de estudos.
>
> Fonte: *Dicionário Houaiss eletrônico*.

Após ler essa explicação, compreendendo que o texto é a divulgação de uma pesquisa científica da área de linguagens, justifique por que a autora está em condições de escrever o artigo.

3. Leia o título do texto. Ele desperta curiosidade? Justifique.

4. Que outro título você daria ao texto?

5. Qual é o assunto do texto? Explique de maneira resumida.

6. Observe como a autora inicia o texto: "Silva, Oliveira, Faria, Ferreira...". Com que objetivo ela usou as reticências [...] após citar alguns sobrenomes?

7. Com a leitura do texto "Por que temos sobrenome?", você adquiriu um conhecimento cuja origem é um estudo feito por uma pesquisadora em documentos antigos. Esse texto, portanto, é um artigo de divulgação científica.

> O **artigo de divulgação científica** é um gênero textual que apresenta questões pertinentes para as áreas da ciência, tecnologia e inovação. Os textos são fruto de pesquisas científicas e, de modo geral, apresentam uma estrutura que indica qual é a pesquisa, de que modo ela foi feita e qual sua relevância para a área, além da apresentação da metodologia e dos resultados. Geralmente, esse tipo de texto é publicado em determinadas revistas, jornais (impressos e digitais) ou *sites* especializados.

Onde o artigo "Por que temos sobrenome?" foi publicado?

_____

_____

8. Você conhece a origem de seu sobrenome? Se não conhece, faça uma pesquisa e escreva no caderno o que descobriu. Depois, conte aos colegas.

9. Em um texto bem escrito, as repetições desnecessárias são evitadas. Observe nos trechos do texto "Por que temos sobrenome?" a palavra ou a expressão destacada e indique as ideias que estão sendo retomadas.

[...] Com a decadência do Império Romano, **essa prática** foi se enfraquecendo, até que na Idade Média os sobrenomes caíram em desuso e as pessoas passaram a ser chamadas apenas pelo seu prenome. [...]

_____

_____

[...] Por **isso** mesmo, os sobrenomes voltaram a ser usados e passaram a ser obrigatórios no século XI.

_____

_____

[...] Assim, não tinha mais como confundir uma Raquel Pereira com uma Raquel Valença e **isso** era muito importante na hora de cobrar impostos das pessoas certas e evitar casamentos entre pessoas da mesma família. [...]

_____

_____

ESTUDO DA LÍNGUA

Acentuação de palavras proparoxítonas

Relembre: palavras **proparoxítonas** são aquelas em que a sílaba pronunciada com mais intensidade é a antepenúltima.

Exemplo:

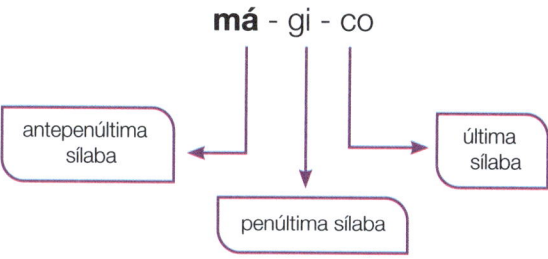

má - gi - co

- antepenúltima sílaba
- penúltima sílaba
- última sílaba

Todas as palavras proparoxítonas devem ser acentuadas com acento agudo (´) ou circunflexo (^):

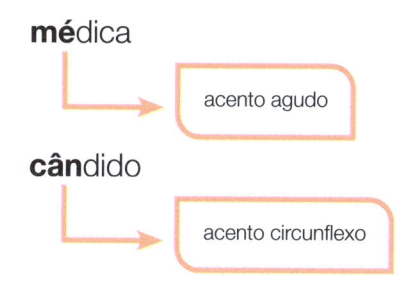

médica → acento agudo

cândido → acento circunflexo

ATIVIDADES

1. Releia estas palavras do texto "Por que temos sobrenome?".

| prática | época | século |
| característcas | físicas | matrícula |

Todas as palavras do quadro são proparoxítonas. O que ocorre, em relação aos acentos gráficos?

_____
_____

2. As palavras a seguir são proparoxítonas. Copie-as e coloque o acento correto.

proximo
_____

halito
_____

umido
_____

lampada
_____

vespera
_____

estomago
_____

Uso de **por que**, **porque**, **por quê** e **porquê**

Leia o título de um artigo de divulgação científica escrito para crianças e adolescentes.

> **Por que a água borbulha quando ferve?**
>
> Disponível em: http://chc.org.br/acervo/por-que-a-agua-borbulha-quando-ferve/. Acesso em: 22 ago. 2022.

Esse título é uma pergunta que vai ser respondida ao longo do artigo. Veja que as palavras **por** e **que** estão separadas.

Agora, observe esse trecho do artigo:

> [...]
> As bolhas que se formam no fundo da panela sobem **porque** o estado gasoso de um composto químico é sempre menos denso do que seu estado líquido. "No trajeto, essas bolhas podem unir-se umas às outras, aumentando o tamanho da bolha. Por isso, as bolhas têm tamanhos diferentes quando chegam à superfície do líquido em ebulição", acrescenta Júlio.
> [...]
>
> Disponível em: http://chc.org.br/acervo/por-que-a-agua-borbulha-quando-ferve/. Acesso em: 22 ago. 2022

LÍNGUA PORTUGUESA

45

Para responder à pergunta, o autor do artigo utiliza uma única palavra: **porque**.

Agora digamos que o autor do artigo preferisse mudar a ordem dos termos e deixar o **por que** no final da frase. Seria preciso colocar um acento circunflexo no **que**:

> Sabemos que a água borbulha quando ferve, **por quê**?

Se ele ainda quisesse produzir uma frase para divulgar seu artigo, poderia escrever:

> Nesse artigo você descobrirá o **porquê** de a água borbulha quando ferve.

Depois do artigo o, **porquê** é um substantivo: escreve-se junto e com acento.

Podemos concluir que se escreve:

- **por que** no início de frases interrogativas;
- **por quê** no final de frases interrogativas;
- **porque** para dar uma causa, uma explicação em uma resposta;
- **porquê** quando a palavra significa "motivo, razão".

ATIVIDADES

1. Leia.

_____ o nariz do cachorro é gelado?

O focinho gelado do cão, segundo os especialistas, é sinal de saúde. E o que mantém o focinho do cachorro sempre frio e molhado é o fato de que esses animais regulam a sua temperatura corporal, ou seja, o grau ou perda de calor do corpo, por meio da respiração. Repare que os cães estão quase sempre respirando com a boca aberta e a língua para fora, muitas vezes, pingando saliva. Isso também colabora com a perda de calor.

Mas voltemos ao nariz do cachorro: se ele estiver quente, é bom ter cuidado. O animal pode estar com febre, um alerta do corpo para alguma doença. A febre pode, por exemplo, sinalizar uma gripe ou infecção causada por microrganismos, como bactérias. Isso deixa o nariz de seu fiel amigo seco e com a temperatura alta. Aja depressa, levando-o ao veterinário.

Esteja atento ao nariz do seu cachorro _____ é o olfato o sentido mais importante para ele. Por meio do seu faro apurado, o cão consegue identificar pessoas, perceber cheiros que estão bem distantes e até mapear os lugares e, assim, não se perder de casa.

Disponível em: http://chc.org.br/acervo/por-que-o-nariz-do-cachorro-e-gelado/.
Acesso em: 22 ago. 2022.

a) Complete o título e o último parágrafo do texto. Use **por que, porque, por quê** ou **porquê**.

b) Inverta a ordem das palavras do título, começando com "O nariz do cachorro".

_____
_____
_____
_____

c) Complete:

O texto explica o _____ de o nariz do cão ser gelado e ainda alerta sobre a importância de observar sua temperatura.

2. Complete com **por que**, **porque**, **por quê** ou **porquê**.

a) _____ você não me esperou?

b) Estou contente _____ tirei 10 na prova de História.

c) Você está chorando.
_____ ?

d) Não entendi o _____ de tanta choradeira.

3. Transforme as frases afirmativas em interrogativas usando **por que**.

a) Ele foi mal na competição.
_____

b) Está ventando muito.
_____

c) Algumas pessoas destroem a natureza.
_____

4. Responda a estas perguntas, usando **porque**.

a) Por que não devemos jogar lixo no chão?
_____
_____
_____

b) Por que os animais devem ser respeitados?
_____
_____
_____

5. Agora, escreva frases usando **por que**, **porque**, **por quê** e **porquê**.
_____
_____
_____
_____

LÍNGUA PORTUGUESA

PRODUÇÃO DE TEXTO

Vamos montar um almanaque com textos de divulgação científica?

Preparação

O almanaque será feito em grupo e pode ser um pequeno livro ou ter uma versão eletrônica, em forma de *blog*. Com esse trabalho, vocês ficarão sabendo de muitas coisas que acontecem no mundo das ciências. Mãos à obra!

Planejamento e escrita

Primeiro, em grupo, escolham um tema. Procurem revistas, jornais ou *sites* que tragam artigos de divulgação científica voltados para jovens.

Selecionem aquele de que mais gostaram. Leiam com bastante atenção e pensem se os leitores da sua publicação também compreenderão o artigo. Escrevam no caderno, usando as próprias palavras, o resultado da pesquisa.

No dia marcado pelo professor, apresentem o artigo pesquisado. Verifiquem se algum termo não foi compreendido, procurem a palavra no dicionário e incluam a explicação no final do texto.

Passem o artigo a limpo em uma folha de papel com letra legível ou verifiquem a possibilidade de digitar o texto.

Coletivamente, orientados pelo professor, escrevam uma apresentação para o almanaque (seja ele físico ou virtual). Expliquem ao leitor qual a função do material e quais assuntos ele pode aprender com a leitura.

Revisão e reescrita

O professor reunirá todos os artigos pesquisados e acrescentará a introdução.

Dois ou mais alunos ficarão responsáveis por fazer uma capa para o almanaque.

Os demais ficarão encarregados da divulgação do trabalho junto à biblioteca.

LEIA MAIS

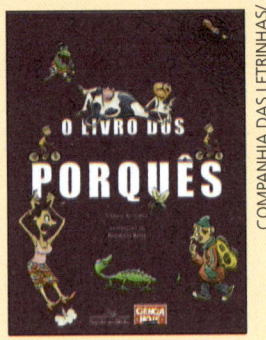

O livro dos porquês

Vários autores. São Paulo: Companhia das Letrinhas/Ciência Hoje das Crianças, 2008.

O livro apresenta 28 artigos publicados na revista *Ciência Hoje das Crianças* e tenta responder a muitas questões do público infantojuvenil.

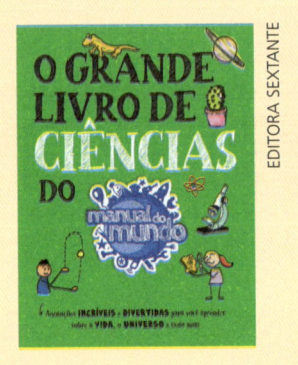

O grande livro de ciências do Manual do Mundo

Workman Publishing (Compilador). Rio de Janeiro: Sextante, 2019.

Nesse material cheio de ilustrações e imagens você poderá explorar com curiosidade muitas informações relacionadas à ciência desde estudos sobre o universo e sistema solar, até eletricidade, magnetismo, ecossistemas etc.

6 A CIGARRA E AS FORMIGAS

VAMOS COMEÇAR!

Você conhece a história da cigarra e das formigas?

No verão, enquanto as formigas trabalhavam, a cigarra cantava. Você imagina o que aconteceu quando chegou o inverno?

Leia a fábula em versos a seguir para saber.

A cigarra e as formigas

Houve um tempo
Uma cigarra
Estava sempre a chiar
Ao pé do formigueiro
Parava só pra descansar.

Seu maior divertimento
Era sempre observar
As formigas trabalhando
Dia e noite sem cessar.

O bom tempo
Então passou
Veio chuva, muito frio
A cigarra ficou em apuros
Sentindo fome e calafrios.

Sem abrigo
Sem comida
Com passos bem ligeiros
"Toque, Toque, Toque, Toque"
Bateu então no formigueiro.

A formiga friorenta
Em um xalinho embrulhada
Aparece e pergunta:
— O que queres, cigarra?
Parece tão desesperada!

Tossindo e cheia de lama
A cigarra implora à formiga:
— Preciso de agasalho
E um pouco de comida.

— O que fez durante o bom tempo?
Quis saber a formiga.
Depois de um ataque de tosse
Responde a pobre mendiga:
— Eu cantava bem sabes!

— Ah! Então é você
Quem cantava
Enquanto todo o
Formigueiro trabalhava?

— Pois entre, amiguinha!
Você nos proporcionou
Muita alegria
Com toda a sua cantoria

— Entre, boa vizinha!
Seja bem-vinda
Ao nosso formigueiro!
Sare sua tosse
E volte a cantar
O verão inteiro!

Ana Paula Cruz. *A cigarra e as formigas*. Recanto das Letras. Disponível em: https://bit.ly/2n0XL1m. Acesso em: 30 ago. 2022.

ESTUDO DO TEXTO

Fábula é uma história curta, que transmite um ensinamento. Em algumas fábulas, os personagens são seres humanos, mas, na maioria delas, são animais que falam e se comportam como humanos.

1. Ordene os acontecimentos da fábula, numerando os quadrinhos de 1 a 5.

☐ Quando chega a chuva e o frio, a cigarra sente fome e calafrios.

☐ O maior divertimento da cigarra é observar as formigas trabalhando.

☐ A formiga pergunta à cigarra o que ela quer.

☐ A formiga recebe a cigarra no formigueiro.

☐ A cigarra tem um ataque de tosse.

2. Que comportamento das formigas demonstra que elas se preocupavam com os tempos de chuva e frio?

_____
_____

3. Enquanto as formigas trabalhavam, a cigarra somente cantava. Isso foi bom para ela?

_____
_____
_____

4. Releia estes versos da fábula.

> A formiga friorenta
> Em um xalinho embrulhada
> Aparece e pergunta:
> — O que queres, cigarra?
> Parece tão desesperada!
> Tossindo e cheia de lama
> A cigarra implora à formiga:
> — Preciso de agasalho
> E um pouco de comida.

Ao responder à formiga que precisava de agasalho e de um pouco de comida, a cigarra emprega um argumento.

Argumento é algo que se diz para convencer alguém de alguma coisa ou para alterar a opinião ou o comportamento dessa pessoa.

a) Que argumento a cigarra utiliza para convencer a formiga a lhe dar abrigo e comida?

_____
_____
_____

b) Você acha que as formigas agiram bem ao acolher a cigarra? Por quê?

_____
_____
_____
_____
_____

5. Em sua opinião, que ensinamento essa fábula transmite?

_____
_____
_____
_____
_____
_____
_____

6. O texto a seguir reconta, em prosa, um trecho da fábula em verso da página 49. Complete os espaços com as palavras do quadro, de acordo com as características das personagens.

> bondosas   faminta
> trabalhadeiras   cantadeira

A cigarra _____ foi bater à porta do formigueiro em busca de abrigo e comida. Da porta saiu uma formiga, que perguntou o que a cigarra queria. Como eram muito _____ e tinham se prevenido durante o verão, agora as formigas estavam todas agasalhadas e alimentadas, enquanto lá fora a cigarra _____ tremia de frio. Por serem também muito _____, as formigas acolheram a cigarra em seu abrigo.

7. Nas estrofes a seguir, localize e sublinhe as palavras e expressões que indicam o tempo em que os fatos ocorrem.

> Seu maior divertimento
> Era sempre observar
> As formigas trabalhando
> Dia e noite sem cessar.

> — O que fez durante o bom tempo?
> Quis saber a formiga.
> Depois de um ataque de tosse
> Responde a pobre mendiga:
> — Eu cantava bem sabes!

8. Complete a cruzadinha com palavras do texto "A cigarra e as formigas".

a) Agasalho que cobria a formiga friorenta.
b) Casa das formigas.
c) Estação do ano em que as formigas trabalhavam muito.
d) O que a cigarra sentiu no inverno, além de fome.
e) O que a cigarra proporcionou às formigas com seu canto.

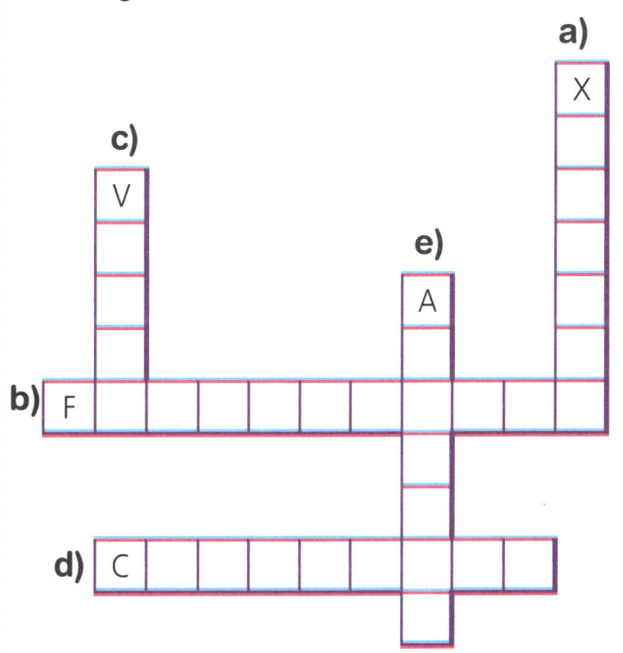

LÍNGUA PORTUGUESA

ESTUDO DA LÍNGUA

Substantivo

1. Você conhece o personagem Garfield? O que sabe sobre ele? Acompanhe uma aventura desse felino. Depois, converse com os colegas.

Jim Davis. *Garfield*. Disponível em: https://bit.ly/2m1eQaT. Acesso em: 30 ago. 2022..

a) Por que Garfield, no último quadrinho, afirma que o sonho terminou melhor do que começou?

b) Observe a fisionomia de Garfield ao longo da HQ. A expressão facial do gato muda do início para o fim da história? Por quê?

Nesta HQ, as palavras que dão nome aos elementos que Garfield teme ou aprecia são chamadas **substantivos**.

Substantivos são palavras que nomeiam seres (reais ou imaginários, animados ou inanimados), sentimentos ou ideias.

2. Retire da história em quadrinhos:
a) três palavras que nomeiam fenômenos da natureza:

_____

b) quatro palavras que nomeiam alimentos.

_____

Substantivos comuns e substantivos próprios

1. Leia uma tirinha de Garfield.

Jim Davis. *Garfield*. Disponível em: https://bit.ly/2J6S8Ht. Acesso em: 30 ago. 2022.

O último quadrinho das tirinhas costuma surpreender o leitor e provocar humor. Isso acontece na tirinha? Por quê?

_____
_____
_____

2. Garfield quer saber com quem está falando. No primeiro quadrinho, o companheiro de Garfield utiliza um substantivo para se identificar. Que substantivo é esse?

_____
_____

Os substantivos podem ser classificados de acordo com os seres nomeados. Os **substantivos comuns** são aqueles que dão nome a todos os seres da mesma espécie. Eles são escritos com a letra inicial minúscula. Por exemplo: gato, cidade, pessoa.

3. No segundo quadrinho, os gatos se apresentam e dizem seus nomes. Identifique os substantivos empregados por eles.

_____
_____

Os **substantivos próprios** são aqueles que dão nome a um só ser da mesma espécie. Eles são escritos com a letra inicial maiúscula. Por exemplo: Garfield, Barney.

4. Complete as frases a seguir.

a) Meu filme favorito é _____
_____.

b) O nome do país que eu gostaria de visitar é _____.

c) Minha cor preferida é _____.

d) O nome que eu escolheria para um cachorro é _____.

5. As palavras que você escreveu na atividade 4 são substantivos.

a) Quais deles são substantivos próprios?
Os substantivos escritos nos itens
_____ .

b) Quais são substantivos comuns?
O substantivo escrito no item ____.

6. Leia.

> José Bento Monteiro Lobato nasceu no interior do estado de São Paulo, na cidade de Taubaté, em 18 de abril de 1882. Ele destacou-se como o primeiro autor brasileiro de literatura infantil.
> Com linguagem simples, Lobato criou histórias e personagens que acompanham até hoje a infância de tantas crianças brasileiras.
> Você já ouviu falar do Sítio do Pica-pau Amarelo, da boneca Emília, de Narizinho, da Dona Benta ou da Tia Nastácia?

Copie do texto acima as palavras que:

a) formam o nome do primeiro autor brasileiro de literatura infantil:
_____
_____

b) dão nome a um personagem:
_____
_____
_____

c) são nomes de cidades:
_____
_____

Substantivos simples e substantivos compostos

Leia o título desta fábula.

> A raposa e o porco-espinho

O substantivo **raposa** é formado por uma só palavra.
Chama-se **substantivo simples**.
Exemplos: jabuticaba, árvore, galho.
O substantivo **porco-espinho** é formado por mais de uma palavra.
Chama-se **substantivo composto**.
Exemplos: água-de-colônia, couve-flor, guarda-chuva, quarta-feira, arco-íris etc.

ATIVIDADES

1. Indique com **S** os substantivos simples e com **C** os compostos.

☐ erva-doce

☐ quadro

☐ pedra-sabão

☐ escova

☐ caixa-d'água

☐ cadeira

☐ pisca-pisca

☐ bolsa

☐ amor-perfeito

2. Sublinhe os substantivos compostos nestas frases.

a) Que cachorro-quente delicioso!

b) Mamãe comprou couve-flor na feira.

c) Preciso arrumar meu guarda-roupa.

3. Construa frases com os nomes destes pássaros.

a) beija-flor:
_____
_____
_____

b) joão-de-barro:
_____
_____
_____

L ou U em final de sílaba

1. Complete as palavras com l ou u e depois copie-as.

sina___ _____   agradáve___ _____

minga___ _____   caraco___ _____

cutuco___ _____   chapé___ _____

anima___ _____   jogo___ _____

medi___ _____   futebo___ _____

2. Complete as palavras das frases com l ou u e depois copie-as.

a) O homem a___to dirige seu a___tomóvel.
_____

b) A bicicleta está com o peda___ so___to.
_____

c) Titia quebrou o sa___to do sapato no degra___.
_____

d) A___ba lavava roupa com ani___.
_____

3. O que é, o que é? Você conhece essas adivinhas? Se não, peça ajuda ao professor e aos colegas. Depois, escreva e desenhe as respostas.

a) Bonita planta,
   Com uma flor
   Que gira e gira
   Buscando o sol.
_____

b) Na água eu nasci
   Na água me criei,
   Se na água me puserem,
   Na água morrerei.
_____

4. Agora escreva o nome dos objetos representados nas figuras.

a) _____

b) _____

c) _____

d) _____

5. Com que letras terminam as palavras que você escreveu no exercício anterior?

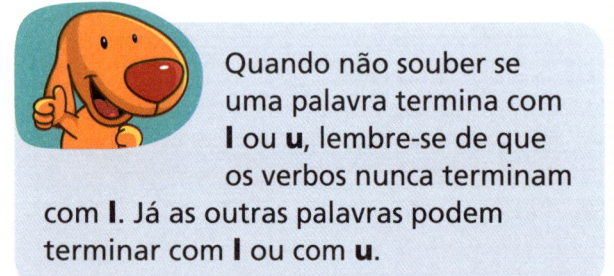

_____

Quando não souber se uma palavra termina com **l** ou **u**, lembre-se de que os verbos nunca terminam com **l**. Já as outras palavras podem terminar com **l** ou com **u**.

PRODUÇÃO DE TEXTO

Preparação

Acompanhe como uma história pode ser contada por imagens.

56

Forme um grupo com dois ou três colegas para conversar sobre a história por imagens.

- Em quantos momentos ela pode ser dividida? O que ocorre em cada um desses momentos?
- O cão pensa que há outro cão dentro da água com um pedaço de carne. Então, ele resolve tomar essa carne. Qual é sua opinião sobre esse comportamento do personagem?
- O que você achou do desfecho dessa história?
- Você consegue identificar semelhanças entre essa história por imagens e as fábulas? Quais?
- A moral "Aquele que tudo quer, tudo perde" resume o ensinamento que a história quer passar? Dê sua opinião aos colegas do grupo.

Planejamento e escrita

Agora, você vai produzir uma fábula com base na história por imagens da página anterior, escrevendo-a em uma folha de papel. Seu texto e os textos dos colegas, depois de revistos e reescritos, farão parte de uma exposição de fábulas da turma.

Antes de começar a escrita, siga algumas orientações:

Observe todos os momentos da história:
- Onde o cão estava?
- O que ele pensou ao ver sua imagem refletida na água? Por que soltou o pedaço de carne da boca?
- O cão consegue alcançar seu objetivo?

Descreva as características e os sentimentos do personagem.

Crie um argumento para justificar as ações do cão. Lembre-se de que o argumento é uma característica comum nas fábulas.

Observe a sequência dos fatos e escreva-os.

Cuide da ortografia e da pontuação.

Não se esqueça de dar um título para a fábula e de colocar o ensinamento ao final (a moral da história).

Revisão e reescrita

Confira se sua fábula ensina algo ao leitor e se a moral está de acordo com a história desenvolvida.

Em seguida, mostre seu texto a um colega. Conversem sobre os textos e verifiquem se querem fazer alguma alteração. Após essa revisão, faça a edição final do seu texto.

Apresentação

Com a ajuda do professor, faça com os colegas uma exposição das fábulas.

Depois de apreciarem as produções, escolham algumas para serem lidas em voz alta.

LEIA MAIS

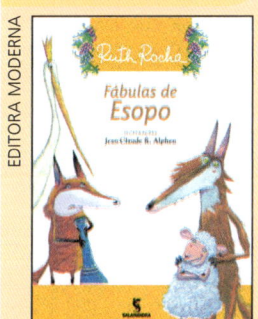

Fábulas de Esopo

Ruth Rocha. São Paulo: Moderna, 2013.

Nesse livro há muitas fábulas recontadas pela autora Ruth Rocha em linguagem simples, que divertem e ensinam os leitores.

LÍNGUA PORTUGUESA

LIÇÃO 7 — O REFORMADOR DO MUNDO

VAMOS COMEÇAR!

Passe os olhos pelo texto a seguir. Como ele está organizado?

Nem todos os textos são narrativas, ou seja, histórias. Observe a ilustração que acompanha o texto e leia o nome do autor, ao final do texto. Você acha que "O reformador do mundo" é uma história?

Agora leia o texto para saber o que esse "reformador do mundo" gostaria de mudar.

O reformador do mundo

Américo Pisca-Pisca tinha o hábito de pôr defeito em todas as coisas. O mundo para ele estava errado, e a natureza só fazia tolices.

— Asneiras, Américo?

— Pois então?!... Aqui mesmo, neste pomar, você tem a prova disso. Ali está uma jabuticabeira enorme sustendo frutas pequeninas, e lá adiante vejo colossal abóbora presa ao caule duma planta rasteira. Não era lógico que fosse justamente o contrário? Se as coisas tivessem de ser reorganizadas por mim, eu trocaria as bolas, passando as jabuticabas para a aboboreira e as abóboras para a jabuticabeira. Não tenho razão?

Assim discorrendo, Américo provou que tudo estava errado e só ele era capaz de dispor com inteligência o mundo.

— Mas o melhor — concluiu — é não pensar nisto e tirar uma soneca à sombra destas árvores, não acha?

E Pisca-Pisca, pisca-piscando que não acabava mais, estirou-se de papo para cima à sombra da jabuticabeira.

Dormiu. Dormiu e sonhou. Sonhou com o mundo novo, reformado inteirinho pelas suas mãos. Uma beleza!

De repente, no melhor da festa, plaft! uma jabuticaba cai do galho e lhe acerta em cheio no nariz.

Américo desperta de um pulo; pisca, pisca; medita sobre o caso e reconhece, afinal, que o mundo não era tão malfeito assim.

Monteiro Lobato. O reformador do mundo. Fábulas. São Paulo: Globo, 2008. (Livro eletrônico)

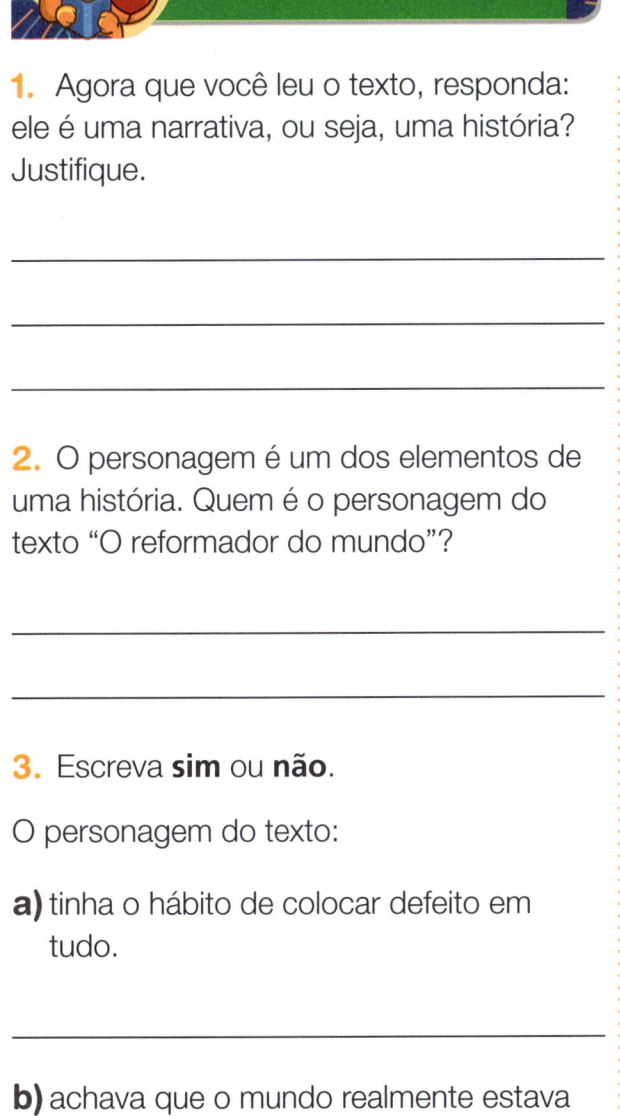

ESTUDO DO TEXTO

1. Agora que você leu o texto, responda: ele é uma narrativa, ou seja, uma história? Justifique.

_____
_____
_____

2. O personagem é um dos elementos de uma história. Quem é o personagem do texto "O reformador do mundo"?

_____
_____

3. Escreva **sim** ou **não**.

O personagem do texto:

a) tinha o hábito de colocar defeito em tudo.

_____

b) achava que o mundo realmente estava benfeito.

_____

c) reconheceu que o mundo não estava tão malfeito assim.

_____

4. Que conclusão Pisca-Pisca tirou ao final do texto?

☐ As jabuticabas estavam fora do lugar.

☐ As pessoas precisam descansar à sombra das árvores.

☐ Pisca-Pisca seria a primeira vítima das modificações que faria.

5. O texto "O reformador do mundo" tem um narrador, alguém que está contando a história. Assinale o trecho onde só há narrativa, sem fala de personagem.

☐ "Assim discorrendo, Américo provou que tudo estava errado e só ele era capaz de dispor com inteligência o mundo."

☐ "— Mas o melhor — concluiu — é não pensar nisto e tirar uma soneca à sombra destas árvores, não acha?"

6. Copie do texto uma das falas dos personagens.

_____

_____

Que sinal de pontuação aparece antes da fala?

_____

7. Marque um **X** na frase que poderia ser a moral da história.

☐ A união faz a força.

☐ Muita mudança pode levar a desenganos.

☐ Quem tudo quer tudo perde.

8. Leia o trecho a seguir e escolha a melhor alternativa.

> De repente, no melhor da festa, plaft! uma jabuticaba cai do galho e lhe acerta em cheio no nariz.

A palavra **plaft** indica:

☐ O som da jabuticaba caindo no nariz.

☐ O estouro de um balão de ar da festa.

☐ O som de um galho da jabuticabeira se quebrando.

9. Observe o seguinte trecho e responda às questões.

> Ali está uma jabuticabeira enorme sustendo frutas pequeninas, e lá adiante vejo colossal abóbora presa ao caule duma planta rasteira.

Que palavra indica o tamanho:

a) da jabuticabeira?

_____

b) das frutas?

_____

c) da abóbora?

_____

10. Releia o começo da fábula e responda às questões.

> Américo Pisca-Pisca **tinha** o hábito de pôr defeito em todas as coisas. O mundo para ele **estava** errado, e a natureza só **fazia** tolices.

a) As três palavras destacadas indicam tempo presente, passado ou futuro?

_____

b) Quais destas palavras estão no passado? Copie-as.

> disse   diz   perguntou
> perguntará   fazia

_____

_____

c) Nas frases a seguir, circule as palavras que indicam passado.

I. "[…] Américo provou que tudo estava errado […]"

II. "— Mas o melhor — concluiu — é não pensar nisto […]"

III. "Dormiu. Dormiu e sonhou. Sonhou com o mundo novo […]"

ESTUDO DA LÍNGUA

Substantivo coletivo

Releia este trecho da fábula "O reformador do mundo":

— [...] Aqui mesmo, neste **pomar**, você tem a prova disso.

Você sabe o que significa a palavra **pomar**? Faça um desenho em seu caderno para representar sua resposta.

O substantivo **pomar**, embora esteja no singular, nomeia um conjunto de árvores frutíferas. Os substantivos que indicam uma coleção ou um conjunto de seres da mesma espécie, como animais, pessoas, lugares e objetos são chamados **substantivos coletivos**.

Conheça alguns substantivos coletivos.

álbum – de retratos, de selos
alcateia – de lobos
alfabeto – de letras
arquipélago – de ilhas
banda – de músicos
bando – de aves
biblioteca – de livros
boiada – de bois
cacho – de uvas, de bananas
cardume – de peixes
classe – de alunos, de pessoas
colmeia – de abelhas

constelação – de estrelas
discoteca – de discos
elenco – de artistas
enxame – de abelhas, de moscas
esquadra – de navios
esquadrilha – de aviões
fauna – de animais de uma região
flora – de plantas de uma região
galeria – de quadros
manada – de elefantes, de bois
matilha – de cães de caça
ninhada – de pintos
nuvem – de gafanhotos
pelotão – de soldados
penca – de bananas
pinacoteca – de quadros
pomar – de árvores frutíferas
quadrilha – de ladrões
ramalhete – de flores
rebanho – de ovelhas, de cabras
réstia – de alhos, de cebolas
time – de atletas, jogadores
revoada – de pássaros
tribo – de indígenas, de indivíduos
turma, classe – de alunos
vara – de porcos

Também são coletivos:

década	dúzia
bimestre	grosa (12 dúzias)
centena	milhar e milheiro
dezena	século

ATIVIDADES

1. Leia o título de um artigo sobre animais.

Como os peixes nadam em cardumes sem trombar uns nos outros?

Yuri Vasconcelos. Disponível em: https://abr.ai/2L1rjqa. Acesso em: 23 jun. 2018.

Pelo sentido do título, o que significa a palavra **cardume**?

_____

2. Uma biblioteca é um conjunto de quê?

_____

3. Observe a foto e leia o trecho de uma reportagem sobre o Arquipélago de Abrolhos, que fica na Bahia.

Arquipélago de Abrolhos, Bahia.

O lugar tem esse nome porque, quando os primeiros navegadores portugueses passavam por ali, tinham que ficar atentos aos recifes, para que o barco não ficasse preso nos corais. E gritavam uns para os outros abrirem os olhos. O arquipélago de Abrolhos (BA) é o mais importante local de reprodução das baleias jubartes no Brasil. As ilhas dali são formadas por recifes, e Abrolhos é o primeiro parque marinho do país.

Folha de S.Paulo, São Paulo, 9 jan. 2010. Suplemento Folhinha.

a) De acordo com o sentido geral do texto, o substantivo **arquipélago** é coletivo de quê?

_____

b) Assinale a frase desse texto que explica a origem do nome Abrolhos.

☐ "E gritavam uns para os outros abrirem os olhos."

☐ "As ilhas dali são formadas por recifes […]"

☐ "[…] Abrolhos é o primeiro parque marinho do país."

4. Observe a placa a seguir, que tem como função alertar os usuários em relação à preservação do meio ambiente.

MEIO AMBIENTE
PRESERVE NOSSA FAUNA E FLORA. QUEM GANHA É VOCÊ.

a) Considerando as palavras destacadas na frase "Preserve nossa **fauna** e **flora**.", a orientação da placa é para que as pessoas preservem especificamente o quê?

_____

b) Reescreva a frase destacada no item **a**, substituindo as palavras **fauna** e **flora** por outras que tenham o mesmo sentido. Faça as alterações necessárias.

_____
_____

5. Complete o quadro com as palavras da lista, relacionando o substantivo coletivo (indicado em **azul**) ao conjunto que ele nomeia (indicado em **vermelho**). Veja o modelo:

manada quadrilha ramalhete
cabras aviões abelhas
porcos rebanho penca
esquadra bananas navios
constelação alcateia ladrões
peixes elefantes cardume
enxame esquadrilha lobos
biblioteca flores alhos
estrelas réstia vara
        livros

Substantivo coletivo	Conjunto de
manada	elefantes
vara	porcos

6. Circule o coletivo correspondente.

a) retratos
  álbum flora deputados

b) músicos
  papel banda discos

c) jogadores
  esquadrilha frota time

d) cães
  ramalhete matilha rebanho

e) artistas
  veículo fotografia elenco

7. Escreva a que coleções se referem estes substantivos.

alfabeto _____

pomar _____

esquadra _____

nuvem _____

constelação _____

pelotão _____

8. Agora escreva o substantivo coletivo relativo a cada figura.

a) _____

b) _____

c) _____

Palavras com l e lh

Leia estas palavras.

| tulha   milho   fulho   barulhentamente |

- O que essas palavras têm em comum?

ATIVIDADES

1. Leia as palavras e copie-as nos quadros certos.

saleiro	hospitaleiro	sinaleiro
palheiro	conselheiro	barulheira
cristaleira	cabeleireiro	prateleira
molheira	toalheiro	trabalheira

Palavras com l	Palavras com lh

2. Complete as frases com as palavras dos quadros.

a) mola – molha

Renato _____ as plantas do jardim.

A _____ da cadeira do papai está quebrada.

b) afilado – afilhado

O padrinho deu um presente ao _____.

Camila tem o nariz _____.

c) bola – bolha

Jair não queria emprestar sua _____ para os meninos jogarem futebol.

De tanto jogar futebol, Antônio ficou com uma _____ no pé.

PRODUÇÃO DE TEXTO

Você vai se preparar para contar oralmente uma fábula aos colegas.

Preparação

O professor vai ajudá-lo a escolher uma das fábulas a seguir.

A galinha e a raposa

O galo e as galinhas viram que lá longe vinha uma raposa.

Empoleiraram-se na árvore mais próxima, para escapar da inimiga.

Com sua esperteza, a raposa chegou perto da árvore e se dirigiu a eles:

— Ora, meus amigos, podem descer daí. Não sabem que foi decretada a paz entre os animais? Desçam e vamos festejar esse dia tão feliz!

Mas o galo, que também não era tolo, respondeu:

— Que boas notícias! Mas estou vendo daqui de cima alguns cães que estão chegando. Decerto eles também vão querer festejar.

A raposa mais que depressa foi saindo:

— Olha, é melhor que eu vá andando. Os cães podem não saber da novidade e querer me atacar.

Domínio público.

Os viajantes e o urso

Dois homens viajavam juntos quando, de repente, surgiu um urso de dentro da floresta e parou diante deles, urrando. Um dos homens tratou de subir na árvore mais próxima e agarrar-se aos ramos. O outro, vendo que não tinha tempo para esconder-se, deitou-se no chão, esticado, fingindo-se de morto, porque ouvira dizer que os ursos não tocam em homens mortos.

O urso aproximou-se, cheirou o homem deitado e voltou de novo para a floresta.

Quando a fera desapareceu, o homem da árvore desceu apressadamente e disse ao companheiro:

– Vi o urso a dizer alguma coisa no teu ouvido. Que foi que ele disse?

– Disse que eu nunca viajasse com um medroso.

Na hora do perigo é que se conhece os amigos.

Domínio público.

Escrita

Leia o texto escolhido mais de uma vez, para entender bem a história. Se for necessário, consulte um dicionário para esclarecer o sentido das palavras que você não conhece.

Reescreva a fábula em seu caderno, com suas palavras, da maneira como você se lembrar.

Revisão

Leia seu texto, como se você não conhecesse a história. É possível entender:
- quem são os personagens?
- que fatos acontecem?
- qual problema eles enfrentam?
- como a história termina?
- qual é o ensinamento transmitido?

Apresentação

Sente-se com os outros alunos que leram a mesma fábula. Conversem sobre a história e definam quem de vocês vai contá-la ao restante da turma. Lembrem-se de que é importante ensaiar a contação da fábula.

Quando o professor pedir, o aluno escolhido contará a fábula a todos os colegas.

Avaliação

Depois que as fábulas forem contadas, vejam se:
- os alunos que as ouviram conseguiram entender as partes da história e quem eram os personagens;
- entenderam o ensinamento transmitido.

LEIA MAIS

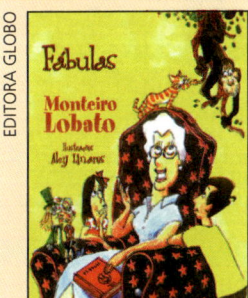

EDITORA GLOBO

Fábulas

Monteiro Lobato. São Paulo: Globo, 2008.

Nesse livro, Monteiro Lobato reconta muitas fábulas de Esopo e La Fontaine e também apresenta outras de sua autoria.

LÍNGUA PORTUGUESA

LIÇÃO 8 — EDUCAÇÃO FINANCEIRA PARA CRIANÇAS

VAMOS COMEÇAR!

Leia somente o título da notícia a seguir. Em sua opinião, de que assunto trata este texto? Você já ouviu falar em educação financeira?

Agora, leia a notícia em silêncio. Depois, acompanhe a leitura que o professor vai fazer.

Através da leitura, projeto ensina educação financeira para crianças

01/01/2017 15h00
Do G1 Bauru e Marília

Projeto criado em escola pública de Arealva atende alunos no contraturno. Crianças também aprendem a economizar em casa e verificar os gastos.

Através da leitura, um projeto criado em uma escola pública de Arealva (SP), ensina as crianças como usar o dinheiro desde pequeno. No contraturno da escola, os alunos recebem orientações sobre planejamento e poupança e eles aprendem direitinho. "O que você quer, você tem que sonhar, você tem que juntar um pouquinho de dinheiro pra vê se dá o total do preço e você vai lá comprar", conta o estudante Leonardo [...], de 7 anos. Uma das histórias é sobre um menino que queria realizar sonhos. "O menino era o mais sonhador do lugar. Passava os dias pensando em todos os sonhos que queria realizar. O menino sabia que para realizar alguns sonhos era preciso ter um negócio chamado dinheiro", diz o livro. É assim que as crianças vão aprendendo uma lição tão óbvia, mas que precisa ser colocada em prática.

Além da leitura de histórias como essa, as crianças fazem várias atividades baseadas nos livros que adultos leem para aprender a administrar o dinheiro. Parece difícil, mas os pequenos entendem tudinho. "O D é de diagnosticar. O S é sonhar. O O é orçar e o P é poupar", explica Leonardo. Já a Isabelle [...], de 8 anos, aprendeu uma lição muito importante. "Eu aprendi que não pode só gastar com bobeira, tem também que guardar."

O primeiro passo é cada aluno definir um sonho particular. Para realizar o sonho, o aluno faz o seu próprio cofre, leva para casa e vai juntando dinheiro. O David [...], de 11 anos, já conseguiu guardar uma boa quantia e vai usar o dinheiro em uma viagem agora no final do ano. De tão empolgado, já entendeu que esse é um aprendizado que vale para a vida toda. "Porque no futuro quando a gente trabalhar, a gente não vai saber o que fazer com o dinheiro. Agora que nós aprendemos, nós sabemos o que fazer, gastar com o que precisa em casa."

Em outra turma, os alunos trouxeram de casa as contas de luz e água para avaliar o quanto a família está gastando. A Marina [...] analisou que tem algo errado. "Ela está muito cara. Eu vou ter que tirar o carregador da tomada depois que uso o celular. Vou ter que apagar a luz do meu quarto que essa noite dormiu acesa sem eu ver. Vou ter que falar pro meu irmão parar de acender a luz de dia", conta.

A educadora Rosa Maria Cardoso explica que economizar em casa é uma forma de ajudar a juntar dinheiro no cofrinho. "Se eles conseguirem economizar em casa, ajudar o papai e a mamãe, na hora de fazer as contas do mês vai sobrar mais dinheiro, então já vai ter como esse dinheiro ir pro cofre pra eles alcançarem os sonhos deles."

Além do sonho individual, eles fizeram um cofre para cada turma, e, aos poucos, cada um foi colocando ali o quanto pôde. No final dos quatro meses, veio a parte boa: gastar. Os alunos escolheram ir para um *shopping* em Bauru e gastar todo o dinheiro que economizaram na sala de aula. Teve diversão no parquinho, sessão de cinema, hora do lanche e eles aprenderam a lição. "Valeu a pena economizar", diz a estudante Natasha [...].

Fonte: G1. Disponível em: https://glo.bo/2J4gx0m. Acesso em: 30 ago. 2022.

ESTUDO DO TEXTO

1. O texto que você acabou de ler é uma notícia. Assinale as alternativas a seguir que podem justificar essa afirmação.

☐ O fato relatado é verdadeiro, ele realmente ocorreu.

☐ O fato relatado não é verdadeiro e conta a história de uma escola que tinha um cofre em cada turma.

☐ O fato relatado é de interesse público e foi publicado em um meio de comunicação social.

2. Onde foi publicada essa notícia?

_____

Nas notícias, a frase ou pequeno texto que vem logo após o título chama-se **linha fina**. Atrair a atenção do leitor para o texto é a principal função da linha fina.

3. Releia o início da notícia e sublinhe no texto o trecho que corresponde à linha fina.

4. Em poucas palavras, informe o que relata essa notícia.

_____
_____
_____
_____

5. Releia o primeiro parágrafo e responda: onde o fato noticiado aconteceu?

_____

6. Em uma notícia, é comum haver depoimentos de pessoas envolvidas com o fato. Releia alguns depoimentos dos estudantes, extraídos da notícia.

"O que você quer, você tem que sonhar, você tem que juntar um pouquinho de dinheiro pra vê se dá o total do preço e você vai lá comprar". (Leonardo, de 7 anos)

"Porque no futuro quando a gente trabalhar, a gente não vai saber o que fazer com o dinheiro. Agora que nós aprendemos, nós sabemos o que fazer, gastar com o que precisa em casa." (David, de 11 anos)

"Eu aprendi que não pode só gastar com bobeira, tem também que guardar." (Isabelle, de 8 anos)

Em sua opinião, qual dos depoimentos acima é mais importante para sua educação financeira? Converse com o professor e os colegas.

7. Como você acha que pode ajudar a diminuir o valor das contas de água e de luz de sua moradia?

_____
_____
_____
_____

Notícia é um gênero textual produzido com o objetivo de informar leitores, ouvintes ou telespectadores sobre um fato real, de interesse público e que pode ser divulgado em jornais, *sites* jornalísticos na internet, na TV, no rádio ou em revistas.

8. Releia o depoimento de Isabelle.

> "Eu aprendi que não pode só gastar com bobeira, tem também que guardar."

Como esse depoimento está indicado no trecho transcrito acima?

_____

_____

> Em notícias, os depoimentos são destacados por um sinal de pontuação chamado **aspas**: " ". As aspas, entre outros usos, também podem ser empregadas para:
> • destacar as falas de personagens, nos contos, por exemplo;
> • indicar humor, ironia;
> • destacar trechos de livros, filmes, peças teatrais, exposições etc.

9. Qual é a função das aspas no trecho destacado abaixo?

> "O menino era o mais sonhador do lugar. Passava os dias pensando em todos os sonhos que queria realizar. O menino sabia que para realizar alguns sonhos era preciso ter um negócio chamado dinheiro", diz o livro.

_____

_____

10. Releia este trecho da notícia.

> Além da leitura de histórias como essa, as crianças fazem várias atividades baseadas nos livros que adultos leem para aprender a administrar o dinheiro. Parece difícil, mas os pequenos entendem tudinho.

a) Nesse trecho, a expressão **as crianças** foi substituída por outra. Copie-a.

_____

b) Você conhece outra expressão que poderia substituir **as crianças** no contexto da notícia?

_____

11. Leia mais um trecho da notícia.

> "O que você quer, você tem que sonhar, você tem que juntar um pouquinho de dinheiro <u>pra vê</u> se dá o total do preço e você vai lá comprar", conta o estudante Leonardo [...], de 7 anos.

a) De que outra forma os termos sublinhados no trecho acima podem ser escritos?

_____

b) Assinale a alternativa incorreta.

☐ O jornalista escreveu **pra vê** em vez de **para ver** porque não sabia escrever de forma correta.

☐ O jornalista escreveu **pra vê** em vez de **para ver** porque queria reproduzir de forma fiel a fala do menino.

☐ Tanto a expressão **pra vê** como a expressão **para ver** estariam corretas na situação de comunicação acima.

> O registro linguístico em notícias normalmente é o formal, que observa as normas gramaticais de pontuação, concordância, correção das palavras etc. Porém, quando registra diretamente depoimentos de pessoas, o jornalista reproduz a fala tal como a ouviu.

LÍNGUA PORTUGUESA

69

ESTUDO DA LÍNGUA

Grau do substantivo

Releia estes trechos.

A educadora Rosa Maria Cardoso explica que economizar em casa é uma forma de ajudar a juntar dinheiro no **cofrinho**.

No dia seguinte, apareceu com um **embrulhão** debaixo do braço.

As pessoas, os animais, os objetos podem variar de tamanho. Essa variação recebe o nome de **grau**. Os graus do substantivo são o **diminutivo** e o **aumentativo**.

A palavra **cofrinho** indica um cofre de tamanho menor que determinado tamanho. Esse substantivo está no **grau diminutivo**.
A palavra **embrulhão** indica um embrulho de tamanho maior que determinado tamanho. Esse substantivo está no **grau aumentativo**.

Conheça o diminutivo e o aumentativo de algumas palavras.

	diminutivo	aumentativo
amor	amorzinho	amorzão
amigo	amiguinho	amigão

	diminutivo	aumentativo
animal	animalzinho	animalão
barca	barquinha	barcaça
boca	boquinha	bocarra
chapéu	chapeuzinho	chapelão
cão	cãozinho	canzarrão
casa	casinha	casarão
copo	copinho	copázio/copaço
corpo	corpinho	corpanzil
coqueiro	coqueirinho	coqueirão
fogo	foguinho	fogaréu
forno	forninho	fornalha
garoto	garotinho	garotão
garrafa	garrafinha	garrafão
homem	homenzinho	homenzarrão
menino	menininho	meninão
muro	murinho	muralha
nariz	narizinho	narigão
pé	pezinho	pezão
perna	perninha	pernaça
rapaz	rapazinho	rapagão
sala	salinha	salão
tatu	tatuzinho	tatuzão

	diminutivo	aumentativo
tesoura	tesourinha	tesourão
voz	vozinha	vozeirão

ATIVIDADES

1. Escreva no caderno o que se pede.

a) O aumentativo de **cão**, **casa**, **fogo** e **forno**.

b) O diminutivo de **cão**, **chapéu**, **casa** e **voz**.

2. Reescreva as frases colocando no aumentativo as palavras destacadas.

a) O **rapaz** comprou um **chapéu**.

_____

_____

b) O **cão** fugiu e se escondeu atrás do **muro**.

_____

_____

c) O **nariz** do palhaço era vermelho.

_____

_____

4. Nem sempre as palavras terminadas em **-ão** e **-inho(a)** estão no aumentativo ou no diminutivo. Assinale as frases em que o substantivo destacado não exprime diferentes tamanhos.

☐ A casa fica em uma **ruazinha** estreita.

☐ Recebi um **cartão** de aniversário.

PRODUÇÃO DE TEXTO

Chegou a hora de pesquisar uma notícia interessante e atual para afixar no mural da sala de aula.

Preparação

Reúna-se com um colega. Pesquisem, em alguns veículos que publicam notícias, como os fatos são narrados, a estrutura do texto, a construção das frases, a distribuição das informações transmitidas, os detalhes publicados.

Planejamento e escrita

Escolham uma notícia que seja interessante para os colegas da turma.

Reproduzam a notícia em uma folha ou digitem-na no computador e a imprimam.

O uso de imagens é opcional, mas lembrem-se que elas podem tornar a notícia mais atrativa. Indiquem a fonte dessa notícia, isto é, o nome do jornal que a publicou e a data.

Por se tratar da divulgação de uma notícia, lembrem-se de que não é o momento para comentários pessoais ou opiniões. Atenham-se apenas aos fatos.

Revisão e reescrita

Troquem o texto com outra dupla para que sejam avaliados e façam o mesmo com o texto recebido. A dupla deve considerar as observações que julgar pertinentes.

Entreguem o trabalho ao professor, para eventuais correções ortográficas e gramaticais. Se necessário, reescrevam o texto.

Divulgação

Exponham a notícia no mural da sala de aula.

LIÇÃO 9

AMARELINHA

VAMOS COMEÇAR!

Leia as regras da brincadeira amarelinha.

Amarelinha

Como se brinca?

Regras:
- Não pode apoiar a mão ou o outro pé no chão para pegar a pedrinha.
- Não pode pisar na linha ou fora do quadrado.
- Não pode pisar no quadrado em que estiver a pedra.
- Não pode jogar a pedrinha no quadrado errado.
- Quem errar passa a vez para o jogador seguinte.
- Sempre que o jogador que errou voltar, ele recomeça de onde estava.
- Ganha quem fizer primeiro todo o trajeto sem errar.

1 Os participantes fazem o desenho como indicado ao lado.

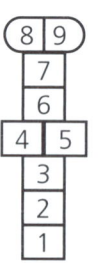

2 O jogador lança a pedra para a casa 1 e segue pulando, com um pé nas casas 2, 3, 6 e 7 e, com os dois pés, um em cada quadrado, nas casas 4/5 e 8/9.

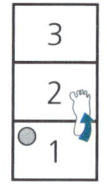

3 Quando ele chega às casas 8 e 9, deve girar o corpo até ficar de frente para a figura e voltar pelo mesmo caminho, repetindo a ordem dos pulos. Quando chegar à casa 2, pega a pedra que está na casa 1 e recomeça.

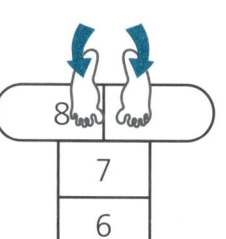

4 Se conseguir lançar a pedra na sequência dos números até chegar à casa 9 e voltar sem pisar em nenhuma linha, o participante fica de costas para a figura quando chegar às casas 8 e 9 e lança a pedra por cima de sua cabeça. Caso ela caia em alguma casa, o jogador faz um desenho ali, e só ele poderá pisar nela.

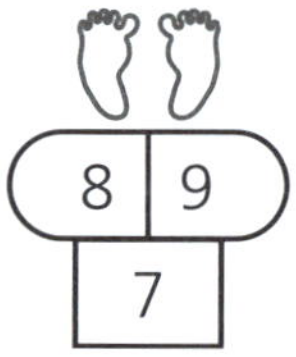

ILUSTRAÇÕES: SGAMARANTE

Fonte: Mapa do brincar/UOL. Disponível em: https://bit.ly/2NBtEtF.
Acesso em: 30 ago. 2022.

ESTUDO DO TEXTO

1. Você conhecia a brincadeira amarelinha da maneira como ela foi apresentada na página 68? É diferente do jeito como você brinca? Em quê? Comente com os colegas.

2. Qual é a intenção do texto "Amarelinha"? Assinale a alternativa correta.

☐ Ensinar a montar um objeto.

☐ Ensinar as regras da brincadeira.

☐ Ensinar a escolher participantes para brincar.

> As regras de uma brincadeira são **instruções**. O objetivo é explicar como jogar e mostrar o que se pode ou não fazer durante a brincadeira.

3. O texto é apresentado passo a passo, ou seja, em etapas. Você acha necessário? Por quê?

4. Em quantos passos a brincadeira foi ensinada?

5. Em sua opinião, algum passo poderia ter sido excluído ou acrescentado?

6. De acordo com o texto, qual é o primeiro passo para começar a brincar de amarelinha?

7. Volte ao texto "Amarelinha" e observe os quadros numerados.

a) O que a ilustração do quadro 1 indica?

b) Observe as ilustrações que acompanham os quadros 2 e 3. O que elas indicam?

c) Leia a instrução do quadro 4. O que ela explica?

8. Quando um jogador retorna à brincadeira, em que posição ele entra?

9. O que é preciso para vencer a brincadeira?

ESTUDO DA LÍNGUA

Artigo definido e artigo indefinido

Observe as ilustrações e leia as palavras.

Quando Magali pede à mãe que leia "**o** livro de receitas", a menina está se referindo a certo livro de receitas que ambas já sabem qual é.

E se ela tivesse dito "**um** livro de receitas"? Nesse caso, talvez ela estivesse falando de um livro de receitas qualquer. Veja:

> **o** livro de receitas
> ↓
> certo livro de receitas que Magali e sua mãe sabem qual é
>
> **um** livro de receitas
> ↓
> um livro de receitas qualquer

As palavras destacadas são **artigos**.

> **Artigo** é a palavra que colocamos antes do substantivo para determiná-lo ou indeterminá-lo.

Os artigos podem ser definidos ou indefinidos.

> **Artigos definidos** são palavras que determinam o substantivo de modo particular e preciso: **o, a, os, as**.
> **Artigos indefinidos** são palavras que determinam o substantivo de modo vago e impreciso: **um, uma, uns, umas**.

O artigo indica, ao mesmo tempo, o gênero (se a palavra está no masculino ou no feminino) e o número (se a palavra está no singular ou no plural) dos substantivos.

Observe:

> **a** manga (feminino / singular)
>
> **o** melão (masculino / singular)
>
> **as** uvas (feminino / plural)
>
> **os** morangos (masculino / plural)

ATIVIDADES

1. Responda às questões.

a) O que é artigo?

_____

_____

b) Quais são os artigos definidos?

_____

c) Quais são os artigos indefinidos?

_____

2. Circule os artigos e classifique-os em definido ou indefinido.

a) A festa da escola foi muito bem organizada.

_____

b) Comprei uns cadernos na loja perto de minha casa.

_____

c) O cantor é afinado, mas só canta *rock*.

_____

d) Dei uma bala de mel para Silvana provar.

_____

e) As crianças ficaram contentes com os presentes.

_____

3. Sublinhe os artigos e classifique-os como no modelo.

> A amarelinha é uma brincadeira divertida.
> **a**: definido, feminino, singular
> **uma**: indefinido, feminino, singular

Os participantes fazem o desenho como indicado ao lado.

_____

_____

ORTOGRAFIA

Mal ou mau?

Leia estas frases observando as palavras destacadas.

> Os lixões produzem gases que fazem **mal** à saúde dos seres vivos.
>
> Os lixões degradam a paisagem e produzem **mau** cheiro.

> Empregamos **mal** quando pudermos opor a bem.
> Empregamos **mau** quando pudermos opor a bom.

Mais ou mas?

Leia as frases, observando as palavras destacadas.

> Juntamos cada vez **mais** lixo.
>
> Parece simples, **mas**... para onde o lixeiro leva o lixo?

LÍNGUA PORTUGUESA

Empregamos **mais** para indicar quantidade, intensidade.
Empregamos **mas** para indicar ideia contrária. Pode ser substituído por porém.

ATIVIDADES

1. Complete as frases com **mau** ou **mal**.

a) Em muitos contos, o lobo é _____.

b) O paciente estava se sentindo muito _____ nesta manhã.

c) O aluno foi _____ na prova.

d) Ele sempre foi um homem _____.

2. Complete as frases com **mais** ou **mas**.

a) Gostaria de fazer um curso de violão, _____ ainda não tenho tempo livre.

b) Ela é a _____ alegre da nossa turma.

c) Quatro _____ cinco são nove.

d) Eu gosto de carne, _____ prefiro peixe.

3. Leia estes trechos do cordel e de uma regra de brincadeira. Complete com **mais** ou **mas**.

a)
As brincadeiras que a gente
Brinca desde criancinha
São inventadas, por isso
Em nossa casa ou vizinha
Tem sempre alguém que aprendeu
_____ uma brincadeirinha

Abdias Campos. Disponível em: https://www.cordelnaeducacao.com.br/produto/brincadeiras-populares. Acesso em: 22 ago. 2022.

b)
Tá quente, se tiver perto
Tá frio, se longe está
Tá morno, se _____ ou menos
Está perto do lugar
Onde escondeu-se o objeto
Que ganha quando encontrar

Abdias Campos. Disponível em: https://www.cordelnaeducacao.com.br/produto/brincadeiras-populares. Acesso em: 22. ago. 2022.

c)
As palavras céu e inferno podem ser escritas no começo e no final do desenho, que é marcado no chão com giz, tinta ou graveto.
_____ as crianças também escrevem palavras como mundo, sol e lua nessas áreas, geralmente de descanso.

Disponível em: https://mapadobrincar.folha.com.br/brincadeiras/amarelinha/. Acesso em: 22. ago. 2022.

PRODUÇÃO DE TEXTO

Agora você vai escrever as regras de sua brincadeira ou de seu jogo preferido.

Planejamento e escrita

Que brincadeira ou jogo você vai escolher? Você sabe quais são as regras?

Se precisar, busque as informações necessárias para produzir o texto em livros, *sites* e caixas de jogos.

Lembre-se de que o texto que você vai escrever deverá incluir:

- título;
- apresentação de materiais, número de participantes, objetivo da brincadeira;
- regras com verbos imperativos, isto é, que indicam ordem;
- indicação dos passos a serem seguidos;
- organização do texto em forma de lista.

Escreva um rascunho do texto no seu caderno.

Revisão e reescrita

Depois de concluído o trabalho, troque seu texto com o de um colega.

Leia o texto de seu colega e verifique:
- As regras foram divididas em partes? Quais?
- É possível entender as explicações apresentadas?
- O que você poderia sugerir ao colega para enriquecer o texto dele?

Receba o texto que foi avaliado pelo colega e reescreva-o em uma folha de papel, fazendo as alterações propostas na revisão. Se desejar, ilustre o texto.

Apresentação

No dia combinado com o professor, leia as regras de sua brincadeira ou de seu jogo preferido para os colegas.

Depois, escolham juntos uma brincadeira ou um jogo para realizar na escola.

Avaliação

Como foi escrever as regras das brincadeiras e dos jogos? E como foi colocá-las em prática? Converse sobre isso com os colegas e o professor.

LEIA MAIS

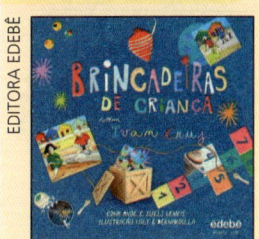

Brincadeiras de criança
Edna Ande e Sueli Lemos. Brasília: Edebê, 2016.

Esse livro apresenta várias brincadeiras que farão os leitores deixarem o celular e o videogame de lado para descobrir o que é brincar de verdade.

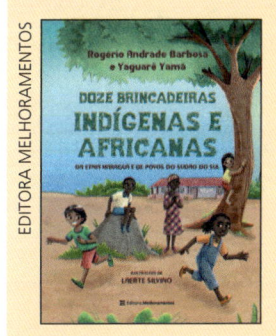

EDITORA EDEBÊ

Doze brincadeiras indígenas e africanas: da etnia Maraguá e de povos do Sudão do Sul
Rogério Andrade Barbosa e Yaguarê Yamã. São Paulo: Melhoramentos, 2022.

Um garoto indígena e uma menina sul-sudanesa se juntam nesse livro para apresentar doze brincadeiras típicas de suas culturas.

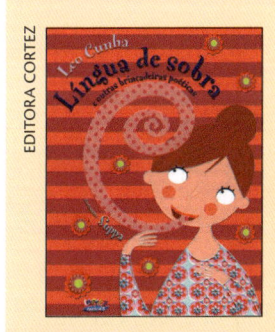

EDITORA MELHORAMENTOS

Língua de sobra e outras brincadeiras poéticas
Leo Cunha. São Paulo: Cortez, 2018.

Um livro cheio de versos para brincar e se divertir.

EDITORA CORTEZ

LIÇÃO 10

COMBATA O PRECONCEITO

VAMOS COMEÇAR!

A notícia a seguir apresenta uma campanha criada para incluir e combater o preconceito contra pessoas afetadas pelo Transtorno do Espectro Autista (TEA). Você imagina que preconceitos sejam esses e como eles podem ser combatidos?

Leia a notícia silenciosamente. Depois, acompanhe a leitura que será feita pelo professor.

Inclusão e combate ao preconceito são temas de caminhada no Dia Mundial do Autismo em Fortaleza

Evento foi realizado neste sábado, 2, data que marca o Dia Mundial de Conscientização Sobre o Autismo. Depois da passeata, os participantes se reuniram em uma roda de conversa no Calçadão da Praia de Iracema

21:36 | 3 abr. 2022 | Autor: Luciano Cesário

No Dia Mundial de Conscientização Sobre o Autismo, lembrado nesse sábado, 2 de abril, uma caminhada foi realizada na avenida Beira-Mar, em Fortaleza, para marcar a importância da data e incentivar o combate ao preconceito e à discriminação contra pessoas afetadas pelo Transtorno do Espectro Autista (TEA). Organizada pela Comissão de Defesa dos Direitos das Pessoas com Deficiência da OAB-CE, a ação teve como tema "Lugar de autista é em todo lugar".

A caminhada partiu do Boteco Praia, no Meireles, e seguiu até as instalações do Programa Praia Acessível, na Praia de Iracema. O ato contou com a participação de autistas, seus familiares, Ministério Público do Ceará (MPCE) e de entidades da sociedade civil que lutam pela inclusão social de pessoas diagnosticadas com o Espectro. A mesma mobilização, de caráter nacional, também foi realizada em outras capitais pelo Brasil.

Após a conclusão do trajeto, os participantes se reuniram no calçadão da Praia de Iracema e promoveram uma roda de conversa para debater os avanços e desafios na busca pela inclusão social de pessoas com TEA. O primeiro a falar foi o estudante de turismo e palestrante, Eduardo Rodrigues, de 22 anos. Autista, ele reforçou que a condição não pode ser considerada uma barreira social para o convívio interpessoal e profissional.

"Não existe pessoa melhor para falar sobre o autismo do que um autista, ele é o verdadeiro protagonista. O mais importante é sempre acreditar que você é capaz de chegar aonde você quiser, porque todos nós temos sonhos, sejam pessoais ou profissionais, e eu tenho certeza que não é diferente com cada um de vocês que estão aqui hoje. E nesse processo de construir as relações, o apoio da família é fundamental, por isso agradeço muito à minha mãe e ao meu pai, especialmente", disse.

A advogada Gabrielle Bezerra, mãe de um adolescente autista, que também esteve no evento, destacou que a luta pela inclusão e o combate ao preconceito contra pessoas autistas deve envolver toda a sociedade, e não apenas aqueles que são diagnosticados com o Espectro ou seus familiares. "Estar nessa caminhada com meu filho é muito representativo, porque lutar contra o preconceito e a discriminação não é tarefa só de quem tem autismo, mas também de toda a sociedade", afirmou.

Ela ainda relatou que identificou os primeiros sinais de TEA no seu filho quando ele tinha 4 anos. Hoje, com 17, o adolescente leva uma vida como a de qualquer pessoa de sua idade, salvo algumas exceções, como dificuldades em se expor a multidões ou lugares muito tumultuados.

[...]

O presidente da Comissão de Defesa dos Direitos das Pessoas com Deficiência da OAB-CE, Emerson Damasceno, ressalta que a inclusão de pessoas autistas nos espaços sociais deixou de ser apenas uma luta, como era no começo deste século, e já se transformou em direito. No entanto, ele ressalta que ainda há desafios à vista.

"A ocupação dos espaços, tanto físicos quanto institucionais, por pessoas autistas é, sobretudo, uma questão legal, que está na convenção internacional da ONU e na lei brasileira de inclusão. É uma questão fundamental de cidadania. A gente só democratiza a sociedade se a gente democratizar também as relações interpessoais, garantir aos autistas o lugar de fala que lhes é de direito", comentou.

O advogado ainda afirmou que a ideia de promover a caminhada em um local aberto, num dos pontos mais movimentados da Capital cearense, está diretamente ligada ao objetivo da mobilização. "A gente pensou num espaço que tivesse acessibilidade arquitetônica e urbanística razoável, que pudesse ser de boa convivência para as pessoas autistas e seus familiares. E o próprio objetivo da marcha tem a ver com isso, mostrar que o espaço público deve ser ocupado por todos, independentemente das condições de cada um", acrescentou.

[...]

Luciano Césario. Inclusão e combate ao preconceito são temas de caminhada no Dia Mundial do Autismo em Fortaleza. *O Povo*, 3 abr. 2022. Disponível em: https://www.opovo.com.br/noticias/fortaleza/2022/04/03/inclusao-e-combate-ao-preconceito-sao-temas-de-caminhada-no-dia-mundial-do-autismo-em-fortaleza.html. Acesso em: 22 jun. 2022.

ESTUDO DO TEXTO

1. Onde essa notícia foi publicada?

_____

_____

2. Que informações o título da notícia antecipa sobre ela?

_____

_____

> No jornalismo, os **títulos das notícias** têm como objetivo atrair a atenção do leitor, antecipando informações para que ele saiba do que se trata.

3. Localize o nome do jornalista que escreveu a notícia lida e escreva-o.

_____

4. Em uma notícia, o primeiro parágrafo geralmente traz as informações mais importantes para o entendimento do leitor. Releia-o.

    No Dia Mundial de Conscientização Sobre o Autismo, lembrado nesse sábado, 2 de abril, uma caminhada foi realizada na avenida Beira-Mar, em Fortaleza, para marcar a importância da data e incentivar o combate ao preconceito e à discriminação contra pessoas afetadas pelo Transtorno do Espectro Autista (TEA). Organizada pela Comissão de Defesa dos Direitos das Pessoas com Deficiência da OAB-CE, a ação teve como tema "Lugar de autista é em todo lugar".

Nesse parágrafo, identifique as informações que respondem às perguntas a seguir.

a) O que aconteceu?

_____

_____

b) Quem organizou a caminhada?

_____

_____

_____

c) Quando ela ocorreu?

_____

_____

d) Onde ela ocorreu?

_____

_____

e) Por que ela ocorreu?

_____

_____

_____

_____

_____

_____

> O parágrafo que contém as informações mais importantes da notícia é chamado **lide**. O lide geralmente responde às questões: o que, quem, quando, como, onde e por quê.

5. O tema da caminhada sobre o qual fala a notícia é *Lugar de autista é em todo lugar*. Assinale, entre as alternativas abaixo, aquelas que indicam aplicações dessa ideia.

☐ Autistas tomaram frente da roda de conversa após a caminhada noticiada.

☐ Autistas precisam escolher lugares específicos para trabalhar.

☐ Autistas têm o direito de ocupar qualquer espaço físico que quiserem.

☐ Autistas podem estudar em qualquer escola, adentrar em universidades e seguirem a profissão que desejam.

6. Releia:

> Após a conclusão do trajeto, os participantes se reuniram no calçadão da Praia de Iracema e promoveram uma roda de conversa para debater os avanços e desafios na busca pela inclusão social de pessoas com TEA. O primeiro a falar foi o estudante de turismo e palestrante, Eduardo Rodrigues, de 22 anos. Autista, ele reforçou que a condição não pode ser considerada uma barreira social para o convívio interpessoal e profissional.

a) Quem é Eduardo Rodrigues?

_____
_____

b) Em sua opinião, a fala dele foi importante para a marcha?

_____
_____
_____

7. Observe o seguinte depoimento presente na notícia:

> O presidente da Comissão de Defesa dos Direitos das Pessoas com Deficiência da OAB-CE, Emerson Damasceno, ressalta que a inclusão de pessoas autistas nos espaços sociais deixou de ser apenas uma luta, como era no começo deste século, e já se transformou em direito. No entanto, ele ressalta que ainda há desafios à vista.
> "A ocupação dos espaços, tanto físicos quanto institucionais, por pessoas autistas, é, sobretudo, uma questão legal, que está na convenção internacional da ONU e na lei brasileira de inclusão. É uma questão fundamental de cidadania. A gente só democratiza a sociedade se a gente democratizar também as relações interpessoais, garantir aos autistas o lugar de fala que lhes é de direito", comentou.

a) Em sua opinião, por que Emerson Damasceno foi ouvido pelo jornalista?

_____
_____
_____
_____
_____

b) Em sua fala, ele afirma que a ocupação dos espaços por pessoas autistas é uma questão legal. Onde poderíamos confirmar essa informação segundo ele?

_____
_____
_____

LÍNGUA PORTUGUESA

c) Você sabe o que é cidadania? Faça uma pesquisa e compartilhe com seus colegas o que você encontrou.

d) Procure no dicionário o significado da palavra **democratizar** e registre o significado que foi utilizado na fala de Emerson Damasceno.

_____
_____
_____
_____

> Nas notícias, os **depoimentos** têm a função de confirmar as informações dadas pelo jornalista ou acrescentar outras.

8. Ao ler uma notícia, é importante sabermos diferenciar o que é um fato e o que é uma opinião.

> **Fato** é a ação ocorrida ou em processo de realização, o acontecimento; **opinião** é a forma pessoal de pensar, a maneira particular de olhar um fato.

Releia alguns trechos de notícias que você já leu neste livro. Escreva **1** para fato e **2** para opinião.

☐ "Na segunda-feira (18), Dia Nacional do Livro Infantil, as escolas municipais de Garanhuns receberam mais de 5 mil livros voltados para educação financeira das crianças."

☐ "Após a conclusão do trajeto, os participantes se reuniram no calçadão da Praia de Iracema e promoveram uma roda de conversa para debater os avanços e desafios na busca pela inclusão social de pessoas com TEA."

☐ "Este material que hoje recebemos em nossa escola é riquíssimo, nos dará suporte para tratarmos sobre a educação financeira com algo que de fato é adequado para as crianças"

☐ "O mais importante é sempre acreditar que você é capaz de chegar aonde você quiser, porque todos nós temos sonhos, sejam pessoais ou profissionais, e eu tenho certeza que não é diferente com cada um de vocês que estão aqui hoje."

9. Leia o trecho a seguir.

> A advogada Gabrielle Bezerra, mãe de um adolescente autista, que também esteve no evento, destacou que a luta pela inclusão e o combate ao preconceito contra pessoas autistas deve envolver toda a sociedade, e não apenas aqueles que são diagnosticados com o Espectro ou seus familiares.

a) Qual é o nome da advogada?

_____

b) Além da profissão dela, que outra informação o texto apresenta?

_____
_____

c) Se a informação "mãe de um adolescente autista" fosse retirada e não aparecesse em nenhum outro lugar do texto, seria possível saber a relação dessa advogada com a marcha? Explique.

_____
_____
_____
_____

A expressão "mãe de um adolescente autista", que aparece entre vírgulas no trecho destacado, é chamada **aposto**.

O aposto é um termo que fornece informações para explicar ou esclarecer outro termo mencionado. Na maioria das vezes, o aposto aparece entre vírgulas, mas pode vir também acompanhado de dois-pontos, parênteses e travessão. Veja:

- Paula, **irmã de Beth**, fará o bolo de aniversário.
- Vou me divertir na festa: **doces, bolo, brincadeiras e muita alegria**.
- O aniversário do Joca **(evento mais esperado do ano)** foi muito bom!
- O brigadeiro – **doce preferido dos convidados** – não sobrou na mesa.

Todos os termos (palavras e expressões) destacados em negrito nas frases acima são **apostos**.

ESTUDO DA LÍNGUA

Numerais

Numerais são palavras que indicam a quantidade de seres, sua ordenação ou proporção.

Os numerais podem ser classificados em:

- **cardinais**: quando indicam quantidade. Exemplo: A campanha tem cinco eixos essenciais.
- **ordinais**: quando indicam a posição em uma determinada sequência. Exemplo: Os adolescentes participaram do Primeiro Fórum.
- **multiplicativos**: quando indicam o número de vezes pelo qual uma quantidade é multiplicada. Exemplo: A aldeia será demarcada com o dobro do tamanho atual.
- **fracionários**: quando indicam o número de vezes pelo qual uma quantidade é dividida. Exemplo: Mais da metade das reivindicações foram atendidas.

Veja, no quadro, uma lista de numerais. Consulte-a sempre que necessário.

Numerais			
Cardinais	Ordinais	Multiplicativos	Fracionários
um	primeiro	–	–
dois	segundo	dobro/duplo	meio/metade
três	terceiro	triplo	terço
quatro	quarto	quádruplo	quarto
cinco	quinto	quíntuplo	quinto
seis	sexto	sêxtuplo	sexto
sete	sétimo	sétuplo	sétimo

Numerais			
Cardinais	**Ordinais**	**Multiplicativos**	**Fracionários**
oito	oitavo	óctuplo	oitavo
nove	nono	nônuplo	nono
dez	décimo	décuplo	décimo
onze	décimo primeiro	–	onze avos
vinte	vigésimo	–	vinte avos
trinta	trigésimo	–	trinta avos
quarenta	quadragésimo	–	quarenta avos
cinquenta	quinquagésimo	–	cinquenta avos
sessenta	sexagésimo	–	sessenta avos
setenta	septuagésimo	–	setenta avos
oitenta	octogésimo	–	oitenta avos
noventa	nonagésimo	–	noventa avos
cem	centésimo	cêntuplo	centésimo
mil	milésimo	–	milésimo

ATIVIDADES

1. Numere a segunda coluna de acordo com a primeira.

[1] multiplicativo   [2] fracionário
[3] cardinal   [4] ordinal

[ ] Comi um **terço** do bolo.

[ ] São **dez** horas.

[ ] Mário conseguiu o **primeiro** lugar.

[ ] Mamãe fez o **dobro** de pastéis.

2. Escreva os numerais multiplicativos de:

dois _____

três _____

quatro _____

cinco _____

seis _____

sete _____

3. Classifique os numerais abaixo.

dez _____

dezessete _____

metade _____

triplo _____

nono _____

trinta _____

terço _____

dobro _____

4. Escreva por extenso os ordinais que correspondem a estes cardinais.

dois – _____

dez – _____

quatorze – _____

vinte e oito – _____

trinta e seis – _____

quarenta e três – _____

vinte e nove – _____

ORTOGRAFIA
Uso de g e j

1. Leia novamente este trecho da notícia.

"O mais importante é sempre acreditar que você é capaz de chegar aonde você quiser, porque todos nós temos sonhos, sejam pessoais ou profissionais, e eu tenho certeza que não é diferente com cada um de vocês que estão aqui hoje.[...]"

"A gente só democratiza a sociedade se a gente democratizar também as relações interpessoais, garantir aos autistas o lugar de fala que lhes é de direito [...]"

a) Copie uma palavra escrita com a letra **j**.

_____

b) Agora, copie uma palavra escrita com **g**, mas que apresenta o mesmo som de **j** na palavra que você escreveu no item **a**.

_____

c) Na palavra **lugar**, a letra **g** apresenta o mesmo som que na palavra que você apontou no item **b**?

_____

Se a palavra **gente** fosse apenas ouvida, não daria para perceber que deve ser escrita com **g**. Isso acontece porque a letra **g** é pronunciada com o mesmo som de **j** quando seguida de **e** e **i**. Além de saber que a letra **g** é pronunciada com o mesmo som de **j**, quando seguida de **e** e **i**, saiba também que:
- Usamos a letra **g** para escrever os substantivos terminados em **-agem**, **-igem** e **-ugem** (viagem, vertigem, pelugem).

- Usamos a letra **j** em palavras que derivam de outras com a mesma letra, como lojista, lojinha (derivadas de loja) e ajeitar, jeitoso (derivadas de jeito).

2. Leia a seguir um trecho do poema escrito por Henrique Douglas Oliveira, estudante de 12 anos, que recebeu o prêmio de vencedor da terceira edição da Olimpíada de Língua Portuguesa, promovida pelo Ministério da Educação.

"Ô de casa?!

[...]
Sítio Gerimum
Este é o meu lugar,
Pedaço de chão resistente
Como o povo que aqui está,
Que semeia coragem
E faz a esperança brotar.

Meu Gerimum é com "G"
Você pode ter estranhado,
Gerimum em abundância
Aqui era plantado,
E com a letra "G"
Meu lugar foi registrado.
[...]

Henrique Douglas Oliveira. Disponível em: https://bit.ly/2m17Hr9. Acesso em: 23 jun. 2022.

a) Você gosta do modo como o jovem poeta fala do lugar onde vive? Por quê?

_____
_____
_____

b) Em sua opinião, a letra inicial da palavra **Gerimum** é mesmo **g** ou é a letra **j**?

_____

d) Agora, localize a palavra no dicionário. Como o termo **Gerimum** está grafado no dicionário? Você acha que o poeta conhecia a forma como o dicionário traz escrita essa palavra? Explique.

_____

3. Pesquise em jornais, revistas, livros, internet etc. palavras escritas com a letra **g**, seguida de **e** e **i**, e palavras escritas com **j**. Traga as palavras pesquisadas para a sala de aula e, com os colegas e o professor, formem uma lista para compor um cartaz, que poderá ser consultado por todos quando necessário. Escreva a lista a seguir.

_____
_____
_____
_____
_____
_____
_____

PRODUÇÃO DE TEXTO

Preparação

Nesta lição, você pôde perceber como as notícias são escritas e como geralmente as partes desse texto estão organizadas.

- A **manchete** ou **título principal** costuma ser escrita com frases pequenas, que chamam a atenção do leitor. O título revela o assunto principal que será tratado na notícia.

- O **subtítulo** ou **linha fina** acrescenta algumas informações que complementam o título.

- O **lide** resume os fatos geralmente no primeiro parágrafo e, às vezes, até no segundo. Nessa parte, precisamos encontrar informações que respondem às perguntas: Onde aconteceu o fato? Com quem? O que aconteceu? Quando? Como? Por quê? Qual foi o assunto?

- No **corpo da notícia** o jornalista dá detalhes de como tudo ocorreu, por meio de novas informações ou depoimentos. Muitas vezes, o fato noticiado vem acompanhado por uma foto e legenda.

O professor vai organizar a turma em grupos e sortear diferentes assuntos para que cada grupo produza uma notícia sobre o tema pelo qual ficará responsável.

Pesquisem em jornais, revistas, na internet etc. notícias que abordem assunto semelhante ou conversem com pessoas que já tenham passado por situação parecida e tragam o material para a discussão em sala.

Planejamento e escrita

Lembrem-se de que no lide está o resumo das informações mais importantes da notícia, aquelas que podem ser respondidas pelas perguntas: O que foi? Quem participou? Como foi? Por quê? Quando? Onde? Porém, nem sempre é possível incluir todas essas informações nesse espaço. Nesse caso, coloquem aquelas que respondem às questões que não podem faltar na notícia.

Em seguida, criem um título principal (manchete) que atraia a atenção do leitor.

Não se esqueçam de que a linha fina é um complemento do título principal, apenas com o acréscimo de algumas informações para torná-lo ainda mais atraente ao leitor.

Depois de organizadas as partes citadas, escrevam o corpo da notícia.

Se quiserem acrescentar depoimentos, coloque-os entre aspas.

Revisão e reescrita

Releiam todos os parágrafos atentamente. Então, pensem: o que está faltando nessa notícia? Observem se:

- o lide foi construído com os dados mais importantes;
- o título convida o leitor a continuar lendo o texto;
- a linha fina está atraente e a informação que ela divulga não está repetida no desenvolvimento da notícia;
- a ortografia e a pontuação foram corretamente aplicadas;
- os apostos foram colocados entre vírgulas ou acompanhados de dois-pontos, travessões ou parênteses;
- os numerais foram empregados adequadamente;
- a notícia foi escrita em linguagem formal;
- os depoimentos foram colocados entre aspas.

Se houver necessidade, reformulem os parágrafos e façam correções de modo que o texto fique bem escrito. Pensem na hipótese de esse texto ser publicado em um jornal ou revista de grande circulação e coloquem-se no lugar dos leitores.

Solicite ao professor que avalie se o grupo conseguiu escrever a notícia de forma correta, com todas as partes, com clareza e correção e se há necessidade de alterar ou corrigir algum item.

Façam a edição final do texto e, se for possível, ilustrem-no com imagens recortadas de jornais ou revistas que estejam de acordo com o assunto.

Simulação de um noticiário de televisão

Agora que os grupos já redigiram as notícias, elas devem ser apresentadas para toda a turma como em um noticiário de televisão. Siga as orientações:

- Cada grupo deverá organizar a apresentação, dividindo as tarefas de modo que haja entrosamento na equipe. Façam um ensaio antes.
- Se acharem interessante, o grupo pode fazer uma dramatização durante a apresentação, utilizando nomes fictícios como se fossem apresentadores de telejornal. Dessa forma, a atividade, além de descontraída, chamará a atenção da turma.
- À frente da sala, o grupo irá apresentar a notícia, podendo haver uma divisão das partes entre os participantes, de modo que cada um apresente um trecho do texto.
- Não se esqueçam de que o jornal falado não é meramente uma leitura, e sim uma exposição oral, que deve prender a atenção da plateia. Assim, prestem atenção à linguagem, que deve ser mais formal, ao tom de voz, às pausas, à pronúncia das palavras, à postura diante do público etc. Daí a importância de treinarem bastante antes.
- No momento de apresentação dos grupos, escutem com atenção as notícias criadas pelos colegas, respeitem o tempo de cada um falar e, depois da apresentação, vocês podem fazer perguntas ao grupo relativas à notícia apresentada.

Boa apresentação!

Avaliação

Depois da apresentação, cada grupo deverá se avaliar de acordo com as seguintes reflexões:

- A apresentação trouxe informações de forma clara e criativa?
- A apresentação prendeu a atenção da turma ou gerou cansaço e desinteresse?
- O grupo agiu com sintonia, parecendo conhecer bem o texto escrito?
- Que sugestões são pertinentes para que, em um próximo trabalho, o grupo aperfeiçoe a apresentação?

LIÇÃO 11 — QUAL É SUA OPINIÃO?

VAMOS COMEÇAR!

O texto que você vai ler a seguir foi extraído do *site* de um jornal. Trata-se de um **artigo de opinião**. Jornais e revistas não vivem só de notícias; eles também têm opinião!

Em um mundo em que os teclados de computadores são cada vez mais comuns, há quem pense que a letra cursiva está com os dias contados. No entanto, há educadores que contestam o abandono da letra cursiva em um processo tão importante como a alfabetização.

Vale a pena refletir sobre isso, lendo e estudando o texto a seguir.

O uso da letra cursiva está com os dias contados?

Por Andréa Fanton

[...]

Ao longo da história da humanidade, a escrita das letras passou por mudanças consideráveis, desde a adoção das letras góticas nos anos 500 d.C. (uso da pena), permeando pela escrita escolar e caligráfica, até chegar à escrita contemporânea (escrita mais livre e com diversidade de materiais, como lápis, canetas esferográficas e papel), sem falar que, por muito tempo, uma boa caligrafia já foi associada a um alto nível de instrução.

[...]

Atualmente, porém, o valor da escrita à mão tem sido debatido nos círculos acadêmicos. Mais precisamente neste século 21, a discussão sobre o uso da letra cursiva tem reverberado de forma considerável no cenário educacional mundial.

Em 2015, países como a Finlândia e alguns estados americanos já se pronunciavam a respeito da possível exclusão desse "conteúdo" devido à expansão das ferramentas digitais presentes dentro das salas de aula, apontando o ensino da "letra de mão" como algo obsoleto para os tempos atuais.

Com a pandemia e a implantação do ensino remoto, o debate veio à tona novamente, reduzindo-se a caligrafia a um ato mecânico, que precisaria ceder espaço para o aprendizado de outras competências, como a navegação por meio de recursos digitais.

Alguns especialistas entendem que o ensinamento da letra cursiva pode ser ineficiente e segregador, e apresentam o fato de que muitas crianças com excelente aproveitamento acadêmico foram rotuladas por não apresentarem uma letra cursiva legível ou "bonita".

Outros profissionais afirmam que a caligrafia em letra cursiva é uma habilidade não mais essencial, já que, nos dias atuais, com a existência das teclas, a escrita com lápis, caneta e papel tornou-se anacrônica.

Diante das discussões acaloradas sobre o uso da letra cursiva, estudos e especialistas dividem opiniões, mas uma significativa parcela advoga em favor da continuidade do ensino da letra cursiva e do traçado das letras, apontando habilidades e benefícios especiais para as crianças.

Segundo os estudos da professora de Psicologia Educacional, da Universidade de Washington, Virginia Beringer, escrever à mão, formando letras, envolve a mente e isso pode ajudar as crianças a prestarem atenção à linguagem escrita. Ela também argumenta que "a caligrafia e a sequência dos traços envolvem a parte pensante do cérebro".

Berninger ainda registra que os estudos realizados com a caligrafia têm por objetivo defender a formação de crianças que sejam escritoras híbridas, ou seja, utilizando primeiramente a letra de forma para a leitura, auxiliando o reconhecimento das letras na educação infantil, depois com o uso da letra cursiva para a escrita e composição dos textos e, apenas ao final das séries iniciais do ensino fundamental, a digitação. [...]

André Fanton. O uso da letra cursiva está com os dias contados? *Diário Campineiro*, 30 jan. 2022. Disponível em: https://diariocampineiro.com.br/o-uso-da-letra-cursiva-esta-com-os-dias-contados/. Acesso em 22 ago. 2022.

ESTUDO DO TEXTO

1. Qual questão polêmica provoca a discussão no texto?

2. Qual é o fato gerador da questão polêmica?

3. De que forma a imagem que acompanha o texto ilustra essa questão polêmica?

4. Desde 2015, a Finlândia e alguns estados americanos já discutiam essa questão. Por que o debate veio à tona em 2022?

5. Quais são as justificativas (os argumentos) a favor da exclusão da letra cursiva?

_____
_____
_____
_____
_____

Sala de aula em escola de Piraí, no Rio de Janeiro.

6. Quais são os argumentos contrários a opinião de que a letra cursiva deve ser excluída?

_____
_____
_____
_____
_____

Sala de aula em escola de Paragominas, no Pará.

> O texto argumentativo é constituído por:
> - **Fato**: um acontecimento real, narrado tal qual ocorreu.
> - **Ponto de vista**: a perspectiva, o modo pessoal de ver um fato, um assunto. Um mesmo fato pode ser entendido de diferentes pontos de vista, que dão origem a diferentes opiniões.
> - **Opinião**: expressão pessoal do que se pensa a respeito de um fato, que pede, necessariamente, uma posição.
> - **Argumentos**: justificativas que esclarecem o ponto de vista assumido e fundamentam a opinião. São evidências, provas, dados e outros elementos que sustentam a ideia defendida.

7. Os trechos a seguir fazem parte de outro texto, em que especialistas também discutem o abandono crescente da letra cursiva nas escolas americanas. Leia-os.

Trecho 1

Não há necessidade de se eliminar a letra cursiva em razão do aumento do uso da letra de forma. As duas devem conviver. A letra de forma é o suporte da comunicação digital, mas em várias situações aparecerá a letra cursiva e todos devem ter a oportunidade de conhecê-la e usá-la.

Trecho 2

Deixar de escrever usando a letra de mão é prejudicial às crianças.

Trecho 3

A exigência e o ensino da letra cursiva perdem força na maior parte dos estados e dão lugar à letra de forma e à digitação. Com o crescente contato com novas tecnologias, como celulares, computadores e *tablets*, essa tendência de abandono da letra cursiva e a adoção maior da letra de forma (que também é chamada de letra bastão ou de máquina) tornam-se cada vez mais fortes.

Trecho 4

Mesmo com a diminuição do uso da escrita, as habilidades manuais continuam sendo exercitadas. Outras coisas dependem hoje de manejo tanto quanto escrever a caneta ou lápis. Jogar *videogame* e escrever em computadores e *tablets* exige habilidade motora para segurar e tocar a tela.

Adriana Czelusniak. A letra cursiva está com os dias contados? *Gazeta do Povo*, Londrina/PR. Disponível em: https://bit.ly/2KWoG92. Acesso em: 22 ago. 2022.

Agora, responda: qual dos trechos que você leu corresponde:

a) ao fato?
_____

b) à questão polêmica?
_____

c) ao argumento favorável?
_____

d) ao argumento contrário?
_____

8. Identifique, nos trechos a seguir, os argumentos que serviriam para defender os diferentes pontos de vista: a favor ou contra o abandono do ensino da letra cursiva.

a) Trecho 1

[...] nas últimas décadas, redigir à mão tem perdido espaço para o uso das teclas. A cursiva, por dar maior velocidade à escrita, era fundamental para compor textos mais longos. Como caneta e papel hoje em dia são úteis para fazer no máximo bilhetes ou pequenas anotações, o uso dessa letra está se tornando obsoleto.

_____
_____
_____

b) Trecho 2

Um estudo recente realizado pela professora de Psicologia Educacional Virginia Berninger, da Universidade de Washington, comparou a atividade cerebral de crianças em três momentos: quando digitavam um texto no computador, quando escreviam em letra bastão e quando utilizavam a cursiva. O resultado é que, entre todas as modalidades, esta última foi a que mais gerou conexões entre diferentes áreas do cérebro.

_____
_____

a) Trecho 1

Ia haver uma festa no céu, e o amigo urubu convidou todos os bichos. Dona Juriti, que era cantora afamada, foi convocada para animar a festa. Nesse tempo, o sapo andava em pé e era muito farrista. Encontrou-se com a Juriti, que estava polindo a garganta. Logo que viu o sapo, ela começou a zombar dele:

— É, amigo sapo, você não pode ir à festa do amigo urubu no céu, pois não tem asas! E vai ser uma festança danada! Mas é só para os bichos que voam.

Domínio público.

b) Trecho 2

Outros, ainda, afirmam não haver necessidade de se eliminar a letra cursiva em razão do aumento do uso da letra de forma. As duas devem conviver. A letra de forma é o suporte da comunicação digital, mas em várias situações aparecerá a letra cursiva e todos devem ter a oportunidade de conhecê-la e usá-la.

Adriana Czelusniak. A letra cursiva está com os dias contados? *Gazeta do Povo*, 22 ago. 20211. Londrina/PR. Disponível em: https://bit.ly/2KWoG92. Acesso em: 22 ago. 2022.

c) Trecho 3

O fato de ter que "ligar as letras" na escrita cursiva envolve habilidades motoras, espaciais, rítmicas e cognitivas que não ocorrem na escrita digital. Além disso, a criança "desenha" o seu traço pessoal, se expressa pela comunicação e constrói identidade.

Maria Alexandra Militão Rodrigues. A morte da escrita cursiva? *Campo Grande News*, 4 set. 2011. Campo Grande/MS. Disponível em: https://bit.ly/2uevesl. Acesso em: 22 ago. 2022.

9. Agora é sua vez de opinar sobre a importância ou não da letra cursiva. Crie e escreva um argumento que sustente sua opinião.

10. Leia, a seguir, dois trechos extraídos de textos de gêneros diferentes: o primeiro, de uma narrativa popular, e o segundo, de um artigo de opinião. Observe a linguagem empregada em cada um deles e escreva sobre as diferenças de linguagem.

ESTUDO DA LÍNGUA

Pronomes pessoais

Releia as frases a seguir, observando os destaques.

> A letra de forma é o suporte da comunicação digital, mas em várias situações aparecerá a letra cursiva e todos devem ter a oportunidade de conhecê-**la** e usá-**la**.

> Já os árabes, que não têm letras de forma em sua escrita, apreciam muito a arte da caligrafia. Como as mesquitas não podem ter imagens, **eles** utilizam as letras de mão como decoração.

Os termos em destaque na primeira frase (**-la**) referem-se à letra cursiva. O termo em destaque na segunda frase (**eles**) refere-se aos árabes. Nesses contextos, **la** e **eles** são **pronomes**.

> **Pronome** é a palavra que substitui o substantivo ou determina-o indicando a pessoa do discurso, ou seja, a pessoa envolvida no ato da comunicação.

Os **pronomes pessoais** representam as pessoas do discurso e também substituem substantivos. Existem dois tipos de pronomes pessoais:

- os **pronomes pessoais do caso reto**, no geral, funcionam como sujeito numa oração e, portanto, determinam a flexão do verbo.
Por exemplo: **Eu** estou com fome. / **Ela** foi embora.

	singular	plural
1ª pessoa (a que fala)	eu	nós
2ª pessoa (com quem se fala)	tu, você	vós, vocês
3ª pessoa (de quem se fala)	ele, ela	eles, elas

- os **pronomes pessoais do caso oblíquo** funcionam como complemento. Por exemplo:

Eles interrogaram **o suspeito**.

↓

Eles interrogaram-**no**.

	singular	plural
1ª pessoa (a que fala)	me, mim, comigo	nos, conosco
2ª pessoa (com quem se fala)	te, ti, contigo	vos, convosco
3ª pessoa (de quem se fala)	se, si, consigo, lhe, o, a	se, si, consigo, lhe, os, as

Atenção! Os pronomes **o**, **a**, **os** e **as** podem sofrer algumas variações:

- associados a verbos terminado em **-r**, **-s** ou **-z** e à palavra **eis**, eles assumem as formas -**lo**, -**la**, -**los** ou -**las**.

- associados a verbos terminados em ditongo nasal (**-am**, **-em**, **-ão** ou **-õe**), os pronomes assumem as formas -**no**, -**na**, -**nos** ou -**nas**.

ATIVIDADES

1. Considere a quadrinha abaixo para responder às questões.

> Eu te vi, tu me viste,
> Tu me amaste, eu te amei,
> Qual de nós amou primeiro
> Nem tu sabes, nem eu sei.
>
> Domínio público.

a) Que pessoas do discurso aparecem na quadrinha?
_____
_____

b) Classifique os pronomes que aparecem nos verbos.
_____
_____

2. Complete as frases com os pronomes retos adequados.

a) Os professores coordenaram uma ação beneficente no bairro.

_____ tiveram muito trabalho, mas foi um sucesso!

b) Eu e Gabriela marcamos de ir à praia no sábado. _____ amamos tomar banho de mar.

c) Valéria, é verdade que _____ não gostaste do presente?

d) Arthur fez aniversário, mas _____ disse que não queria festa.

e) Se dependesse de mim, isso não teria acontecido. _____ jamais permitiria.

3. Reescreva as frases substituindo os destaques pelos pronomes oblíquos adequados.

a) Ainda não tive oportunidade de contar **a ela** as novidades.
_____
_____
_____
_____

b) Perto de onde eu moro, estava um gatinho abandonado; então eu levei **o gatinho abandonado** para casa.
_____
_____
_____
_____

c) Pelo que ouvi dizer, os pais ajudaram muito **Rebeca e o marido**.
_____
_____
_____
_____

d) Eu me lembro de avisar a **Samara** sobre as passagens.
_____
_____
_____
_____

e) Os pais foram viajar e instruíram **a babá** sobre o necessário.
_____
_____
_____
_____

Pronomes possessivos

Estes pronomes atribuem a posse de algo às pessoas do discurso. Por exemplo:

minha mochila   **teu** livro   **seus** óculos

	singular	plural
1ª pessoa (a que fala)	meu(s), minha(s)	nosso(s), nossa(s)
2ª pessoa (com quem se fala)	teu(s), tua(s)	vosso(s), vossa(s)
3ª pessoa (de quem se fala)	seu(s), sua(s)	seu(s), sua(s)

Atenção! Os pronomes possessivos podem ser flexionados para o plural, pois não determinam pessoa do discurso, mas relacionam a algo.

ATIVIDADES

1. Relacione a pessoa do discurso ao pronome possessivo usado nas frases. Siga o modelo.

> – Filha, venha aqui conhecer uma velha amiga **minha**.
>
> 1ª pessoa do singular.

a) Jussara comprou **nossos** ingressos ontem.
_____

b) Por que você não trouxe **sua** tesoura?
_____

c) Teu carro está atrapalhando a saída dos demais.
_____

d) A árvore em frente à casa de **nossos** avós tem mais de 100 anos.
_____

2. Nas orações a seguir, empregue os pronomes possessivos adequados.

a) Lar? Só tenho um: o _____.

b) Esperamos te ver semana que vem, na _____ festa.

c) As _____ atitudes refletem quem tu és.

d) Vem brincar comigo! Empresto os _____ brinquedos a você.

e) Ela conquistou a vaga com _____ esforço.

3. Em qual das frases a partícula **meu** não foi usada como possessivo?

☐ Estou de mudança para meu novo apartamento.

☐ O menino passeando com o cachorrinho foi meu colega de sala.

☐ Deixa de fazer besteira, meu, isso não está certo.

☐ Assim que puder, venha ao meu escritório.

Justifique sua escolha.
_____
_____

Pronomes demonstrativos

São aqueles que indicam lugar, posição ou a identidade dos seres em relação à pessoa do discurso. Por exemplo:

> Por favor, quanto custa **esta** bolsa? E **aqueles** tênis?

São pronomes demonstrativos: este(s), esta(s), isto, esse(s), essa(s), isso, aquele(s), aquela(s), aquilo, próprio(s), própria(s), tal(is).

Apesar da semelhança entre os pronomes **esse** e **este** (e suas variações), existe uma regra de uso para eles. Veja:

- **esse** → é usado sempre que o objeto estiver afastado de quem fala ou mais próximo da pessoa com que se fala.

- **este** → é usado sempre que o objeto estiver próximo de quem fala.

(O uso de **aquele** se dá quando o objeto está distante de quem fala e de com quem se fala.)

As partículas **o**, **a**, **os** e **as** também podem atuar como pronomes demonstrativos em lugar de **isto**, **aquilo**, **aquela**, **aquelas**, **aquele**, **aqueles**.

Por exemplo: Só quero **o** que é meu.
→ Só quero **aquilo** que é meu.

ATIVIDADES

1. Complete as frases empregando os demonstrativos adequados.

a) Você poderia pegar _____ guarda-chuva ao seu lado?

b) Apesar dos hábitos diferentes, Juliana e Diana adoram passar tempo juntas. Enquanto _____ joga *videogame*, _____ lê deitada no sofá.

c) Os preços estavam ótimos durante _____ semanas de promoção.

d) Por favor, não comente com ninguém _____ que lhe contei.

e) Alguém esqueceu _____ chaves aqui, por isso guardei-as.

2. Em qual das alternativas o demonstrativo foi empregado equivocadamente?

a) Se tudo der certo, viajo ainda esta semana.

b) Essa camisa é a que você sempre fala que é sua favorita?

c) Você já leu algum daqueles livros aqui?

d) Caso confirmem-se as previsões, aqueles serão dias tenebrosos.

Justifique sua escolha.

_____
_____
_____
_____
_____

ORTOGRAFIA

Uso de -am e -ão

Leia as frases.
A mãe e a filha **conversaram** e **olharam** os retratos.
Daqui um tempo, elas **olharão** ainda mais uma vez as fotos e **conversarão** sobre o passado.

> Você percebeu a diferença no som final e na grafia das palavras destacadas?

Os verbos conversaram e olharam indicam **tempo passado** ou **pretérito**.
Os verbos olharão e conversarão indicam tempo **futuro**.

ATIVIDADES

1. Complete a regra:

Quando o verbo está no futuro, usamos sua teminação em: _____.

Quando o verbo está no passado, usamos sua teminação em: _____.

2. Escreva o tempo verbal em que as ações ocorrem: pretérito (ontem) ou futuro (amanhã).

a) Eles chegaram de avião.

_____

b) Titio e vovô viajarão de carro.

_____

c) As alunas estudarão a lição.

_____

d) Eles lerão o livro.

_____

e) Vocês leram a lição?

_____

f) As crianças cantaram no coral.

_____

3. Leia as frases e complete com -am ou -ão.

a) Ontem eles estudar_____.

Amanhã eles estudar_____.

b) Ontem eles ler_____.

Amanhã eles ler_____.

c) Ontem elas viajar_____.

Amanhã elas viajar_____.

d) Ontem elas chegar_____.

Amanhã elas chegar_____.

4. Complete as frases com o que se pede nos parênteses. Depois, copie-as.

a) Eles _____ alimentos.
(comprar – pretérito)

_____
_____
_____

b) Eles _____ ao anoitecer.
(descansar – pretérito)

_____
_____
_____

c) Eles _____ o vencedor.
(abraçar – futuro)

_____
_____
_____

PRODUÇÃO DE TEXTO

Você e sua turma farão um debate sobre a relação do brasileiro com a internet. Como ponto de partida, leia o trecho do artigo a seguir.

Principal finalidade do uso da Internet é a troca de mensagens

Dentre os objetivos do acesso à Internet pesquisados, o envio e recebimento de mensagens de texto, voz ou imagens por aplicativos (não *e-mail*) continua sendo o principal, indicados por 95,7% das pessoas com 10 anos ou mais de idade que utilizaram a rede em 2019.

Conversar por chamadas de voz ou vídeo foi apontada por 91,2% dessas pessoas; vindo logo em seguida, assistir a vídeos, inclusive programas, séries e filmes (88,4%); e, por último, enviar ou receber *e-mail* (61,5%). Confira no gráfico a seguir as principais finalidades no acesso à Internet no Brasil.

Finalidade do acesso à Internet	2018	2019
Enviar ou receber mensagens de texto, voz ou imagens (3)	95,7%	95,7%
Conversar por chamadas de voz ou vídeo	88,1%	91,2%
Assistir a vídeos, inclusive programas, séries e filmes	86,1%	88,4%
Enviar ou receber *e-mail*	63,2%	61,5%

Motivo para não usar
Em 2019, **75,4%** dos que não acessavam alegaram não saber usar-lá ou falta de interesse

(3) Por aplicativos diferentes de e-mail.

Fonte: IBGE, Diretoria de Pesquisas, Coordenação de Trabalho e Rendimento, Pesquisa Nacional por Amostra de Domicílios Contínua 2018/2019.

IBGE Educa. Uso de internet, televisão e celular no Brasil. Disponível em: https://educa.ibge.gov.br/jovens/materias-especiais/20787-uso-de-internet-televisao-e-celular-no-brasil.html. Acesso em: 22 ago. 2022.

Preparação e escrita

Escolha se você vai pertencer ao grupo que concorda com os dados ou se fará parte do grupo que pretende apresentar argumentos que discordam.

Busque por outras pesquisas que mostrem o uso que a população brasileira faz da internet.

Busque argumentos que estejam de acordo com seu ponto de vista e também argumentos contrários ao que você defende. É sempre bom analisar a mesma situação por diversos pontos de vista.

Pontue os argumentos que julgar mais interessantes para desenvolvê-los com sua equipe.

O mais importante é a equipe ter em mente que, apesar de precisar eleger dois ou três representantes (de acordo com a orientação do professor) para o debate, todos devem apresentar os resultados de sua pesquisa.

Use as linhas a seguir para escrever o que você pesquisou.

_____
_____
_____
_____
_____
_____
_____
_____
_____
_____
_____
_____
_____

Revisão e reescrita

Durante as reuniões, todos os membros da equipe devem expor seus pontos de vista a fim de validar seus argumentos. No entanto, o argumento final a ser apresentado durante o debate deve ser elaborado por toda a equipe.

Escolham quem serão os representantes da equipe.

Apresentação

Ouça atentamente as orientações do professor. Pergunte a respeito de qualquer regra que você não tenha entendido.

Não atropele a fala de seu colega. Espere a oportunidade para colocar-se a fim de complementar ou contradizer o argumento exposto.

Respeite o argumento colocado por seu colega e nunca o ridicularize.

Evite usar expressões como "eu acho que"; apresente dados sólidos e argumentos com fontes confiáveis.

LEIA MAIS

Acesse estes *sites* e leia outros artigos de opinião.

Ciência Hoje das Crianças:

http://chc.org.br/

O Brasileirinho:

https://www.obrasileirinho.com.br/

Revista Qualé:

https://revistaquale.com.br/

Opiniões irreverentes
Edy Lima. São Paulo: Scipione, 2019.

O livro traz oito histórias com as "opiniões irreverentes" de uma criança sobre temas como família, escola, comportamento, pátria, indígenas e animais. Essas histórias nos fazem refletir sobre questões de grande relevância social, como a relação entre os indivíduos de uma comunidade e a diversidade entre eles, os hábitos de consumo, a preservação do meio ambiente, os papéis familiares etc.

LIÇÃO 12
A ESTRANHA PASSAGEIRA

VAMOS COMEÇAR!

O texto que você vai ler é uma **crônica**. As crônicas são narrativas curtas, geralmente publicadas em jornais e revistas, que propõem uma reflexão sobre situações do cotidiano.

A estranha passageira

— O senhor sabe? É a primeira vez que eu viajo de avião. Estou com zero hora de voo — e riu nervosinha [...].

Depois pediu que eu me sentasse ao seu lado, pois me achava muito calmo e isto iria fazer-lhe bem. Lá se ia a oportunidade de ler o romance policial que eu comprara no aeroporto, para me distrair na viagem. Suspirei e fiz o bacana respondendo que estava às suas ordens.

Madama entrou no avião sobraçando um monte de embrulhos, que segurava desajeitadamente. [...] custou a se encaixar na poltrona e arrumar todos aqueles pacotes. Depois não sabia como amarrar o cinto e eu tive que realizar essa operação [...].

Afinal estava ali pronta para viajar. Os outros passageiros estavam já se divertindo às minhas custas, a zombar do meu embaraço ante as perguntas que aquela senhora me fazia aos berros, como se estivesse em sua casa, entre pessoas íntimas. A coisa foi ficando ridícula:

— Para que esse saquinho aí? — foi a pergunta que fez, num tom de voz que parecia que ela estava no Rio e eu em São Paulo.

— É para a senhora usar em caso de necessidade — respondi baixinho.

Tenho certeza de que ninguém ouviu minha resposta, mas todos adivinharam qual foi, porque ela arregalou os olhos e exclamou:

— Uai... as necessidades neste saquinho? No avião não tem banheiro?

Alguns passageiros riram, outros — por fineza — fingiram ignorar o lamentável equívoco da incômoda passageira de primeira viagem. Mas ela era um azougue [...] e não parava de badalar. Olhava para trás, olhava para cima, mexia na poltrona e quase levou um tombo, quando puxou a alavanca e empurrou o encosto com força, caindo para trás e esparramando embrulhos para todos os lados.

O comandante já esquentara os motores e a aeronave estava parada, esperando ordens para ganhar a pista de decolagem. Percebi que minha vizinha de banco apertava os olhos e lia qualquer coisa. Logo veio a pergunta:

— Quem é essa tal de emergência que tem uma porta só pra ela?

Expliquei que emergência não era ninguém, a porta é que era de emergência, isto é, em caso de necessidade, saía-se por ela.

Madama sossegou e os outros passageiros já estavam conformados com o término do "show". Mesmo os que mais se divertiam com ele resolveram abrir jornais, revistas ou se acomodaram para tirar uma pestana durante a viagem.

Foi quando madama deu o último vexame. Olhou pela janela (ela pedira para ficar do lado da janela para ver a paisagem) e gritou:

— Puxa vida!!!

Todos olharam para ela, inclusive eu. Madama apontou para a janela e disse:

— Olha lá embaixo!

Eu olhei. E ela acrescentou:

— Como nós estamos voando alto, moço. Olha só... o pessoal lá embaixo até parece formiga.

Suspirei e lasquei:

— Minha senhora, aquilo são formigas mesmo. O avião ainda não levantou voo.

Stanislaw Ponte Preta. A estranha passageira. In: *Contos brasileiros 1*.
São Paulo: Ática, 2012 (Coleção Para gostar de ler, 8).

ESTUDO DO TEXTO

1. A personagem do texto comete um equívoco sobre o saquinho.

a) Para que ele serve?
_____
_____

b) O que ela entende?
_____
_____

2. Em outro momento, ela comete mais um equívoco.

a) Reescreva o trecho em que isso aparece.
_____
_____

b) Explique a confusão que a passageira faz.
_____
_____

3. O avião já havia decolado? Copie um trecho que justifique sua resposta.

_____

_____

4. Leia o trecho a seguir.

> Madama sossegou e os outros passageiros já estavam conformados com o término do "show". Mesmo os que se divertiam com **ele** resolveram abrir jornais, revistas ou se acomodaram para tirar uma pestana durante a viagem.

A que se refere **ele**?

_____

ESTUDO DA LÍNGUA

Discurso direto e discurso indireto

Releia este trecho de "A estranha passageira".

> — O senhor sabe? É a primeira vez que eu viajo de avião. Estou com zero hora de voo — e riu nervosinha [...].

Você percebeu que podemos usar o travessão para indicar o início de uma fala?

> Nesse trecho, os travessões são usados para indicar a fala da personagem. É o chamado **discurso direto**.

No discurso direto, também podemos usar as aspas quando aparecer uma fala.

Exemplo: "O céu e a terra não falam", o menino retrucou.

Em outros trechos dessa história, não há travessões. Veja.

> Depois pediu que eu me sentasse ao seu lado, pois me achava muito calmo e isto iria fazer-lhe bem.

> Nesse trecho, o narrador conta o que a estranha passageira pediu. Ele usa o **discurso indireto**.

ATIVIDADES

1. Leia estas falas. Indique se o discurso é direto ⬚D ou indireto ⬚I.

⬚ — É para a senhora usar em caso de necessidade — respondi baixinho.

⬚ O sacerdote respondeu que era fácil desvendar o mistério.

⬚ — Quem é essa tal de emergência que tem uma porta só pra ela?

⬚ Ela perguntou se não havia banheiro no avião.

⬚ Parou um instantinho, olhou zombeteira o caracol e disse: "Volta, volta, velho! Que é que você vai fazer lá em cima? Não é tempo de pitanga".

102

Pronomes indefinidos

Releia este trecho da crônica.

> Tenho certeza de que **ninguém** ouviu minha resposta, mas **todos** adivinharam qual foi porque ela arregalou os olhos e exclamou:
> — Uai... as necessidades neste saquinho? No avião não tem banheiro?

Não é possível identificar as pessoas a quem as palavras **ninguém** e **todos** se referem. Essas palavras são **pronomes indefinidos**.

Pronomes indefinidos são aqueles que se referem ao substantivo, dando uma ideia vaga, imprecisa, indefinida.

Conheça os principais pronomes indefinidos.

algo, alguém, algum, alguma, alguns, algumas
nada, ninguém, nenhum, nenhuma, nenhuns, nenhumas
tudo, todo, toda, todos, todas
cada, qualquer, quaisquer, certo, certa, certos, certas
mais, menos, muito, muita, muitos, muitas
pouco, pouca, poucos, poucas, tanto, tanta, tantos, tantas
quanto, quanta, quantos, quantas
outrem, outra, outro, outras, outros
vários, várias
diversos, diversas

ATIVIDADES

1. Complete as frases com os pronomes indefinidos do quadro.

vários alguém tanto ninguém
diversos menos poucos

a) _____ bateu à porta.

b) Comprei _____ sapatos e não usei.

c) Puxa! Nunca pesquei _____ peixe assim.

d) Lúcia tem _____ amigos.

e) Ontem houve _____ trabalho.

f) Na mesa havia _____ livros.

Sons do s

Leia estas palavras do texto "A estranha passageira".

senhora	opera**ç**ão
saquinho	embara**ç**o
segurava	for**ç**a
roman**c**e	pa**ss**ageira
cinto	acre**sc**entou
poli**c**ial	e**x**clamou

Nessas palavras, o som **/s/** foi representado por letras diferentes: **s**, **c**, **ç**, **ss**, **sc**, **x**.

ATIVIDADES

1. Releia este trecho do texto.

> Expliquei que emergência não era ninguém, a porta é que era de emergência, isto é, em caso de necessidade, saía-se por ela.

a) Copie as palavras em que aparece o som /s/.

_____

_____

b) Nas palavras que você copiou, circule a letra que representa o som /s/.

c) Em qual palavra do trecho acima, a letra **s** não representa o som /s/? Que som ela representa?

_____

_____

2. Pesquise, em jornais e revistas, outras palavras em que apareça o som /s/ e escreva em seu caderno. Copie essas palavras e destaque as letras que representam esse som.

PRODUÇÃO DE TEXTO

Nesta seção, você escreverá uma crônica humorística, como a lida nesta lição.

Preparação

Escolha a história ou o acontecimento que vai relatar. Pode ser uma história engraçada que aconteceu com você ou que ouviu de alguém.

A crônica, como qualquer narrativa, tem começo, meio e fim. Faça um roteiro da sequência de acontecimentos.

Produção

A partir do roteiro que você fez, escreva as partes da sua história.

_____

_____

_____

_____

_____

_____

_____

_____

_____

_____

_____

_____

_____

_____

_____

_____

Revisão

Releia seu rascunho, prestando atenção:
- se sua história tem um começo, um meio e um fim;
- se o leitor pode compreendê-la facilmente.

Se tiver dúvida quanto à ortografia das palavras, consulte um dicionário.

Passe a limpo a sua crônica e entregue-a para o professor. Ele vai montar um "Varal de crônicas" com as composições dos alunos.

13 ALIMENTAÇÃO SAUDÁVEL

VAMOS COMEÇAR!

Leia a entrevista concedida ao *site* Notícias da Região Tocantina pela nutricionista Anyvlis Alencar, que é especialista em nutrição infantil.

A nutricionista fala sobre o que é uma alimentação saudável, a importância dos diferentes nutrientes na infância e os vilões da alimentação das crianças.

Entrevista – Anyvlis Alencar: uma conversa sobre alimentação infantil

Em tempos de pandemia, a alimentação das crianças se torna um problema a mais para as famílias confinadas. Nesta entrevista, a nutricionista Anyvlis Alencar, especialista em nutrição infantil, esclarece pontos importantes e dá dicas para uma melhor alimentação dos pequenos. Vale a leitura.

Região Tocantina – Como a senhora avalia que seja uma boa alimentação infantil?

Anyvlis Alencar – Ter uma alimentação saudável na infância é ingerir alimentos que ofereçam nutrientes e energia que ajudam a manter o bom estado de saúde. É importante que a alimentação seja balanceada em carboidratos, fibras (verduras, legumes, frutas), proteínas, sais minerais e muita água.

Região Tocantina – Qual é o verdadeiro valor das frutas para as crianças?

Anyvlis Alencar – Elas são ricas em vitaminas, minerais, água. Trazem saúde, protegem contra as doenças, previnem a obesidade infantil e garantem o desenvolvimento saudável, tanto dos pequenos quanto dos adultos.

O limão e a laranja, que são exemplos de frutas cítricas, são ricas em vitamina C, que tem um papel importante na absorção do ferro, prevenindo a anemia.

Região Tocantina – O que uma criança nunca deveria comer?

Anyvlis Alencar – Alimentos industrializados como salgadinhos, biscoitos recheados, refrigerantes, salsicha, guloseimas açucaradas. O seu consumo pode provocar, a curto prazo, obesidade, cáries dentárias e sobrecarga renal, mas se o consumo persistir, na idade adulta, podem estar na base de outras doenças graves, como diabetes e hipertensão arterial.

Região Tocantina – Como os pais devem encarar a alimentação das crianças em tempos de pandemia?

Anyvlis Alencar – Primeiramente, é de suma importância redobrar a atenção no momento de higienização dos alimentos. Manter a imunidade em alta tem impacto direto na prevenção da covid-19, portanto estimular a ingestão de alimentos ricos em vitaminas (frutas, legumes e vegetais) ajuda de modo geral na saúde dos pequenos. Praticar atividades físicas também ajuda a reduzir níveis de estresse possivelmente causados pelo isolamento social.

Região Tocantina – O que dizer para aqueles pais e mães que alegam não ter tempo de fazer uma comida mais saudável para as crianças e acabam dando processados para elas?

Anyvlis Alencar – Planejamento é a palavra-chave. A falta de tempo hoje em dia tem sido desculpa frequente para muitos pais, porém manter uma alimentação saudável para toda a família não é tão difícil, por exemplo, abrir um pacote de biscoito é tão fácil quanto descascar uma banana. Planejar a rotina de uma alimentação é essencial para manter a saúde e ainda economizar tempo.

Região Tocantina – Qual é o tempo ideal para uma criança espaçar a alimentação por todo o dia?

Anyvlis Alencar – A Sociedade Brasileira de Pediatria recomenda o intervalo de duas a três horas. Este tempo é suficiente para que a criança possa distinguir a sensação de fome e de estar saciada após uma refeição.

Região Tocantina – O refrigerante e os doces são realmente os vilões da alimentação infantil?

Anyvlis Alencar – Sim. Para qualquer pessoa em geral, para as crianças em particular, são alimentos totalmente dispensáveis na dieta. As suas doses de açúcar são muito elevadas, podendo provocar diversos problemas de saúde como, por exemplo, obesidade, diabetes e cáries dentárias.

Região Tocantina – Como fazer para uma criança comer verduras sem reclamar?

Anyvlis Alencar – O diálogo é tão importante quanto a aceitação da criança. Explique para o seu filho(a) quais os benefícios daquele alimento pra saúde dele, convide-o pra ajudá-lo(a) a preparar a refeição. Envolver os pequeninos no processo de preparação dos alimentos é uma excelente estratégia para aceitação de novos sabores. E lembre-se de que você é o primeiro modelo de comportamento do seu filho. Ele aprende a se alimentar observando como – e o quê – você come.

Região Tocantina – É, realmente, verdade que a saúde está na boa alimentação?

Anyvlis Alencar – É verdade sim, a alimentação tem impacto direto no funcionamento do nosso organismo, sendo fundamental para nos mantermos em boas condições de saúde em todas as fases da vida, desde a infância até a idade mais avançada.

Entrevista – Anyvlis Alencar: uma conversa sobre alimentação infantil. *Notícias da Região Tocantina*, 19 out. 2020. Disponível em: https://regiaotocantina.com.br/2020/10/19/entrevista-anyvlis-alencar-uma-conversa-sobre-alimentacao-infantil/. Acesso em: 22 ago. 2022.

ESTUDO DO TEXTO

1. Complete as informações:

a) Título da entrevista: _____

b) Nome da entrevistada: _____

c) *Site* ao qual a entrevista foi concedida: _____

2. Observe a primeira pergunta da entrevista:

> **Região Tocantina** – Como a senhora avalia que seja uma boa alimentação infantil?

a) O tratamento do jornal é formal ou informal? Por quê? _____

b) Qual é a opinião da entrevistada para essa pergunta?

_____
_____
_____

c) Em sua opinião, sua alimentação pode ser considerada boa? Por quê?

_____
_____
_____
_____

3. Entre as alternativas abaixo, quais delas são apontadas no texto como coisas importantes para ter uma alimentação saudável?

☐ Planejar a alimentação da semana para evitar consumir muitos alimentos processados.

☐ O açúcar é necessário para a alimentação, por isso biscoitos recheados e guloseimas açucaradas estão liberados.

☐ Comer em intervalos de duas a três horas permite distinguir a sensação de fome da de estar saciado após uma refeição.

☐ A criança deve ser obrigada a comer diferentes alimentos, sem necessidade de saber o porquê.

4. Quais são os vilões da alimentação infantil apontados pela nutricionista na entrevista? Por que eles são considerados algo negativo nesse processo?

_____
_____
_____

5. Releia o trecho da entrevista destacado abaixo.

> **Região Tocantina** – Qual é o verdadeiro valor das frutas para as crianças?
> **Anyvlis Alencar** – Elas são ricas em vitaminas, minerais, água. Trazem saúde, protegem contra as doenças, previnem a obesidade infantil e garantem o desenvolvimento saudável, tanto dos pequenos quanto dos adultos. O limão e a laranja, que são exemplos de frutas cítricas, são ricas em vitamina C, que tem um papel importante na absorção do ferro, prevenindo a anemia.

a) Qual palavra o termo **elas**, presente na resposta da entrevistada, retoma?

_____

b) Qual é o valor das frutas na nossa alimentação?

_____
_____
_____
_____
_____

c) Quais são os exemplos dados pela autora para esclarecer ao leitor o valor desse alimento?

_____
_____
_____
_____
_____

6. Ao ler a entrevista, como você identifica a fala da entrevistada e a de quem a entrevistou?

_____
_____
_____
_____

> Nas **entrevistas**, costuma-se ter a participação de um entrevistador e de um entrevistado que dialogam sobre determinado assunto. O entrevistador é geralmente um jornalista, e o entrevistado pode ser uma ou mais pessoas.

7. Qual foi o interesse do *site* ao entrevistar uma nutricionista sobre alimentação saudável, destacando a alimentação das crianças?

_____
_____
_____
_____
_____

> Normalmente, uma entrevista jornalística traz para o leitor ou o ouvinte informação ou opinião de alguém sobre um assunto de interesse público.

8. Em sua opinião, a quem essa entrevista é dirigida?

_____
_____
_____
_____

9. Releia o trecho da entrevista destacado a seguir.

> **Região Tocantina** – Como fazer para uma criança comer verduras sem reclamar?
> **Annyvlis Alencar** – O diálogo é tão importante quanto a aceitação da criança. Explique para o seu filho(a) quais os benefícios daquele alimento pra saúde dele, convide-o pra ajudá-lo(a) a preparar a refeição. Envolver os pequeninos no processo de preparação dos alimentos é uma excelente estratégia para aceitação de novos sabores. E lembre-se de que **você é o primeiro modelo de comportamento do seu filho**. Ele aprende a se alimentar observando como – e o quê – você come.

a) A quem está direcionado o trecho destacado?

_____

b) Qual pronome a entrevistada usa para se dirigir a eles?

_____

c) No trecho: "Ele aprende a se alimentar observando como – e o quê – você come.", a quem se refere o pronome **ele**?

_____

LÍNGUA PORTUGUESA

109

ESTUDO DA LÍNGUA

Adjetivo

Releia estas perguntas feitas à nutricionista na entrevista "Anyvlis Alencar: Uma conversa sobre alimentação infantil".

> Como a senhora avalia que seja uma boa alimentação infantil?

> Qual é o tempo ideal para uma criança espaçar a alimentação por todo o dia?

As palavras **boa**, **infantil** e **ideal** são adjetivos.

> **Adjetivos** são palavras que atribuem uma qualidade ou especificam o substantivo.

Os adjetivos concordam em **gênero** e **número** com o substantivo. Exemplos:

> produtos industrializados
> alimentação saudável
> boa alimentação
> alimentos integrais

Adjetivo pátrio

Os adjetivos também podem especificar o **lugar de origem** de pessoas, animais, objetos, entre outros.

> Chamam-se **adjetivos pátrios** aqueles que determinam o país, o estado, a cidade etc. de onde procedem os seres nomeados pelos substantivos.

Leia.

> No almoço e no jantar, o prato **brasileiro** deve ter alimentos de cinco cores.

A palavra **brasileiro** é um adjetivo pátrio. Conheça alguns adjetivos pátrios.

origem	adjetivo
Acre	**acreano, acriano**
Alagoas	**alagoano**
Amapá	**amapaense**
Amazonas	**amazonense**
Aracaju	**aracajuense**
Bahia	**baiano**
Belém	**belenense**
Belo Horizonte	**belo-horizontino**
Brasil	**brasileiro, brasílico**
Brasília	**brasiliense**
Ceará	**cearense**
Cuiabá	**cuiabano, cuiabense**
Curitiba	**curitibano**
Espírito Santo	**espírito-santense, capixaba**
Florianópolis	**florianopolitano**
Fortaleza	**fortalezense**
Goiânia	**goiano**
João Pessoa	**pessoense**
Maceió	**maceioense**
Manaus	**manauense**
Maranhão	**maranhense**
Mato Grosso	**mato-grossense**
Mato Grosso do Sul	**mato-grossense-do-sul**
Minas Gerais	**mineiro**
Natal	**natalense**

origem	adjetivo
Niterói	**niteroiense**
Pará	**paraense**
Paraíba	**paraibano**
Paraná	**paranaense**
Pernambuco	**pernambucano**
Piauí	**piauiense**
Porto Alegre	**porto-alegrense**
Recife	**recifense**
Rio Branco	**rio-branquense**
Rio de Janeiro (estado)	**fluminense**
Rio de Janeiro (cidade)	**carioca**
Rio Grande do Norte	**rio-grandense-do--norte, potiguar**
Rio Grande do Sul	**rio-grandense-do--sul, gaúcho**
Rondônia	**rondoniano**
Roraima	**roraimense**
Salvador	**soteropolitano**
Santa Catarina	**catarinense**
São Luís	**sanluisense**
São Paulo (estado)	**paulista**
São Paulo (cidade)	**paulistano**
Sergipe	**sergipano**
Teresina	**teresinense**
Tocantins	**tocantinense**
Vitória	**vitoriense**

ATIVIDADES

1. Qual é sua comida preferida? É um doce, um salgado, uma fruta? Pense e depois circule as palavras do quadro que você acha que descrevem essa comida.

> gostosa   deliciosa   suculenta
> refrescante   crocante   salgadinha
> azeda   cremosa   quente
> apimentada   doce

2. Separe os substantivos em uma coluna e os adjetivos em outra.

> sala ventilada   olhos azuis
> grito horrível   moça elegante
> crianças sapecas   festa junina
> pequeno peixe   roupa velha
> blusas coloridas   homem valente
> lindas borboletas   festas folclóricas

substantivos	adjetivos

3. Complete com adjetivos. Veja o exemplo.

> Quem tem **teimosia** é **teimoso**.

a) Quem tem **orgulho** é _____.

b) Quem tem **amor** é _____.

c) Quem tem **medo** é _____.

d) Quem tem **respeito** é _____.

e) Quem tem **carinho** é _____.

4. Complete as frases com adjetivos pátrios.

a) Agostinho nasceu no Ceará.
Ele é _____.

b) Vovó nasceu na Bahia.
Ela é _____.

c) Nosso diretor nasceu no Maranhão.
Ele é _____.

d) Eu nasci na cidade de São Paulo.
Eu sou _____.

e) João nasceu em Goiás.
Ele é _____.

f) Paulo nasceu no Paraná.
Ele é _____.

g) Glória nasceu em Alagoas.
Ela é _____.

h) A professora nasceu no Rio Grande do Norte.
Ela é _____
_____.

i) Nós nascemos no estado do Rio de Janeiro.
Somos _____.

j) Mãe e filho nasceram no Espírito Santo.
Eles são _____
_____.

5. Qual é o adjetivo pátrio para as pessoas que nascem:

a) no seu país?
_____

b) no seu estado?
_____

c) na sua cidade?
_____

6. Leia esta estrofe da canção "Paratodos", de Chico Buarque de Holanda.

> O meu pai era **paulista**
> Meu avô, **pernambucano**
> O meu bisavô, **mineiro**
> Meu tataravô, **baiano**
> Vou na estrada há muitos anos
> Sou um artista **brasileiro**

Chico Buarque. *Paratodos*. Rio de Janeiro: RCA. Records, 1993. Disco. Disponível em: https://bit.ly/2L1shmi. Acesso em: 30 jun. 2022.

Onde nasceu:

a) o pai?
_____

b) o avô?
_____

c) o bisavô?
_____

d) o tataravô?
_____

7. Reescreva os versos da canção "Paratodos" alterando os adjetivos pátrios para o feminino. Observe que outras palavras dos versos também deverão mudar a forma para combinar com o feminino do adjetivo pátrio.

_____
_____
_____
_____
_____
_____

Qual adjetivo não se alterou na mudança de gênero?
_____

Palavras terminadas em -eza e -esa

Leia as frases e observe as palavras destacadas.

> A alimentação brasileira tem uma **riqueza** incrível.
> Com a colonização **portuguesa**, o pão, o queijo, o arroz, os doces e os vinhos foram incorporados à nossa alimentação.

A terminação **-eza** é empregada para formar substantivos que derivam de adjetivos:

> rico – riqu**eza**
> esperto – espert**eza**
> gentil – gentil**eza**

A terminação **-esa** é usada para formar o feminino de alguns substantivos:

> português – portugu**esa**
> tigre – tigr**esa**
> grão-duque – grão-duqu**esa**

ATIVIDADES

1. Faça como no exemplo:

> pão da França: pão francês

a) marca da França
_____

b) fábrica da China
_____

c) língua de Portugal
_____

d) bacalhau da Noruega
_____

e) carro de Portugal
_____

2. Escreva o feminino destas palavras.

príncipe _____
japonês _____
marquês _____
cônsul _____
senegalês _____
barão _____
freguês _____
inglês _____
polonês _____
tailandês _____

3. Complete as palavras com **-eza** ou **-esa**.

holand_____
campon_____
def_____
montanh_____
fri_____
firm_____
surpr_____
desp_____
clar_____
burgu_____
franqu_____
pobr_____

LÍNGUA PORTUGUESA

PRODUÇÃO DE TEXTO

Nesta lição, você aprendeu como as entrevistas são escritas e como normalmente as partes de textos como esse estão organizadas:

- **título**: costuma ser escrito com frases de efeito para chamar a atenção do público leitor ou espectador.
- **apresentação**: vem depois do título e antes das perguntas e faz referência ao entrevistado, ou seja, informa quem ele é e sua relevância no assunto em questão.
- **perguntas e respostas**: trata-se da entrevista propriamente dita e traz a participação do entrevistador, que faz as perguntas, e do entrevistado, que as responde. É comum os nomes do entrevistador e entrevistado aparecerem antes de todas as perguntas e respostas.

Agora, você e os colegas serão os entrevistadores. O tema da entrevista está relacionado ao assunto que vimos no início da lição: a alimentação saudável. Vocês entrevistarão diversas pessoas para saber até que ponto a educação alimentar é importante na vida delas. O professor organizará a turma em grupos e sorteará o tema e o entrevistado de cada grupo. Reúna-se com seu grupo e "mãos à obra"!

Veja os entrevistados escolhidos para a produção das entrevistas e como elas devem ser conduzidas:

Grupo 1: entrevistar a merendeira da escola sobre a merenda que é servida aos alunos.
Objetivo principal da entrevista: saber se há preocupação por parte de quem faz o cardápio da escola em incluir, na merenda servida aos alunos, alimentos saudáveis, que tenham elementos nutritivos e equilibrados.

Grupo 2: entrevistar os familiares de um participante do grupo sobre a alimentação das crianças da família.
Objetivo principal da entrevista: saber se há, por parte dos familiares, a preocupação em incluir alimentos saudáveis, que tenham elementos nutritivos e equilibrados, nas refeições.

Grupo 3: entrevistar o proprietário ou o responsável por um estabelecimento alimentício que fornece refeições (almoço e jantar ou somente almoço).
Objetivo principal da entrevista: tomar conhecimento sobre a preferência de alimentação dos clientes, se a maioria preocupa-se em ingerir alimentos mais saudáveis, que tenham elementos nutritivos e equilibrados, ou não.

Grupo 4: entrevistar um(a) aluno(a) de outra turma sobre sua alimentação.
Objetivo principal da entrevista: saber se o(a) aluno(a) entrevistado(a) consome alimentos saudáveis, se tem ou não preocupação com o tipo de alimento que ingere ou se prefere alimentos industrializados, salgadinhos, biscoitos, refrigerantes etc.

Grupo 5: entrevistar um proprietário de estabelecimento comercial que vende verduras, legumes, frutas, hortaliças, entre outros alimentos.
Objetivo principal da entrevista: informar-se sobre a qualidade dos alimentos, a procedência, o uso de agrotóxicos (produtos usados na prevenção ou no extermínio de pragas), a preferência dos clientes por determinado produto, se os clientes se preocupam em comprar alimentos saudáveis etc.

Preparação

Reúna-se com seu grupo e, juntos, decidam quem será o entrevistado. Se tiverem dificuldade para tomar essa decisão, peçam ajuda ao professor.

Conversem com a pessoa escolhida, façam o convite e expliquem a ela que a entrevista será gravada (um gravador pode ajudá-los) e depois transcrita (vamos reescrevê-la) e exposta na escola.

Planejamento e escrita

Discutam a proposta e pensem nas coisas interessantes que essa pessoa tem para falar a todos. Preparem três perguntas cada um. Depois, conversem e elejam as cinco perguntas que considerarem mais interessantes.

Compareçam ao lugar marcado com o(a) entrevistado(a) e verifiquem com antecedência se o gravador está funcionando. Não deixem o entrevistado esperando por vocês. Verifiquem se há necessidade de um adulto acompanhá-los.

Durante a entrevista:
- iniciem as perguntas, falando com clareza e pausadamente. Não interrompam o(a) entrevistado(a);
- se perceberem que é possível ampliar as questões a partir das respostas dadas, aproveitem a oportunidade;
- se ele ou ela permitir, tirem uma foto;
- ao final, agradeçam ao(à) entrevistado(a) pela gentileza em conceder a entrevista.

Em seguida, na sala de aula, organizem a entrevista:
- construam a apresentação do(a) entrevistado(a). É preciso mencionar a relevância do entrevistado(a) no assunto em questão;
- transcrevam as perguntas e respostas, identificando o(a) entrevistador e o(a) entrevistado(a);
- verifiquem se há respostas repetidas. Deixem a mais interessante para fechar a entrevista;
- observem se a linguagem usada pelo entrevistado é mais formal ou menos formal e procurem transcrevê-la de modo que o leitor possa entender as informações;
- prestem atenção à pontuação adequada às perguntas e às respostas, na escrita correta das palavras, na concordância entre os artigos, substantivos e adjetivos;
- usem palavras sinônimas, pronomes pessoais, possessivos e demonstrativos para evitar a repetição de termos e também para organizar e estabelecer unidade entre as frases;
- façam uma legenda para a foto (se houver);
- deem um título que desperte a curiosidade do leitor.

Revisão e reescrita

Avaliem se na entrevista as perguntas e respostas estão interessantes e se permitem que o leitor compreenda as informações passadas.

Façam as correções necessárias.

Consultem, em dicionários, as dúvidas de ortografia.

Solicitem ao professor que avalie se o grupo conseguiu escrever a entrevista de forma correta, com todas as partes, com clareza e correção e se há necessidade de alterar ou corrigir algum item.

Façam a edição final do texto e planejem, com o professor, a apresentação das entrevistas.

Apresentação das entrevistas

Depois de transcritas as entrevistas, elas serão dramatizadas para toda a turma. Vocês vão apresentar as entrevistas como se estivessem em um programa de TV.

Preparação

Sigam as orientações:

- Cada grupo deverá organizar a apresentação, dividindo as tarefas de modo que haja entrosamento na equipe.

- Decidam quais serão os dois componentes do grupo que representarão os papéis de entrevistador e entrevistado. Ensaiem algumas vezes antes da apresentação.

Durante a apresentação

Lembrem-se de que a entrevista não é meramente uma leitura, mas uma exposição oral que deve prender a atenção da plateia. Assim, prestem atenção ao tom de voz, às pausas, à pronúncia das palavras, à postura diante do público, à linguagem empregada etc. Daí a importância de treinarem bastante antes.

No momento em que os colegas estiverem apresentando, respeitem o tempo deles, ouçam as respostas que obtiveram dos entrevistados e formulem perguntas ao grupo relativas ao tema da entrevista.

Avaliação

As entrevistas serão organizadas em um mural após a apresentação, para que todos possam reler as informações passadas pelos entrevistados diante das perguntas dos colegas entrevistadores.

Participe de uma conversa com o professor e os colegas para avaliar todo o processo: como os diferentes entrevistados e pessoas envolvidas nesse trabalho (familiares, escola, aluno, clientes etc.) se comportam diante da educação alimentar; se sabem da importância de uma alimentação saudável; se houve interesse por parte de alguém em repensar os hábitos alimentares diante da abordagem dos entrevistadores; e mais algum item que acharem interessante colocar.

Avalie também se:

- a turma se comportou bem durante a entrevista e a apresentação;
- a apresentação prendeu a atenção da turma ou gerou cansaço e desinteresse;
- o grupo agiu com sintonia, parecendo conhecer bem o texto transcrito;
- as informações apresentadas pelo seu entrevistado e pelos entrevistados dos outros grupos trouxeram informações que possam contribuir para que você também reflita sobre seus hábitos alimentares.

LEIA MAIS

Acesse o *site* do **Jornal Joca** para ler outras entrevistas:

Disponível em: https://www.jornaljoca.com.br/category/entrevistas/. Acesso em: 10 ago. 2022.

14 A LENDA DAS ESTRELAS

VAMOS COMEÇAR!

Você já ouviu alguma história sobre o nascimento das estrelas?

Passe os olhos pelo texto e leia algumas palavras. Observe bem as ilustrações. Que povo parece ter criado esta história?

A lenda das estrelas

Contam os índios bororo que, no começo do mundo, não havia ainda estrelas no céu.

Um dia, as mulheres da tribo foram buscar milho, mas não conseguiram achar muitas espigas. De volta à aldeia, ralaram o milho e prepararam com ele um único mas apetitoso bolo.

As crianças, sentindo aquele cheirinho tentador, vieram provar o quitute.

— Agora não! — disseram as mães. — O bolo não é muito grande e queremos esperar os homens chegarem da caça para repartirmos entre todos.

O menorzinho dos garotos, muito esperto, disse:

— Então por que vocês não vão lá perto do rio? Vi muitas espigas de milho lá!

Era mentira; ele só queria era afastar as mulheres dali. E elas caíram na história; foram todas para a beira do rio, que não era tão perto assim, e deixaram um papagaio para vigiar o bolo.

FABIANA SALOMÃO

Aproveitando a ausência das mães, os indiozinhos cortaram a língua do papagaio para ele não gritar. E cada um pegou um pouquinho de bolo para experimentar. Mas era um bolo tão irresistível, que eles foram comendo, comendo, e logo não sobrou migalha de bolo.

E as mulheres estavam voltando, bravas por terem sido enganadas. Então as crianças saíram correndo e, pegando um cipó, chamaram o pássaro piodudu, que é o colibri, e pediram para ele voar bem alto e amarrar a ponta do cipó no céu. O piodudu atendeu o pedido. E as crianças foram subindo, subindo, atravessando as nuvens.

As mulheres chegaram, não viram migalha do bolo e perguntaram ao papagaio o que tinha acontecido. O coitado não podia falar, mas voou até a corda.

Elas correram para lá e foram também subindo, subindo...

Quando estavam quase alcançando o último menino da fila, este cortou com sua faquinha o cipó.

As mulheres caíram na Terra e se machucaram muito.

Os deuses, então, transformaram as crianças em estrelas, que são como olhos condenados a olhar fixamente para a Terra, toda noite, para ver o que aconteceu com suas mães.

Rosane Pamplona. *Histórias de dar água na boca*. São Paulo: Moderna, 2008.

ESTUDO DO TEXTO

1. Você já conhecia alguma história sobre o nascimento das estrelas? Conseguiu perceber, pelas ilustrações, que ela foi criada por um povo indígena?

_____

2. Leia estas informações.

> Os bororos são um povo indígena que vive atualmente no Mato Grosso. A palavra **bororo** quer dizer pátio da aldeia. É que, nas aldeias bororos, as casas são construídas formando um círculo; no centro fica um pátio onde acontecem os rituais e as reuniões dos moradores.

De acordo com a informação acima, qual das imagens mostra uma aldeia bororo?

a)

b)

3. Volte ao texto da página 117 e releia o primeiro parágrafo.

Quando aconteceu essa história?

_____

_____

4. As crianças sentiram o cheiro do bolo e queriam prová-lo, mas as mães não deixaram. Por quê?

_____

_____

5. Como as crianças enganaram as mães?

_____

_____

6. Releia.

> Os deuses, então, transformaram as crianças em estrelas, que são como olhos condenados a olhar fixamente para a Terra, toda noite, para ver o que aconteceu com suas mães.

a) Ao serem transformadas em estrelas, as crianças foram premiadas ou castigadas?

_____

b) As lendas costumam transmitir algum ensinamento. O que essa lenda ensina às crianças?

_____

_____

_____

7. Releia.

> **Um dia**, as mulheres da aldeia foram buscar milho, mas não conseguiram achar muitas espigas.

Quais destas expressões poderiam ser usadas no lugar de **um dia**? Assinale.

☐ todo dia   ☐ certa vez

☐ certo dia   ☐ era uma vez

8. Quando o bolo ficou pronto, "as crianças, sentindo aquele cheirinho tentador, vieram provar o quitute". Qual destas frases explica corretamente esse trecho da história? Assinale.

☐ As crianças, sentindo aquele cheiro enjoativo, vieram provar alguns doces.

☐ O cheiro do bolo era tão fraco que as crianças acharam melhor prová-lo.

☐ As crianças, sentindo aquele cheiro delicioso, provaram o bolo.

9. Um dos meninos disse às mães que havia muito milho perto do rio, e elas "**caíram na história**". O que significa cair em uma história? Tente descobrir pelo sentido da frase e do texto.

_____
_____
_____
_____

10. Releia.

As mulheres chegaram, não viram migalha do bolo e perguntaram ao papagaio o que tinha acontecido. O coitado não podia falar, mas voou até a corda.
Elas correram para lá e foram também subindo, subindo...

a) Na primeira frase lê-se que as mulheres chegaram à aldeia e perguntaram ao papagaio o que tinha acontecido. O que se conta na terceira frase?

_____
_____

b) Na terceira frase, em vez de se repetir a expressão as mulheres, que palavra foi usada?

_____

11. Compare.

I. **As mulheres** chegaram à aldeia e falaram com o papagaio. Depois **as mulheres** correram até a corda.

II. **As mulheres** chegaram à aldeia e falaram com o papagaio. Depois **elas** correram até a corda.

a) Qual é a diferença entre o trecho **I** e o trecho **II**?

_____
_____
_____

b) Se você fosse contar essa história a alguém, falaria como no trecho **I** ou como no trecho **II**? Por quê?

_____
_____
_____

c) Reescreva o trecho abaixo, trocando as expressões destacadas por outras, para evitar repetições.

As crianças sentiram o cheiro gostoso do bolo. Por isso **as crianças** ficaram com vontade de provar **o bolo**.

_____
_____
_____

ESTUDO DA LÍNGUA

Verbo

Leia estas frases, observando as palavras destacadas:

> As mulheres **fizeram** um bolo.
> Ontem **choveu** na aldeia.
> Essa lenda **é** tão linda!

As palavras **fizeram**, **choveu** e **é** são verbos.

> **Verbo** é uma palavra que indica ação, estado, mudança de estado ou fenômeno da natureza.

Observe como podemos modificar o verbo:

> As mulheres **fazem** um bolo.
> As mulheres **fizeram** um bolo.
> As mulheres **farão** um bolo.

fazem: a ação está no **tempo presente**.
fizeram: a ação está no **tempo passado**.
farão: a ação está no **tempo futuro**.

Agora observe:

> **Eu fiz** um bolo.
> **As mulheres fizeram** um bolo.
> **Eles fizeram** um bolo.

As mudanças, ou flexões, dos verbos indicam, entre outras coisas:

- quem fala (primeira pessoa: eu, nós).
  Exemplo: **eu acordei**;
- com quem se fala (segunda pessoa: tu, você, vós, vocês).
  Exemplo: **você acordou**;
- de quem se fala (terceira pessoa: ele, ela, eles, elas).
  Exemplo: **ela acordou**.

Indicam também se o verbo está no singular ou no plural e se está no passado, no presente ou no futuro.

eu fiz	→ primeira pessoa
você fez	→ segunda pessoa
ele fez	→ terceira pessoa

eu fiz	→ singular
nós fizemos	→ plural
você fez	→ singular
vocês fizeram	→ plural
ele fez	→ singular
eles fizeram	→ plural

eu fiz	→ passado
eu faço	→ presente
eu farei	→ futuro

ATIVIDADES

1. Circule os verbos destas frases.

a) A amiga esperou por ela.

b) Você perdeu a prova.

c) Geraldo viajou para Campinas.

d) Os homens discutiram muito.

2. Em que tempo estão os verbos que você circulou na atividade 1?

☐ presente
☐ passado
☐ futuro

3. Releia este trecho do texto "A lenda das estrelas" e circule todos os verbos.

> As mulheres chegaram, não viram migalha do bolo e perguntaram ao papagaio o que tinha acontecido. O coitado não podia falar, mas voou até a corda.
>
> Elas correram para lá e foram também subindo, subindo...
>
> Quando estavam quase alcançando o último menino da fila, este cortou com sua faquinha o cipó.
>
> As mulheres caíram na Terra e se machucaram muito.
>
> Os deuses, então, transformaram as crianças em estrelas, que são como olhos condenados a olhar fixamente para a Terra, toda noite, para ver o que aconteceu com suas mães.

4. Marque um **X** na resposta.
A maioria dos verbos que você circulou na atividade anterior está no:

☐ presente
☐ passado
☐ futuro

Concordância verbal

Leia o esquema abaixo.

singular
Eu **escolhi** livros de aventura.

singular
Maria **escolheu** livros de aventura.
Ela

plural
Nós **escolhemos** livros de aventura.

plural
Maria e Paulo **escolheram** livros de aventura.
Eles

Os verbos sempre concordam com o termo (palavra ou expressão) ao qual se referem. Desse modo:

• se a palavra ou expressão a que o verbo se refere estiver no singular, o verbo ficará no singular.

• se a palavra ou expressão a que o verbo se refere estiver no plural, o verbo deverá ficar plural.

ATIVIDADES

1. A história em quadrinhos que você vai ler a seguir traz os personagens Charlie Brown, dono do Snoopy, e Linus, o melhor amigo de Charlie. Esses personagens foram criados pelo cartunista Charles Schulz.

Charles M. Schulz. *Peanuts completo*: 1959 a 1960. v. 5. Porto Alegre: L&PM, 2012.

Responda.

a) Na história em quadrinhos, o personagem Charlie Brown enfrenta um problema. Qual?

b) Para resolver o problema, Linus apresenta uma sugestão a Charlie. Que sugestão é essa?

c) O que você achou da história? E da solução apresentada por Linus ao amigo?

d) Na frase "É a quarta vez hoje que o vento leva meu boné!", por qual pronome o substantivo **vento** poderia ser substituído?

e) Se em vez da palavra **vento**, no singular, o personagem Charlie Brown tivesse usado a expressão **ventos**, no plural, como ficaria a frase?

f) Além da expressão **os ventos**, que outra palavra da frase mudou? Por quê?

Verbo: conjugações

Todos os verbos apresentam uma forma não conjugada, chamada **infinitivo**.

Para indicar a ação expressa por esse verbo em um tempo determinado, precisamos **conjugá-lo**, ou seja, transformá-lo em um **tempo verbal**.

Para indicar uma ação no presente, utilizamos o tempo verbal **presente**. Exemplo:

Antônio **sai** às cinco da manhã.
Infinitivo do verbo: sair
Tempo verbal: presente

Os verbos podem terminar em **ar, er, ir**.

• Os verbos que terminam em **ar** são da 1ª conjugação: cantar, falar, estudar.

• Os verbos que terminam em **er** são da 2ª conjugação: comer, vender, nascer.

• Os verbos que terminam em **ir** são da 3ª conjugação: partir, fugir, subir.

Os pronomes pessoais **eu, tu, ele** ou **ela, nós, vós, eles** ou **elas** indicam as pessoas do verbo.

Observe como se conjuga um verbo da **1ª conjugação**.

JOGAR		
presente	**passado ou pretérito**	**futuro**
eu jog**o**	eu jogu**ei**	eu jog**arei**
tu jog**as**	tu jog**aste**	tu jog**arás**
ele jog**a**	ele jog**ou**	ele jog**ará**
nós jog**amos**	nós jog**amos**	nós jog**aremos**
vós jog**ais**	vós jog**astes**	vós jog**areis**
eles jog**am**	eles jog**aram**	eles jog**arão**

Observe como se conjuga um verbo da **2ª conjugação**.

VIVER		
presente	**passado ou pretérito**	**futuro**
eu viv**o**	eu viv**i**	eu viv**erei**
tu viv**es**	tu viv**este**	tu viv**erás**
ele viv**e**	ele viv**eu**	ele viv**erá**
nós viv**emos**	nós viv**emos**	nós viv**eremos**
vós viv**eis**	vós viv**estes**	vós viv**ereis**
eles viv**em**	eles viv**eram**	eles viv**erão**

Atenção! O verbo **pôr** pertence à 2ª conjugação, porque antigamente sua grafia era **poer**. Com o passar do tempo, ele perdeu a vogal **e**, mas continuou a ser um verbo da 2ª conjugação.

124

Observe como se conjuga um verbo da **3ª conjugação**.

PARTIR		
presente	passado ou pretérito	futuro
eu part**o**	eu part**i**	eu part**irei**
tu part**es**	tu part**iste**	tu part**irás**
ele part**e**	ele part**iu**	ele part**irá**
nós part**imos**	nós part**imos**	nós part**iremos**
vós part**is**	vós part**istes**	vós part**ireis**
eles part**em**	eles part**iram**	eles part**irão**

ATIVIDADES

1. Classifique estes verbos, escrevendo-os na coluna adequada.

> cumprir – andar – reunir – pedir – fazer – telefonar – separar – abrir – pintar – ler – beber – imitar – subir – vender – resolver

1ª conjugação	2ª conjugação	3ª conjugação

2. Dê exemplos de verbos da 1ª conjugação, da 2ª conjugação e da 3ª conjugação.

_____
_____
_____
_____

3. Sublinhe e classifique os verbos de acordo com os tempos em que se encontram: presente, passado ou futuro.

a) O homem pensa, resolve e fala.
_____

b) Clarice sentiu-se orgulhosa do filho.
_____

c) Como o senhor sabe de tudo?
_____

d) Eu sairei esta noite.
_____

e) Nós vimos o arco-íris.
_____

f) Os meninos comprarão livros.
_____

4. Complete o quadro, seguindo o modelo.

	verbo	conjugação
vendeis	vender	2ª conjugação
amo		
partes		
sairei		
escrevestes		

5. Complete as frases, modificando os verbos destacados de acordo com as pessoas.

Ela **estudou** ontem, **estuda** hoje, **estudará** amanhã.

a) Eles _____ ontem,

_____ hoje,

_____ amanhã.

b) Eu _____ ontem,

_____ hoje,

_____ amanhã.

c) Nós _____ ontem,

_____ hoje,

_____ amanhã.

6. Conjugue os verbos abaixo em todas as pessoas.

eu brinco
nós
tu
vós
ele
eles
tu amas
ele
eles
eu
nós
vós
ele trabalha
vós
eu
tu
eles
nós

7. Conjugue o verbo **estudar** nos tempos e pessoas pedidos. Observe o modelo.

presente

1ª pessoa do plural: nós estudamos muito

2ª pessoa do plural:
_____

3ª pessoa do singular:
_____

pretérito

1ª pessoa do singular:

_____

2ª pessoa do singular:

_____

3ª pessoa do plural:

_____

futuro

1ª pessoa do plural:

_____

2ª pessoa do plural:

_____

3ª pessoa do singular:

_____

Palavras terminadas em -isar e -izar

Leia estas frases com atenção.

> Não pode **pisar** na linha ou fora do quadrado.
> Vamos **organizar** a brincadeira no pátio da escola.

Observe que o som da terminação dos verbos **pisar** e **organizar** é igual, mas a grafia é diferente.

> Escreve-se com **s** (**-isar**) os verbos formados a partir de palavras que já têm **s** na última sílaba. Exemplos: pisa – pisar, analise – analisar.
> São escritos com **z** (**-izar**) os verbos formados por palavras que não têm **s** na última sílaba. Exemplos: organiza – organizar, memória – memorizar.

ATIVIDADES

1. Escreva os verbos derivados destas palavras, seguindo o exemplo.

preciso _precisar_____

análise _____

paralisia _____

friso _____

piso _____

improviso _____

2. Forme verbos usando **-izar**. Veja o exemplo.

atual _atualizar_____

agonia _____

canal _____

civil _____

concreto _____

anarquia _____

fiscal _____

simpatia _____

3. Transforme as palavras abaixo em verbos, acrescentando **-isar** ou **-izar**, de acordo com a regra de uso dessas terminações.

central _____

aviso _____

colônia _____

suave _____

revisão _____

real _____

civilização _____

humano _____

PRODUÇÃO DE TEXTO

Você criará um final diferente para uma lenda indígena. Depois, vai ler seu texto para alguns colegas.

Preparação

Leia com um colega a lenda do povo indígena ikolen-gavião, que vive em Rondônia. Nessa lenda, um garotinho consegue fazer o céu se afastar da Terra disparando flechadas. Você vai inventar um final diferente para essa história.

O céu ameaça a Terra

Meninos e meninas do povo ikolen-gavião, de Rondônia, sentam-se à noite ao redor da fogueira e olham o céu estrelado. Estão maravilhados, mas têm medo: um velho pajé acaba de contar como, antigamente, o céu quase esmagou a Terra.

Era muito antes dos avós dos avós dos meninos, era no começo dos tempos. A humanidade esteve por um fio: podia ser o fim do mundo. Nessa época, o céu ficava muito longe da Terra, mal dava para ver seu azul.

Um dia, ouviu-se trovejar, com **estrondo ensurdecedor**. O céu começou a tremer e, bem devagarinho, foi caindo, caindo. Homens, mulheres e crianças mal conseguiam ficar em pé e fugiam apavorados para debaixo das árvores ou para dentro de tocas. Só coqueiros e mamoeiros seguravam o céu, servindo de **esteios**, impedindo-o de colar-se à Terra. Talvez as pessoas, apesar do medo, estivessem experimentando tocar o céu com as mãos…

Nisso, um menino de 5 anos pegou algumas penas de **nambu** […] e fez flechas. Crianças dos ikolens não podem comer essa espécie de nambu, senão ficam aleijadas. Era um nambu redondinho, como a **abóbada celeste**.

O céu era duríssimo, mas o menino esperto atirou suas flechas **adornadas** com plumas de **mawir**. Espanto e alívio! A cada flechada do garotinho, o céu subia um bom pedaço. Foram três, até o céu ficar como é hoje.

Em muitos outros povos indígenas, do Brasil e do mundo, há narrativas parecidas ou diferentes sobre o mesmo assunto. Fazem-nos pensar por que céu e Terra estão separados agora… O povo tupari, de Rondônia, por exemplo, conta que era a árvore do amendoim que segurava o céu. (Bem antigamente, dizem, o amendoim crescia em árvore, em vez de ser planta rasteira.)

Antes de o céu subir para bem longe, os ikolens podiam deixar a Terra e ir morar no alto. Iam sempre que ficavam aborrecidos com alguém, ou brigavam entre si, e subiam por uma escada de cipó. Gorá, o criador da humanidade, cansou de ver tanta gente indo embora e cortou o cipó, para a Terra não se esvaziar demais.

Fonte: Betty Mindlin. *Revista Nova Escola*. São Paulo: Abril. Edição especial. Disponível em: <https://bit.ly/2m3omKT>. Acesso em: 23 jun. 2018.

VOCABULÁRIO

abóbada celeste: céu.
adornadas: enfeitadas.
ensurdecedor: que faz perder a audição.
esteios: arrimos, sustentáculos.
estrondo: barulho alto e forte.
mawir: nambu.
nambu: espécie de ave.

Escrita

Siga estas orientações:
- Crie um personagem. Pode ser uma menina, um menino, um adulto ou mesmo um animal.
- Esse personagem vai ser esperto e corajoso como o menino da lenda dos ikolens. E vai dar um jeito de o céu não esmagar a Terra.
- Nas lendas, acontecem coisas que não aconteceriam na vida real: as pessoas e os animais se transformam em outros seres, os animais podem falar etc. Então use esse recurso em seu texto.

Revisão

Quando terminar o texto, veja se:
- o final que você inventou combina com o começo da história;
- as palavras estão escritas corretamente.

Corrija ou escreva de novo o que for necessário e entregue o texto ao professor.

Utilize o espaço a seguir como rascunho.

O professor vai juntar as duplas, formando grupos de seis ou oito alunos. Cada dupla lê seus textos para os colegas do grupo.

LEIA MAIS

Lendas e Mitos do Brasil

Theobaldo Miranda Santos. São Paulo: Ibep, 2013.

Esse livro traz muitos personagens do nosso folclore e lendas de várias regiões do Brasil, repletas de encanto e fantasia. São histórias em que humanos vivem embaixo d'água ou se transformam em serpentes, pássaros e botos. Outras trazem um pouco da história dos escravos, dos reis e dos bandeirantes.

LIÇÃO 15 — NO PAÍS DOS PREQUETÉS

VAMOS COMEÇAR!

Você vai ler um texto teatral ou dramático. Sua estrutura é bastante diferente da de outros textos que você já leu, porque é escrito para ser encenado. Antes de encenar uma peça teatral, os atores realizam, em conjunto, diversas leituras interpretativas do texto que apresentarão.

Que tal você fazer uma leitura interpretativa? Como o nome já diz, trata-se de uma leitura com entonação, pausas (quando necessário), muito semelhante à que o ator fará durante a apresentação da peça. E então, aceita?

Organizem-se fazendo, primeiramente, um grande círculo e sentando-se em roda. Em seguida, todos leem silenciosamente o texto para tomar conhecimento da peça: uma comédia, escrita por Ana Maria Machado.

Depois, o professor, com a ajuda da turma, escolhe três alunos que gostam de ler em voz alta para fazer a leitura interpretativa. Cada um lê, com clareza e entonação, as falas de determinado personagem. Os leitores devem ficar atentos às recomendações entre parênteses e também tentar imaginar que estão no lugar onde se passam as ações da história.

Antes de iniciar, o professor apresenta a peça: o título, as informações sobre a estrutura e o nome dos personagens. Em seguida, os leitores escolhidos começam a leitura interpretativa.

No país dos prequetés

Peça em um ato, para bonecos e atores.
Personagens
— Crianças: Nita, Chico, Lucinha, Zé e Juca

(Quando as luzes vão se acendendo, Juca, Zé, Lucinha, Chico e Nita estão começando sua brincadeira, e vão subindo o tom de voz na medida em que a luz vai ficando mais forte.)

JUCA — Bento-que-bento-é-o-frade!
TODOS — Frade!
JUCA — Na boca do forno!
JUCA — Cozinhando um bolo!
TODOS — Bolo!
JUCA — Fareis tudo que seu mestre mandar?
TODOS — Faremos todos!
JUCA — E quem não fizer?
TODOS — Levará um bolo...

JUCA — Então... *(hesita e pensa)* cada um imita um bicho sem barulho...
(Todos começam a cumprir as ordens. Zé faz logo um macaco, imediatamente reconhecível. Enquanto é cumprimentado por Juca, os outros vão aos poucos prosseguindo e sendo identificados.)

JUCA — Isso, Zé. Seu macaco está mesmo bem macacal. E foi o primeiro. Ganhou.

ZÉ — Agora é minha vez de ser o mestre.

JUCA — É... mas, calma. Ainda faltam os outros. Olhe ali o Chico dando uma de galo. E Lucinha parece uma pata, meio esquisita. Que é isso, hein, Lucinha?

LUCINHA – É uma pata-choca. Daquelas bem chocas mesmo. De choquice chocolatada.

ZÉ *(implicante)* — Chocante!

JUCA — Não brinca, Zé. Serve, Lucinha. E você, Nita? Não tá fazendo nada?
(Todos ficam quietos e olham para Nita.)

NITA — Puxa, vocês não são mesmo capazes de adivinhar, é? É mesmo um bando de gente de cabeça enferrujada. Eu já ganhei, porque sou a única que estou mesmo fazendo tudo o que seu mestre mandou – um bicho sem barulho. Macaco é um bicho bem barulhento. Vive guinchando assim, ó... *(imita, com muitos guinchos)*. E o galo é outro. Todo dia a gente ouve a cantoria dele *(imita)*. E pata-choca, com todo esse quem-quem-quem... quer bicho mais cheio de barulho?

JUCA — Ninguém fez barulho, Nita...

NITA — Ah, é, bebé? Mas também ninguém fez bicho sem barulho que nem você pediu... Só eu. Fiz um, não. Fiz uma porção de bichos.

ZÉ — Fez coisa nenhuma. Você só ficou foi bem paradinha aí. Nem se mexeu.

NITA — E vocês não sabem descobrir bicho que não faz barulho e fica paradinho? Tem bicho-pau... tem ostra... tem tudo quanto é tipo de marisco... Tem jiboia quando tá jiboiando...
(Todos se olham meio espantados, como se não soubessem o que dizer.)
[...]

JUCA — Ai, Nita... Que que é desta vez?

NITA — É esse negócio de mandar, mandar e a gente fazer. Fazer tudo o que seu mestre mandar. Tudo o que manda el-rei, obedecendo, obedecendo sem cansar. Mas acho que cansei.

JUCA — Obedecer sempre é mesmo chato. Mas às vezes a gente também manda.

NITA — Não, não sei. Não é bem assim. O que eu estou pensando é que não está certo essa história de alguém mandar sempre e uma porção de gente ter que obedecer sempre.

LUCINHA — Mas todo mundo faz isso.

NITA — Não sei. Não conheço todo o mundo. Acho que vou sair por aí para conhecer e ficar sabendo como é que é.

[...]

JUCA — Resolvida?

NITA — Resolvida.

JUCA — Então, tchau. Muito boa viagem.

NITA — Tchau.

(Vão saindo todos.)

[...]

Ana Maria Machado. *Hoje tem espetáculo*. Rio de Janeiro: Alfaguara, 2013. p. 87-100.

ESTUDO DO TEXTO

1. Os personagens da peça teatral brincam de bento-que-bento-é-o-frade.

a) Você sabe que brincadeira é essa? Já brincou?

_____

_____

_____

b) Qual é o papel do mestre nessa brincadeira?

_____

_____

_____

_____

2. Releia esta fala de Juca.

> JUCA — Então... *(hesita e pensa)* cada um imita um bicho sem barulho...

a) O que indica a informação entre parênteses?

_____

No texto teatral, há **marcações** ou **rubricas**, isto é, indicações que sugerem como o ator deve interpretar determinada fala ou que orientam os movimentos do(s) ator(es) no palco. Essas orientações vêm destacadas entre parênteses ou colchetes, e as palavras podem estar em itálico ou em maiúsculas.

b) Volte ao texto "No país dos prequetés" e copie nas linhas abaixo uma marcação ou rubrica que:
- oriente, ao mesmo tempo, a interpretação e o movimento dos atores.

_____
_____
_____

- contenha orientações para a encenação, como indicações de cenário.

_____
_____
_____
_____

3. A ordem do mestre não foi compreendida da mesma forma por todos os participantes da brincadeira.

a) Como Lucinha, Zé e Chico compreenderam a ordem?

_____
_____
_____

b) Como Nita compreendeu a ordem do mestre?

_____
_____
_____

4. A brincadeira das crianças leva Nita a refletir sobre algo que a incomoda.

a) O que incomoda essa personagem?

_____
_____
_____
_____

b) O que Juca pensa a respeito dessa reflexão de Nita?

☐ Ele concorda com Nita, porque também não gosta de obedecer.

☐ Ele não se importa porque ele sempre dá as ordens.

☐ Ele reconhece que, na vida, os papéis se alternam: ora alguém manda e você obedece, ora você manda e alguém obedece.

5. Observe a seguir a diferença no modo como a autora da peça teatral, Ana Maria Machado, e o personagem Juca empregam a língua, embora ambos se refiram à mesma situação: a imitação de Zé.

> *(Todos começam a cumprir as ordens. Zé faz logo <u>um macaco, imediatamente reconhecível</u>. [...])*
> JUCA — Isso, Zé. Seu <u>macaco está mesmo bem macacal</u>. [...]

Os falantes de uma língua a utilizam de acordo com a situação em que se encontram (mais formal ou menos formal).

Em sua opinião, se Juca dissesse: "Parabéns, Zé. Seu macaco é claramente reconhecível", ele conseguiria o mesmo efeito de humor? Justifique sua opinião.

_____
_____
_____
_____
_____

6. Muitas palavras podem apresentar diversos significados dependendo da situação em que são empregadas. O substantivo **bolo**, por exemplo, pode ser interpretado de várias maneiras. Veja:

> JUCA — Bento-que-bento-é-o-frade!
> TODOS — Frade!
> JUCA — Na boca do forno!
> JUCA — Cozinhando um bolo!
> TODOS — Bolo!
> JUCA — Fareis tudo que seu mestre mandar?
> TODOS — Faremos todos!
> JUCA — E quem não fizer?
> TODOS — Levará um bolo...

Nesse trecho da peça, a palavra **bolo** significa "palmada", uma vez que quem não cumprisse o que o mestre ordenava sofria uma punição. Relacione cada uma das frases a um significado expresso pelo substantivo **bolo**.

a) Marcela me deu bolo, não compareceu ao nosso encontro.

b) Bolo de chocolate é muito bom.

c) Tinha um bolo de gente na rua esperando o resultado do jogo.

d) Cuidado, deu bolo, ela descobriu todo nosso plano!

☐ Resultar em confusão.

☐ Amontoado de pessoas.

☐ Faltar a um compromisso.

☐ Alimento feito de farinha, salgado ou doce, assado em formas ou tabuleiros.

7. Das alternativas abaixo, quais podem exemplificar a utilização de recursos como entonação, gestos e expressões faciais para facilitar a compreensão do texto lido?

☐ "Vive guinchando assim, ó... *(imita, com muitos guinchos)*."

☐ "— É uma pata-choca. Daquelas bem chocas mesmo. De choquice chocolatada."

☐ "E o galo é outro. Todo dia a gente ouve a cantoria dele *(imita)*."

8. Leia abaixo uma fala da personagem Nita.

> NITA – Puxa, vocês não são mesmo capazes de adivinhar, é? É mesmo um bando de gente de cabeça enferrujada.

a) Em que momento ela usa essa fala?
_____
_____
_____
_____

b) Para você, o que significa a expressão "bando de gente de cabeça enferrujada"?
_____
_____
_____
_____

c) Essa expressão é própria da linguagem formal ou da linguagem informal?
_____
_____

UM TEXTO PUXA OUTRO

Você está curioso para saber o que aconteceu com Nita? Bem, ela partiu sozinha, andou, cantou, andou, cantou... até que chegou ao país dos prequetés.

Leia a seguir a continuação do texto da abertura da lição e veja como Nita se sai ao encontrar um novo amigo.

Personagens: Nita e o boneco Prequeté

VOZ DE BONECO (*interrompe*) — Ei, menina...

NITA — Alguém me chamou?

VOZ — Chamei, sim.

NITA — Quem é você?

PREQUETÉ (*aparecendo, boneco, sob luz verde*) — Alguém, ué... Você mesma já não disse?

NITA — Ah, bom dia, seu alguém. Meu senhor, que é que o senhor está fazendo aí?

PREQUETÉ — Te chamando, ué... Você mesma já não disse?

NITA (*à parte*) — Já vi que esse cara gosta é de gozar os outros... Mas comigo não dá certo, não. (*Alto.*) Está me chamando, é? E o que o senhor deseja? (*Para a plateia.*) Quando ele responder, eu digo a ele que fique desejando e passe bem?

PREQUETÉ — Ainda estou pensando...

NITA — Não é possível, meu senhor. O senhor é alguém, não é? Me chamou, não chamou? Para quê? Está meio confuso, bota ordem nisso.

PREQUETÉ — Chamei para conversar e brincar. Mas como você me pediu para mandar em você e eu ainda não sei o que mando, estou pensando.

NITA — O senhor está é maluco. Lelezinho da cuquinha, se quer saber. Não suporto que ninguém fique mandando. Vê se eu ia pedir para alguém mandar em mim.

PREQUETÉ — Mas pediu, menina. Disse que eu era seu senhor. Logo, era para mandar. Depois, ainda me pediu ordem.

NITA — Ordem de ordenar, organizar. Não foi ordem de ordenar, mandar. E chamei de senhor para ser educada, mas não chamo mais. Fim de papo. E se o amigo aí me dá licença, vou andando.

PREQUETÉ — Mas, já? Nem me disse seu nome...

NITA — Você também não perguntou. É Nita. E o seu?

PREQUETÉ — Prequeté. E quer saber de uma coisa? Gostei de você.

NITA — Eu também fui com seu jeito. E também adoro brincar com as palavras, gozar os outros com as coisas que eles dizem, ficar pensando nessas coisas que todo mundo fala todo dia e nem pensa direito. É divertido.

PREQUETÉ — Eu também acho. Mas até hoje nunca tinha encontrado ninguém tão parecido comigo nesse gosto.

NITA — Nem eu. Vai dar pra gente ficar amigo.

PREQUETÉ — Quem vai dar?

NITA — Dar o quê?

PREQUETÉ — Pra gente ficar amigo...

NITA — Se continuar assim, não vai dar nada, não. A gente não consegue nem conversar.

[...]

Ana Maria Machado. *Hoje tem espetáculo*. Rio de Janeiro: Alfaguara, 2013. p. 101-102.

ESTUDO DA LÍNGUA

Pontuação: vírgula

A vírgula é um sinal de pontuação que exerce várias funções na língua portuguesa, por isso aparece em diferentes situações. Veja alguns casos:

- separar, nas datas, o nome da localidade: Minas Gerais**,** 26 de julho de 2018.
- separar elementos de uma enumeração: Júlia conhece alguns estados brasileiros: Amazonas**,** Pará**,** Piauí e Maranhão.
- separar o vocativo, que é um chamamento: Luís**,** vamos conversar?

ATIVIDADES

1. Em textos, é comum encontrarmos palavras que aparecem enumeradas. Releia um trecho do texto teatral "No país dos prequetés".

> *(Quando as luzes vão se acendendo, Juca, Zé, Lucinha, Chico e Nita estão começando sua brincadeira, e vão subindo o tom de voz na medida em que a luz vai ficando mais forte.)*

a) Copie do trecho acima as palavras que aparecem enumeradas, ou seja, designadas uma por uma.

_____
_____
_____

b) Essa sequência de palavras está separada por qual sinal de pontuação?

_____

c) Volte ao texto "No país dos prequetés", página 130, e copie mais um exemplo de termos que estejam enumerados e separados por vírgulas.

_____
_____

2. Compare estas duas frases:

> De quem é o cachorrinho Bilu?

> De quem é o cachorrinho, Bilu?

a) Qual é a diferença de sentido entre elas?

_____
_____
_____
_____

b) O que causou essa diferença de sentido?

_____
_____

ORTOGRAFIA

Palavras com r (entre vogais) e rr

Leia estas palavras em voz alta. Preste atenção ao som do **r**:

| Cordeiro | desaforo | furioso |

| Córrego | horrendo | corre |

136

O **rr** em córrego tem o mesmo som que o **r** em desaforo?

O **r** entre vogais tem som fraco.
O **rr** entre vogais tem som forte.

Atenção! Não se iniciam palavras com **rr**. Ao separar as sílabas de palavras escritas com **rr**, cada **r** fica em uma sílaba.

Palavras com r em final de sílaba

Leia estas palavras:

irmão	torce**r**
senho**r**	tu**r**var
fo**r**ça	a**r**gumentos

- Nessas palavras, o **r** tem o mesmo som que em **porta** ou que em **errado**?

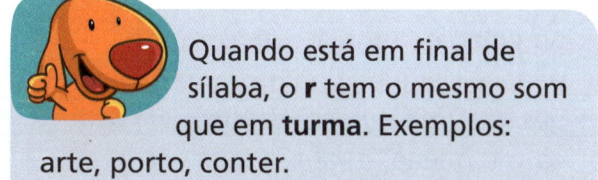

Quando está em final de sílaba, o **r** tem o mesmo som que em **turma**. Exemplos: arte, porto, conter.

ATIVIDADES

1. Complete estas palavras com `r` ou `rr`.

ciga____a

ca____acol

a____oz

ga____oto

tesou____a

cou____o

pa____aíso

a____epio

xíca____a

fe____o

ba____iga

gue____a

ma____ido

fe____ugem

ama____ar

ba____ata

besou____o

maca____ão

2. Forme novas palavras colocando `r` no final de uma das sílabas de cada palavra.

foca _____

pata _____

baba _____

uso _____

lago _____

amar _____

maca _____

cota _____

3. Ordene as sílabas e forme palavras.

ta-ar-tis _____

tar-cer-en-de _____

do-bor-da _____

var-co-de _____

va-lho-or _____

ra-ber-tu-a _____

to-per _____

ti-car-lha _____

ber-co-ta _____

gu-ra-lar _____

tu-cho-car _____

per-te-es-za _____

4. Leia com atenção as palavras abaixo.

árvore	correr
curso	sorrir
cair	urso
argola	formiga
forno	escrever
verdura	martelo
barco	circo
vermelho	corda
curto	curva
irmão	borboleta

Agora, escreva-as no quadro certo.

ar	
er	
ir	

or	
ur	

PRODUÇÃO DE TEXTO

Junte-se a um colega para que, em dupla, produzam um texto teatral a partir de uma fábula.

Preparação

Inicialmente, leiam a fábula a seguir.

A raposa e o corvo

Um dia um corvo estava pousado no galho de uma árvore com um pedaço de queijo no bico quando passou uma raposa. Vendo o corvo com o queijo, a raposa logo começou a matutar um jeito de se apoderar do queijo. Com esta ideia na cabeça, foi para debaixo da árvore, olhou para cima e disse:

– Que pássaro magnífico avisto nessa árvore! Que beleza estonteante! Que cores maravilhosas! Será que ele tem uma voz suave para combinar com tanta beleza? Se tiver, não há dúvida de que deve ser proclamado rei dos pássaros.

Ouvindo aquilo o corvo ficou que era pura vaidade. Para mostrar à raposa que sabia cantar, abriu o bico e soltou um sonoro "Cróóó!". O queijo veio abaixo, claro, e a raposa abocanhou ligeiro aquela delícia, dizendo:

– Olhe, meu senhor, estou vendo que voz o senhor tem. O que não tem é inteligência!

Moral: Cuidado com quem muito elogia.

Esopo. *Fábulas de Esopo*. Adaptação de Russel Ash e Bernard Higton. Tradução de Heloisa Jahn. São Paulo: Companhia das Letrinhas, 2014. p. 61.

Agora, respondam:

- Quais personagens participam da fábula?
  _____

- Em que situação se encontrava o corvo, no início do texto?
  _____
  _____
  _____

- Qual era a ideia inicial da raposa?
  _____
  _____

- Como a raposa alcançou seu objetivo?
  _____
  _____
  _____

Em uma representação teatral, os pensamentos da personagem não podem ser percebidos, a menos que ela fale sobre eles com o público.

Veja, por exemplo, como poderia ficar o texto teatral se a intenção fosse expressar o pensamento da raposa da fábula:

RAPOSA — Hum, esse queijo deve estar uma delícia! Como eu gostaria de saboreá-lo. Ah, eu pego esse corvo!

Escolha a melhor marcação ou rubrica para indicar que a raposa deve ficar em frente à arvore onde está o corvo.

☐ *(A raposa aproxima-se da árvore onde se encontra o corvo.)*

☐ *(A raposa aproxima-se da árvore onde se encontra o corvo e conversa com ele.)*

☐ *(A raposa aproxima-se da árvore onde se encontra o corvo e dirige-se a ele com falsidade.)*

Planejamento e escrita

Antes de começar a escrever, sigam algumas orientações:

- Selecionem as falas dos personagens que vão fazer parte da peça. Lembrem-se de que no teatro os personagens encenam (falam e fazem gestos e movimentos para uma plateia).

- Construam uma rubrica ou marcação para apresentar a entrada em cena do corvo e da raposa. Lembrem-se da fala da raposa e da rubrica indicando para onde ela se dirige.

- Escrevam uma ou mais falas da raposa para o corvo e outra fala em que ela se dirige à plateia, comentando sobre sua esperteza. Nesta, em especial, não se esqueçam de acrescentar a rubrica, destacando esse gesto da personagem.

- Construam uma rubrica para que o corvo mostre, com seus movimentos, que ele está orgulhoso com os elogios

LÍNGUA PORTUGUESA

139

da raposa e, nesse "balé", ele perde o queijo.
- Escreva uma fala da raposa sobre a tolice do corvo.
- Faça uma rubrica para explicar como a raposa deve se apropriar do queijo e sair de cena.

Revisão e reescrita

Formem pequenos grupos para revisar os textos um do outro. Observem, no texto dos colegas, se:
- o conteúdo da fábula foi expresso pelas falas da raposa e pelas orientações dadas nas rubricas;
- a pontuação do texto está correta;
- as regras de concordância, ortografia e acentuação foram obedecidas.

Apresentação

Escolham os colegas que irão encenar as apresentações e apresentem-nas aos alunos do 1º e 2º ano.

Os demais podem atuar como avaliadores ou fazer parte da equipe técnica, verificando se quem assistiu à peça reconheceu que a raposa era esperta e que o corvo era vaidoso.

LEIA MAIS

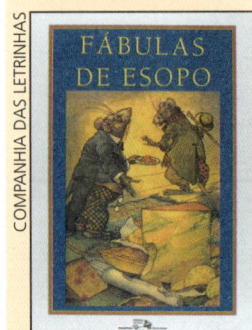

Fábulas de Esopo

Esopo. Companhia das Letrinhas, 2014.

Nesse livro há 53 fábulas de Esopo que nos fazem refletir sobre comportamentos e atitudes do dia a dia.

16 CHUVA

VAMOS COMEÇAR!

Observe como as palavras do poema estão organizadas na página.

Como você imagina que esse poema deve ser lido? O que a aparência do poema lhe sugere?

Leia-o em silêncio. Depois, acompanhe a leitura em voz alta que o professor vai fazer.

Chuva

pinga devagar
Tempo (depois de despencar
não se seguida demora um pouco atrás)
Maio primeiro A a cair
L
E
D

Apertando o conta-letras
a menina escreve
seu nome no papel.

Fernando Paixão. *Poesia a gente inventa*. São Paulo: Ática, 1996.

ESTUDO DO TEXTO

1. Converse com os colegas e com o professor sobre as questões a seguir.

a) Alguma vez você já parou para observar a chuva: como ela cai, o barulho que faz, se é chuvisco, chuvinha, chuvarada, chuvão?

b) A menina inspirou-se na chuva para escrever o nome dela no papel. Se você "apertasse o conta-letras" para escrever seu nome em forma de poema visual, que imagem escolheria? Desenhe em uma folha avulsa.

2. Comente com os colegas se houve certa dificuldade em entender a direção de leitura ou se foi fácil deduzi-la.

3. O poema chama-se "Chuva". O que as letras que o formam representam?

4. No poema, as palavras obedecem a uma determinada distribuição. O que ela lembra?

No **poema visual**, a distribuição das palavras contribui para a construção do sentido, como se as palavras e a disposição delas fossem utilizadas para compor uma imagem.

5. Qual é a relação entre a organização das palavras no poema e seu título?

6. Que nome formam as letras maiúsculas do poema?

7. Há rima nesse poema, ou seja, a combinação do som das sílabas no final das palavras?

8. Há uma sequência na queda dos pingos da chuva e das letras que formam o nome Matilde? Como essa ordem se realiza no poema?

9. Na ilustração que acompanha o texto há uma distribuição das cores e também uma combinação da cor da roupa da menina e seu guarda-chuva. Observando a imagem podemos imaginar uma estação do ano?

10. Além do título e da forma que os versos foram escritos, o que mais nos faz lembrar a chuva no texto?

11. Converse com seus colegas:

a) Você conhece outro poema que combine a linguagem visual com a linguagem verbal? Qual poema?

b) O poeta Fernando Paixão diz que escrever poesia é o mesmo que brincar com as palavras. Você concorda?

c) Que lembrança você tem de um dia de chuva? Foi divertido? Ou a chuva atrapalhou algum programa?

ESTUDO DA LÍNGUA

Vocativo

1. Leia esta estrofe de um poema.

> [...]
> Um mundo todo igual seria um crime
> O mesmo gosto, sonho e opinião
> Torcia todo mundo pra um só time
> Meu Deus do céu, que baita chateação!
>
> Ricardo Azevedo. *Aula de carnaval e outros poemas*. 2ª. ed. São Paulo: Ática, 2009. p. 21.

a) Sabendo que o título do poema é "Baita chateação", o que você acha que incomoda o eu-lírico?

_____
_____
_____
_____
_____

b) Qual expressão o eu-lírico utiliza em sua reclamação como se estivesse chamando por alguém?

_____
_____

c) Por que ele utiliza essa expressão?

_____
_____
_____
_____

d) Se ele estivesse reclamando com a mãe, como ficaria o último verso do poema?

_____
_____
_____

e) Complete: No último verso, a vírgula foi utilizada para separar _____.

f) No segundo verso, a vírgula foi utilizada com a mesma intenção do último? Explique.

_____
_____
_____
_____
_____
_____

> O termo ou a expressão utilizados pelo falante para se dirigir à pessoa com quem conversa, por meio do próprio nome, de um substantivo, adjetivo ou mesmo apelido é chamado **vocativo**.

O vocativo geralmente é separado por vírgulas, mas pode aparecer também com um sinal de exclamação, interrogação etc. Veja:

- "**Pedro**, você gosta de ser igual aos outros?"
- "Eu adoro que as pessoas sejam diferentes, **Pedro**."

Nessas frases, usa-se o nome "**Pedro**" para se dirigir à pessoa com quem se fala. Essa expressão é denominada **vocativo**.

ORTOGRAFIA

Sons do x

Leia estas palavras do quadro.

> explicação exagero

O som do **x** nessas palavras é igual ou diferente?

Agora, leia as palavras a seguir e observe os sons do **x**.

x com som de z	
exagerar	exausto
exato	exercer
exemplar	exibir
exército	exaltar
exalar	execução
exercício	existência
exímio	existir
examinar	êxito
executar	inexato
exercitar	inexistente

x com som de cs	
anexar	circunflexo
axila	fixar
asfixiar	intoxicar
maxilar	táxi
oxigênio	texano
oxítono	sexagenário

x com som de s	
exclamar	exprimir
extração	expulsar
extrair	extremo
exclusivo	exposição
extraviar	expedição
expor	expressivo
extinção	excursão
experiência	externo
excluir	expedir
exportação	explicar

x com som de ss	
auxiliar	aproximar
próximo	trouxera
máximo	auxílio

ATIVIDADES

1. Leia as palavras e copie-as. Depois, faça a separação silábica.

excluir

_____

expansivo

_____

expelir

_____

expressão

_____

extinção

2. Distribua as palavras do quadro nas colunas adequadas, de acordo com os sons do **x**.

expedir	exausto
êxito	exibir
extraordinário	extravagância
exercitar	exalar
expulsar	extraviar
excomungar	exército

x com som de s

x com som de z

3. Pesquise, em jornais ou revistas, palavras escritas com **x** que tenham som de **s** e som de **z**. Escreva-as a seguir.

_____
_____
_____
_____

4. Distribua as palavras do quadro nas colunas adequadas de acordo com os sons do **x**.

texano	aproximar
boxe	maxilar
fixo	axila
anexo	auxílio
reflexo	excesso
excelente	trouxéssemos
excepcional	proximamente
tórax	oxigenada
máximo	próximo

x com som de cs

x com som de ss

LÍNGUA PORTUGUESA

UM TEXTO PUXA OUTRO

Leia mais um poema visual.

Canção para ninar gato com insônia

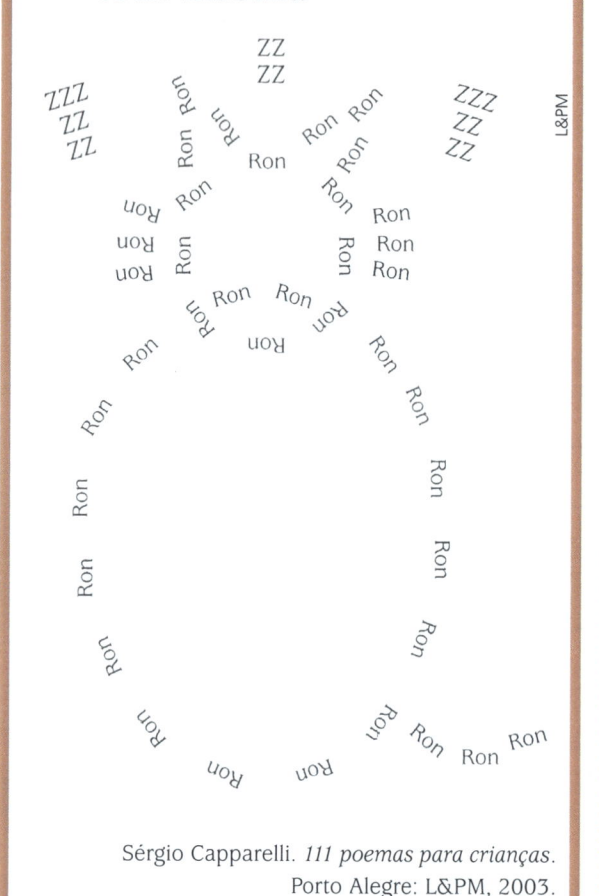

ZZZ ZZ ZZ   ZZ ZZ   ZZZ ZZ ZZ

Ron Ron Ron Ron Ron Ron Ron Ron Ron Ron Ron Ron Ron Ron Ron Ron Ron Ron Ron Ron Ron Ron Ron Ron Ron Ron Ron Ron Ron Ron Ron Ron Ron Ron Ron Ron Ron Ron Ron Ron

L&PM

Sérgio Capparelli. *111 poemas para crianças*. Porto Alegre: L&PM, 2003.

ATIVIDADES

1. Que imagem as palavras formam no poema?

_____
_____

2. Essa imagem é formada por qual palavra?

_____
_____

3. Os gatos produzem um som denominado ronrom. Como essa característica dos gatos está representada no poema?

_____
_____
_____

4. O que indicam as letras ZZZ, ZZ?

_____
_____

5. Que som poderia representar a canção de ninar do gato?

_____
_____

6. No poema, qual é a relação entre o título, a imagem e o texto?

_____
_____
_____
_____
_____

PRODUÇÃO DE TEXTO

Você vai produzir um poema em que a forma e o conteúdo estejam relacionados. Depois, com os colegas e o professor, vão montar um livro que será oferecido para pais e amigos.

Preparação

Escolha uma das imagens a seguir (ou outra que desejar) como ponto de partida para sua produção.

Imagine-se em um desses lugares e pense:

a) Que som (ou sons) destaca-se no ambiente?

b) Que palavras podem representar esse som? As palavras equivalem a uma fala ou a sons emitidos pelos componentes da cena?

c) Que cores podem compor o poema e/ou o cenário?

d) O desenho composto com as palavras formam ou complementam o ambiente?

e) Esses elementos estão em movimento ou parados?

Escrita

Escolha palavras relacionadas ao som, ao formato ou a alguma característica mostrada na imagem que você selecionou.

Escreva seu poema relacionando imagem com palavras.

Revisão

Depois de concluído o poema, troque seu texto com um colega e confira se ele fez um poema que relaciona imagem e palavras e se é possível compreender o poema. Escreva um comentário para seu colega sobre o texto dele. Com o poema comentado, refaça o que achar necessário.

Passe seu poema a limpo, de acordo com as orientações do professor.

Apresentação

Montem o livro de poemas da turma para apresentá-lo aos familiares e colegas da escola. Combine com o professor e com sua turma que título o livro terá, como será a capa e de que forma vão encaderná-lo.

Depois, é só combinar um dia para o lançamento. É importante que o livro possa ficar exposto num lugar para ser folheado, lido e admirado por todos!

AMPLIANDO O VOCABULÁRIO

advogar (ad-vo-**gar**): defender alguém ou alguma coisa; exercer a profissão de advogado.

aeronave (a-e-ro-**na**-ve): designação genérica dos aparelhos por meio dos quais se navega no ar.

alegar (a-le-**gar**): dizer como explicação.

amuleto (a-mu-**le**-to): objeto a que se atribui o poder mágico de afastar males, e que pode ter diferentes formas ou figuras.

anacrônico (a-na-**crô**-ni-co): contrário ao que é moderno, obsoleto, ultrapassado.

anemia (a-ne-**mi**-a): baixa de glóbulos vermelhos (isto é, das células responsáveis pelo transporte de oxigênio ao sangue).

apanhar (a-pa-**nhar**): recolher, pegar com as mãos ou com o auxílio de um objeto; sofrer castigo físico.

apetitoso (a-pe-ti-**to**-so): saboroso, gostoso.

asneira (as-**nei**-ra): tolice, bobagem.

atormentar (a-tor-men-**tar**): causar sofrimento a; sofrer.

ausência (au-**sên**-cia): afastamento.

azougue (a-**zou**-gue): pessoa viva; esperta.

badalar (ba-da-**lar**): falar.

balanceado (ba-lan-ce-**a**-do): diz-se da alimentação cujos componentes estão equilibrados em quantidade e em qualidade.

cafona (ca-**fo**-na): de mau gosto.

careta (ca-**re**-ta): costume fora de moda; antiquado.

cidadania (ci-da-da-**ni**-a): tudo que torna uma pessoa um cidadão, considerando seus direitos e deveres.

cítrico (**cí**-tri-co): diz-se das frutas ácidas, como o limão e a laranja.

clã (**clã**): grupo de pessoas que pertencem à mesma família.

colibri (co-li-**bri**): espécie de pássaro.

colossal (co-los-**sal**): enorme.

condenado (con-de-**na**-do): obrigado a fazer alguma coisa.

confinado (con-fi-**na**-do): que não pode sair de um espaço fechado.

decadência (de-ca-**dên**-cia): declínio, enfraquecimento.

desuso (de-**su**-so): perda do costume.

diagnosticar (di-ag-nos-ti-**car**): procurar a causa de uma doença.

discorrer (dis-cor-**rer**): falar sobre algo.

discriminação (dis-cri-mi-na-**ção**): não aceitar uma pessoa ou grupo por causa de sua cor, sexo, idade, religião etc.

dispor (dis-**por**): organizar.

embaraço (em-ba-**ra**-ço): perturbação.

encenar (en-ce-**nar**): representar, interpretar um personagem.

ensino remoto (en-**si**-no re-**mo**-to): ensino no qual alunos e professores não estão no mesmo espaço físico; conteúdo que é produzido e disponibilizado on-line.

equívoco (e-**quí**-vo-co): engano.

espectro (es-**pec**-tro): conjunto de elementos ou fatores.

estresse (es-**tres**-se): exaustão física e emocional.

exasperado (e-xas-pe-**ra**-do): irritado, exaltado.

fígado (**fí**-ga-do): grande órgão situado no alto do abdome, à direita, e que tem um importante papel na digestão.

fineza (fi-**ne**-za): gentileza.

fixamente (fi-xa-**men**-te): sem se desviar, de modo imóvel.

gíria (**gí**-ria): linguagem particular de um determinado grupo social.

guinchar (guin-**char**): dar guinchos (som emitido pelos macacos).

hesitar (he-si-**tar**): demonstrar dúvida, indecisão, receio.

híbrido (**hí**-bri-do): que ou o que resulta da junção de coisas diferentes.

Idade Média (I-**da**-de **Mé**-dia): período da história da humanidade que se inicia no ano 476 com a queda do imperador romano Rômulo Augusto. Esse período durou mil anos.

imunidade (i-mu-ni-**da**-de): condição de quem está imune, isto é, livre de doença.

incômoda (in-**cô**-mo-da): desagradável.

instalação (ins-ta-la-**ção**): local planejado para ser ocupado para uma certa finalidade.

interpessoal (in-ter-pes-so-**al**): entre duas ou mais pessoas.

íntimo (**ín**-ti-mo): familiar.

lamentável (la-men-**tá**-vel): digno de dó.

latim (la-**tim**): antiga língua falada no Lácio, região que incluía Roma.

migalha (mi-**ga**-lha): resto, pedaço.

nutricionista (nu-tri-ci-o-**nis**-ta): especialista em nutrição, isto é, processo pelo qual os organismos vivos obtêm energia, em forma de alimento.

nutriente (nu-tri-**en**-te): tudo o que alimenta; substância que se encontra nos alimentos e é indispensável à manutenção das funções vitais do organismo.

obesidade (o-be-si-**da**-de): acúmulo excessivo de gordura corporal.

obsoleto (ob-so-**le**-to): que caiu em desuso, ultrapassado, antiquado.

oco (**o**-co): que é vazio por dentro.

pandemia (pan-de-**mi**-a): quando uma enfermidade se dissemina pelo mundo.

passeata (pas-se-**a**-ta): protesto, manifestação ou reinvindicação de solidariedade que se faz com várias pessoas em caminhada.

pomar (po-**mar**): terreno com árvores que dão frutos.

preconceito (pre-con-**cei**-to): opinião ou conceito formulado antes de se ter conhecimento necessário sobre determinado assunto.

processar (pro-ces-**sar**): submeter um alimento ou material a um processo de transformação física, química ou biológica; organizar dados em um computador; mover ação judicial contra alguém.

protagonista (pro-ta-go-**nis**-ta): participante ativo.

quitute (qui-**tu**-te): comida, iguaria.

rasteiro (ras-**tei**-ro): que fica próximo do chão.

reverberar (re-ver-be-**rar**): fazer com que alguma coisa seja refletida; ocasionar reflexão.

ridículo (ri-**dí**-cu-lo): que desperta riso.

rotular (ro-tu-**lar**): colocar rótulo; atribuir uma característica.

saciado (sa-ci-**a**-do): satisfeito, farto, que se saciou.

segregador (se-gre-ga-**dor**): que separa ou exclui; que impede o acesso de todos.

sobraçar (so-bra-**çar**): segurar com o braço.

suster (sus-**ter**): sustentar.

tentador (ten-ta-**dor**): difícil de recusar.

termo (**ter**-mo): ponto final de alguma coisa, fim, término; cada um dos elementos de um todo; termo da oração, um termo do vocabulário.

vexame (ve-**xa**-me): vergonha.

zombar (zom-**bar**): gracejar.

Coleção Eu gosto m@is

MATEMÁTICA

4º ANO

ENSINO FUNDAMENTAL

SUMÁRIO

Lição 1 – Sistema de numeração romano **154**
- Os números romanos 154

Lição 2 – Sistema de Numeração Decimal **157**
- Um pouco de história 157
- Agrupamentos de 10 157
- Ordens e classes 160

Lição 3 – Adição com números naturais **164**
- As diversas ideias da adição 164
- Propriedades da adição 165
- Operações inversas 166

Lição 4 – Subtração com números naturais **170**
- As diversas ideias da subtração 170
- Alguns fatos sobre a subtração 171

Lição 5 – Ângulo e reta **175**
- Retas 175
- Retas: paralelas, perpendiculares e concorrentes 175
- Ângulo reto 176
- Segmento de reta 177
- Semirreta 177

Lição 6 – Multiplicação de números naturais **179**
- Ideias da multiplicação 179
- Propriedades da multiplicação 183

Lição 7 – Dobro, triplo, quádruplo e quíntuplo **186**

Lição 8 – Multiplicação com reagrupamento **189**
- Multiplicação com reserva na dezena e na centena 190
- Multiplicação com dois algarismos no multiplicador 191
- Multiplicação por 10, por 100 e por 1000 195

Lição 9 – Divisão com números naturais **197**
- Ideias da divisão 197
- Método longo e método breve 199
- Divisão exata e divisão não exata 199
- Divisão com dois algarismos no quociente 200
- Verificação da divisão 201
- Divisão de centenas com um algarismo no divisor 202
- Divisão por 10, por 100 ou por 1 000 203
- Divisão com zero intercalado no quociente 204
- Divisão com dois algarismos no divisor 205

Lição 10 – Medidas de tempo e temperatura **209**
- Hora, minuto e segundo 209
- Temperatura máxima e temperatura mínima 211
- Termômetros 212

Lição 11 – Poliedros e polígonos **213**
- Poliedros 213
- Polígonos 215
- Quadriláteros 215

Lição 12 – Simetria **217**
- Eixo de simetria 217
- Redução e ampliação de figuras 219

Lição 13 – Localização e movimentação **220**
- Pontos de referência, direção e sentido 220
- Paralelas, perpendiculares e transversais 222

Lição 14 – Álgebra: sentenças matemáticas **223**

Lição 15 – Frações **227**
- Fração 227
- Representando as partes do inteiro 227
- Leitura e escrita de frações 228

Lição 16 – Comparação de frações **232**
- Frações equivalentes 235

Lição 17 – Trabalhando com frações **237**

Lição 18 – Operações com frações **240**
- Adição 240
- Subtração 242

Lição 19 – Probabilidade **244**
- É muito provável ou é pouco provável? 244

Lição 20 – Gráficos **246**
- Infográfico 248

Lição 21 – Frações e números decimais **249**
- Representações decimais 249
- Porcentagem 253
- Gráfico de setores 254

Lição 22 – Operações com números decimais **255**

Lição 23 – Dinheiro no dia a dia **259**
- Um pouco de história 259
- Cédulas e moedas 259
- Lucro e prejuízo 262

Lição 24 – Medidas de comprimento **263**
- Comprimento 263

Lição 25 – Medidas de superfície e perímetro **266**
- Medindo superfícies 266
- Perímetro 267

Lição 26 – Medidas de capacidade **269**
- Capacidade 269

Lição 27 – Medidas de massa **271**
- Massa 271

LIÇÃO 1
SISTEMA DE NUMERAÇÃO ROMANO

Os números romanos

Entre as civilizações antigas, a romana foi uma das mais importantes. Assim como as outras civilizações, a necessidade de contar seus bens, como ovelhas e plantações e também o número de soldados, fez com que os romanos inventassem seu próprio sistema de numeração.

Os romanos, para representar as quantidades, empregavam 7 letras que usamos em nosso alfabeto, atribuindo valores a cada uma delas.

I	V	X	L	C	D	M
1	5	10	50	100	500	1 000
um	cinco	dez	cinquenta	cem	quinhentos	mil

Nos quadros a seguir, há exemplos da escrita numérica romana para você consultar.

I	1
II	2
III	3
IV	4
V	5
VI	6
VII	7
VIII	8
IX	9
X	10

XX	20
XXX	30
XL	40
L	50
LX	60
LXX	70
LXXX	80
XC	90
C	100
CC	200

CCC	300
CD	400
D	500
DC	600
DCC	700
DCCC	800
CM	900
M	1 000
MM	2 000
MMM	3 000

Para escrever os números romanos, algumas regras precisam ser respeitadas.

> As letras **I**, **X**, **C** e **M** podem ser repetidas até 3 vezes, indicando uma adição.

I	1	X	10	C	100	M	1 000
II	2	XX	20	CC	200	MM	2 000
III	3	XXX	30	CCC	300	MMM	3 000

> As letras I, X e C, escritas à direita de outras letras que representam maior valor, têm seus valores **adicionados** aos valores dessas letras.

VII	5 + 2 → 7	CXXX	100 + 30 → 130
LXXIII	50 + 20 + 3 → 73	DC	500 + 100 → 600
CX	100 + 10 → 110	MDXXV	1 000 + 500 + 20 + 5 → 1 525

> As letras I, X e C, escritas à esquerda de letras que representam maior valor, têm seus valores **subtraídos** dos valores dessas letras.

IV	5 − 1 → 4	XC	100 − 10 → 90
IX	10 − 1 → 9	CD	500 − 100 → 400
XL	50 − 10 → 40	CM	1 000 − 100 → 900

> Um traço horizontal (—) sobre uma ou mais letras significa que o valor representado está **multiplicado por 1 000**.

| $\overline{V}$ | 5 × 1 000 → 5 000 | $\overline{XIV}$ | 14 × 1 000 → 14 000 |
| $\overline{IX}$ | 9 × 1 000 → 9 000 | $\overline{XXX}$ | 30 × 1 000 → 30 000 |

- Converse com seu professor e colegas e responda: por que não se duplicam as letras V, L e D?

ATIVIDADES

1. Observe a regra que associa os números romanos com o nosso sistema de numeração e faça o mesmo.

VI → 5 + 1   IV → 5 − 1

a) XII _____   e) IX _____
b) CX _____   f) CXX _____
c) XC _____   g) LX _____
d) CM _____   h) DCC _____

2. Observe o exemplo e faça o mesmo.

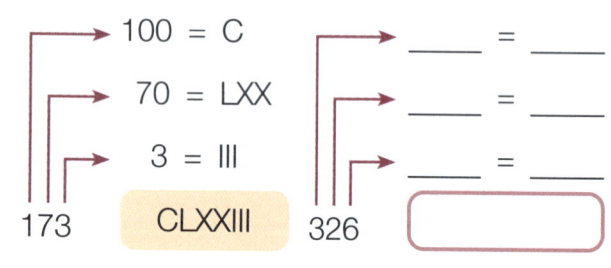

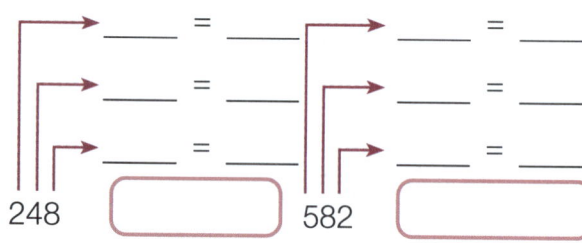

173 → 100 = C; 70 = LXX; 3 = III → CLXXIII

326 → ___ = ___; ___ = ___; ___ = ___ → ___

248 → ___ = ___; ___ = ___; ___ = ___ → ___

582 → ___ = ___; ___ = ___; ___ = ___ → ___

3. Escreva estes números romanos por extenso.

XXXVII _____
LXXV _____
CXXIII _____
MMCLIII _____
MCMLVI _____
MCMXCIX _____

4. Numere a segunda coluna de acordo com a primeira.

1 2 734   ( ) MCCLXXVIII
2 1 522   ( ) DCCCXXXV
3 978   ( ) CMLXXVIII
4 835   ( ) MDXXII
5 1 278   ( ) MMDCCXXXIV

5. Represente em números romanos.

1 dezena _____   meia dezena _____
1 centena _____   meia centena _____
1 milhar _____   meio milhar _____

6. Escreva os números romanos a seguir em ordem crescente.

XXVII   XX   XV   XXVI   XXII
XVI   XVIII   XXV   XXI   XVII
XXIX   XXIII   XXIV   XXVIII   XIX

_____
_____

7. Escreva com algarismos indo-arábicos.

a) CCXLIX _____   e) MDCLI _____
b) CDXVII _____   f) MMDLXXXVI _____
c) DLXVIII _____   g) MMMIII _____
d) CMLXXIX _____   h) DXXIX _____

8. Represente em números romanos.

a) 27 _____   c) 400 _____
b) 48 _____   d) 543 _____

SISTEMA DE NUMERAÇÃO DECIMAL

Um pouco de história

A história dos números é muito interessante. Em escavações arqueológicas, estudiosos encontraram objetos, pinturas em pedras e vestígios que indicam que a preocupação com algum método de contagem começou em tempos muito antigos.

Há registros de que os nossos antepassados contavam até quatro ou cinco, e as quantidades maiores eram referidas como "muitos" ou "vários".

A necessidade de registrar quantidades de objetos ou animais levou à criação de símbolos, que hoje conhecemos como números.

Estava se formando o **conjunto dos números naturais**, relacionados diretamente a objetos do mundo real, os primeiros números utilizados pelo ser humano.

0, 1, 2, 3, 4, 5, 6, 7, 8, 9, 10, 11, 12, ...

Agrupamentos de 10

O sistema de numeração que usamos é um **sistema decimal**, pois contamos em grupos de 10. A palavra decimal tem origem na palavra latina *decem*, que significa 10.

Esse sistema de numeração apresenta algumas características:

- Utiliza apenas os algarismos 0 1 2 3 4 5 6 7 8 e 9 para representar qualquer quantidade.
- Cada 10 unidades de uma ordem forma uma unidade da ordem seguinte.

Observe.

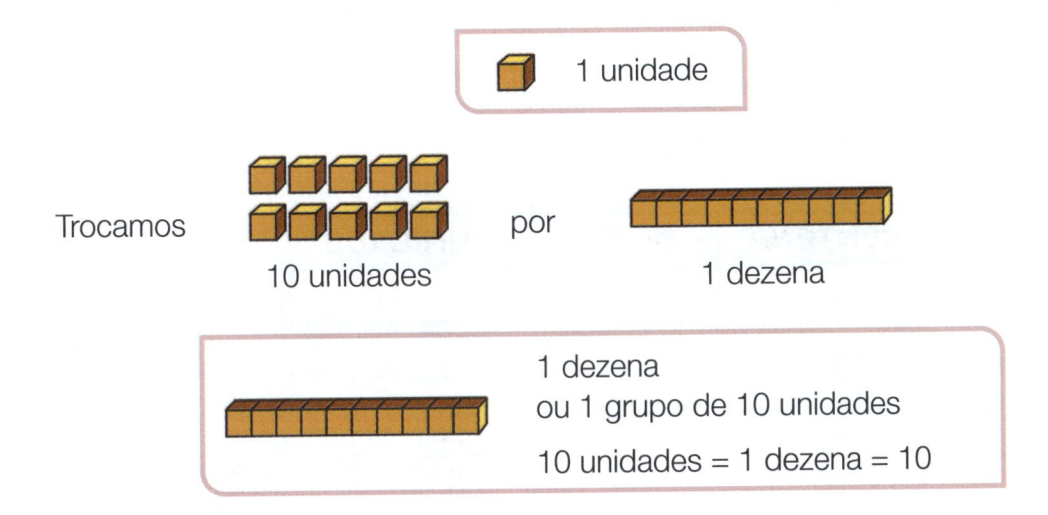

1 unidade

Trocamos 10 unidades por 1 dezena

1 dezena
ou 1 grupo de 10 unidades
10 unidades = 1 dezena = 10

Trocamos [10 dezenas] por [1 centena]

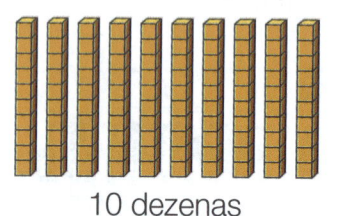

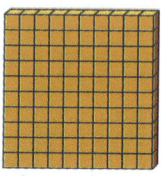

10 dezenas   1 centena

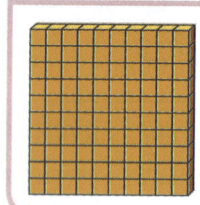

1 centena ou
1 grupo de 10 dezenas ou
1 grupo de 100 unidades
10 dezenas = 1 centena = 100

Trocamos [10 centenas] por [1 unidade de milhar]

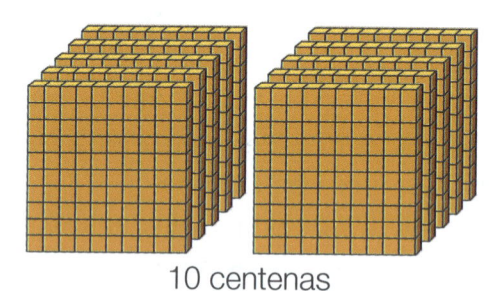

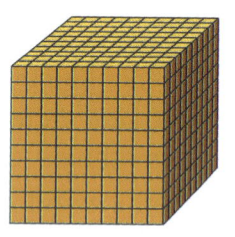

10 centenas   1 unidade de milhar

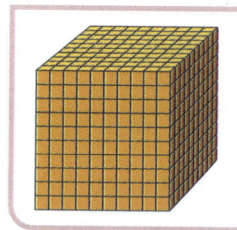

1 unidade de milhar ou
1 grupo de 10 centenas ou
1 grupo de 1 000 unidades
10 centenas = 1 unidade de milhar = 1 000

Observe as quantidades representadas abaixo.

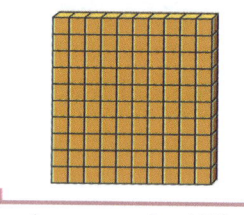

1 grupo de 100 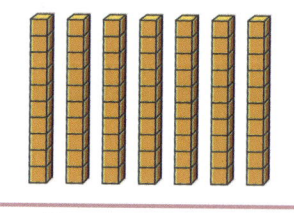   7 grupos de 10   5 unidades

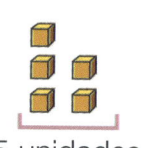

A escrita matemática no quadro de ordens indica:

CENTENA	DEZENA	UNIDADE
1	7	5

Registrando: 1 × 100   +   7 × 10   +   5

100   +   70   +   5   =   175

158

ATIVIDADES

1. Observe as quantidades representadas e faça o que se pede.

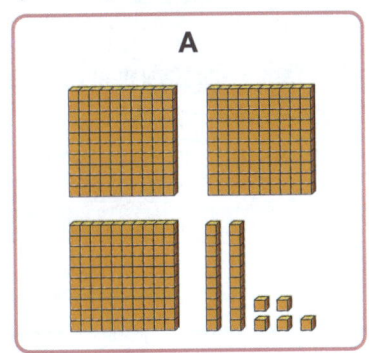

A

- A figura **A** indica _____ centenas, _____ dezenas e _____ unidades.
- Escreva a representação numérica. _____

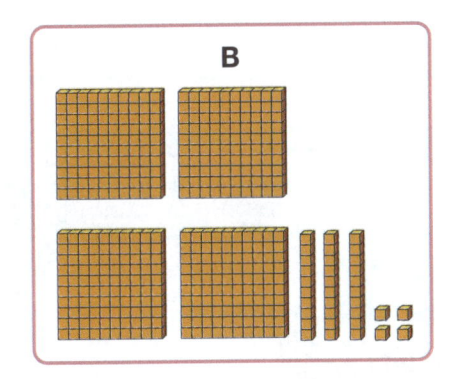

B

- A figura **B** indica _____ centenas, _____ dezenas e _____ unidades.
- Escreva a representação numérica. _____

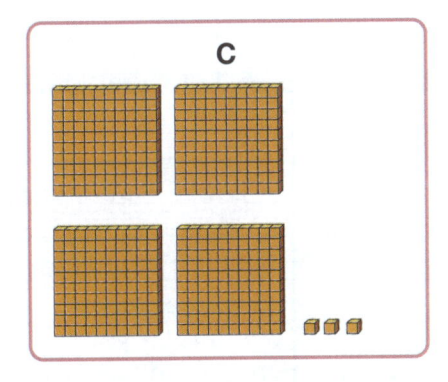

C

- A figura **C** indica _____ centenas, _____ dezenas e _____ unidades.
- Escreva a representação numérica. _____

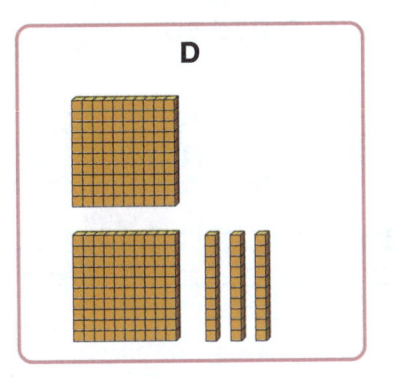

D

- A figura **D** indica _____ centenas, _____ dezenas e _____ unidades.
- Escreva a representação numérica.
_____

2. Conte esses outros cubinhos.

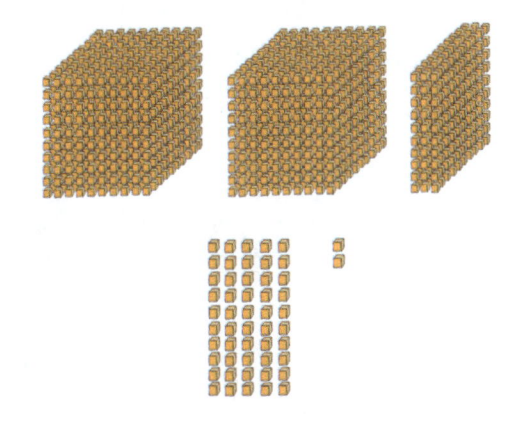

a) Agrupe os cubinhos em dezenas. Quantas dezenas são? _____

b) Sobra algum cubinho solto, sem formar uma dezena completa? Quantos?
_____

c) Agrupe os cubinhos em milhar. Quantas milhares são? _____

d) Sobra algum cubinho solto, sem formar uma milhar completa? Quantos?
_____
_____

e) Quantas unidades são? _____

159

Ordens e classes

Outra característica do nosso sistema de numeração é que ele segue o princípio do **valor posicional do algarismo**, isto é, cada algarismo tem um valor de acordo com a posição que ocupa na representação do número.

O **ábaco vertical** é um recurso que pode ser utilizado para representar unidades, dezenas, centenas, unidades de milhar, dezenas de milhar e centenas de milhar. Com ele fica mais fácil visualizar as posições e as ordens dos algarismos no sistema de numeração decimal.

Observe a quantidade representada.

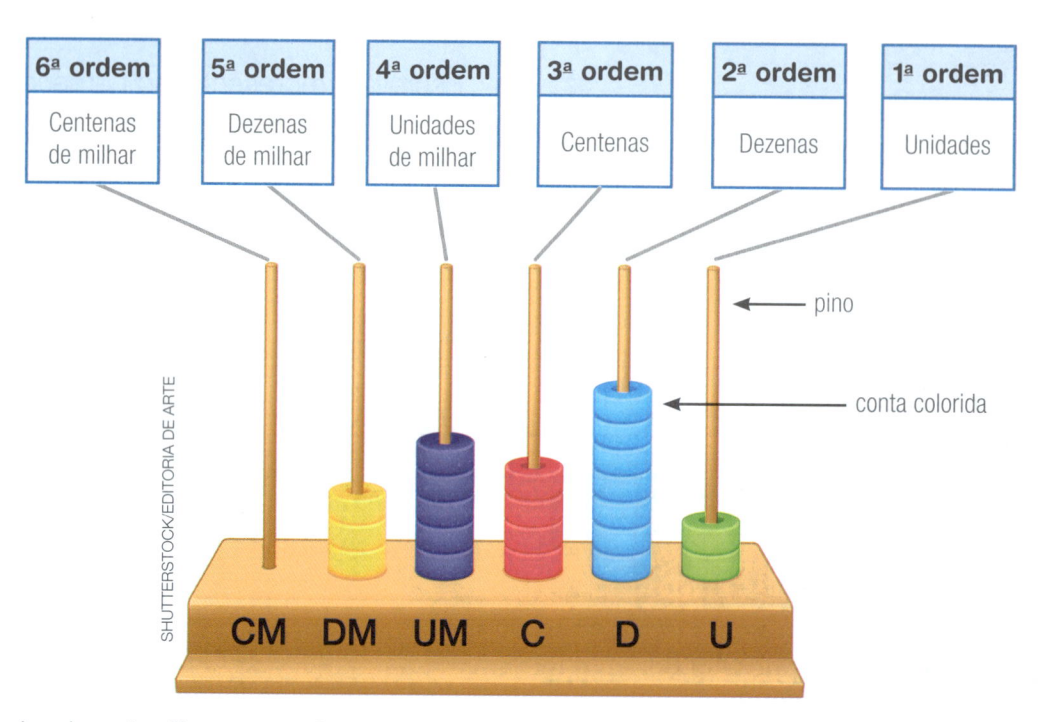

6ª ordem	5ª ordem	4ª ordem	3ª ordem	2ª ordem	1ª ordem
Centenas de milhar	Dezenas de milhar	Unidades de milhar	Centenas	Dezenas	Unidades

pino

conta colorida

CM DM UM C D U

Cada pino do **ábaco vertical** representa uma ordem do sistema de numeração decimal. A quantidade de contas coloridas em cada pino representa o valor da ordem. Três ordens formam uma classe.

Ordem	5ª	4ª	3ª	2ª	1ª
Nome	Dezena de milhar	Unidade de milhar	Centena	Dezena	Unidade
Quantidade de contas	3	5	4	7	2
Quantidade representada	3 × 10 000 = 30 000	5 × 1 000 = 5 000	4 × 100 = 400	7 × 10 = 70	2 × 1 = 2

Basta adicionar as quantidades para descobrir o número representado no ábaco:

30 000 + 5 000 + 400 + 70 + 2 = 35 472

Para melhor visualizar as classes e as ordens, utilizamos o quadro de ordens.
Observe o número 35 472 no quadro de ordens.

2ª CLASSE			1ª CLASSE		
Milhares			Unidades		
6ª ordem	5ª ordem	4ª ordem	3ª ordem	2ª ordem	1ª ordem
Centenas	Dezenas	Unidades	Centenas	Dezenas	Unidades
	3	5	4	7	2

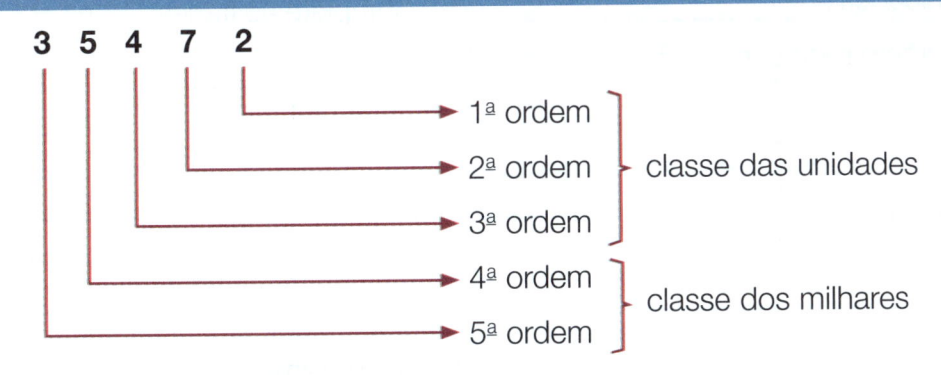

3 5 4 7 2

→ 1ª ordem ⎫
→ 2ª ordem ⎬ classe das unidades
→ 3ª ordem ⎭
→ 4ª ordem ⎫
→ 5ª ordem ⎬ classe dos milhares

O número 35 472 tem 5 ordens: 3 dezenas de milhar, 5 unidades de milhar, 4 centenas, 7 dezenas e 2 unidades.

ATIVIDADES

1. Converta as quantidades abaixo em unidades e escreva os números encontrados.

15 D e 6 U = _____ U

45 D e 8 U = _____ U

32 C = _____ U

7 C e 15 D = _____ U

260 D = _____ U

4 UM, 4 C e 4 D = _____ U

2 UM e 23 D = _____ U

1 UM e 2 D = _____ U

Agora, escreva esses números em ordem crescente. _____

2. Escreva a quantidade representada em cada ábaco.

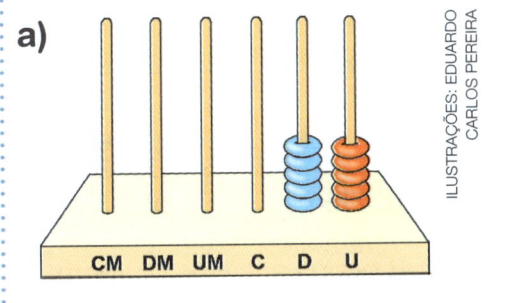

a)

CM DM UM C D U

Quantas unidades de milhar? _____

Quantas centenas? _____

Quantas dezenas? _____

Quantas unidades? _____

Qual é o número representado? _____

b)

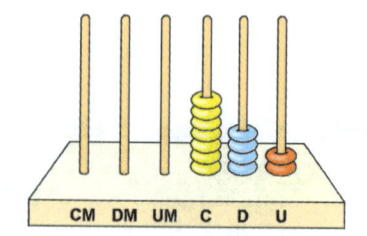

Quantas unidades de milhar? _____
Quantas centenas? _____
Quantas dezenas? _____
Quantas unidades? _____
Qual é o número representado? _____

c)

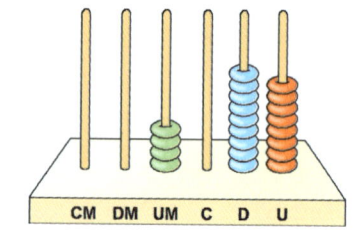

Quantas unidades de milhar? _____
Quantas centenas? _____
Quantas dezenas? _____
Quantas unidades? _____
Qual é o número representado? _____

3. Observe o número 2 187. Complete.

a) O número 2 187 tem _____ ordens.

b) O algarismo 8 ocupa a _____ ordem.

c) O algarismo 1 ocupa a _____ ordem, a das _____ .

d) O algarismo 7 ocupa a _____ ordem, a das _____ .

e) O algarismo 2 ocupa a _____ ordem, a das _____ .

4. Escreva os números por extenso.

176 _____

984 _____

2 337 _____

1 807 _____

6 422 _____

5. Complete as frases.

a) O número 65 492 tem _____ classes.
- O algarismo 2 ocupa a ordem das _____
- O algarismo 9 ocupa a ordem das _____
- O algarismo 4 ocupa a ordem das _____
- O algarismo 5 ocupa a ordem das _____
- O algarismo 6 ocupa a ordem das _____

b) O número 92 187 tem _____ classes.
- O algarismo 7 ocupa a ordem das _____
- O algarismo 8 ocupa a ordem das _____
- O algarismo 1 ocupa a ordem das _____
- O algarismo 2 ocupa a ordem das _____
- O algarismo 9 ocupa a ordem das _____

6. Em cada caso, preencha o quadro de ordens com os respectivos números. Depois, escreva a decomposição desse número e como se lê. O primeiro item já está feito.

a) 4 921

Ordem	DM	UM	C	D	U
Algarismo		4	9	2	1
Quantidade representada		4 × 1 000 = 4 000	9 × 100 = 900	2 × 10 = 20	1 × 1 = 1

Decomposição: 4 000 + 900 + 20 + 1

Lê-se: quatro mil, novecentos e vinte e um.

b) 7 248

Ordem	DM	UM	C	D	U
Algarismo					
Quantidade representada					

Decomposição: _____

Lê-se: _____

c) 16 009

Ordem	DM	UM	C	D	U
Algarismo					
Quantidade representada					

Decomposição: _____

Lê-se: _____

d) 14 810

Ordem	DM	UM	C	D	U
Algarismo					
Quantidade representada					

Decomposição: _____

Lê-se: _____

LIÇÃO 3
ADIÇÃO COM NÚMEROS NATURAIS

As diversas ideias da adição

Você já deve ter resolvido problemas no seu cotidiano em que precisou calcular uma soma. Para isso, certamente, o problema envolvia alguma das ideias da adição.

Observe exemplos de situações envolvendo as ideias da adição.

Juntar → 2 + 3 = 5

Reunir → 4 + 5 = 9

Acrescentar → 4 + 4 = 8

A **adição** é uma operação matemática que está envolvida com as ideias de juntar, reunir ou acrescentar.

Propriedades da adição

Observe as situações:

Propriedade 1

Eu coletei 6 latinhas de manhã e 3 latinhas à tarde.

E eu coletei 3 latinhas de manhã e 6 à tarde.

$6 + 3 = 9$ e $3 + 6 = 9$

Propriedade comutativa da adição

- Mais exemplos: verifique o que acontece quando invertemos a ordem das parcelas.

$$\begin{array}{r} 26 \\ + 52 \\ \hline 78 \end{array} \qquad \begin{array}{r} 52 \\ + 26 \\ \hline 78 \end{array}$$

Observe.

$26 + 52 = 52 + 26$
$78 = 78$

Trocando-se a ordem das parcelas de uma adição, a soma não se altera. Essa é a **propriedade comutativa** da adição.

Propriedade 2

Foram plantadas 60 mudas pequenas, 40 médias, ou seja, 100 mudas. Mais 50 grandes. Ao todo, 150 mudas.

Foram plantadas 60 mudas pequenas. Depois, 40 médias mais 50 grandes, que juntas são 90 mudas. Ao todo, são 150 mudas.

$(60 + 40) + 50 = 60 + (40 + 50) = 150$
$\quad\; 100 \quad + 50 = 60 + \quad 90 \quad = 150$

Propriedade associativa da adição

- Mais exemplos: verifique o que acontece quando associamos as parcelas de modos diferentes.

$20 + 90 + 110 = 20 + 90 + 110$
$\quad 110 \quad + 110 = 20 + \quad 200$
$\qquad 220 \qquad\qquad\quad 220$

$(20 + 90) + 110 = 20 + (90 + 110) = 220$

Associando-se as parcelas de uma adição de modos diferentes, a soma não se altera. Essa é a **propriedade associativa** da adição.

Propriedade 3

> Eu fiz 75 pontos na primeira rodada e 0 ponto na segunda rodada. Ao todo, nas duas rodadas, fiz 75 pontos.

75 + 0 = 75
Elemento neutro

Adicionando-se 0 a qualquer número natural, o resultado é sempre esse número natural. Essa é a **propriedade do elemento neutro**. O zero (0) é o elemento neutro da adição.

Propriedade 4

$$\begin{array}{r} 120 \\ + 80 \\ \hline 200 \end{array}$$ parcelas ou termos da adição

soma ou total (resultado da adição)

A adição de dois ou mais números naturais sempre dá como resultado um número natural. Essa é a **propriedade do fechamento** da adição.

Operações inversas

Observe cada uma das operações.

$$\begin{array}{r} \overset{1}{3}76 \\ +451 \\ \hline 827 \end{array} \qquad \begin{array}{r} \overset{7}{\cancel{8}}\overset{12}{2}7 \\ -376 \\ \hline 451 \end{array}$$

Subtraindo-se da soma uma das parcelas, e obtém-se a outra parcela. A adição e a subtração são **operações inversas**.

Observe agora esta adição de três parcelas.

$$\begin{array}{r} \overset{1}{5}\overset{1}{2}3 \\ +74 \\ \hline 157 \\ \hline 754 \end{array} \qquad \begin{array}{r} 523 \\ +74 \\ \hline 597 \end{array} \qquad \begin{array}{r} \overset{6}{\cancel{7}}\overset{14}{\cancel{5}}\overset{14}{\cancel{4}} \\ -597 \\ \hline 157 \end{array}$$

Em uma adição de três ou mais parcelas, quando separamos uma delas e retiramos do total a soma das demais parcelas, a parcela separada aparece como resultado.

ATIVIDADES

1. Assinale com **V** (verdadeiro) ou **F** (falso).

(   ) Quando juntamos duas quantidades estamos utilizando uma das ideias da adição.

(   ) "Eu tinha 5 figurinhas na minha coleção. Acrescentei mais 3 e fiquei com 8." Essa é a ideia de acrescentar da adição.

(   ) Quando separamos duas quantidades de objetos em dois grupos, estamos utilizando uma das ideias da adição.

(   ) "No campeonato entre escolas reunimos 5 times da Escola Legal e 9 times da Escola Galera, ao todo participaram 14 times." Essa **não** é uma ideia da adição.

2. Ligue cada operação a uma das propriedades da adição.

- 36 + 42 = 42 + 36 = 78
- (125 + 25) + 305 = 125 + (25 + 305) = 455
- 2 035 + 495 = 2 530
- 399 + 0 = 399

- Associativa
- Elemento neutro
- Fechamento
- Comutativa

3. Arme e calcule o resultado de cada adição. Depois, confira os resultados das suas contas.

a) 459 + 338 = _____

b) 2 509 + 783 = _____

c) 8 950 + 7 083 = _____

4. Calcule o resultado das adições, aplicando a propriedade comutativa e a associativa da adição. Veja o exemplo.

1 035 + 2 500 + 3 065 =
1 035 + 3 065 + 2 500 =
4 100 + 2 500 =
6 600

a) 120 + 199 + 180 = _____

b) 1 060 + 123 + 2 040 = _____

c) 10 800 + 20 130 + 10 200 = _____

5. Calcule o resultado das adições nos quadros de ordens.

	UM	C	D	U
	5	1	1	9
+		8	8	3

	UM	C	D	U
		7	7	8
+	4	3	0	7

	UM	C	D	U
	4	0	6	9
+	3	9	6	1

	DM	UM	C	D	U
	4	5	0	7	9
+	4	5	3	7	9

	DM	UM	C	D	U
	1	3	3	3	3
+	2	7	7	7	7

	DM	UM	C	D	U
	8	1	9	3	9
+	1	2	9	8	8

6. Efetue as adições no seu caderno e registre os resultados.

a) 365 + 279 = _____

b) 3 448 + 76 = _____

c) 748 + 2 981 + 945 = _____

d) 21 940 + 1 334 + 68 = _____

PROBLEMAS

1. Paulo tem 96 bolas de gude. Pedro tem 37 bolas de gude a mais que Paulo. Plínio tem 85. Quantas bolas de gude têm os três juntos?

Resposta: _____

2. Numa quitanda, há 4 centenas e meia de melancias, 3 centenas e 7 dezenas de laranjas e 2 centenas de abacates. Quantas frutas há na quitanda?

Resposta: _____

3. Para uma festa de aniversário, mamãe fez 6 centenas de coxinhas, 5 centenas e meia de empadas e 348 pastéis. Quantos salgadinhos mamãe fez?

Resposta: _____

4. Uma rede de escolas tem 12 306 alunos que estudam de manhã e 8 915 que estudam à tarde. Quantos alunos estudam nessa rede de escola?

Resposta: _____

RESOLUÇÃO DE PROBLEMAS

1. Leia o problema e veja o plano que Emanuel criou para resolvê-lo.

> O estado do Espírito Santo tem 56 170 propriedades rurais com plantio de café e outras 26 230 que não plantam café. Ao todo, nessas fazendas, há aproximadamente 330 mil pessoas empregadas. Quantas propriedades rurais há no Espírito Santos?

> Para pensar num plano eu observei os dados, a pergunta e a operação a ser usada.

Pergunta do problema:
Quantas propriedades rurais há no ES?

Dados que interessam ao problema:
56 170 fazendas de café e
26 230 fazendas que não plantam café

Operação: adição
Estratégia: algoritmo da adição
obs.: essa adição tem reagrupamento
Resposta esperada: próximo de 82 000

a) Por que você acha que Emanuel começou anotando a pergunta?
_____
_____
_____
_____
_____

b) Há algum dado no problema que não é importante para responder à pergunta?
_____
_____

- Observe os detalhes do plano de Emanuel. O que mais chama sua atenção? Comente com os colegas.

- Você acha importante estimar o resultado antes de resolver o problema?

2. Leia o problema seguinte. Elabore um plano e depois resolva-o no seu caderno.

> Uma festa de Carnaval fora de época reuniu 13 230 pessoas da cidade e 8 770 das cidades do entorno. A festa durou três dias.
>
> Quantas pessoas compareceram a essa festa?

LIÇÃO 4: SUBTRAÇÃO COM NÚMEROS NATURAIS

As diversas ideias da subtração

Diversos problemas do nosso cotidiano podem ser resolvidos ao calcular uma diferença entre dois valores. Nesse caso, a situação envolve algumas das ideias da subtração.

Observe exemplos de situações envolvendo as ideias da subtração.

Fernanda está na feira com a mãe. Ela tinha 20 reais e tirou 6 para pagar as maçãs.

Quantos reais ainda ficaram na carteira dela?

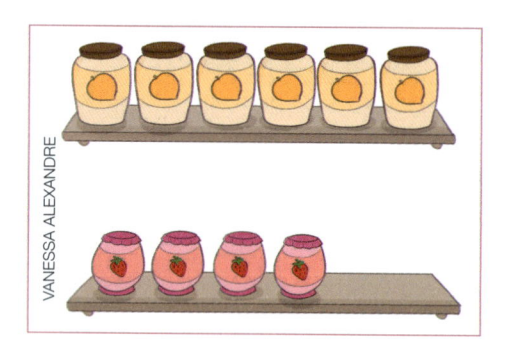

Tirar ⟶ 20 – 6 = 14

Uma estante tem 6 conservas de pêssego em uma prateleira e 4 de morango em outra prateleira. Quantas conservas de pêssego há a mais do que de morango?

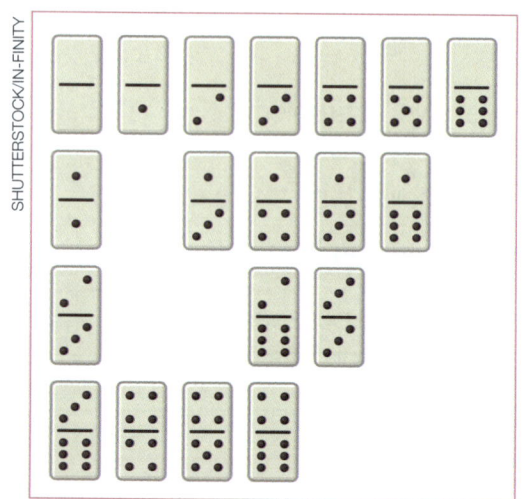

Comparar ⟶ 6 – 4 = 2

Um jogo de dominó tradicional sempre tem 28 peças. O jogo de dominó de uma sala de aula está com 19 peças reunidas. Quantas peças estão faltando nesse jogo?

Completar ⟶ 28 – 19 = 9

A **subtração** é uma operação matemática que está envolvida com as ideias de tirar, comparar e completar.

- Observe as operações efetuadas em cada situação anterior e responda a cada uma das perguntas feitas nessas situações.
- Qual das ideias da subtração você acha que mais utiliza no seu dia a dia? Explique para os colegas.

Alguns fatos sobre a subtração

Observe as operações:

```
minuendo   ───►     2  ⁴5̸  ¹⁴4           1  2  8   ◄─── parcela
subtraendo ───►  −  1   2   8         +  1  2  6   ◄─── parcela
resto ou diferença ──►  1  2  6          2  5  4   ◄─── soma ou total
```

Adicionando-se o resto ao subtraendo, obtém-se o minuendo.

Observe essas outras operações:

```
    3  4  8      − 21      3  2  7
 −  1  3  2     ──────► −  1  1  1
    2  1  6      − 21      2  1  6
```

Subtraindo-se o mesmo número do minuendo e do subtraendo, o resto não se altera.

```
    3  4  8      + 21      3  6  9
 −  1  3  2     ──────► −  1  5  3
    2  1  6      + 21      2  1  6
```

Adicionando-se o mesmo número ao minuendo e ao subtraendo, o resto não se altera.

ATIVIDADES

1. Arme e calcule o resultado de cada subtração. Para conferir se você acertou as contas, faça a operação inversa.

a) 659 − 338 = _____

b) 2 509 − 783 = _____

c) 32 518 − 8 403 = _____

d) 8 950 − 5 073 = _____

e) 35 014 − 29 706 = _____

f) 85 014 − 19 709 = _____

2. Veja o exemplo e, mentalmente, calcule o resultado de cada subtração.

10 850 − 4 400 = 6 450

a) 22 300 − 11 300 = _____

b) 36 500 − 12 500 = _____

c) 48 400 − 22 200 = _____

d) 52 600 − 32 300 = _____

e) 47 350 − 27 350 = _____

f) 58 250 − 28 050 = _____

g) 95 550 − 55 050 = _____

h) 83 750 − 81 250 = _____

3. Descubra o valor que está escondido em cada retângulo azul. Use os fatos a respeito da subtração.

a)
```
      7 8 4     −32      7 5 2
   −  ▯▯▯   ─────→    − 4 0 0
      ─────    −32      ─────
      3 5 2              3 5 2
```

b)
```
      8 4 6     +23      8 6 9
   −  ▯▯▯   ─────→    − 5 2 6
      ─────    +23      ─────
      3 4 3              3 4 3
```

4. Calcule o resultado das subtrações nos quadros de ordens.

UM	C	D	U
5	9	5	9
	8	4	3

UM	C	D	U
4	7	7	8
	9	0	7

UM	C	D	U
2	1	5	7
	9	3	0

UM	C	D	U
5	2	2	1
2	5	6	7

PROBLEMAS

1. Roberto tem 532 selos em sua coleção. Paulo tem 324. Quantos selos Roberto tem a mais que Paulo?

Resposta: _____

2. Faltam apenas 48 páginas para Fernanda terminar de ler seu livro de 394 páginas. Quantas páginas Fernanda já leu?

Resposta: _____

3. Pedro tem 8 anos e seu pai tem 40. A idade da mãe é a diferença entre a idade do pai e a do filho. Qual é a idade da mãe de Pedro?

Resposta: _____

4. A soma de 3 números é 7 168. O primeiro é 2 481 e o segundo, 3 963. Qual é o terceiro?

Resposta: _____

5. A diretora de uma biblioteca municipal pretende atingir a meta de 36 000 livros no acervo. A biblioteca já tem 22 198 livros. Quantos livros faltam para atingir a meta?

Resposta: _____

6. A cidade A tem 41 450 casas e a cidade B tem 38 985 casas. Quantas casas a cidade A tem a mais do que a cidade B?

Resposta: _____

7. Uma rede de escolas tem 12 306 alunos que estudam de manhã e 8 915 que estudam à tarde. Quantos alunos estudam de manhã a mais do que os que estudam à tarde?

Resposta: _____

8. O diretor de uma fábrica deseja produzir 46 380 peças neste mês. Até agora foram produzidas 28 908 peças. Quantas peças faltam produzir até chegar à quantidade que o diretor deseja?

Resposta: _____

RESOLUÇÃO DE PROBLEMAS

1. Leia o problema. Depois, veja o plano de resolução que Lara criou.

> Uma cidade com 65 000 habitantes está fazendo um movimento a favor da melhoria na educação. É preciso coletar 12 500 assinaturas e já foram coletadas 8 480. Quantas assinaturas faltam coletar?

> No meu plano eu já fiz uma estimativa do resultado antes de resolver o problema.

Pergunta do problema:
Quantas assinaturas faltam?

Dados necessários:
12 500 assinaturas a serem coletadas
8 480 assinaturas já foram coletadas

Operação: subtração

Estimativa do resultado:
4 000

Minha estratégia:
Algoritmo da subtração

   12 500
− 8 480

Troque ideias com os colegas.

- Há algum dado no problema que não é necessário para responder à pergunta?
- Que detalhes do plano de Lara chamam sua atenção? Por quê?
- Se fosse você, faria outra estimativa diferente da de Lara para esse problema? Por quê?
- Qual é a resposta exata do problema?

2. Faça como Lara: elabore um plano e depois resolva-o no seu caderno.

> Uma festa de carnaval fora de época reuniu 13 230 pessoas da própria cidade e outras 8 140 das cidades do entorno. A festa durou três dias. Quantas pessoas da própria cidade compareceram a mais que das outras cidades nessa festa?

5 ÂNGULO E RETA

Retas

Quando nos referimos a uma reta, estamos pensando em uma figura sem espessura, sem começo e sem fim.

Quando pensamos em uma reta imaginamos uma linha **infinita**, nos dois sentidos.

As **retas** são representadas por meio de uma linha reta e nomeadas pelas letras minúsculas do nosso alfabeto.

reta **r**
r

Retas: paralelas, perpendiculares e concorrentes

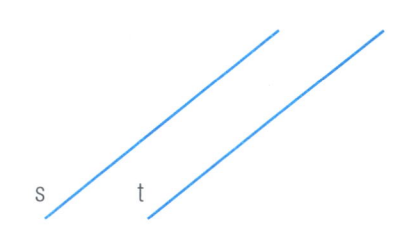

s   t

Duas retas que não se encontram por mais que se prolonguem, e não se cruzam em nenhum ponto, são chamadas de **retas paralelas**.

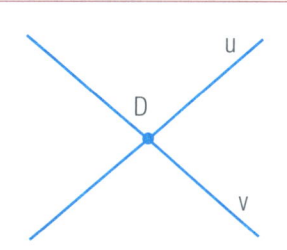

u
D
v

As retas **u** e **v** se cruzam no ponto **D**.

Duas retas que se encontram em um ponto são chamadas de **retas concorrentes**.

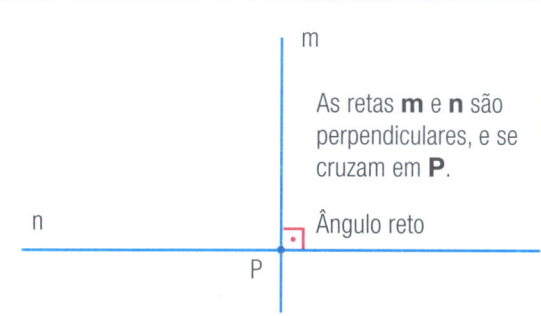

m

As retas **m** e **n** são perpendiculares, e se cruzam em **P**.

n
Ângulo reto
P

Duas retas perpendiculares se cruzam formando 4 ângulos retos.

Quando duas retas concorrentes formam um ângulo reto, são chamadas de **retas perpendiculares**.

O símbolo ⌐ significa ângulo reto.

Ângulo reto

Uma forma de verificar se um ângulo é reto é comparar o ângulo com o canto do esquadro.

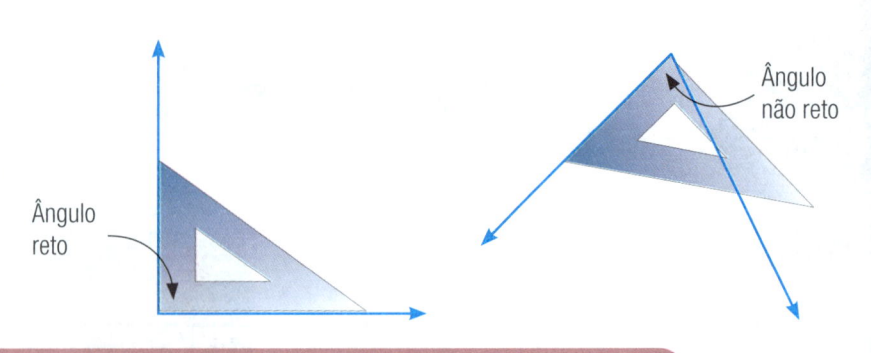

Ângulo reto

Ângulo não reto

> Cada um dos quatro ângulos determinados por duas retas perpendiculares é chamado de **ângulo reto**.

ATIVIDADES

1. Desenhe o que se pede:

retas paralelas

retas concorrentes

retas perpendiculares

ângulo reto

2. Assinale com um **X** os ângulos retos dos polígonos representados abaixo.

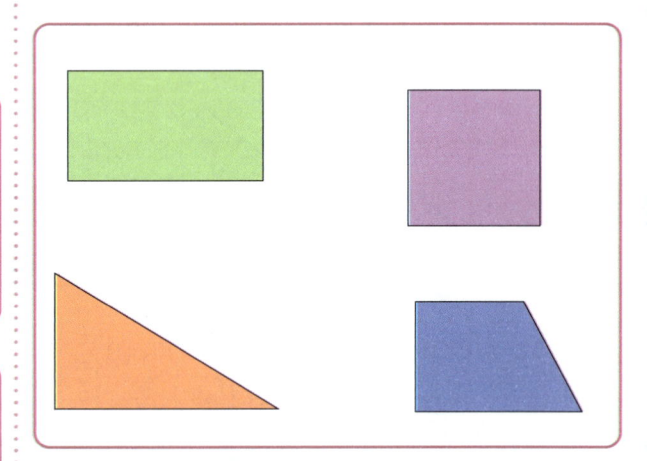

3. Classifique as retas abaixo em paralelas ou concorrentes.

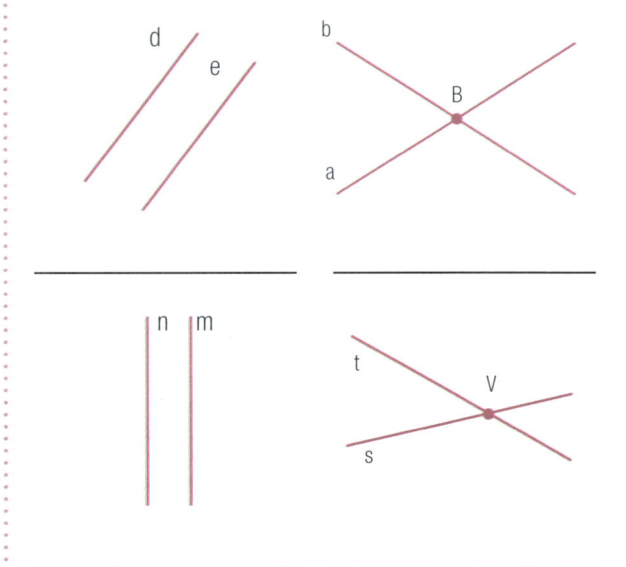

Segmento de reta

Observe a imagem ao lado.

Veja que a linha verde está contornando a parte vermelha da casa. Podemos pensar que esse contorno é formado por "pedaços" de reta, que chamamos de **segmentos de reta**.

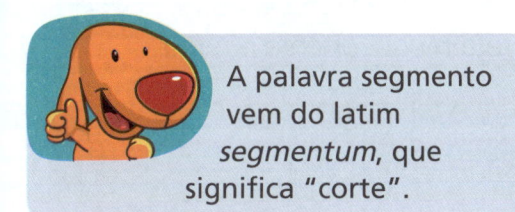

A palavra segmento vem do latim *segmentum*, que significa "corte".

Segmento de reta é a parte da reta compreendida entre dois de seus pontos, que são chamados de extremos, ou seja, é uma parte da reta que possui começo e fim.

A parte da reta **s** que se inicia no ponto **A** e termina no ponto **B** forma um **segmento de reta**.

Representamos assim: $\overline{AB}$ (lê-se: segmento AB).

O **segmento de reta** é limitado. Ele pode ser medido.

Semirreta

Observe a reta **s** abaixo:

O ponto **A** divide a reta **s** em duas semirretas.

As duas semirretas têm origem no ponto **A**.

As **semirretas** têm origem e são ilimitadas num só sentido, isto é, têm princípio, mas não têm fim.

ATIVIDADES

1. Observe o mapa de um bairro.

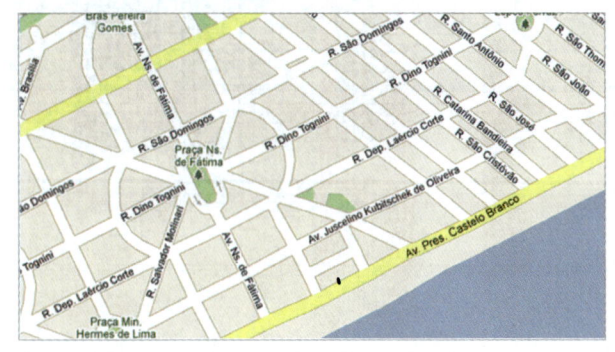

© 2011 © Google - Dados cartográficos ©2011 Maplink

Escreva:

a) Os nomes de duas ruas paralelas.
_____

b) Os nomes de duas ruas concorrentes.
_____

c) Os nomes de duas ruas perpendiculares.
_____

2. Observe as figuras. Complete as frases classificando as retas conforme sua posição.

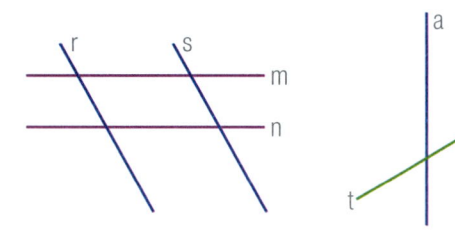

As retas **m** e **n** são _____.
As retas **r** e **m** são _____.
As retas **r** e **n** são _____.
As retas **s** e **n** são _____.
As retas **s** e **m** são _____.
As retas **r** e **s** são _____.
As retas **a** e **b** são _____.
As retas **t** e **a** são _____.
As retas **t** e **b** são _____.

3. Desenhe:

a) uma reta **s** paralela à reta **r**.

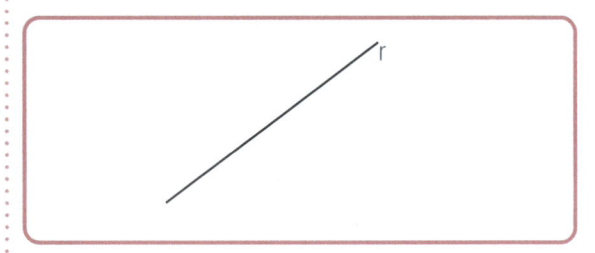

b) uma reta **n** concorrente à reta **t**.

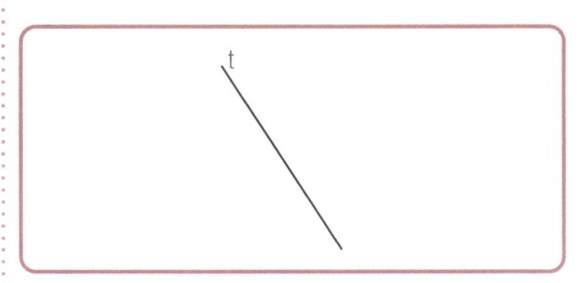

4. Escreva o nome dos segmentos de reta de cada figura.

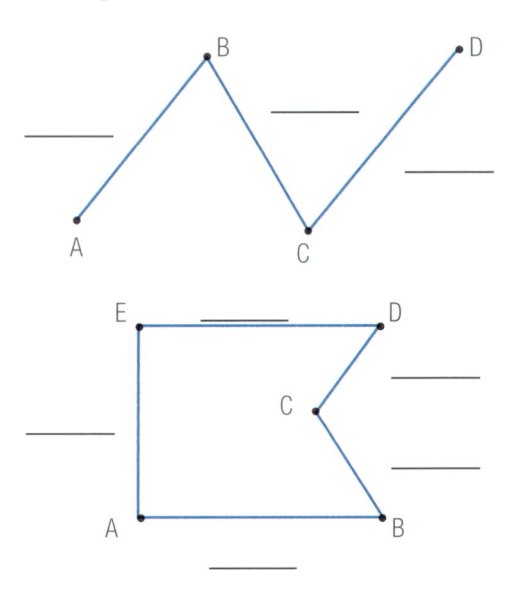

5. Com o auxílio de uma régua, trace segmentos de reta com as medidas indicadas.

a) $\overline{AB}$ = 3 cm

b) $\overline{MN}$ = 1 cm

c) $\overline{RT}$ = 2 cm

d) $\overline{DE}$ = 5 cm

6 MULTIPLICAÇÃO DE NÚMEROS NATURAIS

Ideias da multiplicação

A multiplicação é utilizada em diversos momentos do nosso cotidiano e envolve diferentes ideias: proporcionalidade, comparação, organização retangular e combinação.

Proporcionalidade

> Em uma papelaria, cada caderno custa R$ 9,00. Luís comprou 6 cadernos. Quanto ele gastou?

Esse problema envolve a ideia de proporcionalidade. O valor gasto aumenta proporcionalmente à quantidade de cadernos comprados.

Observe duas estratégias que podem ser utilizadas para resolver o problema:

Estratégia 1

$9 + 9 + 9 + 9 + 9 + 9 = 54$

Estratégia 2

$6 \times 9 = 54$

Na primeira estratégia, utilizamos a adição e, na segunda, a multiplicação.

Logo, Luís gastou R$ 54,00 com os cadernos.

Comparação

> Kátia tem 10 selos em sua coleção. Gilberto tem 3 vezes mais selos que Kátia. Gilberto tem quantos selos?

Nesta situação, há uma comparação entre a quantidade de selos de Kátia e a de Gilberto.

Então, $3 \times 10 = 30$, ou

fatores produto

Logo, Gilberto tem 30 selos.

Disposição retangular

Marcelo está reformando sua casa e deseja trocar o piso da cozinha. Para descobrir a quantidade de lajotas que precisa comprar, Marcelo contou a quantidade de linhas e de colunas do espaço. Observe:

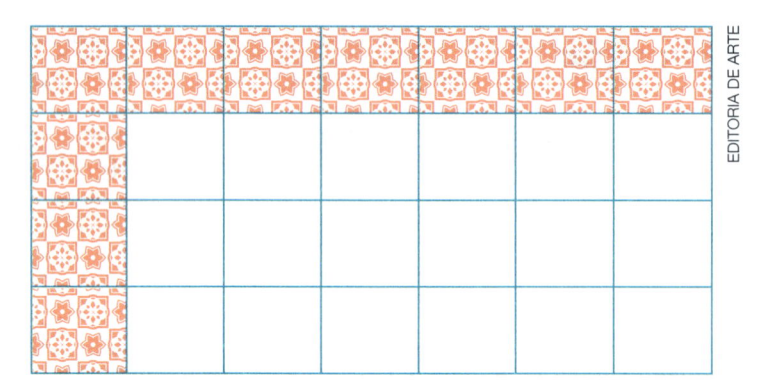

Sabendo que são 4 linhas e 7 colunas, Marcelo realizou uma multiplicação para descobrir o total de lajotas:

$$4 \times 7 = 28$$

Marcelo precisará comprar 28 lajotas para reformar sua cozinha.

- Esta situação está relacionada à ideia de disposição retangular, em que é possível descobrir o número total de elementos por meio da quantidade de linhas e de colunas.

ATIVIDADE

1. No quadriculado abaixo, pinte os quadradinhos para representar as multiplicações.

| 3 × 6 | 4 × 12 | 5 × 8 | 3 × 9 | 7 × 6 |

Combinação

A combinação é outra ideia associada à multiplicação.

Veja um exemplo.

No horário do almoço, a escola vai oferecer macarrão com possibilidade de escolher o tipo de massa e o molho. Haverá 2 tipos de massa – espaguete e gravatinha e os molhos serão 3 – tomate, queijo e carne moída.

Quantas possibilidades de pratos serão oferecidas no almoço?

Observe no quadro as possibilidades.

	MOLHO DE TOMATE	MOLHO DE QUEIJO	MOLHO DE CARNE MOÍDA
ESPAGUETE	Espaguete-tomate	Espaguete-queijo	Espaguete-carne
GRAVATINHA	Gravatinha-tomate	Gravatinha-queijo	Gravatinha-carne

Temos 6 possibilidades diferentes de pratos.

Para calcular o número total de possibilidades, temos uma combinação de elementos, ou seja, o raciocínio combinatório.

A **combinação** é uma das ideias da multiplicação.

2 tipos de massa × 3 tipos de molho ⟶ 6 combinações

PROBLEMAS

1. A professora do 4º ano resolveu fazer um jardim com os alunos. Ela trouxe 4 tipos de muda de flor (rosa, margarida, cravo, sempre-viva) para plantar. Havia 2 cores de todas as flores: branca e amarela.

Quantas possibilidades de flores de diferentes cores o jardim terá? Complete o quadro.

	ROSA	MARGARIDA	CRAVO	SEMPRE--VIVA
BRANCA				
AMARELA				

São _____ possibilidades de flores com diferentes cores.

2. A cantina da escola vende lanches naturais. Quem compra os lanches pode escolher 2 tipos de pão e 4 tipos de recheio. Quantos tipos de lanche podem ser feitos combinando um tipo de pão com um recheio?

	FRANGO DESFIADO	PEITO DE PERU	QUEIJO BRANCO	PASTA DE ATUM
PÃO INTEGRAL				
PÃO DE AVEIA				

São _____ possibilidades de lanches naturais.

3. Na sala de aula de Mariana, há 3 armários, como o da figura ao lado, para os alunos guardarem seu material. Cada armário tem 3 prateleiras. Em cada uma das prateleiras, há 4 portas.

a) Quantas portas há nos três armários? Complete o esquema e responda.

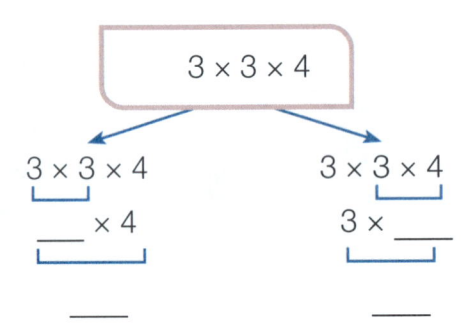

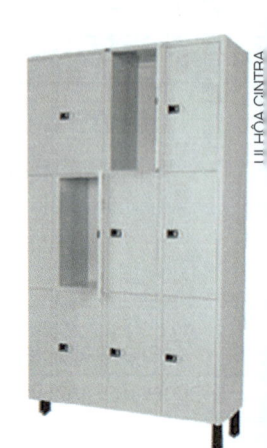

3 × 3 × 4

3 × 3 × 4   3 × 3 × 4
___ × 4   3 × ___

____   ____

b) Sabendo que na sala de Mariana há 32 alunos, faltará ou sobrará armário para todos? Quantos? Responda oralmente.

Propriedades da multiplicação

Observe as ilustrações abaixo:

Marcelo ganhou 3 pacotes de figurinhas. Cada pacote continha 5 figurinhas dentro.

$$3 \times 5 = 15$$

Marcelo ganhou 15 figurinhas no total.

Arthur ganhou 5 pacotes de figurinhas. Cada pacote continha 3 figurinhas dentro.

$$5 \times 3 = 15$$

Arthur ganhou 15 figurinhas no total.

Marcelo e Arthur ganharam a mesma quantidade de figurinhas, mas distribuídas de forma diferente nos pacotes. Percebemos que:

> Em uma multiplicação, a ordem dos fatores não modifica o produto.

Observe outra situação:

Márcio armazena 9 cajus em cada caixa para vender em sua quitanda. Todos os dias ele vende 3 caixas de cajus para uma lanchonete. Quantos cajus Márcio vende em 2 dias para essa lanchonete?

Observe as possíveis estratégias de resolução:

Estratégia 1

Multiplicamos a quantidade de cajus pela quantidade de caixas vendidas. Em seguida, multiplicamos o resultado encontrado pela quantidade de dias. Sabemos que 54 cajus foram vendidos para a lanchonete.

$(9 \times 3) \times 2 =$
$27 \times 2 = 54$

Estratégia 2

Multiplicamos a quantidade de caixas pela quantidade de dias. Em seguida, multiplicamos o resultado encontrado pela quantidade de cajus em cada caixa. E então sabemos que 54 cajus foram vendidos para a lanchonete.

$9 \times (3 \times 2) =$
$9 \times 6 = 54$

> Em uma multiplicação, a associação dos fatores pode ser feita de diferentes formas mantendo o mesmo produto.

Agora, observe as multiplicações a seguir:

6 × 1 = 6   9 × 1 = 9   14 × 1 = 14

1 × 6 = 6   1 × 9 = 9   1 × 14 = 14

> Multiplicando-se qualquer número natural por **1**, esse número não se altera.

Veja estas operações:

7 × 0 = 0   0 × 7 = 0   57 × 0 = 0   0 × 57 = 0

> Multiplicando-se qualquer número natural por 0 (zero), o produto será sempre 0 (zero).

Verifique agora estas operações:

```
  7   multiplicando      35 | 7         35 | 5
× 5   multiplicador    − 35   5          0   7
 35   produto             0
```

- Dividindo o produto pelo multiplicando, encontramos o multiplicador.
- Dividindo o produto pelo multiplicador, encontramos o multiplicando.

ATIVIDADES

1. Complete e resolva, associando os fatores.

(3 × 2) × 7 = 3 × (2 × 7) = 3 × 14 = 42

a) (5 × 1) × 9 = _____

b) 6 × (8 × 3) = _____

c) 9 × (5 × 3) = _____

d) (7 × 4) × 4 = _____

e) (8 × 2) × 6 = _____

f) (3 × 9) × 7 = _____

2. Conforme o exemplo, efetue encurtando a escrita multiplicativa.

5 × 4 × 2 = 5 × 8 = 40

a) 5 × 3 × 8 = _____

b) 9 × 3 × 3 = _____

c) 6 × 1 × 3 × 3 = _____

d) 7 × 4 × 8 = _____

e) 7 × 6 × 8 = _____

f) 4 × 5 × 9 × 1 = _____

3. Relacione as propriedades, escrevendo a letra no quadro correspondente.

A. O produto de dois números naturais é sempre um número natural.

B. Trocando-se a ordem dos fatores em uma multiplicação, o produto não se altera.

C. Associando-se os fatores de uma multiplicação de modos diferentes, o produto não se altera.

D. Multiplicando-se qualquer número natural por 1, esse número não se altera.

☐ 3 × 2 = 6

☐ (6 × 4) × 9 = 6 × (4 × 9)

☐ 7 × 5 = 5 × 7

☐ 9 × 1 = 9

LIÇÃO 7 — DOBRO, TRIPLO, QUÁDRUPLO E QUÍNTUPLO

Observe os exemplos.

a) Anita ganhou 6 sorvetes. Julieta ganhou o dobro. Quantos sorvetes Julieta ganhou?

2 × 6 = 12

O dobro de 6 é 12.

Resposta: Julieta ganhou 12 sorvetes.

> Para encontrar o **dobro** de um número, basta multiplicá-lo por **2**.

b) Luiz tem 5 carrinhos. Bruno tem o triplo. Quantos carrinhos Bruno tem?

3 × 5 = 15

O triplo de 5 é 15.

Resposta: Bruno tem 15 carrinhos.

> Para encontrar o **triplo** de um número, basta multiplicá-lo por **3**.

c) Sílvia tem 5 anos. Mônica tem o quádruplo da idade de Sílvia. Quantos anos tem Mônica?

4 × 5 = 20

O quádruplo de 5 é 20.

Resposta: Mônica tem 20 anos.

> Para encontrar o **quádruplo** de um número, basta multiplicá-lo por **4**.

d) André ganhou 6 piões. Carlos ganhou o quíntuplo. Quantos piões Carlos ganhou?

5 × 6 = 30

O quíntuplo de 6 é 30.

Resposta: Carlos ganhou 30 piões.

> Para encontrar o **quíntuplo** de um número, basta multiplicá-lo por **5**.

ATIVIDADES

1. Calcule:

a) o dobro de 12. _____

b) o triplo de 15. _____

c) o quíntuplo de 9. _____

d) o dobro de 48. _____

e) o quádruplo de 24. _____

f) o triplo de 20. _____

g) o quádruplo de 23. _____

h) o triplo de 30. _____

2. Complete as afirmações.

a) 46 é o dobro de _____.

b) _____ é o dobro de 36.

c) _____ é o quíntuplo de 20.

d) 60 é o quíntuplo de _____.

e) _____ é o triplo de 40.

f) 54 é o triplo de _____.

g) _____ é o quádruplo de 16.

h) 81 é o triplo de _____.

i) 62 é o dobro de _____.

j) _____ é o quíntuplo de 41.

3. Complete.

a) O dobro de 64 é _____.

b) O triplo de 45 é _____.

c) O quádruplo de 42 é _____.

d) O quíntuplo de 35 é _____.

4. Complete os quadros calculando.

O DOBRO	
36	72
25	
42	
55	
60	
64	
70	

O TRIPLO	
40	
28	
32	
24	
50	
55	
60	

O QUÁDRUPLO	
18	
20	
16	
42	
31	
45	
65	

O QUÍNTUPLO	
10	
25	
35	
16	
42	
50	
75	

5. Complete.

a) O dobro de 12 maçãs é _____ maçãs.

b) O triplo de 15 laranjas é _____ laranjas.

c) O quádruplo de 20 morangos é _____ morangos.

PROBLEMAS

1. Tenho 12 anos. Papai tem o quádruplo da minha idade. Quantos anos tem papai?

Resposta: _____

2. Comprei 24 lápis e meu irmão comprou o triplo da quantia de lápis que comprei. Quantos lápis meu irmão comprou?

Resposta: _____

3. Mamãe fez 230 salgadinhos para a festa de aniversário de Sarita. Vovó fez o dobro dessa quantidade. Quantos salgadinhos vovó fez?

Resposta: _____

4. Danilo tem 128 chaveiros. Ricardo tem o quádruplo da quantidade de chaveiros de Danilo. Quantos chaveiros tem Ricardo?

Resposta: _____

5. Vera comprou 2 dúzias de bombons. Paula comprou o quíntuplo dessa quantidade. Quantos bombons Paula comprou?

Resposta: _____

6. No jogo de roleta, papai fez 570 pontos, mamãe fez o dobro dos pontos de papai e eu fiz 82 pontos a menos que mamãe. Quantos pontos fizemos juntos?

Resposta: _____

7. Numa fazenda, há 3 dúzias de galinhas e 3 dezenas de pintinhos. Quanto animais há ao todo na fazenda? Calcule o quádruplo do total de animais que há na fazenda.

Resposta: _____

8. Marcos tem uma coleção de 126 carrinhos. Cláudio tem o triplo dessa quantidade. Quantos carrinhos Cláudio tem a mais que Marcos?

Resposta: _____

188

MULTIPLICAÇÃO COM REAGRUPAMENTO

Juliana comprou 3 caixas de refrigerante para sua festa de aniversário.

Cada caixa tem 24 garrafas. Quantas garrafas de refrigerante Juliana comprou?

Observe como se calcula a quantidade de garrafas que Juliana comprou.

- Multiplicamos 3 × 4 = 12 ⟶ 1 dezena e 2 unidades.

- Escrevemos o 2 na ordem das unidades e "vai um". A expressão "vai um" significa a troca de 10 unidades por uma dezena. Escrevemos o 1 na ordem das dezenas.

- Em seguida, multiplicamos 3 × 2 dezenas ⟶ 6 dezenas.

- Depois, adicionamos as 6 dezenas com a 1 dezena do "vai 1". 6 dezenas + 1 dezena = 7 dezenas.

- Para finalizar, escrevemos o 7 na ordem das dezenas.

C	D	U
	¹2	4
×		3
	7	2

Juliana comprou 72 garrafas de refrigerante.

ATIVIDADES

1. Efetue as multiplicações.

328 × 3	214 × 3	218 × 4	19 × 6	338 × 2
426 × 2	13 × 5	48 × 2	104 × 6	223 × 4

PROBLEMAS

1. Dona Rosa foi ao Mercado Municipal e comprou 6 caixas de maçãs. Em cada caixa havia 12 maçãs. Quantas maçãs Dona Rosa comprou?

Resposta: _____

2. Sr. Joaquim, o alfaiate mais antigo da cidade, tem uma caixa que contém 15 carretéis de linha preta. Quantos carretéis há em 6 caixas iguais a essa?

Resposta: _____

3. Para fazer o bolo de aniversário do bairro, as doceiras compraram 5 caixas de ovos. Em cada caixa, havia 12 ovos. Quantos ovos as doceiras compraram para fazer o bolo?

Resposta: _____

4. Invente um problema que possa ser resolvido usando essa multiplicação:

$$2 \times 35 = 70$$

_____
_____

Multiplicação com reserva na dezena e na centena

Marcos tem 378 bolas de gude e seu primo tem 2 vezes mais. Quantas bolas de gude tem o primo de Marcos?

C	D	U
¹3	¹7	8
×		2
7	5	6

Ele tem 756 bolas de gude. Observe como fizemos esse cálculo:

- Multiplicamos 2 × 8 U → 16 unidades que equivalem a 1 dezena e 6 unidades.
- Escrevemos o 1 na ordem das dezenas ("vai um") e o 6 na ordem das unidades.
- Multiplicamos 2 × 7 D → 14 dezenas.
- Adicionamos 1 dezena do "vai um" às 14 D + 1 D = 15 D.
- 15 D = 1 centena e 5 dezenas.
- Escrevemos o 1 na ordem das centenas ("vai um") e o 5 na ordem das dezenas.
- Multiplicamos 2 × 3 C → 6 centenas.
- Adicionamos 1 centena do "vai um" às centenas: 1 C + 6 C = 7 C.

Calcule e pinte os produtos no quadro.

193 × 4	1302	1651	965
186 × 7	1772	784	344
286 × 6	487	772	1716

Multiplicação com dois algarismos no multiplicador

Uma escola comprou 24 cestas básicas para fornecer aos funcionários. Cada cesta é composta de 16 itens. Calcule o número total de itens.

Para efetuar essa operação, siga estes passos.

ATIVIDADES

1. Efetue as multiplicações no quadro valor de lugar.

a)
UM	C	D	U
	5	4	9
×			7

b)
UM	C	D	U
	2	1	6
×			6

c)
UM	C	D	U
2	0	6	7
×			4

d)
UM	C	D	U
	7	3	2
×			5

e)
UM	C	D	U
	3	2	4
×			7

f)
UM	C	D	U
	4	1	9
×			9

2. Arme e efetue.

237 × 4 = _____	328 × 7 = _____	416 × 3 = _____
562 × 8 = _____	2 479 × 2 = _____	641 × 9 = _____

Multiplique:

- 24 por 6
  24 × 6 = 144
- 24 por 10
  24 × 10 = 240

```
   2 4        2 4        2 4
×  1 6     ×  1 6     ×  1 6
-------    -------    -------
  1 4 4     1 4 4      1 4 4
            2 4 0     +2 4 0
                      -------
                       3 8 4
```

- Adicione os resultados: 144 + 240 = 384. Então, 384 é o resultado da multiplicação.

Resposta: Há 384 itens ao todo.

Atenção!
Quando multiplicamos o algarismo das dezenas do multiplicador, colocamos o resultado embaixo das dezenas, deixando a unidade vazia. Sabe por quê? Isso acontece porque estamos multiplicando por uma dezena (10).

ATIVIDADES

1. Arme e efetue.

83 × 24 = _____	95 × 45 = _____	437 × 16 = _____
608 × 12 = _____	330 × 28 = _____	580 × 17 = _____

2. Efetue as multiplicações. Observe o exemplo.

```
      2 4 0              2 8            7 5 0
×       2 6         ×    3 5         ×    3 5
---------           -------           ---------
    1 4 4 0
+     4 8 0
---------
    6 2 4 0
```

3. Faça uma pesquisa de preços em um supermercado próximo à sua casa e complete o quadro.

item	quantidade	produto	preço
1	4	açúcar refinado 1 kg	
2	2	arroz-agulhinha 5 kg	
4	2	biscoito *cream cracker* 200 g	
5	2	café torrado e moído 500 g	
5	2	farinha de mandioca 500 g	
6	4	feijão-carioca tipo 1 1 kg	
7	2	fubá tipo mimoso 500 g	
8	5	macarrão espaguete 500 g	
9	5	óleo de soja 900 mL	
10	1	sal refinado 1 kg	

Em seguida, responda às questões:

a) Calcule o valor total dos produtos listados.

b) Se uma família comprar apenas o item 1, quanto gastará de acordo com sua pesquisa?

c) Quanto gastará se comprar, além do item 1, os itens 2, 5, 8 e 10?

d) De acordo com sua pesquisa, quanto a escola pagou pelas 24 cestas com esses produtos?

4. Uma empresa fornece cestas básicas pelos seguintes preços:

Cesta com 14 itens: R$ 31,00

Cesta com 18 itens: R$ 43,00

Cesta com 21 itens: R$ 56,00

Faça os cálculos e responda.

a) Na sua opinião, por que os preços são diferentes?

_____

_____

b) Quanto se pagaria ao comprar 24 cestas com 14 itens dessa empresa?

_____

c) E se comprasse 24 cestas com 18 itens, quanto pagaria?

_____

_____

d) E com 21 itens, qual seria o total gasto?

_____

_____

PROBLEMAS

1. João vendeu 235 laranjas pela manhã e, à tarde, o quíntuplo dessa quantidade. Quantas laranjas João vendeu à tarde?

Resposta: _____

2. Marcos vendeu 5 caixas de maçãs com 160 maçãs em cada uma e 3 caixas de peras com 80 em cada uma. Quantas maçãs e quantas peras Marcos vendeu?

Resposta: _____

3. Otávio comprou 13 caixas de bombons. Em cada caixa, havia 46 bombons. Quantos bombons havia nas 13 caixas juntas?

Resposta: _____

4. Um feirante quer separar suas ameixas em 12 caixas. Em cada caixa vai colocar 36 ameixas. Quantas ameixas tem o feirante?

Resposta: _____

5. Cristiane deu 10 doces a cada uma das 123 crianças de uma creche. Quantos doces Cristiane distribuiu ao todo?

Resposta: _____

6. Colei uma dúzia de figurinhas em cada página de um álbum. O álbum tem 66 páginas. Quantas figurinhas colei?

Resposta: _____

Multiplicação por 10, por 100 e por 1000

Vamos apresentar regras práticas para a multiplicação por 10, por 100 e por 1 000.
- Para multiplicar um número por **10**, acrescenta-se **1** zero à direita desse número.
- Para multiplicar um número por **100**, acrescentam-se **2** zeros à direita desse número.
- Para multiplicar um número por **1 000**, acrescentam-se **3** zeros à direita desse número.

3 × 10 = 30   3 × 100 = 300   3 × 1 000 = 3 000
16 × 10 = 160   16 × 100 = 1 600   16 × 1 000 = 16 000

ATIVIDADES

1. Efetue as multiplicações.

2 × 10 = _____   5 × 10 = _____

3 × 10 = _____   6 × 10 = _____

4 × 10 = _____   2 × 100 = _____

2. Observe e responda:

a) Quanto custarão 10 pacotes iguais a este?

_____

R$ 2,00

b) Quantas latinhas haverá em 100 pacotes iguais a este?

_____

c) 1 tonelada é igual a 1 000 quilogramas.
- 5 toneladas é igual a _____ quilogramas.
- 15 toneladas é igual a _____ quilogramas.
- 150 toneladas é igual a _____ quilogramas.

3. Veja a decomposição de um número:

53 214 = 50 000 + 3 000 + 200 + 10 + 4

Faça o mesmo com estes números.

a) 24 _____

b) 325 _____

c) 2 014 _____

d) 31 862 _____

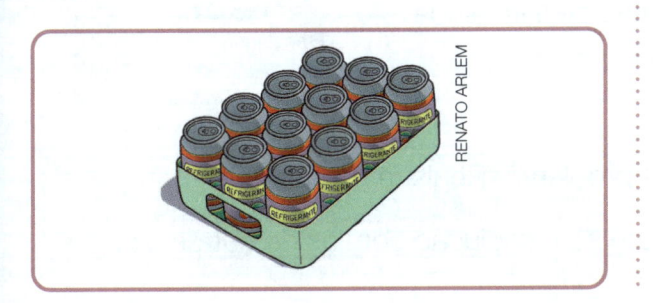

RESOLUÇÃO DE PROBLEMAS

1. Leia o problema e também o que Raul está dizendo.

> As costureiras retiram, todo dia, do depósito da oficina onde trabalham, 32 carretéis de linhas para criar suas confecções. No início do mês havia no depósito 536 carretéis. Agora, passados 14 dias, quantos carretéis há no depósito?

> Para começar, eu pensei em duas perguntas envolvendo os dados do problema.
> 1ª: se todos os dias as costureiras usam 32 carretéis, quantos carretéis serão usados em 14 dias? Eu vou precisar do resultado de uma multiplicação.
> 2ª: se no começo do mês havia 536 carretéis, tirando o que elas usaram, em 14 dias, quantos carretéis sobraram? Vou usar o resultado de uma subtração.

Com base nisso, qual das estratégias abaixo resolve o problema? Marque com um **X**.

a) ◯ Calcular 32 + 14 = 46 e depois calcular 536 − 46 = 490

b) ◯ Calcular 32 × 14 = 448 e depois calcular 536 − 448 = 88

c) ◯ Calcular 32 × 14 = 448 e depois calcular 536 − 14 = 522

- Troque ideias com os colegas sobre as outras duas opções e por que elas não resolvem o problema.

2. Leia o problema seguinte.

> A dona de um mercado tinha 525 litros de leite em caixinha e quis fazer uma promoção: baixou o preço e, com isso, as vendas aumentaram. No primeiro dia da promoção, foram vendidas 289 caixinhas de leite e, no segundo dia, foram vendidas 2 centenas. Quantas caixinhas de leite ainda estão à venda?

Embalagem de leite tetra pak

a) Elabore uma estratégia para resolver esse problema. Registre no caderno.

b) Agora, resolva o problema. Depois compare sua resolução com as de outros colegas.

9 DIVISÃO COM NÚMEROS NATURAIS

Ideias da divisão

Hoje é dia de reunião de pais na sala do 2º A. A professora está preocupada com os preparativos e quer deixar tudo organizado.

Ela reservou uma sala para a reunião. Vinte e quatro pais já confirmaram a presença.

A professora vai fazer algumas atividades em grupo com os pais.

- Quantos grupos com 8 pais ela poderá formar sem sobrar nenhum pai ou mãe fora de grupo?
- E se forem 6 pais por grupo, quantos grupos ela conseguirá formar?

Na sala, há 3 mesas.

- Quantos pais vão ficar em cada mesa?
- E se ela conseguir mais uma mesa, quantos pais caberão em cada mesa?

Para responder a essas questões, utilizamos algumas **ideias básicas da divisão**.

Dividir em partes iguais ou distribuir em grupos iguais

- Quantos grupos com 8 pais ela poderá formar sem sobrar nenhum pai fora de grupo?

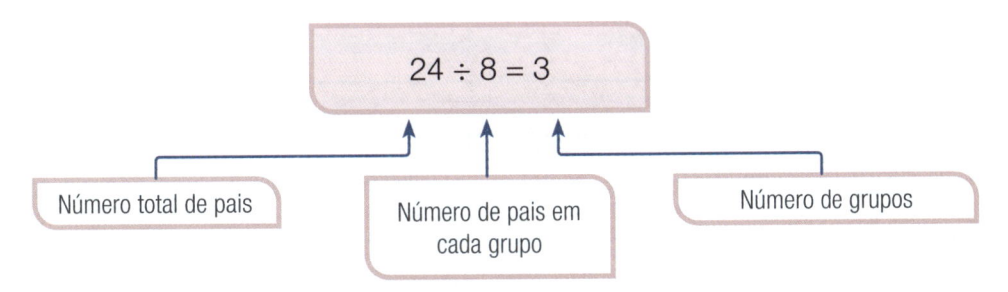

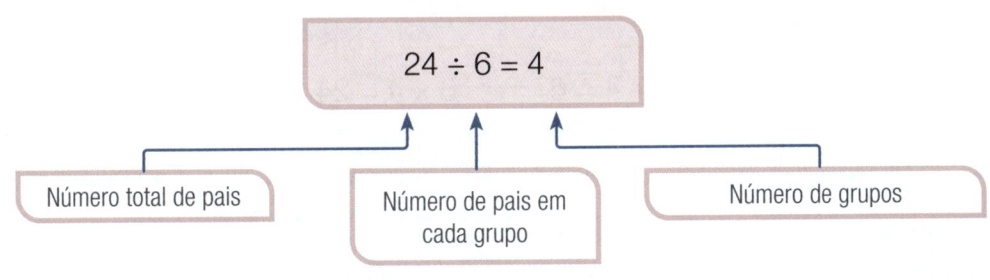

$$24 \div 8 = 3$$

- Número total de pais
- Número de pais em cada grupo
- Número de grupos

- E se forem 6 pais por grupo, quantos grupos ela conseguirá formar?

$$24 \div 6 = 4$$

- Número total de pais
- Número de pais em cada grupo
- Número de grupos

Quantas vezes cabem?

Na sala, há 3 mesas, uma para cada grupo.
- Quantos pais vão ficar em cada mesa?

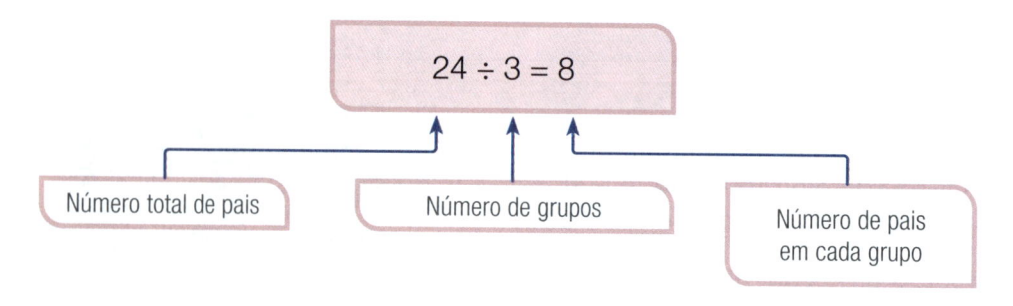

$$24 \div 3 = 8$$

Número total de pais — Número de grupos — Número de pais em cada grupo

- E se ela conseguir mais uma mesa, quantos pais ficarão em cada mesa?

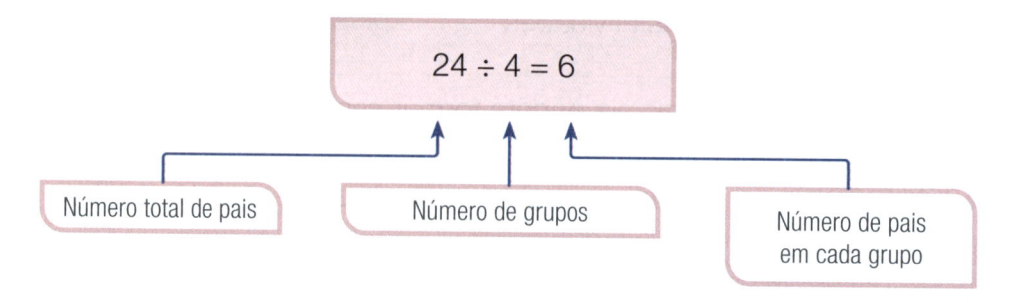

$$24 \div 4 = 6$$

Número total de pais — Número de grupos — Número de pais em cada grupo

> **Divisão** é a operação matemática que separa uma quantidade em partes iguais ou verifica quantas vezes uma quantidade cabe em outra.
> O sinal da divisão é ÷ ou : (lê-se: dividido).

Estes são os termos da divisão:

dividendo → 24 | 4 ← divisor
− 24   6 ← quociente
resto → 0

> Divisão é a operação inversa da multiplicação.

$$24 \div 4 = 6 \longrightarrow 6 \times 4 = 24$$

Método longo e método breve

Podemos efetuar a divisão usando o método longo ou o método breve. Observe os exemplos.

Método longo

```
  48 | 6
- 48   8
   0
```

Procuramos um número que, multiplicado por 6, seja igual a 48.

8 × 6 = 48

Cálculos

48 ÷ 6 = 8

8 × 6 = 48

48 − 48 = 0

Método breve

```
 48 | 6
  0   8
```

Mentalmente, procuramos um número que, multiplicado por 6, seja igual a 48.

48 ÷ 6 = 8

8 × 6 = 48

48 − 48 = 0

Divisão exata e divisão não exata

Agora, veja mais esta situação.

Rodrigo ganhou um pacote de balas. Ele quer distribuir igualmente entre ele e três amigos na hora do intervalo, na escola. No pacote há 38 balas.

Quantas balas receberá cada criança?

Vamos dividir o número de balas pelo número de crianças.

```
  38 | 4
- 36   9
   2   ← resto
```

Resposta: Cada criança receberá 9 balas e sobrarão 2.

Em operações com números naturais, podemos ter uma **divisão exata** (quando **o resto é zero**) ou uma **divisão não exata** (quando **o resto é diferente de zero**).

divisão exata

```
  63 | 7
- 63   9
   0
```
→ O resto é zero.

divisão não exata

```
  64 | 7
- 63   9
   1
```
→ O resto é diferente de zero.

ATIVIDADES

1. Observe o exemplo e faça o mesmo.

$$5 \times 4 = 20 \begin{cases} 20 \div 4 = 5 \\ 20 \div 5 = 4 \end{cases}$$

a) $6 \times 5 = 30$

b) $8 \times 4 = 32$

c) $8 \times 6 = 48$

d) $7 \times 5 = 35$

e) $8 \times 5 = 40$

f) $6 \times 7 = 42$

2. Calcule estas divisões.

a) $72 \div 9$ _____   f) $56 \div 8$ _____

b) $54 \div 6$ _____   g) $49 \div 7$ _____

c) $18 \div 2$ _____   h) $36 \div 4$ _____

d) $42 \div 6$ _____   i) $24 \div 8$ _____

e) $63 \div 7$ _____   j) $81 \div 9$ _____

3. Observe a regra e resolva as operações.

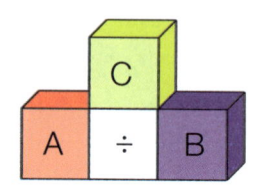

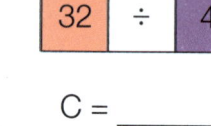

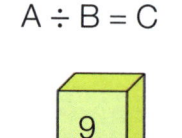

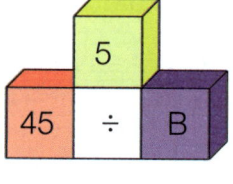

$A \div B = C$

$C = $ _____

$A = $ _____

$B = $ _____

Divisão com dois algarismos no quociente

Situação 1

Carolina quer guardar 42 revistas em 2 pastas, de modo que fiquem com a mesma quantidade de revistas. Quantas revistas Carolina colocará em cada pasta?

$42 \div 2 = ?$

Veja o número 42 no quadro de ordens.

D	U
4	2

4 dezenas e 2 unidades

- Primeiro, dividimos as dezenas, depois, as unidades.

  4 dezenas $\div$ 2 = 2 dezenas

  2 dezenas $\times$ 2 = 4 dezenas

  4 dezenas $-$ 4 dezenas = 0

- Ficam 2 unidades.

  2 unidades $\div$ 2 = 1 unidade

  1 unidade $\times$ 2 = 2 unidades

  2 unidades $-$ 2 unidades = 0

Temos uma divisão **exata**.

Situação 2

Heloísa distribuiu 53 flores em 4 vasos, de modo que cada vaso tivesse a mesma quantidade de flores. Quantas flores Heloísa pôs em cada vaso?

$53 \div 4 = ?$

```
 D  U
 5  3 | 4
-4  ↓ | 1 3
 1  3   D U
   -
 1  2
 ─────
    1
```

- Primeiro, dividimos as dezenas e, depois, as unidades.

  5 dezenas ÷ 4 = 1 dezena

  1 dezena × 4 = 4 dezenas

  5 dezenas − 4 dezenas = 1 dezena (sobrou 1 dezena)

- Abaixamos o 3 da coluna das unidades.

- Ficam 1 dezena + 3 unidades = 13 unidades.

  13 unidades ÷ 4 = 3

  3 unidades × 4 = 12 unidades

  13 unidades − 12 unidades = 1 unidade

O resto é 1, temos uma divisão **não exata**.

Verificação da divisão

A divisão é a operação inversa da multiplicação. Observe.

- $10 \div 5 = 2$, então $2 \times 5 = 10$

Para verificar se uma divisão exata está correta, multiplicamos o quociente pelo divisor e encontramos o dividendo.

dividendo

```
  10 | 5   ← divisor        5
 -10   2   ← quociente    × 2
 ────                     ────
   0                       10
```
resto → 0

Observe outra divisão.

- $19 \div 5 = 3$ e resto 4

Para verificar se uma divisão com resto diferente de zero está correta, multiplicamos o quociente pelo divisor e adicionamos o produto ao resto. O resultado será o dividendo.

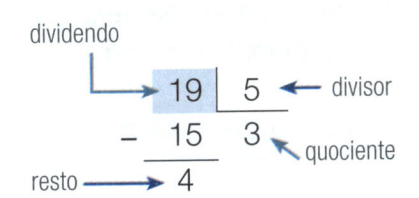

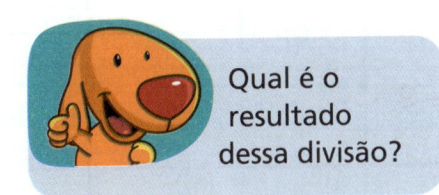

dividendo

```
  19 | 5   ← divisor
 -15   3   ← quociente
 ────
   4
```
resto → 4

```
    5        15
 ×  3   +   + 4
 ────      ────
   15        19
```

Qual é o resultado dessa divisão?

ATIVIDADES

1. Efetue as operações e verifique se estão corretas.

a) 96 ÷ 3

b) 48 ÷ 2

c) 93 ÷ 3

d) 68 ÷ 4

e) 55 ÷ 5

f) 82 ÷ 5

2. Efetue estas divisões não exatas e identifique o quociente e o resto.

	DIVISÃO	QUOCIENTE	RESTO
	54 ÷ 5		
	70 ÷ 9		
	97 ÷ 9		
	301 ÷ 10		

Divisão de centenas com um algarismo no divisor

Está na época de coleta de uvas no sul do Brasil. Em uma vinicultura, o fazendeiro orientou os coletores a dividir igualmente, em 3 caixas, 633 cachos de uva. Quantos cachos de uva os coletores devem pôr em cada caixa?

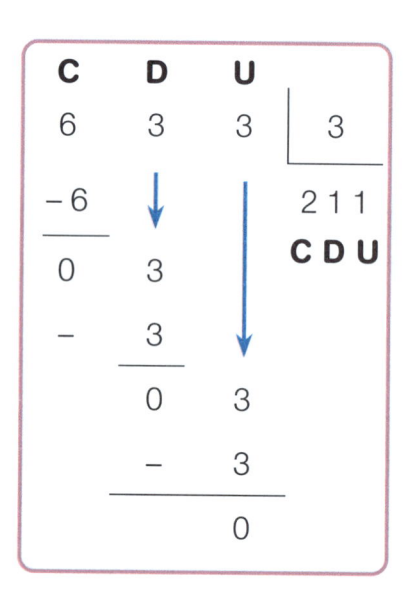

633 ÷ 3 = ?

```
 C   D   U
 6   3   3 | 3
-6   ↓     ─────
───        2 1 1
 0   3     C D U
     ↓
   - 3
   ───
     0   3
         ↓
       - 3
       ───
         0
```

- Primeiro, dividimos as centenas.
  6 centenas ÷ 3 = 2 centenas

- Abaixamos o 3 da coluna das dezenas.
  3 dezenas ÷ 3 = 1 dezena

- Depois, abaixamos o algarismo das unidades.
  3 unidades ÷ 3 = 1 unidade

Resposta: Os coletores devem colocar 211 cachos de uva em cada caixa.

ATIVIDADES

1. Efetue as divisões.

a) 482 | 2

b) 848 | 2

c) 264 | 2

d) 845 | 4

f) 958 | 5

g) 543 | 3

h) 935 | 5

i) 629 | 5

2. Observe estes exemplos.

```
 76 | 3        25
-16   25      × 3
  1           75
              + 1
              76
```

```
 659 | 9        73
- 29   73      × 9
   2          657
              + 2
              659
```

Agora, efetue as divisões e verifique se estão corretas.

a) 55 | 9

b) 398 | 4

c) 85 | 3

d) 146 | 4

Divisão por 10, por 100 ou por 1000

Observe as divisões:

30 000 ÷ 10 = 3 000	47 000 ÷ 10 = 4 700	159 000 ÷ 10 = 15 900
30 000 ÷ 100 = 300	47 000 ÷ 100 = 470	159 000 ÷ 100 = 1 590
30 000 ÷ 1 000 = 30	47 000 ÷ 1 000 = 47	159 000 ÷ 1 000 = 159

- Quando dividimos um número natural terminado em zero por 10, retiramos um zero à direita.
- Quando dividimos um número natural com zeros na ordem da unidade e da dezena por 100, retiramos dois zeros à direita.
- Quando dividimos um número natural com zeros na ordem da unidade, da dezena e da centena por 1 000, retiramos três zeros à direita.

> Para dividir um número terminado em zero por 10, por 100 ou por 1 000, basta eliminar um, dois ou três zeros do número.

Divisão com zero intercalado no quociente

Um aparelho de televisão custa R$ 535,00. Simone vai comprá-lo e dividir o valor em 5 parcelas iguais. Qual será o valor de cada parcela?

$$535 \div 5 = ?$$

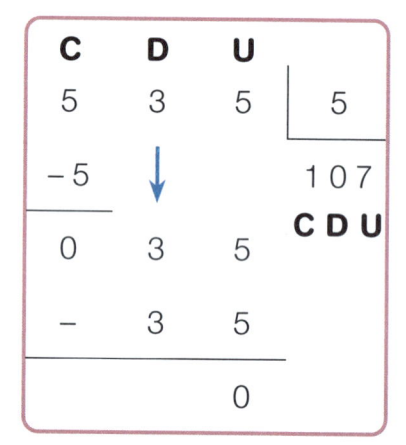

C	D	U	
5	3	5	5
−5	↓		1 0 7
			C D U
0	3	5	
−	3	5	
		0	

- Primeiro, dividimos as centenas.

  5 centenas ÷ 5 = 1 centena

- Agora, vamos às dezenas.

  3 ÷ 5 é impossível. Não posso dividir 3 dezenas por 5 e obter dezenas.

- Colocamos, então, 0 no quociente.

- Trocamos 3 dezenas por 30 unidades.

  3 D = 30 unidades

- E acrescentamos as 5 unidades.

  30 + 5 = 35 unidades

  35 ÷ 5 = 7 unidades

Resposta: Cada parcela terá o valor de R$ 107,00.

ATIVIDADES

1. Efetue as divisões.

a) 1 320 ÷ 10 = _____

b) 2 550 ÷ 10 = _____

c) 47 300 ÷ 100 = _____

d) 8 000 ÷ 1 000 = _____

e) 96 000 ÷ 1 000 = _____

f) 650 000 ÷ 1 000 = _____

g) 132 000 ÷ 100 = _____

h) 125 000 ÷ 100 = _____

2. Arme e efetue as divisões.

a) 408 ÷ 4   c) 612 ÷ 6   e) 525 ÷ 5

b) 309 ÷ 3   d) 604 ÷ 6   f) 420 ÷ 4

3. Resolva as divisões a seguir.

a) 325 | 3   c) 530 | 5

b) 219 | 2   d) 609 | 3

Divisão com dois algarismos no divisor

Exemplo 1

Uma escola recebeu 64 cadernos para distribuir igualmente entre 14 crianças.

- Quantos cadernos foram distribuídos para cada criança?
- Sobraram cadernos? Quantos?

Observe como podemos fazer os cálculos para resolver essa situação.

```
    D   U
    6   4 | 1 4
-   5   6   4
    ─────
    0   8
```

Usando a tabela auxiliar
14 × 3 = 42
14 × 4 = 56
14 × 5 = 70

Foram distribuídos 4 cadernos para cada criança e ainda sobraram 8 cadernos.

Exemplo 2

Em uma excursão da escola, 396 alunos foram distribuídos em ônibus. Sabendo que em cada ônibus havia lugar para 36 passageiros, quantos ônibus foram necessários para transportar todos os alunos?

Para responder a essa pergunta, fazemos uma divisão:

$$396 \div 36$$

```
  C   D   U
  3   9   6 | 3 6
- 3   6     | 1 1
  ─────      D U
      3   6
  -   3   6
      ─────
          0
```

- Divido 39 dezenas por 36.
  39 D ÷ 36 = 1 D
  39 D − 36 D = 3 D
  Restam 3 dezenas.

- Troco 3 dezenas por 30 unidades.
  3 D = 30 unidades
  30 U + 6 U = 36 U.
  Dividindo 36 unidades por 36 unidades, obtenho 1.

Resposta: Foram necessários 11 ônibus para transportar todos os alunos.

ATIVIDADES

1. Efetue as divisões seguindo os exemplos.

```
 36 | 12       94 | 23
 00 |  3     - 92 |  4
                 2
```

a) 69 | 23

b) 89 | 43

c) 93 | 31

d) 64 | 21

2. Efetue as divisões.

a) 756 | 84

b) 182 | 15

c) 294 | 14

d) 434 | 36

3. Calcule o resultado das divisões com 4 algarismos no dividendo.

a) 1944 | 6   **b)** 1824 | 8   **c)** 5720 | 8

4. Efetue, seguindo os exemplos.

```
 3500 | 70        6841 | 22
   00 | 50         024 | 310
                    21
```

a) 900 | 90

b) 6400 | 80

c) 4971 | 45

d) 8932 | 81

```
 8006 | 20        3473 | 34
 0006 | 400       0073 | 102
                    05
```

e) 4008 | 40

f) 5007 | 50

g) 4697 | 23

h) 8244 | 41

PROBLEMAS

1. Um funcionário retirou do depósito 6 caixas com 54 garrafas de óleo ao todo. Em 8 caixas iguais a essas, quantas garrafas de óleo caberão?

Resposta: _____

2. Um granjeiro distribuiu 288 ovos em 12 caixas iguais. Quantos ovos ficaram em cada caixa?

Resposta: _____

3. Um jardineiro tem 1 455 mudas de rosa para replantar igualmente em 15 canteiros. Quantas mudas serão plantadas em cada canteiro?

Resposta: _____

4. Uma creche consome 264 litros de leite em 22 dias. Consumindo a mesma quantidade de leite por dia, quantos litros são consumidos na creche em 1 dia?

Resposta: _____

6. São 4 dúzias de bombons que serão distribuídos igualmente entre 6 crianças. Quantos bombons receberá cada criança?

Resposta: _____

6. O dono de uma sorveteria recebeu 396 sorvetes e vai colocá-los igualmente em 3 caixas. Quantos sorvetes deverá colocar em cada caixa?

Resposta: _____

7. Um comerciante vai distribuir igualmente, entre 3 instituições, 324 quilogramas de alimentos. Quantos quilogramas caberá a cada instituição?

Resposta: _____

RESOLUÇÃO DE PROBLEMAS

1. A professora Luiza relembrou aos alunos as ideias da divisão. Depois disso, Alice elaborou um problema.

> As ideias da divisão são: "repartição em partes iguais" e "quantas vezes cabem".

> Na granja do senhor Antônio ele recolhe os ovos todos os dias de manhã. Hoje ele recolheu 423 ovos. Ele vai distribuir igualmente esses ovos em 14 caixas. Quantos ovos serão colocados em cada caixa? Algum ovo vai sobrar fora da caixa? Se sobrarem, o que ele pode fazer com esses ovos?

a) Que ideia da divisão há no problema de Alice? _____

b) Resolva no caderno o problema elaborado por Alice.

- Troque ideia com os colegas sobre o texto do problema que Alice elaborou. Há alguma informação que você não colocaria? Explique.

2. Nicolas também é aluno da professora Luiza. Ele começou a elaborar um problema. Elabore e complete as informações que faltam para que o problema tenha uma das ideias da divisão.

> Uma fábrica produz 736 camisetas.
> _____
> _____
> _____

a) Troque com o colega e resolva o problema elaborado por ele.

b) Depois destroque e corrija o problema resolvido por ele.

10 MEDIDAS DE TEMPO E TEMPERATURA

Hora, minuto e segundo

Observe esta situação.

Júlio é professor de Educação Física e trabalha em três escolas. Para não se atrasar, está sempre com o relógio.

Às 8h da manhã, ele dá aulas na escola A.

À 1h30min da tarde, tem aulas na escola B.

E às 4h25min da tarde, Júlio trabalha na escola C.

Vamos relembrar!

O relógio analógico geralmente possui três ponteiros, um para indicar as horas, um para indicar os minutos e um para indicar os segundos. O relógio está marcando 4 horas, 55 minutos e 7 segundos, ou seja, 4h55min7s.

Cada 60 segundos correspondem a 1 minuto e cada 60 minutos correspondem a 1 hora. Observe a tabela com a equivalência dessas unidades de medida de tempo:

HORA	MINUTOS	SEGUNDOS
1	1 × 60 = **60**	60 × 60 = **3 600**
2	2 × 60 = **120**	2 × 3 600 = **7 200**
Meia	60 ÷ 2 = **30**	3 600 ÷ 2 = **1 800**

209

ATIVIDADES

1. Complete os espaços.

a) As unidades de medida de tempo indicadas pelos ponteiros do relógio são _____, _____ e _____.

b) Uma hora tem _____ minutos e um minuto tem _____ segundos.

2. Escreva por extenso.

a) 2 h 30 min 15 s _____

b) 5 h 45 min _____

c) 10 h _____

d) 35 min _____

3. Complete.

a) Escreva quantas horas há em:

180 min _____   120 min _____

240 min _____   540 min _____

480 min _____   360 min _____

b) Quantos minutos há em:

3 h _____   6 h _____

8 h _____   2 h 30 min _____

4 h 30 min _____   12 h _____

c) Quantos segundos há em:

2 min _____   1 min _____

5 min _____   10 min _____

4 min _____   15 min _____

4. Observe as horas marcadas nos relógios e escreva por extenso qual é o horário em cada caso.

a)

_____

b)

_____

c) 2:25

_____

d) 8:30

_____

O relógio digital utiliza meios eletrônicos para medir as horas.

PROBLEMAS

1. Beatriz trabalha das 8h até as 12h de segunda a sexta-feira. Quantas horas Beatriz trabalha por dia? E por semana?

Resposta: _____

2. Observe o relógio da cozinha de Artur. Ele está 15 minutos adiantado. Descubra a hora correta.

Resposta: _____

3. Fábio sai de casa todos os dias às 6h para ir à escola. Quando vai de ônibus chega às 6h55min na escola. Quando vai de carro com sua mãe, ele chega às 6h35min. Quanto tempo Fábio leva para chegar à escola de carro? E de ônibus? E qual é a diferença de tempo entre os dois meios de transporte?

Resposta: _____
_____
_____

Temperatura máxima e temperatura mínima

Leia os diálogos.

— Nossa... que frio hoje!

— Sim, a temperatura máxima hoje será de 10 graus Celsius e a mínima, de 6.

— Não aguento mais esse calor!

— Precisamos de algo para nos refrescar porque hoje a temperatura máxima vai ser 38 graus Celsius e a mínima, 32 graus.

Em programas de TV ou rádio é comum ouvir expressões como "temperatura mínima" e "temperatura máxima". Muitas vezes, também é possível as pessoas usarem essas expressões no cotidiano.

- O que você acha que significam a temperatura máxima e a temperatura mínima?
- Você saberia dizer qual a previsão de temperatura para o dia de hoje em sua cidade? Comente com os colegas.

211

Termômetros

Observe estes instrumentos.

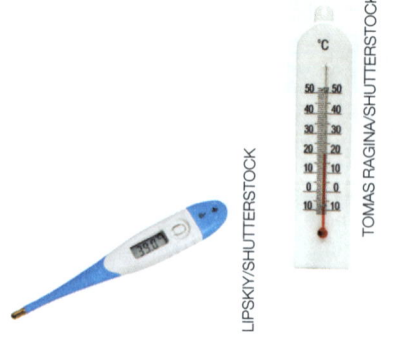

> O instrumento de medida utilizado para medir a temperatura corporal se chama **termômetro**.

- Qual desses termômetros você já viu? Converse com os colegas sobre o uso de cada um deles.

No Brasil, utilizamos a unidade de medida de temperatura **grau Celsius**.

> 1 grau é representado por 1 °C

Nessa unidade de medida temos:
- Temperatura de congelamento da água: 0 °C.
- Temperatura de **ebulição** da água: 100 °C.

VOCABULÁRIO

ebulição: chamamos de ebulição da água o momento em que ela começa a ferver.

ATIVIDADES

1. Leia o que a mascote está dizendo.

> **Temperatura máxima** é a maior temperatura registrada em um dia; e a **temperatura mínima** é a menor temperatura registrada em um dia.

Com base nessa informação, pesquise na internet e complete os dados da ficha abaixo:

Cidade: _____
Dia: _____
Temperatura mínima: _____
Temperatura máxima: _____

2. Leia agora esta outra informação:

> A **variação de temperatura** de um dia é a diferença entre a maior e a menor temperatura atingidas em um dia.

a) Com base nessa informação, responda: qual foi a variação de temperatura de ontem na sua cidade? _____

b) Observe as cenas e complete a frase.

A variação de temperatura nessa cidade, nesse dia, foi de: _____ graus Celsius.

11 POLIEDROS E POLÍGONOS

Poliedros

Observe os dois grupos com representações de figuras tridimensionais:

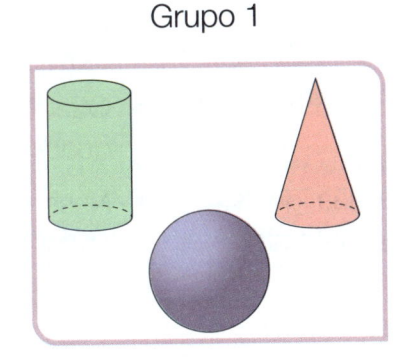

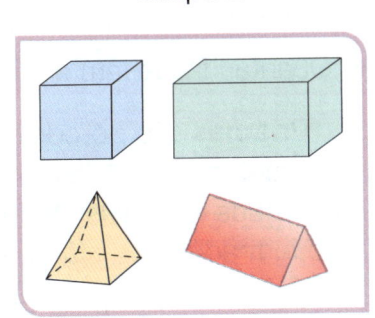

As figuras representadas no grupo 1 são chamadas de **corpos redondos**, devido à presença de superfícies curvas. As figuras do grupo 2 são chamadas de **poliedros**, pois possuem apenas superfícies planas. Os poliedros possuem faces, vértices e arestas.

As **faces** dos poliedros correspondem às figuras planas, como, por exemplo, a face quadrada que compõe o cubo.

O encontro entre os lados das faces dos poliedros recebe o nome de **aresta**. Esses lados são formados por segmentos de reta, portanto, as arestas também são segmentos de reta.

O ponto onde duas ou mais arestas se encontram recebe o nome de **vértice**.

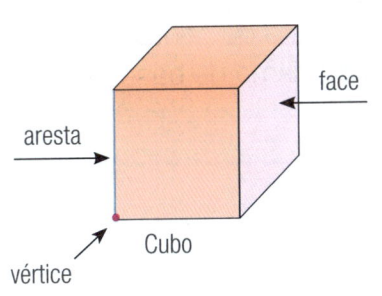

ATIVIDADES

1. Escreva o nome de objetos ou embalagens que lembrem a forma de um poliedro.

_____

2. Observe os poliedros abaixo e faça o que se pede.

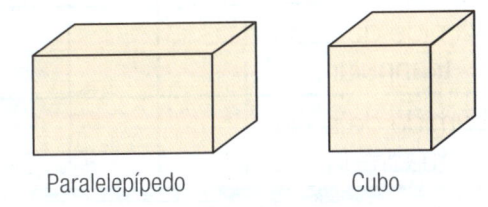

Paralelepípedo   Cubo

a) Quantas faces tem cada um desses poliedros?

_____

b) Que figuras planas podem ser observadas nas faces desses poliedros?

_____

c) Quantos vértices tem cada um desses poliedros? _____

d) Quantas arestas tem cada um desses poliedros?

_____

Prismas

Observe o poliedro ao lado e responda às questões.

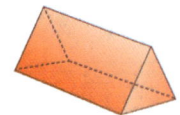

Prisma triangular.

- As faces do poliedro têm a forma de quais figuras planas?
- Quantas faces têm a forma de retângulo?
- Quantas faces têm a forma de triângulo?

Prismas são poliedros que apresentam duas faces paralelas iguais, chamadas de bases. As faces laterais são formadas por retângulos.

Os nomes dos prismas se relacionam ao formato de suas bases. Por exemplo, um prisma com bases no formato de triângulos recebe o nome de prisma de base triangular; um prisma com bases no formato de pentágonos recebe o nome de prisma de base pentagonal.

Pirâmides

Agora, observe este outro poliedro.

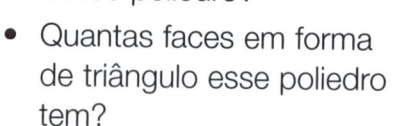

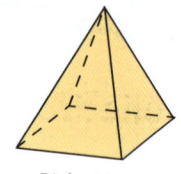

- Que nome recebem as formas planas das faces desse poliedro?
- Quantas faces em forma de triângulo esse poliedro tem?

Pirâmide de base quadrada.

- Quantas faces em forma de quadrado?
- Nessa figura, em qual dos vértices se encontram todas as faces triangulares?

O poliedro que você observou chama-se **pirâmide** de base quadrada.

As **pirâmides** são poliedros em que uma face é chamada de base, podendo ser um polígono qualquer, e com faces laterais no formato de triângulos, tendo um vértice comum.

ATIVIDADES

1. Pinte os prismas de azul e as pirâmides de vermelho.

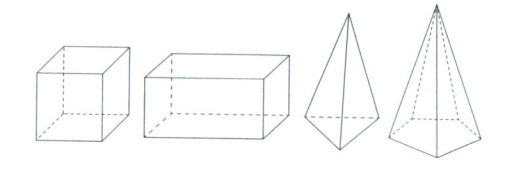

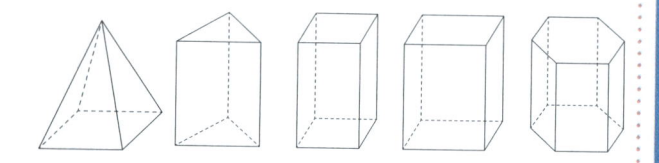

2. Preencha o quadro com as quantidades de faces (F), vértices (V) e arestas (A).

Poliedro	V	F	A
Paralelepípedo			
Prisma de base triangular			
Pirâmide de base triangular			
Pirâmide de base quadrada			

Polígonos

As faces dos poliedros são formadas por **polígonos**. Observe as figuras representadas abaixo.

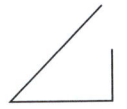

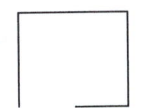

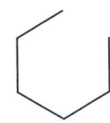

Pintamos apenas a região da figura formada pela linha fechada. A forma pintada é chamada **polígono**.

Polígono é uma região plana, fechada, simples, contornada por segmentos ou "pedaços" de reta.

Os lados de um polígono são compostos de segmentos de reta. O encontro de dois segmentos recebe o nome de **vértice**.

Os polígonos são classificados de acordo com o número de lados.

Observe alguns polígonos classificados pelo número de lados.

Triângulos – 3 lados

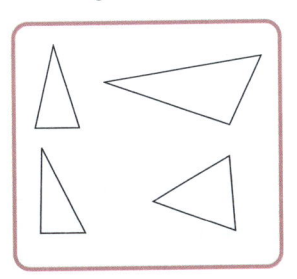

Quadriláteros – 4 lados

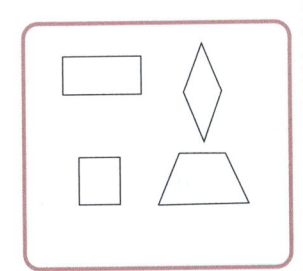

Pentágonos – 5 lados

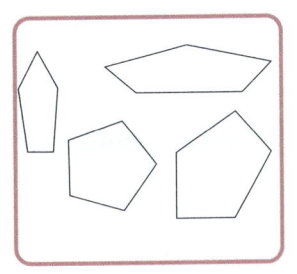

Hexágonos – 6 lados

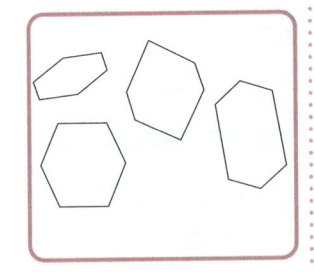

Quadriláteros são polígonos de 4 lados.

Os quadriláteros têm 4 lados, 4 vértices e 4 ângulos. Os quadriláteros que têm os lados opostos paralelos são chamados de **paralelogramos**.

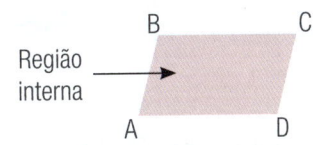

O lado AB é paralelo ao lado CD e o lado BC é paralelo ao lado AD.

Os paralelogramos têm denominações especiais, que são: quadrado, retângulo e losango.

O **trapézio** é o quadrilátero que tem só dois lados opostos paralelos.

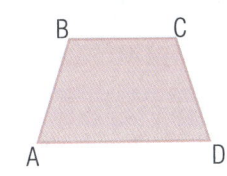

O lado BC é paralelo ao lado AD.

Quadriláteros

Os quadriláteros, polígonos de 4 lados, têm nomes especiais de acordo com sua forma e suas propriedades.

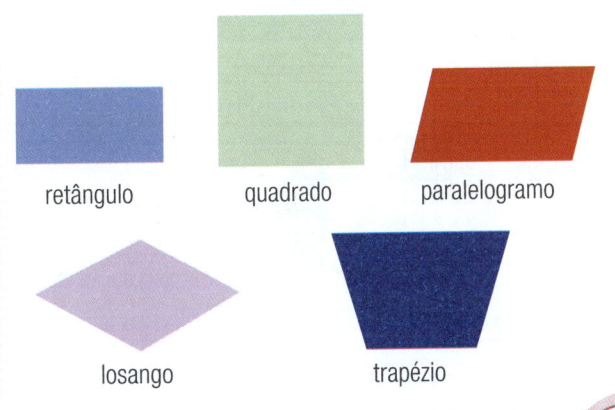

retângulo   quadrado   paralelogramo

losango   trapézio

ATIVIDADES

1. Descubra a figura intrometida.

a) Circule a figura que não é um quadrado.

b) Circule a figura que não é um retângulo.

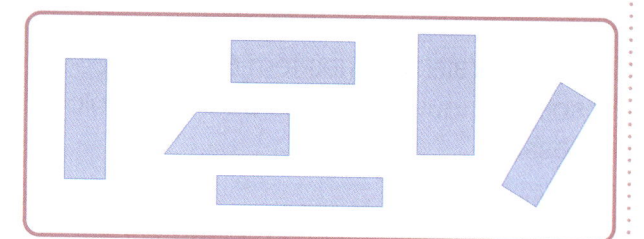

c) Circule a figura que não é um trapézio.

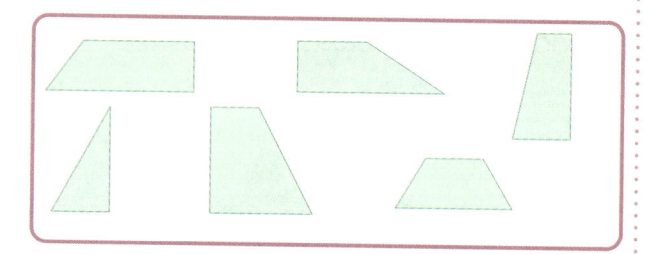

2. Continue a pintura do ladrilhado usando a mesma cor para os quadriláteros de nome igual.

Todas as figuras pintadas têm o mesmo número de lados?

_____

Quais são os nomes dessas figuras?

_____

_____

3. Agrupe as figuras pelo número de lados.

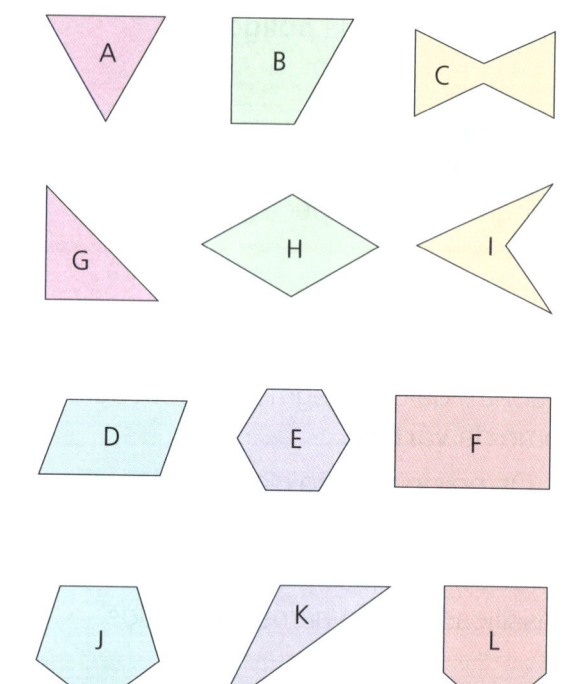

Complete o quadro com as letras correspondentes às figuras de:

3 lados	4 lados	5 lados	6 lados

12 SIMETRIA

Eixo de simetria

Existe simetria na natureza.

E nas coisas criadas pelo ser humano.

Uma figura é simétrica quando um eixo central, também chamado de eixo de **simetria**, a divide em duas partes iguais e opostas.

ATIVIDADES

1. Com uma régua, trace eixos de simetria (se existirem) em cada figura a seguir.

a) b) c) d)

2. Recorte, de jornais ou revistas, figuras que apresentem simetria.

Cole-as no caderno e trace pelo menos um eixo de simetria em cada figura. Compare as suas figuras com as dos seus colegas.

3. Complete os desenhos abaixo, respeitando o eixo de simetria azul.

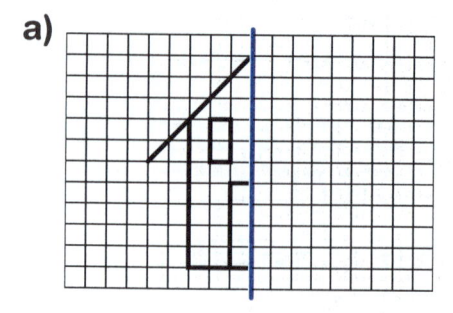

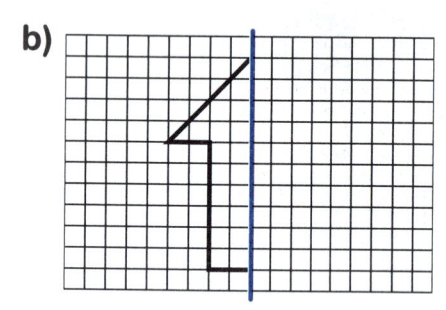

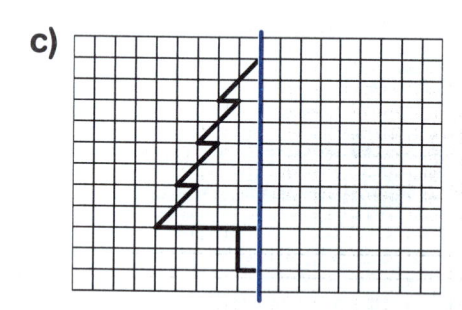

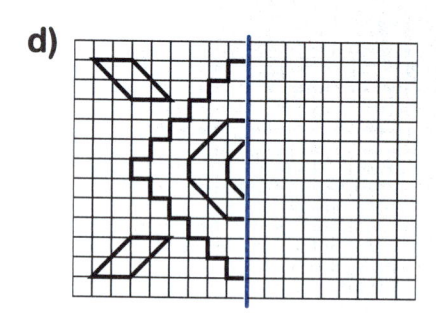

a)

b)

c)

d)

4. Trace os eixos de simetria de cada figura.

5. Trace os eixos de simetria de cada figura e escreva quantos são em cada caso.

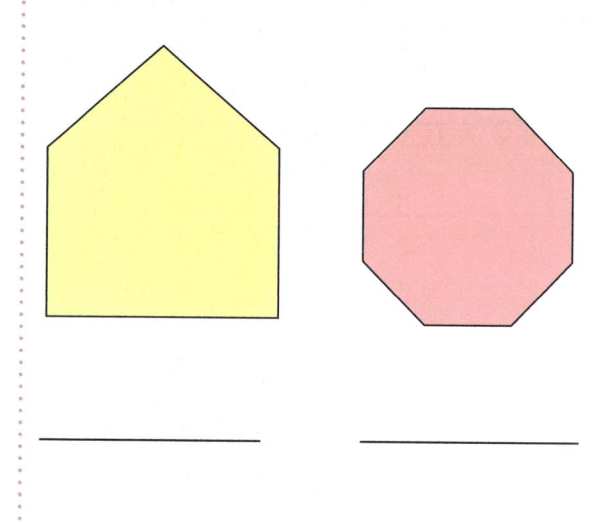

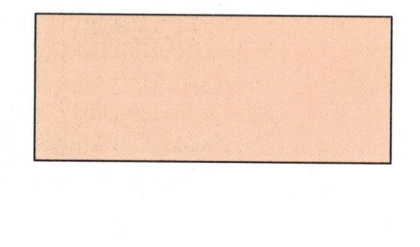

_____   _____

_____   _____

_____

_____

218

Redução e ampliação de figuras

No início da aula, Ricardo desenhou a seguinte figura:

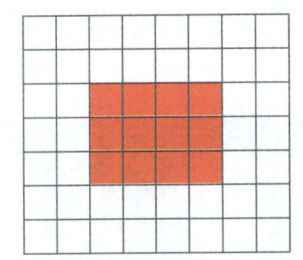

No final da aula, Ricardo fez uma nova figura. Veja como ficou:

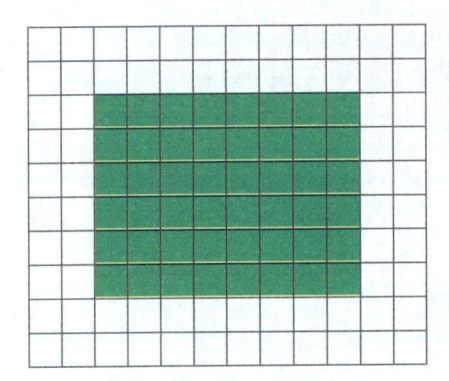

Oberve as duas figuras desenhadas por Ricardo e converse com seus colegas sobre as questões.

- Qual é a diferença entre a primeira e a segunda figuras desenhadas por Ricardo?
- Verifique a quantidade de quadrados da malha quadriculada utilizada na altura das duas figuras. O que você percebe?
- Agora, verifique a quantidade de quadrados da malha quadriculada utilizada na largura das duas figuras. O que você percebe?

Podemos concluir que a segunda figura é uma _____ da primeira figura.

ATIVIDADES

1. Amplie a figura dobrando suas medidas.

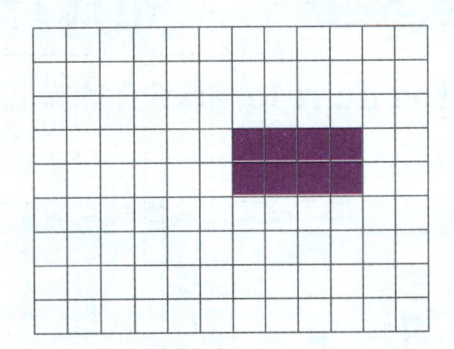

Agora, desenhe uma figura dobrando apenas a medida da altura da figura original.

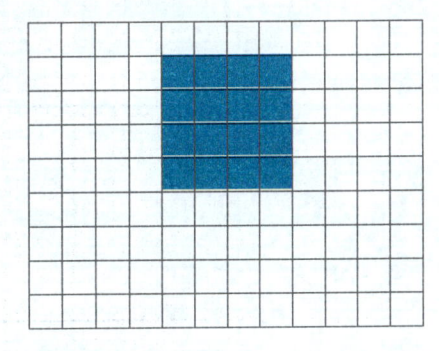

O que aconteceu? A figura permaneceu a mesma?

_____

_____

2. Reduza o desenho do envelope de maneira que seus lados tenham a metade das medidas originais.

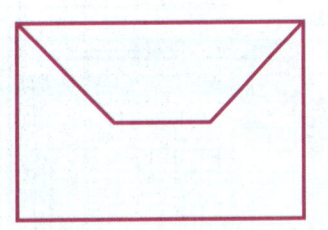

LIÇÃO 13
LOCALIZAÇÃO E MOVIMENTAÇÃO

Pontos de referência, direção e sentido

Observe a vista de uma cidade.

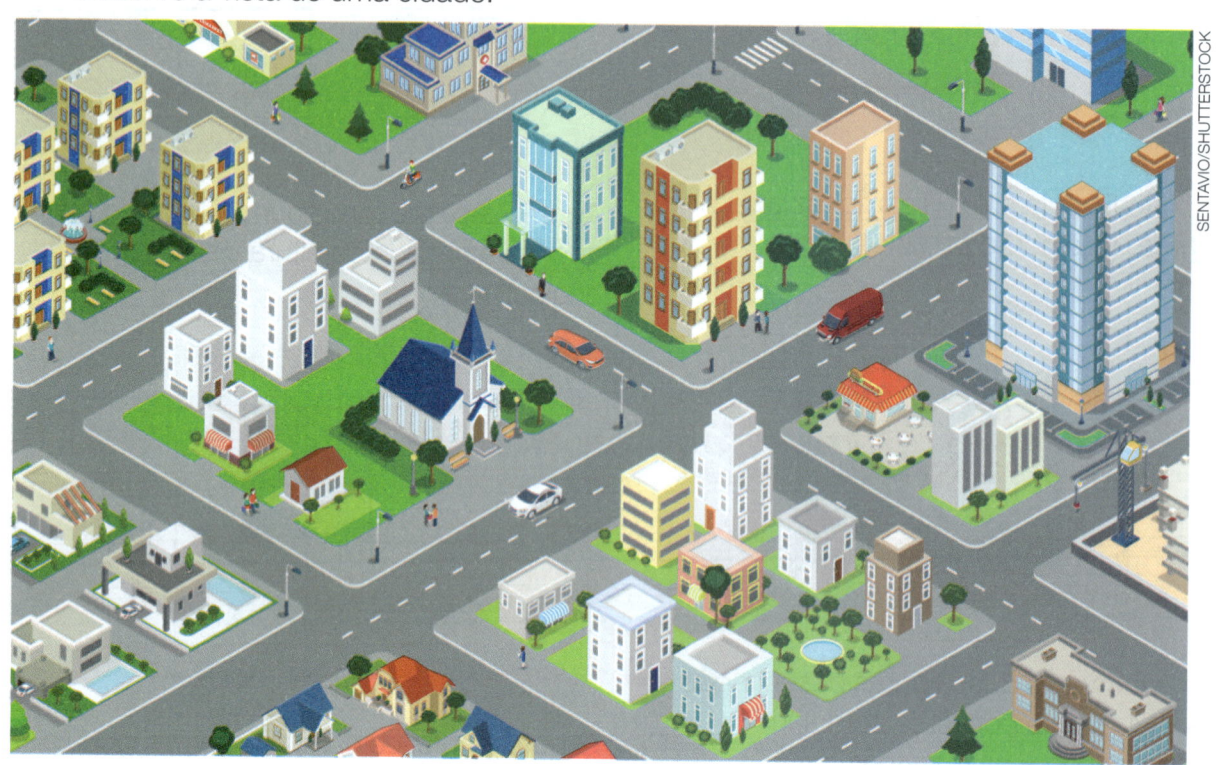

Imagine que uma pessoa saiu da igreja e está na calçada, de frente para o carro branco.

- Descreva as construções que estão à esquerda dessa pessoa.
- Descreva o que essa pessoa pode ver à sua direita.
- Use o carro branco como referência e diga se a van vermelha está no mesmo sentido ou sentido contrário dele.
- O carro laranja está na mesma direção que o carro branco? Explique.

> A ideia de **direção** está associada à reta, pois cada reta tem uma só direção. A ideia de **sentido** está associada à mesma reta, pois uma reta tem dois sentidos.

Linha horizontal e linha vertical

Observe dois tipos de linhas.

h _____
Essa reta **h** representa a linha do horizonte.

Essa reta **v** representa a linha de um prumo de pedreiro.

v

A diferença entre direção e sentido

Observe as formigas sobre as linhas tracejadas. Podemos afirmar que:

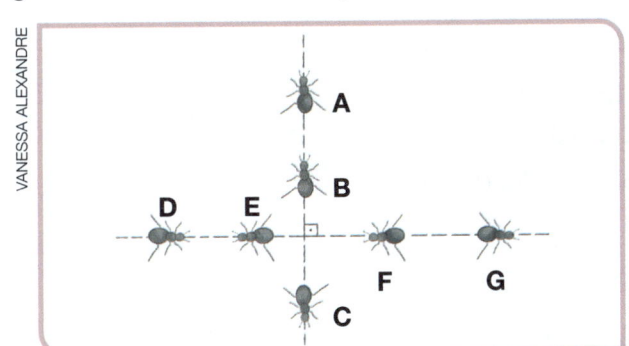

- As formigas A, B e C estão na mesma direção, pois estão sobre a mesma linha reta, porém as formigas B e C estão em sentidos contrários.
- As formigas D e F estão na mesma direção, mas em sentidos contrários.
- As formigas E e F estão na mesma direção e no mesmo sentido.
- As formigas B e F estão em direções diferentes.

As formigas A, B e C estão na direção vertical. As formigas D, E, F e G, estão na direção horizontal.

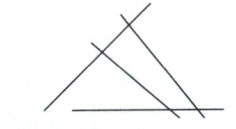

Retas com diferentes direções.

Retas com a mesma direção.

221

Paralelas, perpendiculares e transversais

Este é o mapa do bairro em que Lucila mora e estuda.

- Lucila mora no encontro de quais ruas?

  _____

- Heitor mora em que rua?

  _____

Utilizando as palavras em frente, direita e esquerda, descreva:

- o menor caminho para Heitor chegar à escola.

  _____

  _____

- o menor caminho para Lucila ir de sua casa até a padaria.

  _____

  _____

Ruas paralelas são ruas que seguem a mesma direção e não se cruzam. Ruas perpendiculares são ruas que se cruzam formando 4 ângulos de mesma medida. Na figura acima, a rua transversal é a rua que corta as várias ruas paralelas.

ATIVIDADES

1. Observe novamente o mapa do entorno do bairro de Lucila e complete com as palavras "perpendicular" ou "paralela".

a) A rua em que Heitor mora é _____ à rua Melão.

b) A rua Tomate é _____ à rua Cenoura.

c) A rua em que fica a padaria é _____ à rua em que fica a escola.

d) A rua feijão não é _____ nem _____ à rua Batata.

2. Observe o mapa.

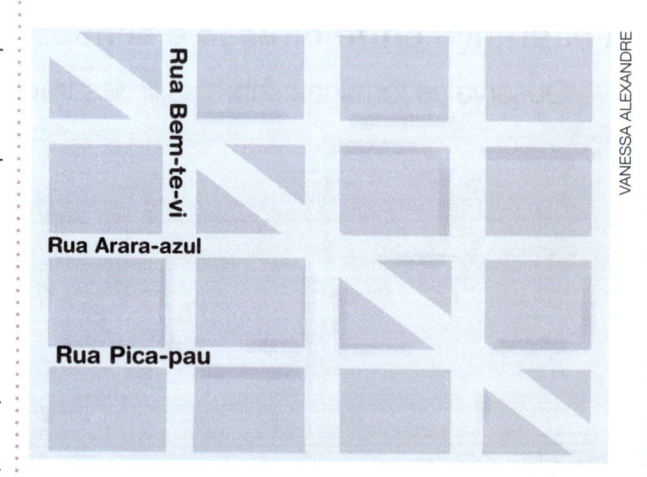

Leia as dicas a seguir e complete o mapa com o nome das ruas.

DICAS

- A rua Tuiuiú é transversal à rua Arara-azul e à rua Bem-te-vi.
- A rua Canário é perpendicular à rua Arara-azul e paralela à rua Bem-te-vi.
- A rua Beija-flor está entre as ruas Canário e Bem-te-vi e as três são paralelas.
- A rua João-de-barro é perpendicular à rua Bem-te-vi e paralela à rua Arara-azul.

14 ÁLGEBRA: SENTENÇAS MATEMÁTICAS

Os problemas matemáticos apresentam situações que envolvem números e as operações fundamentais.

Após fazer a leitura para entender as informações dadas, precisamos ficar atentos ao que o exercício pede.

Leia o problema abaixo e acompanhe sua resolução.

> Isabel comprou bombons. Deu 16 para Paula e ficou com 24. Quantos bombons Isabel comprou?

$? - 16 = 24$

↑ quantidade desconhecida de bombons

Para descobrirmos esse valor, aplicamos a operação inversa da operação que aparece na sentença matemática.

Por exemplo, na subtração, aplicamos a adição.

$? = 24 + 16$

$? = 40$

Assim, descobrimos que Isabel comprou 40 bombons.

> Lembre-se de que, nessa situação, a subtração faz e a adição desfaz.

Veja estes outros exemplos:

Na adição, aplicamos a subtração.

? + 8 = 12
12 − 8 = ?
? = 4

? × 5 = 40
? = 40 ÷ 5
? = 8

Na multiplicação, aplicamos a divisão.

? ÷ 2 = 48
? = 48 × 2
? = 96

Na divisão, aplicamos a multiplicação.

ATIVIDADES

1. Calcule o valor de ? a partir dos exemplos.

Exemplo 1 ? + 13 = 27 → ? = 27 − 13 → ? = 14

a) 14 + ? = 18
? = _____
? = _____

b) 38 + ? = 57
? = _____
? = _____

c) 25 + ? = 72
? = _____
? = _____

d) ? + 23 = 89
? = _____
? = _____

Exemplo 2 ? − 6 = 22 → ? = 22 + 6 → ? = 28

a) ? − 7 = 16
? = _____
? = _____

b) ? − 12 = 38
? = _____
? = _____

c) ? − 18 = 52
? = _____
? = _____

d) ? − 7 = 31
? = _____
? = _____

Exemplo 3 ? × 3 = 15 → ? = 15 ÷ 3 → ? = 5

a) ? × 5 = 125
? = ___
? = ___

b) ? × 6 = 72
? = ___
? = ___

c) ? × 9 = 45
? = ___
? = ___

d) ? × 2 = 168
? = ___
? = ___

Exemplo 4 ? ÷ 3 = 21 → ? = 21 × 3 → ? = 63

a) ? ÷ 2 = 48
? = ___
? = ___

b) ? ÷ 5 = 40
? = ___
? = ___

c) ? ÷ 2 = 9
? = ___
? = ___

d) ? ÷ 5 = 30
? = ___
? = ___

2. Determine qual dos quatro sinais +, −, × e ÷ deve ser colocado em cada igualdade.

a) 22 ☐ 6 = 132
b) 51 ☐ 3 = 153
c) 324 ☐ 16 = 308
d) 23 ☐ 18 = 41
e) 844 ☐ 4 = 211

3. Resolva as sentenças matemáticas.

a) ☐ − 100 = 60
b) ☐ − 260 = 190
c) ☐ − 500 = 310
d) ☐ − 780 = 640
e) ☐ + 175 = 300
f) ☐ + 140 = 400

PROBLEMAS

1. Dona Luci vende maçãs na quitanda. Vendeu 7 e ficou com 15. Quantas maçãs havia em sua quitanda?

Cálculo

Resposta: _____

2. O triplo de um número é 27. Qual é esse número?

Cálculo

Resposta: _____

3. Marcelo distribuiu igualmente suas figurinhas entre 3 álbuns. Cada álbum ficou com 16 figurinhas. Qual é o total de figurinhas?

Cálculo

Resposta: _____

4. O dobro de um número é 36. Que número é esse?

Cálculo

Resposta: _____

5. Numa divisão, o divisor é 3 e o quociente é 50. Qual é o dividendo, sendo o resto 1?

Cálculo

Resposta: _____

6. Roberta possuía alguns chaveiros. Ganhou mais 42 e ficou com 63. Quantos chaveiros Roberta possuía?

Cálculo

Resposta: _____

7. Nice distribuiu igualmente pacotes de fraldas entre 9 crianças de uma creche. Cada criança recebeu 15 pacotes de fraldas. Qual foi o total de pacotes de fraldas distribuídos por Nice?

Cálculo

Resposta: _____

8. A idade de vovó menos 15 anos é igual a 53. Qual é a idade de vovó?

Cálculo

Resposta: _____

15 FRAÇÕES

Fração

Você já parou para pensar que, em nosso dia a dia, estamos rodeados por frações?

Observe.

- Juliana ganhou uma barra de chocolate. Repartiu a barra com suas amigas Ana e Simone.

A barra foi repartida em três partes iguais.

$\frac{1}{3}$ | $\frac{1}{3}$ | $\frac{1}{3}$ $1 \div 3$

$\frac{1}{3}$

Cada uma das meninas ficou com uma parte do chocolate, ou seja, a **terça parte** do chocolate ou $\frac{1}{3}$.

Observe outras situações.

- Ricardo dividiu o seu lanche com Francisco. Deu a **metade** $\left(\frac{1}{2}\right)$ de seu sanduíche a ele.
- Mariana tomou **meio** copo de leite.

Para representar quantidades como essas, usamos **frações**.
Procure outras situações nas quais usamos as frações.
Converse sobre isso com seus colegas e seu professor.

Representando as partes do inteiro

Pintei 1 das 2 partes das figuras, ou seja, pintei a **metade** ou pintei $\frac{1}{2}$.

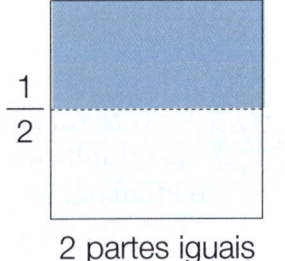

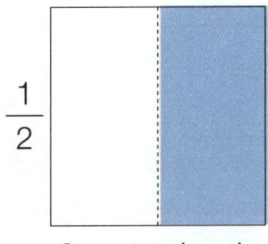

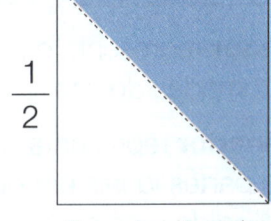

$\frac{1}{2}$ $\frac{1}{2}$ $\frac{1}{2}$

2 partes iguais   2 partes iguais   2 partes iguais

Pintei 1 das 3 partes das figuras, ou seja, pintei **um terço** (ou a terça parte) ou pintei $\frac{1}{3}$.

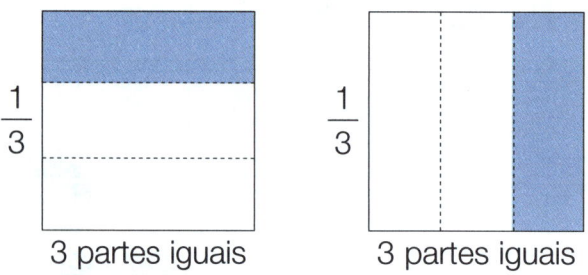

$\frac{1}{3}$ 3 partes iguais

$\frac{1}{3}$ 3 partes iguais

Pintei 1 das 4 partes das figuras, ou seja, pintei **um quarto** (ou a quarta parte) ou pintei $\frac{1}{4}$.

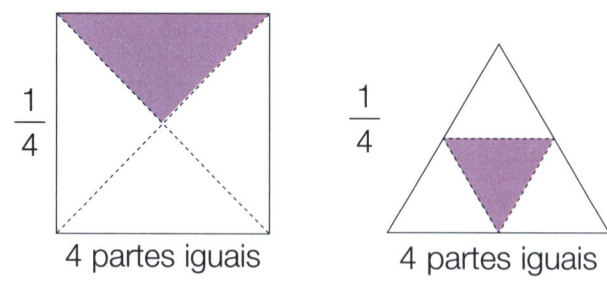

$\frac{1}{4}$ 4 partes iguais

$\frac{1}{4}$ 4 partes iguais

Os números representados por $\frac{1}{2}$, $\frac{1}{3}$ e $\frac{1}{4}$ são chamados de **frações**.

Eles indicam partes de um inteiro representado pelas figuras acima.

Leitura e escrita de frações

Para representar frações, usamos na escrita dois números naturais separados por um traço horizontal que, simbolicamente, indica a divisão de um número pelo outro.

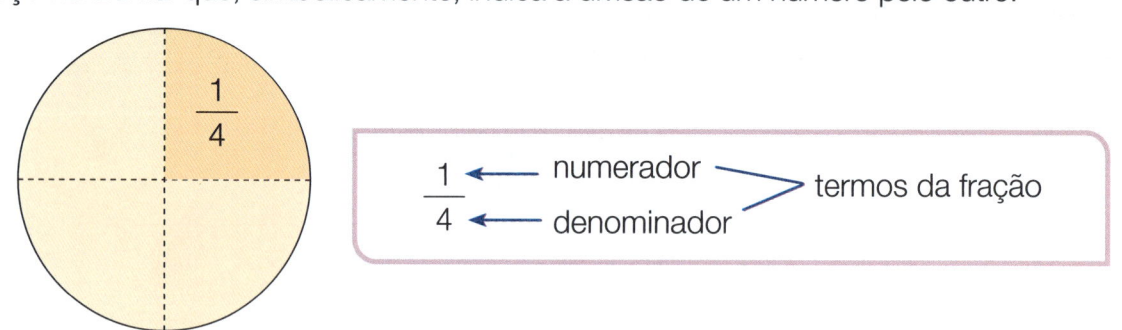

$\frac{1}{4}$

$\frac{1}{4}$ ← numerador
← denominador
} termos da fração

Observe como fazemos a leitura de algumas frações.

O **numerador** representa o número de partes tomadas do inteiro.

O **denominador** representa o número de partes iguais em que o inteiro foi dividido e dá nome à fração.

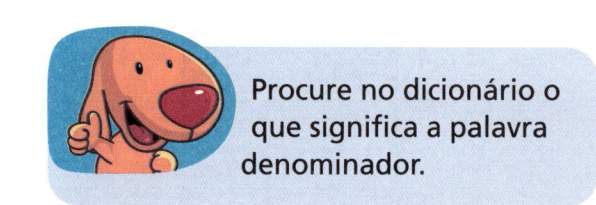

Procure no dicionário o que significa a palavra denominador.

$\dfrac{1}{2}$ um meio

$\dfrac{3}{4}$ três quartos

$\dfrac{2}{8}$ dois oitavos

$\dfrac{3}{3}$ três terços ou 1 inteiro

$\dfrac{2}{6}$ dois sextos

$\dfrac{3}{9}$ três nonos

$\dfrac{4}{5}$ quatro quintos

$\dfrac{5}{5}$ cinco quintos ou 1 inteiro

$\dfrac{5}{7}$ cinco sétimos

Numa fração, se o numerador e o denominador forem **iguais**, a fração será igual ao **inteiro**.

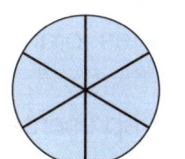

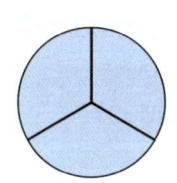

$\dfrac{6}{6} = 1$ $\qquad$ $\dfrac{3}{3} = 1$

Para frações com denominadores iguais a 10, 100, 1 000, lemos o numerador acompanhado das palavras **décimos**, **centésimos**, **milésimos**.

Exemplos:

$\dfrac{7}{10}$ sete décimos

$\dfrac{4}{100}$ quatro centésimos

$\dfrac{4}{1\,000}$ quatro milésimos

MATEMÁTICA

Leitura de frações além de décimos

Para ler qualquer fração com o **denominador maior que 10**, lemos o numerador, o denominador e, em seguida, a palavra **avos**.

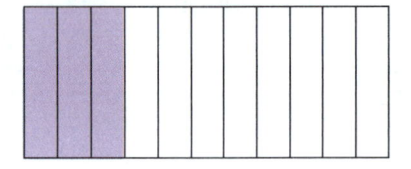

$\dfrac{3}{11}$ três onze **avos**

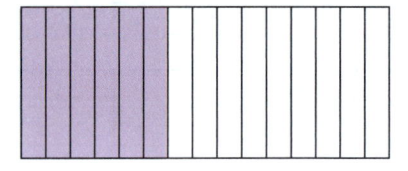

$\dfrac{6}{15}$ seis quinze **avos**

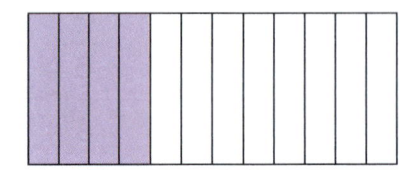

$\dfrac{4}{12}$ quatro doze **avos**

ATIVIDADES

1. Observe as figuras e responda às questões referentes a cada uma.

a)

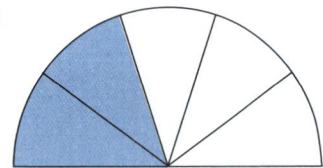

- Em quantas partes a figura foi dividida?
- Quantas partes foram pintadas?
- Que fração representa a parte pintada da figura?
- Como se lê essa fração?
- Que fração representa a parte não pintada da figura?
- Como se lê essa fração?

b)

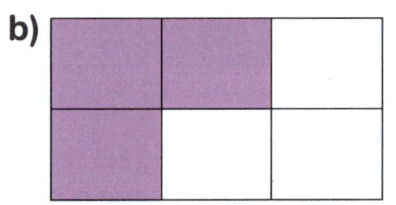

- Em quantas partes a figura foi dividida?
- Quantas partes foram pintadas?
- Que fração representa a parte pintada da figura?
- Como se lê essa fração?
- Que fração representa a parte não pintada da figura?
- Como se lê essa fração?

2. Represente em forma de fração a parte colorida de cada figura e escreva a sua leitura.

a)

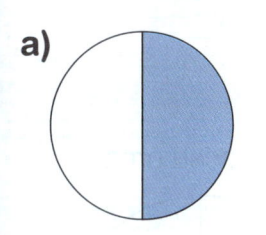

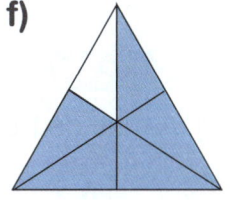

b)

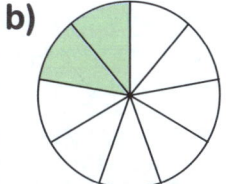

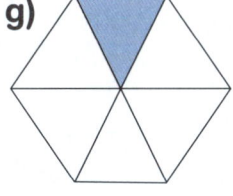

c)

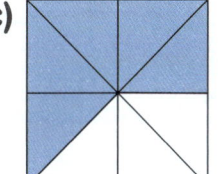

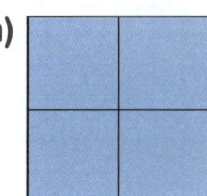

d)

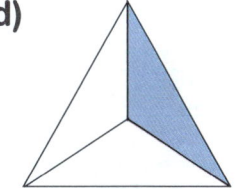

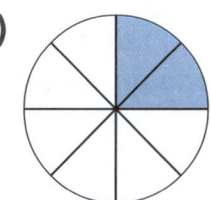

e)

f)

g)

h)

i)

j)

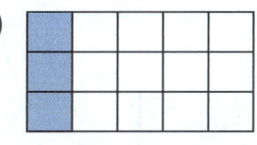

3. Pinte a fração indicada em cada figura.

a) $\dfrac{1}{4}$

b) $\dfrac{4}{8}$

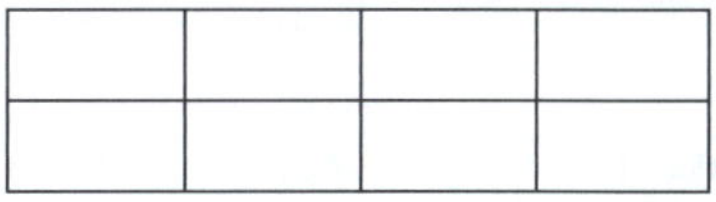

c) $\dfrac{5}{7}$

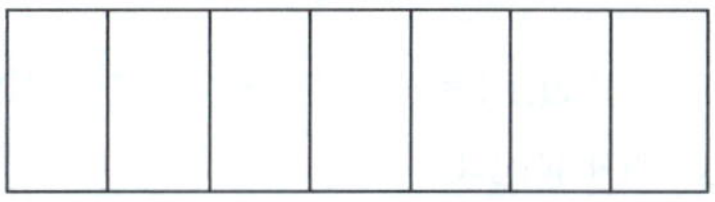

d) $\dfrac{3}{5}$

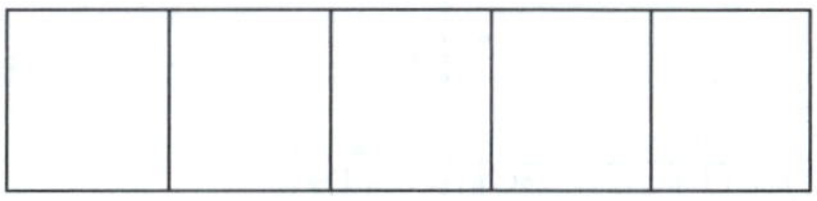

4. Represente em forma de desenho as seguintes frações.

a) $\dfrac{3}{4}$

b) $\dfrac{4}{6}$

c) $\dfrac{5}{8}$

d) $\dfrac{8}{10}$

5. Escreva a fração que está representada em cada figura.

a)

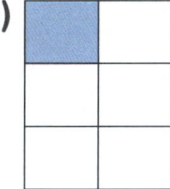

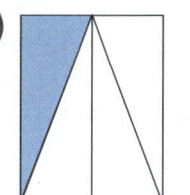

b)

c)

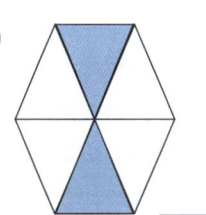

d)

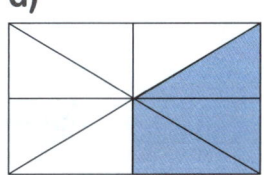

6. Escreva no caderno a fração que corresponde a:

a) nove centésimos

b) um nono

c) três sextos

d) quatro oitavos

e) cinco décimos

f) dez milésimos

231

LIÇÃO 16 — COMPARAÇÃO DE FRAÇÕES

Situação 1

Beto e Lucas terminaram a tarefa de Matemática. A mãe de Beto ofereceu uma *pizza* aos meninos.

A *pizza* oferecida foi dividida em 4 pedaços iguais.

Veja a representação:

Beto comeu 2 pedaços e Lucas comeu 1 pedaço. Quem comeu mais *pizza*?

Vamos usar uma fração para representar a situação.

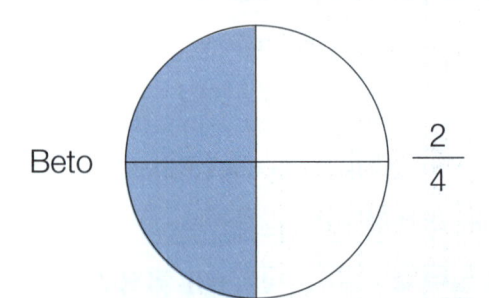

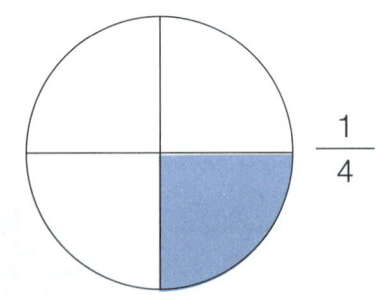

Beto $\frac{2}{4}$ Lucas $\frac{1}{4}$

Beto comeu $\frac{2}{4}$ da *pizza* e Lucas comeu $\frac{1}{4}$.

Logo, $\frac{2}{4}$ é maior que $\frac{1}{4}$.

$$\frac{2}{4} > \frac{1}{4}$$

> Quando duas ou mais frações possuem **denominadores iguais**, a fração maior é a que tem **maior numerador**.

Situação 2

A mãe de Beto comprou duas *pizzas* divididas da seguinte forma:

- Beto comeu 2 pedaços da *pizza* que foi dividida em 4 partes iguais.
- Lucas comeu 2 pedaços da *pizza* que foi dividida em 8 partes iguais.
- Quem comeu a maior parte de *pizza*? Por quê?

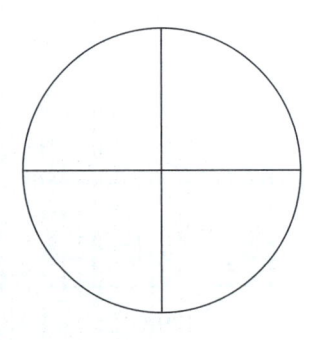

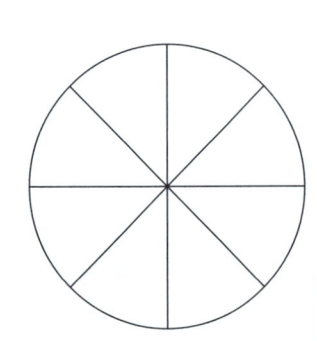

Observe essa situação, representada por meio de figuras.

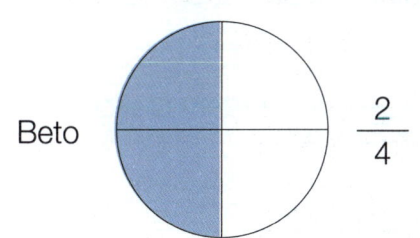

Beto — $\dfrac{2}{4}$

Lucas — $\dfrac{2}{8}$

$\dfrac{2}{4}$ é maior que $\dfrac{2}{8}$.

numeradores iguais

denominador menor → $\dfrac{2}{4}$ > $\dfrac{2}{8}$

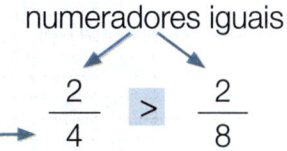

Quando duas ou mais frações possuem **numeradores iguais**, a fração maior é aquela que tem **menor denominador**.

ATIVIDADES

1. Compare as figuras e escreva as frações representadas pelas partes pintadas, usando os sinais > (maior que), < (menor que) e = (igual).

Em seguida, escreva como se lê essas frações.

Exemplos:

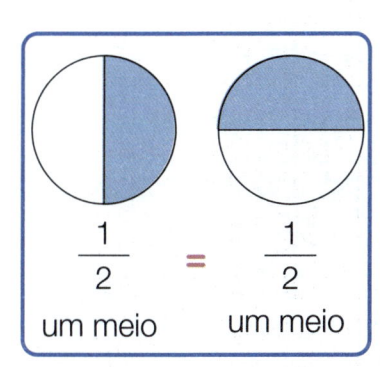

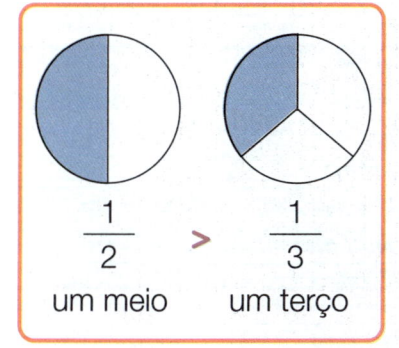

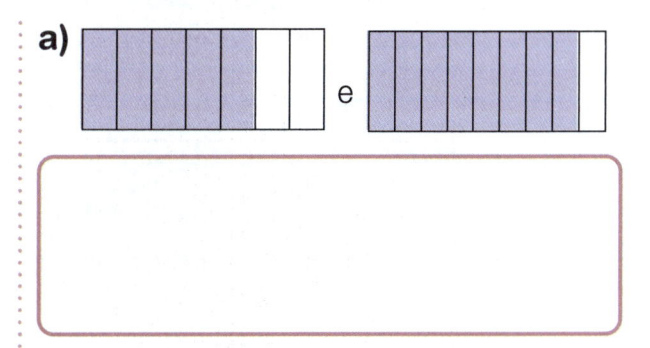

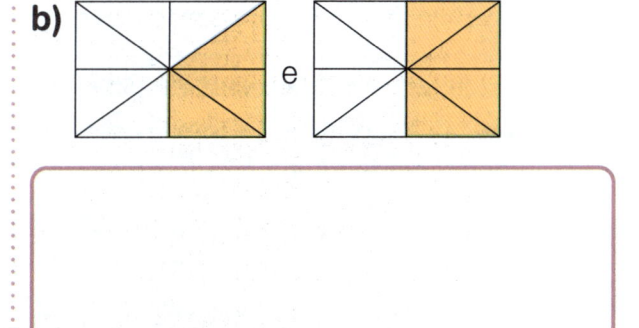

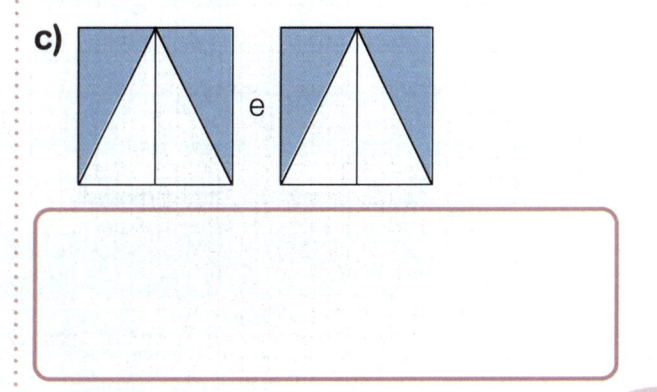

$\dfrac{1}{2}$ = $\dfrac{1}{2}$
um meio   um meio

$\dfrac{1}{2}$ > $\dfrac{1}{3}$
um meio   um terço

a) ___ e ___

b) ___ e ___

c) ___ e ___

233

2. Identifique a fração maior e represente-a em forma de desenho.

$\frac{3}{6}$ $\frac{2}{6}$ $\frac{5}{6}$

3. Identifique a fração menor e represente-a em forma de desenho.

$\frac{3}{6}$ $\frac{3}{8}$ $\frac{3}{4}$ $\frac{3}{5}$

4. Complete com os sinais > ou < .

a) $\frac{1}{8}$ ◯ $\frac{4}{8}$ f) $\frac{2}{6}$ ◯ $\frac{1}{6}$

b) $\frac{4}{7}$ ◯ $\frac{2}{7}$ g) $\frac{7}{8}$ ◯ $\frac{6}{8}$

c) $\frac{6}{9}$ ◯ $\frac{4}{9}$ h) $\frac{6}{9}$ ◯ $\frac{8}{9}$

d) $\frac{2}{4}$ ◯ $\frac{7}{4}$ i) $\frac{3}{8}$ ◯ $\frac{1}{8}$

e) $\frac{3}{3}$ ◯ $\frac{2}{3}$

5. Escreva as frações em ordem crescente e em ordem decrescente usando os sinais > ou < .

a) $\frac{4}{9}$ $\frac{3}{9}$ $\frac{7}{9}$ $\frac{2}{9}$ $\frac{5}{9}$ $\frac{1}{9}$ $\frac{6}{9}$

ordem decrescente

ordem crescente

b) $\frac{5}{8}$ $\frac{5}{10}$ $\frac{5}{9}$ $\frac{5}{6}$ $\frac{5}{7}$

ordem crescente

ordem decrescente

6. Pinte o que é pedido.

a) uma fração maior que $\frac{3}{7}$

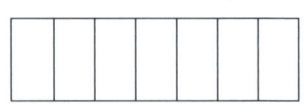

b) uma fração menor que $\frac{2}{4}$

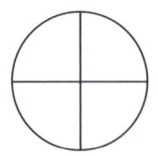

c) uma fração maior que $\frac{3}{8}$

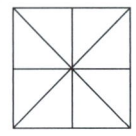

d) uma fração menor que $\frac{2}{3}$

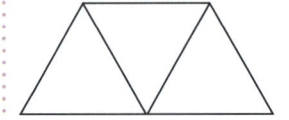

Frações equivalentes

Ana e Guido pintaram faixas coloridas em folhas de sulfite de mesmo tamanho. Ana pintou $\frac{1}{2}$ (um meio) da folha e Guido pintou $\frac{2}{4}$ (dois quartos).

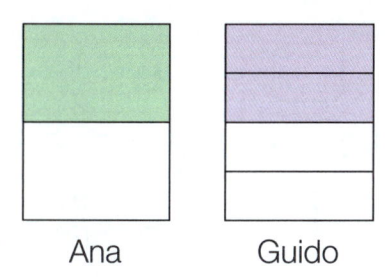

Ana   Guido

Observe que a parte colorida da folha de Ana ocupa a mesma área da parte colorida da folha de Guido.

As frações $\frac{1}{2}$ e $\frac{2}{4}$ representam a mesma parte do todo e são chamadas de **frações equivalentes**.

> **Frações equivalentes** são frações que representam a mesma parte do inteiro.

Dada uma fração, para encontrar uma outra fração equivalente a ela, basta **multiplicar** ou **dividir** seu numerador e seu denominador por um mesmo número natural diferente de 0.

Observe este exemplo.

Vamos encontrar uma fração equivalente a $\frac{1}{5}$.

multiplicando: $\frac{1 \times 2}{5 \times 2} = \frac{2}{10}$ $\boxed{\frac{1}{5} = \frac{2}{10}}$

Vamos encontrar uma fração equivalente a $\frac{4}{8}$.

dividindo: $\frac{4 \div 2}{8 \div 2} = \frac{2}{4}$
$\frac{2 \div 2}{4 \div 2} = \frac{1}{2}$

Logo, as frações $\frac{2}{4}$, $\frac{1}{2}$ e $\frac{4}{8}$ são equivalentes.

ATIVIDADES

1. Complete as frações para que sejam equivalentes.

a) $\dfrac{1}{2} = \dfrac{\square}{4}$

b) $\dfrac{6}{8} = \dfrac{\square}{4}$

c) $\dfrac{1}{3} = \dfrac{3}{\square}$

d) $\dfrac{6}{9} = \dfrac{2}{\square}$

e) $\dfrac{2}{3} = \dfrac{\square}{6}$

f) $\dfrac{8}{10} = \dfrac{4}{\square}$

2. Pinte e complete para que as frações sejam equivalentes. Observe o exemplo.

a) $\dfrac{1}{2} = \dfrac{3}{6}$

b) $\dfrac{2}{4} = \dfrac{\square}{\square}$

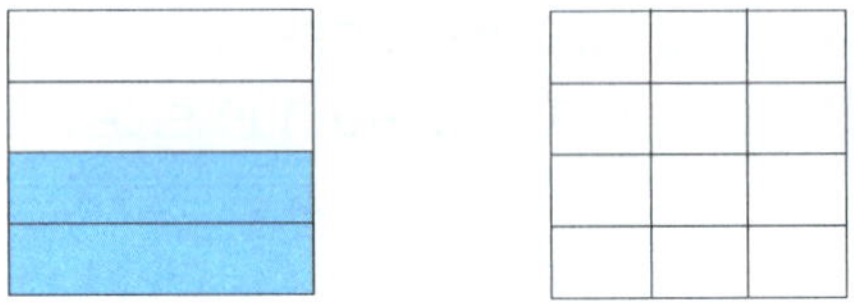

c) $\dfrac{3}{4} = \dfrac{\square}{\square}$

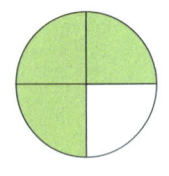

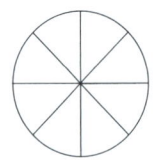

d) $\dfrac{2}{3} = \dfrac{\square}{\square}$

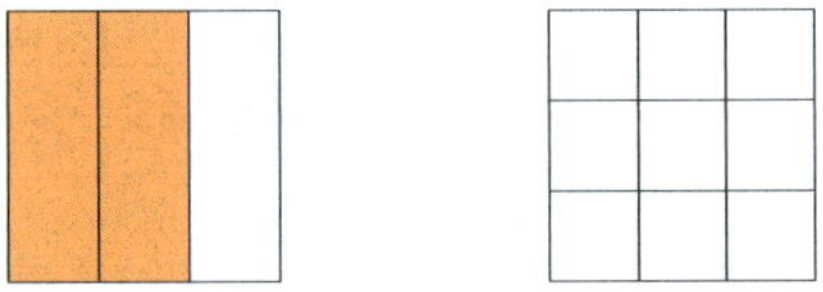

3. Circule as frações equivalentes em cada item.

a) $\dfrac{2}{4}$ $\dfrac{4}{6}$ $\dfrac{4}{8}$ $\dfrac{8}{16}$ $\dfrac{3}{6}$ $\dfrac{1}{2}$

b) $\dfrac{1}{2}$ $\dfrac{2}{4}$ $\dfrac{1}{4}$ $\dfrac{2}{5}$ $\dfrac{8}{16}$ $\dfrac{1}{7}$

c) $\dfrac{9}{12}$ $\dfrac{4}{12}$ $\dfrac{3}{4}$ $\dfrac{18}{24}$ $\dfrac{5}{8}$ $\dfrac{9}{15}$

d) $\dfrac{2}{3}$ $\dfrac{4}{7}$ $\dfrac{2}{6}$ $\dfrac{4}{6}$ $\dfrac{8}{12}$ $\dfrac{6}{12}$

4. As seguintes frações são equivalentes?

a) $\dfrac{6}{3}$ e $\dfrac{10}{5}$ Sim ☐   Não ☐

b) $\dfrac{2}{3}$ e $\dfrac{6}{9}$ Sim ☐   Não ☐

c) $\dfrac{5}{6}$ e $\dfrac{2}{3}$ Sim ☐   Não ☐

d) $\dfrac{6}{4}$ e $\dfrac{9}{6}$ Sim ☐   Não ☐

5. Em cada item, escreva três frações equivalentes.

a) $\dfrac{5}{6}$ _____, _____, _____

b) $\dfrac{1}{7}$ _____, _____, _____

c) $\dfrac{1}{10}$ _____, _____, _____

d) $\dfrac{20}{100}$ _____, _____, _____

e) $\dfrac{50}{100}$ _____, _____, _____

17 TRABALHANDO COM FRAÇÕES

Observe as situações abaixo.

Situação 1

Gustavo ganhou 16 figurinhas. Colou 4 em seu álbum.

Que fração representa a parte das figurinhas coladas por Gustavo em seu álbum?

Vamos resolver essa questão.

Gustavo colou 4 figurinhas em seu álbum, ou seja:

4 figurinhas de um total de 16 corresponde à seguinte fração: $\frac{4}{16}$

Situação 2

Ricardo ganhou R$ 10,00. Usou $\frac{1}{5}$ do dinheiro para comprar um refrigerante. Quanto ele gastou com o refrigerante?

Vamos resolver essa questão.

Trocando uma nota de R$ 10,00 por 5 notas de R$ 2,00.

Ricardo gastou $\frac{1}{5}$ do dinheiro, ou seja, 2 reais.

$\frac{1}{5}$ de 10 é igual a 2.   ou $\frac{1}{5}$ de 10 = 2.

Ricardo gastou 2 reais com o refrigerante.

Situação 3

Mônica desenhou 6 triângulos e pintou 2. Que fração do total representa a quantidade de triângulos que Mônica pintou?

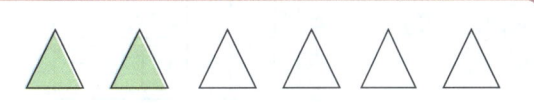

Mônica pintou 2 dos triângulos que desenhou. Essa quantidade corresponde a $\frac{2}{6}$ do total de triângulos.

$$\frac{2}{6} \text{ de } 6 = 2$$

237

Situação 4

O professor de Educação Física de uma turma com 30 alunos resolveu fazer equipes para jogar 3 diferentes esportes.

Os alunos foram organizados em grupos para cada esporte.

Observe como ele formou as equipes.
- 3 grupos para jogar futebol.
- 5 grupos para jogar vôlei.
- 6 grupos para jogar basquete.

Vamos representar o número de alunos de cada time por meio de figuras.

Futebol $\frac{1}{3}$ (um terço)

Vamos representar os 30 alunos distribuídos em 3 grupos de 10 alunos.

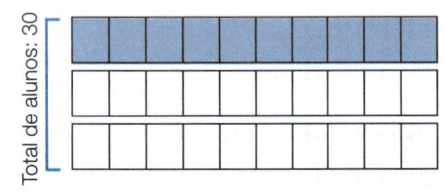

$\frac{1}{3}$ de 30 é igual a 10.

$\frac{1}{3}$ de 30 = 10

Cada time de futebol tem 10 alunos.

Vôlei $\frac{1}{5}$ (um quinto)

Vamos representar os 30 alunos distribuídos em 5 grupos de 6 alunos.

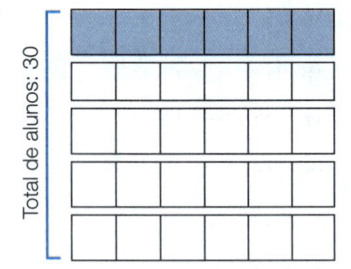

$\frac{1}{5}$ de 30 é igual a 6.

$\frac{1}{5}$ de 30 = 6

Cada time de vôlei tem 6 alunos.

Basquete $\frac{1}{6}$ (um sexto)

Vamos representar os 30 alunos distribuídos em 6 grupos de 5 alunos.

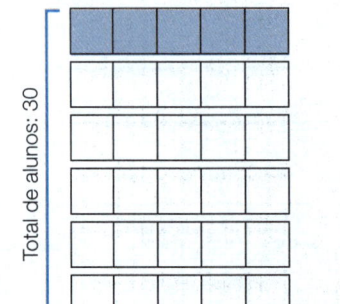

$\frac{1}{6}$ de 30 é igual a 5.

$\frac{1}{6}$ de 30 = 5

Cada time de basquete tem 5 alunos.

ATIVIDADES

1. Observe os desenhos e faça o que se pede.

a)

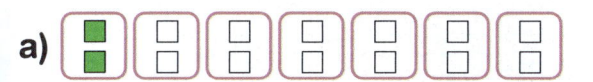

- Quantos quadradinhos há ao todo?
- Quantos grupos de 2 quadradinhos?
- Que fração representa o grupo com ▪?
- $\frac{1}{7}$ de 14 ☐ é igual a quantos ☐?

b)

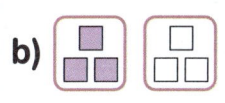

- Quantos quadradinhos há ao todo?
- Quantos grupos de 3 quadradinhos?
- Que fração representa o grupo com ▪?
- $\frac{1}{2}$ de 6 ☐ é igual a quantos ☐?

c)

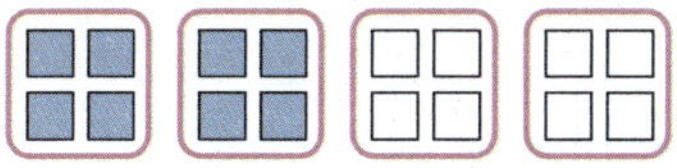

- Quantos quadradinhos há ao todo?
- Quantos grupos de 4 quadradinhos?
- Que fração representa o grupo com ▪?
- $\frac{2}{4}$ de 16 ☐ é igual a quantos ☐?

d)

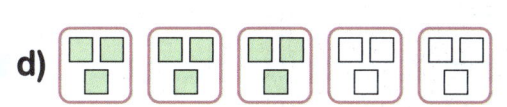

- Quantos quadradinhos há ao todo?
- Quantos grupos de 3 quadradinhos?
- Que fração representa o grupo com ▪?
- $\frac{3}{5}$ de 15 ☐ é igual a quantos ☐?

2. Para cada situação, faça desenhos e escreva os resultados.

a) Lucas tem 40 carrinhos separados em 4 grupos. Deu $\frac{1}{4}$ de seus carrinhos para seu irmão. Quantos carrinhos Lucas deu?

b) Um pipoqueiro fez 20 sacos de pipoca e já vendeu $\frac{3}{5}$. Quantos sacos de pipoca vendeu?

c) Fernando ganhou 24 livros. Já arrumou em sua estante $\frac{3}{4}$ dos livros. Quantos livros Fernando já arrumou?

3. Represente nos desenhos e calcule:

a) $\frac{2}{4}$ de 16 → ____

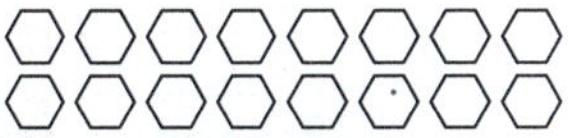

b) $\frac{1}{7}$ de 14 → ____

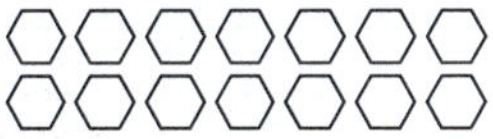

c) $\frac{1}{5}$ de 10 → ____

d) $\frac{2}{4}$ de 12 → ____

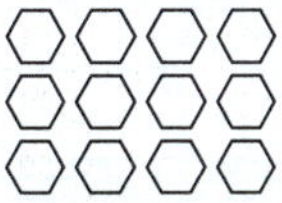

e) $\frac{3}{5}$ de 20 → ____

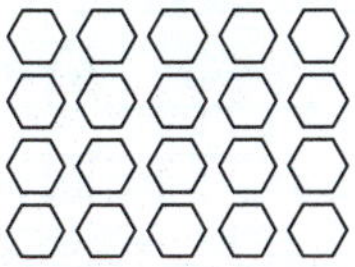

MATEMÁTICA

LIÇÃO 18 — OPERAÇÕES COM FRAÇÕES

Adição

Mamãe fez um bolo e cortou em 5 partes iguais. Deu $\frac{2}{5}$ do bolo para a vovó e $\frac{1}{5}$ para a titia. Ao todo, que fração do bolo mamãe deu?

Observe a representação.

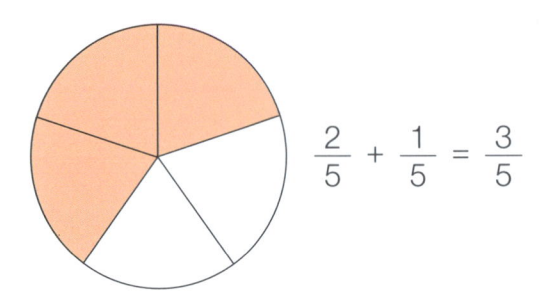

$$\frac{2}{5} + \frac{1}{5} = \frac{3}{5}$$

Mamãe deu $\frac{3}{5}$ do bolo.

> Para adicionar frações de **denominadores iguais**, basta adicionar os numeradores e manter o denominador comum.

Observe.

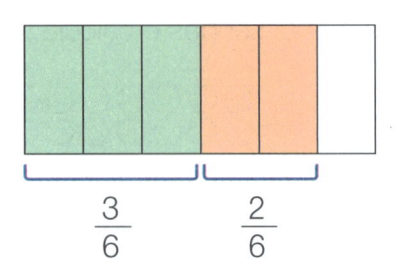

$$\frac{3}{6} + \frac{2}{6} = \frac{5}{6}$$

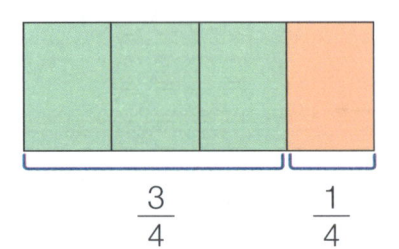

$\frac{3}{6}$ $\frac{2}{6}$

$$\frac{3}{4} + \frac{1}{4} = \frac{4}{4} \text{ ou 1 inteiro}$$

$\frac{3}{4}$ $\frac{1}{4}$

ATIVIDADES

1. Represente com frações as seguintes adições, que estão indicadas com figuras.

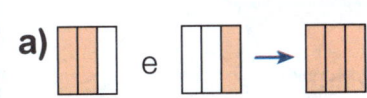

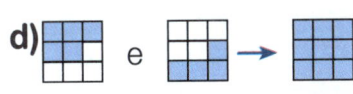

a) [figura] e [figura] → [figura]

b) [figura] e [figura] → [figura]

c) [figura] e [figura] → [figura]

d) [figura] e [figura] → [figura]

2. Observe os desenhos e as frações. Escreva o resultado das adições.

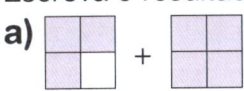

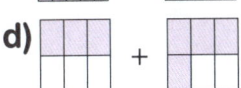

a) [figura] + [figura]

b) [figura] + [figura]

c) [figura] + [figura]

d) [figura] + [figura]

3. Complete com a fração que está faltando.

a) $\dfrac{2}{3} + \square = \dfrac{5}{3}$

b) $\square + \dfrac{5}{10} = \dfrac{7}{10}$

c) $\dfrac{3}{5} + \dfrac{2}{5} = \square$

d) $\dfrac{2}{7} + \dfrac{4}{7} = \square$

e) $\dfrac{3}{6} + \dfrac{1}{6} = \square$

f) $\dfrac{3}{4} + \dfrac{1}{4} = \square$

4. Efetue as adições.

a) $\dfrac{3}{6} + \dfrac{2}{6} = $ _____

b) $\dfrac{4}{9} + \dfrac{5}{9} = $ _____

c) $\dfrac{1}{5} + \dfrac{2}{5} = $ _____

d) $\dfrac{4}{10} + \dfrac{4}{10} = $ _____

e) $\dfrac{4}{7} + \dfrac{2}{7} = $ _____

f) $\dfrac{1}{3} + \dfrac{2}{3} = $ _____

g) $\dfrac{4}{8} + \dfrac{2}{8} = $ _____

h) $\dfrac{5}{15} + \dfrac{4}{15} + \dfrac{3}{15} = $ _____

PROBLEMAS

1. Um granjeiro vendeu $\dfrac{2}{12}$ de seus ovos para mamãe e $\dfrac{9}{12}$ para a vovó. Que fração representa a quantidade de ovos que o granjeiro vendeu?

Resposta: _____

2. Marcos comeu $\dfrac{2}{8}$ de um bolo. Sérgio comeu $\dfrac{3}{8}$ e Gustavo, $\dfrac{2}{8}$. Que fração do bolo comeram os três juntos?

Resposta: _____

Subtração

Acompanhe a situação.

De uma caixa com 12 ovos, 5 foram usados. Ou seja, $\frac{5}{12}$ foram usados.

Que fração dos ovos sobrou na caixa?

$$\frac{12}{12} - \frac{5}{12} = \frac{7}{12}$$

Resposta: Sobraram na caixa $\frac{7}{12}$ dos ovos.

> Para subtrair frações de **denominadores iguais**, subtraímos os numeradores e mantemos o denominador comum.

Exemplos:

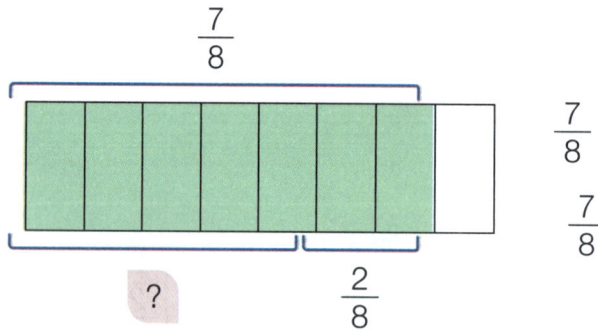

$$\frac{7}{8} - \frac{2}{8} = \;?$$

$$\frac{7}{8} - \frac{2}{8} = \frac{5}{8}$$

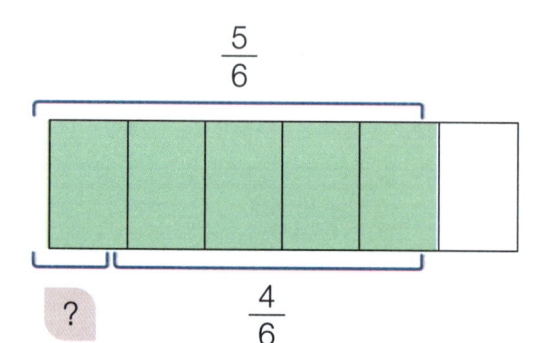

$$\frac{5}{6} - \frac{4}{6} = \;?$$

$$\frac{5}{6} - \frac{4}{6} = \frac{1}{6}$$

ATIVIDADES

1. Escreva uma subtração para cada figura representada.
Observe o exemplo.

a) 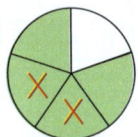 $\dfrac{4}{5} - \dfrac{2}{5} = \dfrac{2}{5}$

b)

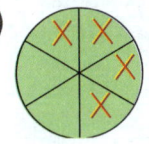

c)

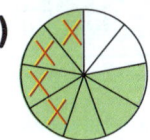

d)

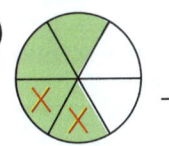

2. Escreva a fração que está faltando.

a) $\dfrac{7}{9} - \dfrac{2}{9} = \square$

b) $\dfrac{8}{10} - \dfrac{7}{10} = \square$

c) $\dfrac{6}{8} - \dfrac{4}{8} = \square$

d) $\dfrac{5}{7} - \dfrac{2}{7} = \square$

e) $\square - \dfrac{7}{13} = \dfrac{3}{13}$

f) $\dfrac{12}{20} - \dfrac{6}{20} = \square$

g) $\dfrac{8}{12} - \square = \dfrac{5}{12}$

h) $\square - \dfrac{5}{15} = \dfrac{4}{15}$

i) $\dfrac{8}{9} - \square = \dfrac{3}{9}$

j) $\square - \dfrac{2}{7} = \dfrac{2}{7}$

k) $\dfrac{3}{4} - \dfrac{1}{4} = \square$

l) $\square - \dfrac{2}{5} = \dfrac{1}{5}$

PROBLEMAS

1. Maurício bebeu $\dfrac{4}{8}$ de seu suco.
Que fração do suco falta beber?

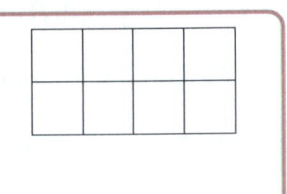

Resposta: _____

2. Mamãe gastou $\dfrac{4}{7}$ dos ovos. Que parte restou dos ovos?

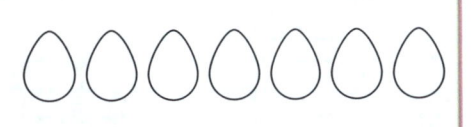

Resposta: _____

3. Eu tinha $\dfrac{8}{9}$ de um bolo. Dei $\dfrac{5}{9}$ para Luís. Com quanto fiquei?

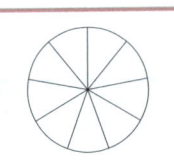

Resposta: _____

4. Luciana tinha $\dfrac{5}{6}$ de uma *pizza* e comeu $\dfrac{3}{6}$. Que fração da *pizza* restou?

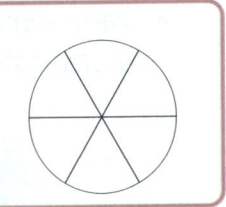

Resposta: _____

LIÇÃO 19 — PROBABILIDADE

É muito provável ou é pouco provável?

Observe a imagem.

- Você acha que é possível ou impossível um elefante equilibrar-se sobre uma bola? Explique.

- Você acha que a bola pode estourar? Por quê?

- Vamos imaginar que a bola seja muito resistente. O que você acha mais provável: a bola estourar ou a bola rolar?

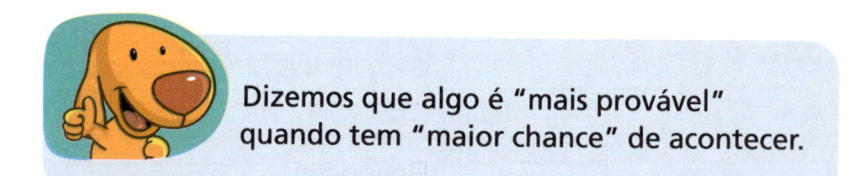

> Dizemos que algo é "mais provável" quando tem "maior chance" de acontecer.

ATIVIDADES

1. Leia a conversa de Mariana com Raquel.

> Que sol maravilhoso! Acho que não tem nenhuma chance de chover!

> Você está certa, Mariana! É impossível que chova.

a) Você concorda com o que as meninas estão falando? Justifique sua resposta.

_____

b) Reescreva a frase dita por Mariana utilizando a expressão "pouco provável".

_____

c) Agora, reescrita a frase de Mariana, ela se tornou verdadeira? _____

2. No estojo de lápis de cor de Manuela há 5 lápis da cor laranja, 5 lápis da cor rosa e 1 lápis da cor roxa.

a) Sem olhar a cor antes de retirar um lápis do estojo, qual é a cor menos provável de sair? _____

b) Ela já retirou o lápis roxo do estojo. Ficaram apenas os de cor laranja e os de cor rosa. Ela vai retirar de novo um lápis, sem ver a cor. Qual é a cor mais provável de ser retirada?

_____

3. Lia vai jogar um dado de 6 faces.

a) Ela tem mais chances de tirar um número par ou um número ímpar?

_____

b) Ao lançar um dado, há mais chances de sair um número menor que 2 ou maior que 2? _____

4. A professora colocou 20 bolas em uma caixa: 4 amarelas, 2 verdes, 8 azuis e 6 vermelhas.
A professora vai tirar uma bola dessa caixa.

a) Assinale a cor correspondente a cada situação.
Ela tem mais chances de tirar uma bola da cor:

☐ azul ☐ vermelha

☐ verde ☐ amarela

Ela tem menos chances de tirar uma bola da cor:

☐ azul ☐ vermelha

☐ verde ☐ amarela

b) Se forem retiradas 6 bolas azuis dessa caixa e a professora tirar uma bola, terá mais chances de tirar uma bola da cor:

☐ azul ☐ vermelha

☐ verde ☐ amarela

5. Desenhe, no quadro abaixo, 3 quadrados, 2 triângulos e 4 círculos.

Complete: Escolhendo uma figura do quadro acima ao acaso, há mais chances de escolher um _____.

LIÇÃO 20 - GRÁFICOS

ENSINO REGULAR – EVOLUÇÃO DO NÚMERO DE MATRÍCULAS NO ENSINO FUNDAMENTAL
BRASIL – 2017-2021

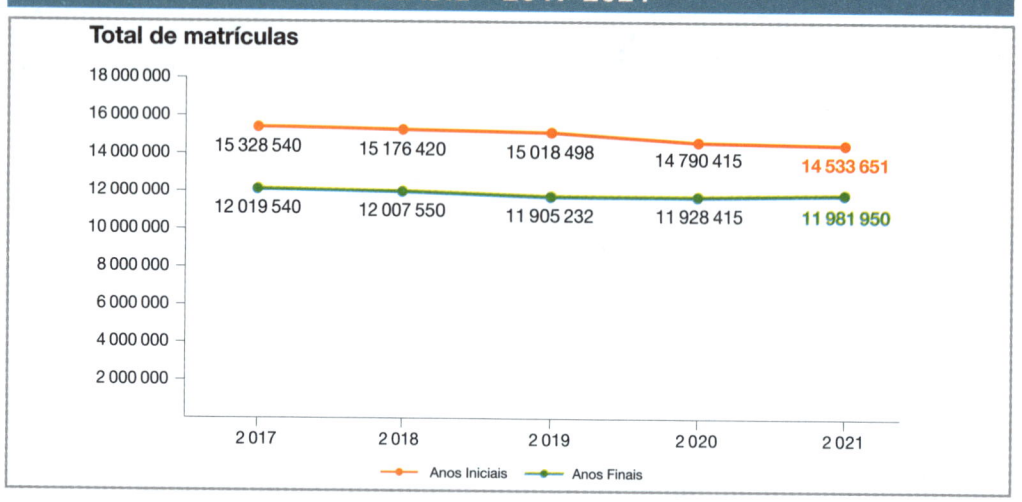

Total de matrículas

Anos Iniciais:
- 2017: 15 328 540
- 2018: 15 176 420
- 2019: 15 018 498
- 2020: 14 790 415
- 2021: 14 533 651

Anos Finais:
- 2017: 12 019 540
- 2018: 12 007 550
- 2019: 11 905 232
- 2020: 11 928 415
- 2021: 11 981 950

EVOLUÇÃO DO NÚMERO DE MATRÍCULAS NA EDUCAÇÃO BÁSICA
BRASIL – 2017-2021

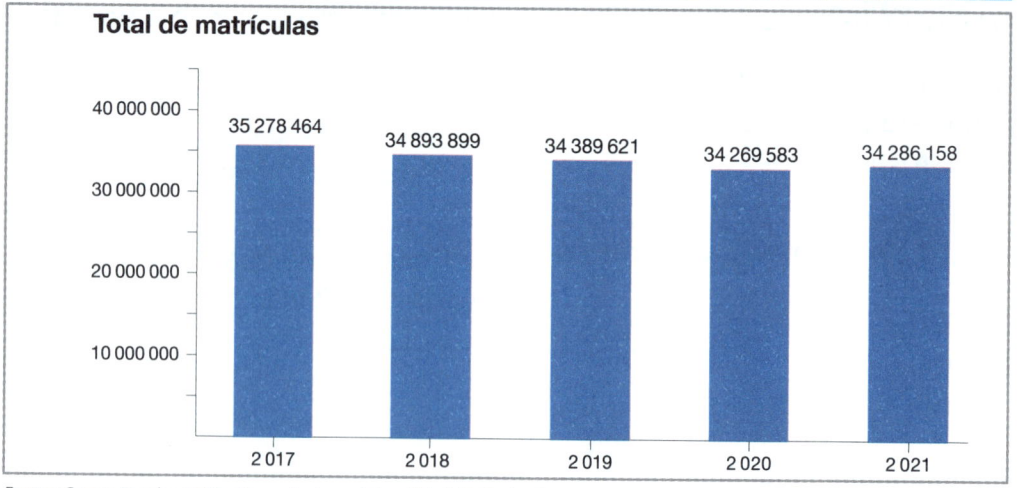

Total de matrículas
- 2017: 35 278 464
- 2018: 34 893 899
- 2019: 34 389 621
- 2020: 34 269 583
- 2021: 34 286 158

Fonte: Censo Escolar 2021. Disponível em: https://bit.ly/3CboboG. Acesso em: 11 jul. 2022.

- Você já viu imagens como essas em algum lugar? Onde?

As imagens que você observou acima recebem o nome de **gráficos**.

Os gráficos são recursos visuais utilizados para transmitir informações sobre diferentes situações do dia a dia.

Eles podem ser apresentados de várias formas. Os mais utilizados em nossos meios de comunicação são os gráficos de barras e colunas, os gráficos de setores e os gráficos de linhas.

ATIVIDADES

1. As professoras do 4º ano A e do 4º ano B resolveram fazer uma pesquisa para saber a preferência das turmas sobre esportes praticados com bola. Após a pesquisa, elas organizaram um gráfico de colunas com os resultados coletados. Observe.

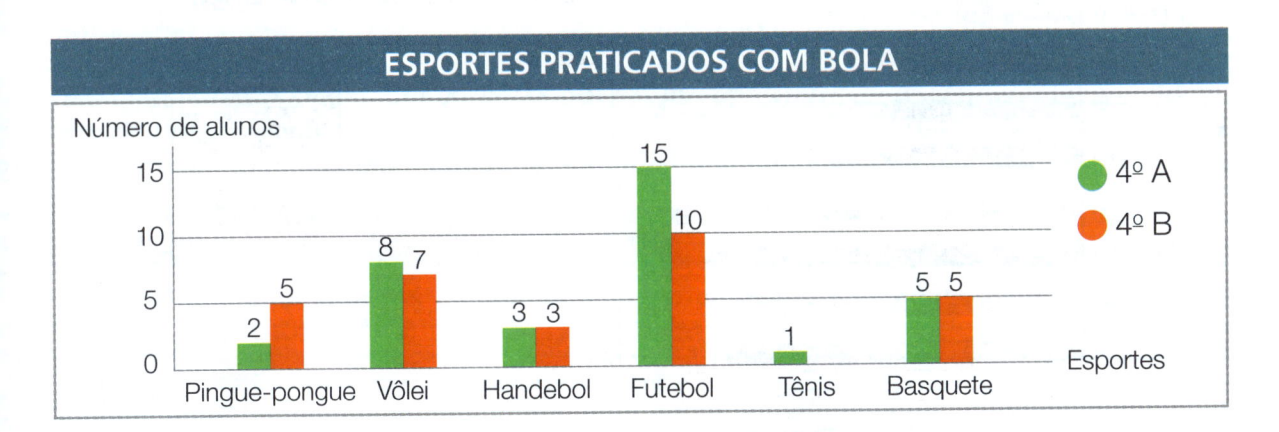

ESPORTES PRATICADOS COM BOLA

Número de alunos

- Pingue-pongue: 4º A = 2, 4º B = 5
- Vôlei: 4º A = 8, 4º B = 7
- Handebol: 4º A = 3, 4º B = 3
- Futebol: 4º A = 15, 4º B = 10
- Tênis: 4º A = 1
- Basquete: 4º A = 5, 4º B = 5

Responda às questões sobre o gráfico:

a) Quantos alunos do 4º A participaram da pesquisa? E do 4º B?

b) Qual é o total de alunos que participaram dessa pesquisa?

c) Qual é o esporte preferido do 4º B?

d) Qual foi o esporte menos escolhido pelo 4º A?

e) Em quais esportes as duas salas têm o mesmo número de preferências?

f) Quantos alunos no total preferem vôlei?

g) Qual esporte foi escolhido por um aluno? De qual sala?

h) Observe que no eixo do número de alunos há a seguinte escala numérica: 0 – 5 – 10 – 15. Na escala, os números estão escritos de quanto em quanto?

i) Se a escala estivesse escrita com intervalos de 1 em 1, que outros números precisariam ser escritos?

j) E se resolvêssemos escrever de 3 em 3, que números deveriam aparecer?

2. O gráfico a seguir é conhecido como **gráfico de barras**. Observe o resultado de uma pesquisa publicada por uma revista sobre o total das despesas das famílias com alimentação em alguns países.

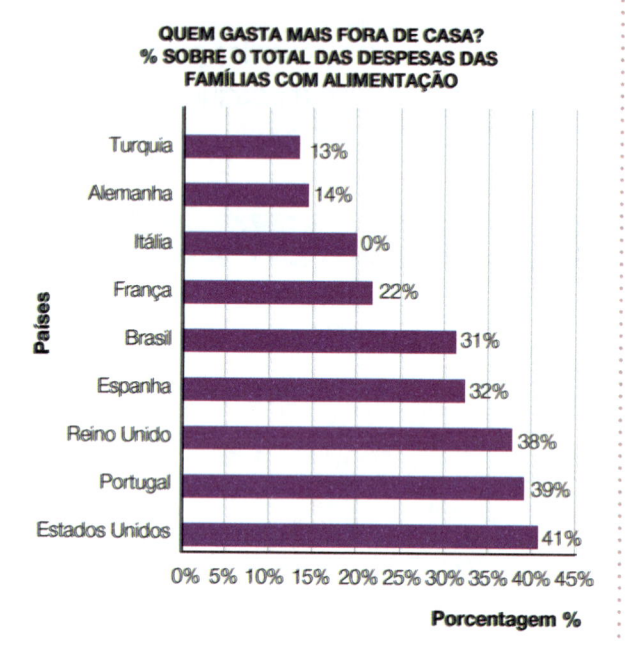

QUEM GASTA MAIS FORA DE CASA?
% SOBRE O TOTAL DAS DESPESAS DAS FAMÍLIAS COM ALIMENTAÇÃO

País	Porcentagem
Turquia	13%
Alemanha	14%
Itália	0%
França	22%
Brasil	31%
Espanha	32%
Reino Unido	38%
Portugal	39%
Estados Unidos	41%

Disponível em: http://glo.bo/3Sy9ukH. Acesso em: fev. 2022.

a) A família de qual país gastava mais com alimentação fora de casa em 2011?

_____

b) Quanto as famílias brasileiras gastavam a menos com alimentação que as estadunidenses?

_____

c) Em que país o gasto das famílias com alimentação era aproximadamente a metade dos gastos das famílias brasileiras?

_____

Infográfico

Você já ouviu falar em infográfico?

Em um **infográfico** a apresentação de dados e informações é combinada com desenhos, fotos, gráficos e textos. É um recurso muito utilizado em telejornais, revistas, sites de internet etc.

Observe o infográfico e leia o texto.

Brasil – Região Sudeste

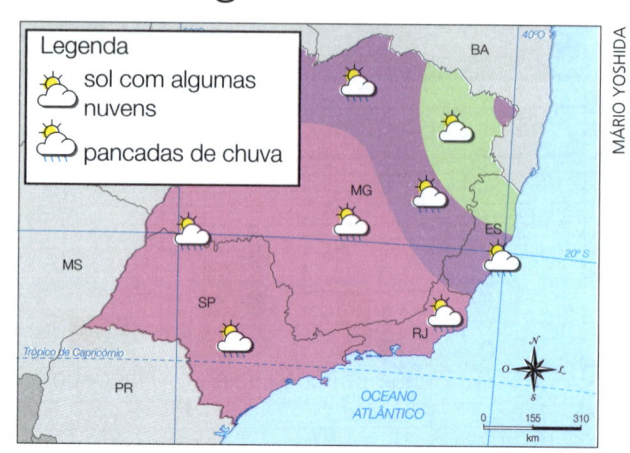

Legenda:
- sol com algumas nuvens
- pancadas de chuva

MÁRIO YOSHIDA

As áreas de instabilidade continuam a crescer sobre o Sudeste na segunda-feira. Dia com muias nuvens e pancadas de chuva, com pequenos períodos com sol, em diversas regiões do Rio de Janeiro, São Paulo, Centro-Sul, Zona da Mata e o Triângulo Mmineiro, incluindo a grande Belo Horizonte. No norte do Espírito Santo e no Vale do Jequitinhonha o tempo continua sem chuva e o dia fica seco. Nas demais regiões chove à tarde, mas o sol aparece na maior parte do dia.

a) O que mostra o infográfico acima?

_____

b) Escreva o que sugere a área pintada com cada uma dessas cores.

🟪 _____

🟩 _____

🟪 _____

248

21 FRAÇÕES E NÚMEROS DECIMAIS

Observe os números que aparecem nestas manchetes.

> Em 2020, a inflação sentida pela população idosa acelerou de 1,93 % no terceiro trimestre para 2,81 % no quarto trimestre.

> Em julho de 2022, segundo dados da ANP (Agência Nacional do Petróleo), o preço médio da gasolina no país era R$ 6,49 e o do álcool, R$ 4,52.

- O que há em comum nos números observados nessas manchetes?
- Pense em outros números que são escritos dessa forma.
- Por que eles são escritos assim?
- Que nome recebem os números escritos com vírgula?

Representações decimais

Observe as representações.

Veja que fração do inteiro representa a parte colorida.

Um décimo ou $\dfrac{1}{10}$

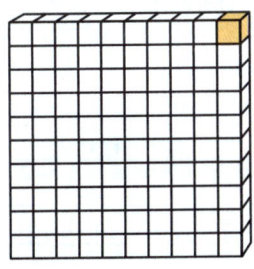

Um centésimo ou $\dfrac{1}{100}$

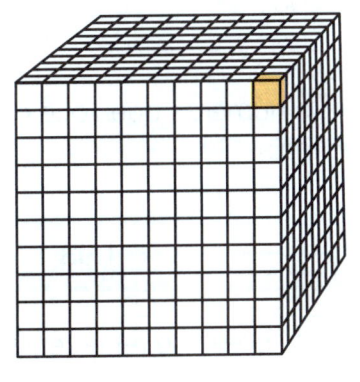

Um milésimo ou $\dfrac{1}{1\,000}$

Como você já estudou, as frações com denominadores 10, 100, 1 000 são chamadas de **frações decimais**. Observe como elas são representadas por **número decimal**.

Exemplos:

$\frac{1}{10} = 0,1$ um décimo $\frac{3}{10} = 0,3$ três décimos

$\frac{1}{100} = 0,01$ um centésimo $\frac{4}{100} = 0,04$ quatro centésimos

$\frac{1}{1\,000} = 0,001$ um milésimo $\frac{7}{1\,000} = 0,007$ sete milésimos

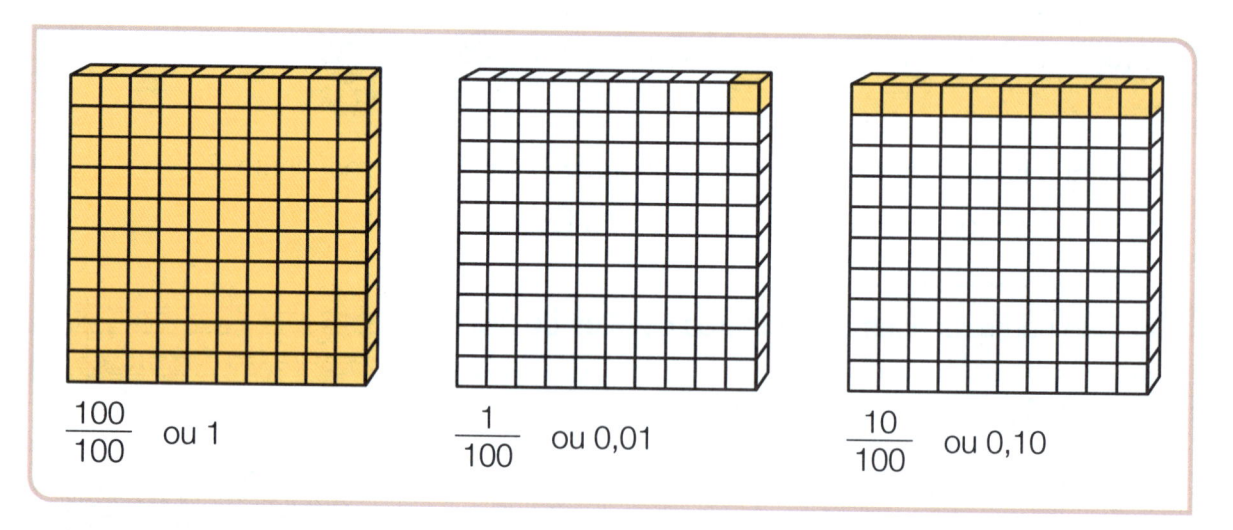

$\frac{100}{100}$ ou 1 $\frac{1}{100}$ ou 0,01 $\frac{10}{100}$ ou 0,10

Os números que você observou nas manchetes são exemplos de números decimais.

1,93   2,81   6,49   4,52

Veja como se representa o número 0,35 com o Material Dourado.

- 0,35

A parte pintada representa 35 centésimos da figura.

$\frac{35}{100}$ ou 0,35

250

Agora, vamos representar o número 2,46.

- 2,46

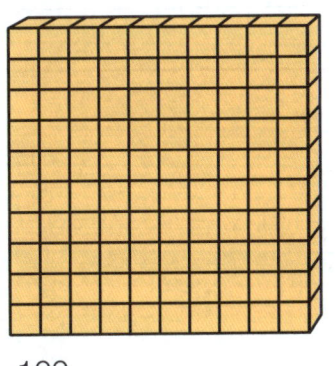

$\dfrac{100}{100} = 1$  $\qquad$ $\dfrac{100}{100} = 1$ 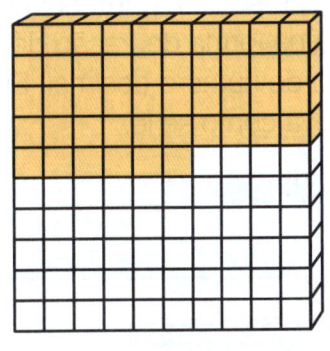 $\qquad$ $\dfrac{46}{100} = 0{,}46$

1 + 1 + 0,46 = 2,46

2 inteiros e 46 centésimos

Observe outros exemplos:

Observe que a vírgula separa a parte inteira da parte decimal.

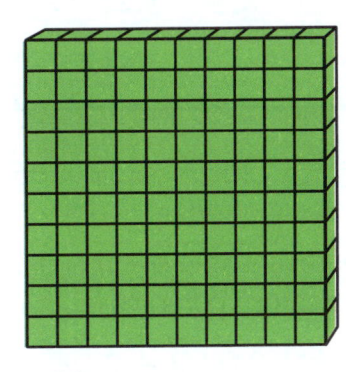

$\dfrac{100}{100} = 1$ 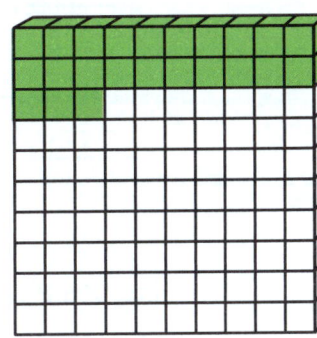 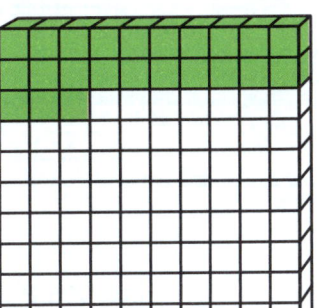 $\qquad$ $\dfrac{23}{100} = 0{,}23$

1 + 0,23 = 1,23

(1 inteiro e 23 centésimos)

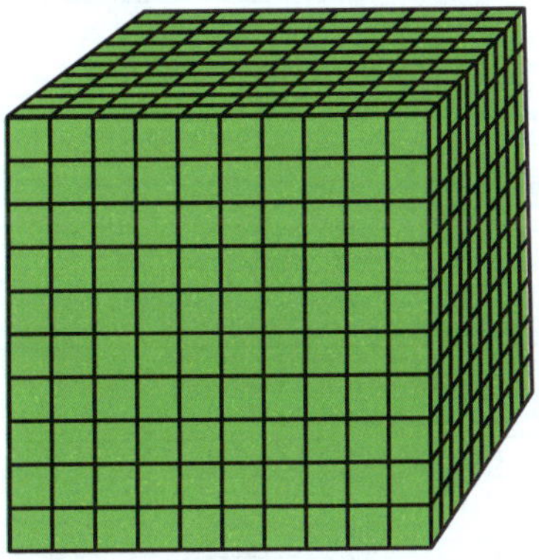

$\dfrac{1\,000}{1\,000} = 1$ 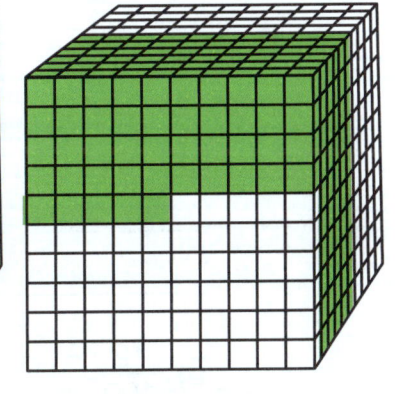 $\qquad$ $\dfrac{545}{1\,000} = 0{,}545$

1 + 0,545 = 1,545

(1 inteiro e 545 milésimos)

ATIVIDADES

1. Represente a parte colorida de cada figura na forma de fração decimal e na forma de número decimal. Em seguida, escreva como se lê.

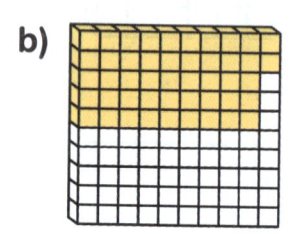

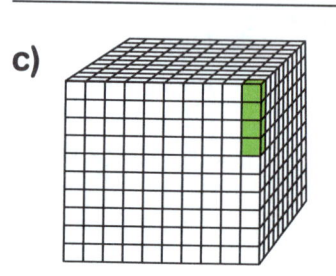

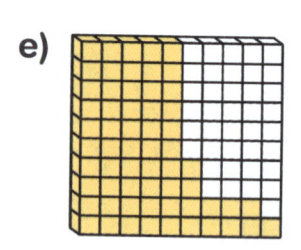

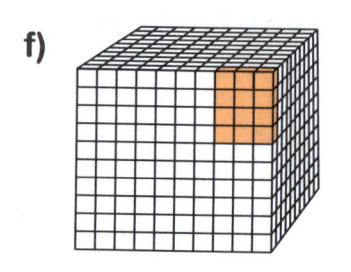

a)

b)

c)

d)

e)

f)

g)

h)

i)

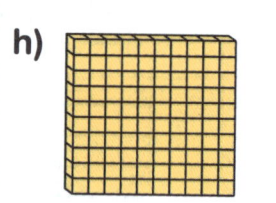

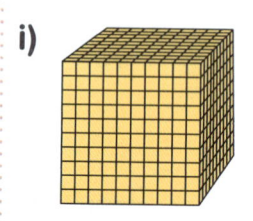

2. Escreva a representação decimal das frações abaixo. Escreva como se lê.

a) $\dfrac{5}{100}$

b) $\dfrac{42}{10}$

c) $\dfrac{12}{10}$

d) $\dfrac{53}{100}$

e) $\dfrac{12}{100}$

f) $\dfrac{9}{1\,000}$

Porcentagem

Utilizamos a porcentagem em diversas situações cotidianas. Observe alguns exemplos.

- 50% dos alunos utilizam o ônibus para ir à escola.
- Uma artesã organiza seus materiais em uma caixa com 100 espaços. Ela já preencheu 60% da caixa.

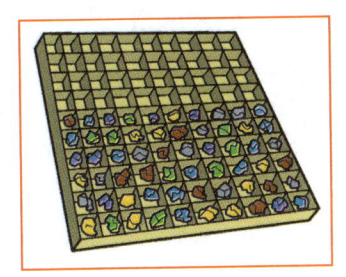

Os números apresentados nas situações estão acompanhados do símbolo %; lê-se **por cento**.

Veja como lemos alguns números que estão acompanhados desse símbolo:

10% - dez por cento
15% - quinze por cento
50% - cinquenta por cento

Por cento significa uma determinada quantidade em cada cem.

Vamos observar como podemos representar em porcentagem as diferentes quantidades de quadrados pintados:

Há 100 quadrados no total.

- Se 25 quadrados estão pintados de rosa, podemos dizer que os quadrados rosa representam 25% do total de quadrados.
- Quantos quadrados foram pintados de verde? _____
- Se somarmos os quadrados rosa e verdes, quantos teremos? _____
- Como podemos representar essa quantidade em porcentagem? _____
- E se somarmos os quadrados rosa, verdes e laranja, quantos quadrados teremos? _____
- Como podemos representar essa quantidade em porcentagem? _____

O total de quadrados corresponde a 100%.

ATIVIDADES

1. Represente as frações decimais sob a forma de porcentagem.

$$\frac{15}{100} = 15\%$$

a) $\frac{6}{100}$ ____

b) $\frac{60}{100}$ ____

c) $\frac{9}{100}$ ____

d) $\frac{2}{100}$ ____

e) $\frac{22}{100}$ ____

f) $\frac{35}{100}$ ____

g) $\frac{50}{100}$ ____

h) $\frac{12}{100}$ ____

i) $\frac{5}{100}$ ____

j) $\frac{4}{100}$ ____

k) $\frac{49}{100}$ ____

l) $\frac{75}{100}$ ____

2. Escreva na forma de fração decimal.

$$15\% = \frac{15}{100}$$

a) 8% ____
b) 55% ____
c) 18% ____
d) 31% ____
e) 70% ____
f) 40% ____
g) 44% ____
h) 5% ____
i) 10% ____

INFORMAÇÃO E ESTATÍSTICA

Gráfico de setores

O gráfico de setores é conhecido popularmente como gráfico de *pizza*. Ele tem forma circular e fornece dados percentuais.

O gráfico abaixo mostra o destino dado ao lixo na Grande São Paulo em 2011.

Observe que a soma das partes totaliza 100%.

DESTINO DADO AO LIXO NA GRANDE SÃO PAULO

- 59% aterros sanitários
- 18% lixões
- 23% usinas de decomposição, incineradores, reciclagem e outros

Disponível em: http://ambientes.ambientebrasil.com.br/residuos/coleta_e_disposicao_do_lixo/coleta_e_disposicao_do_lixo.html. Acesso em: ago. 2022.

Observe o gráfico e responda.

- Qual porcentagem do lixo produzido era destinada aos aterros sanitários? ____

- 18% do lixo produzido na Grande São Paulo tinha qual destino?
  _____

- Como se lê a porcentagem de lixo destinado a usinas de decomposição, incineradores, reciclagem e outros?
  _____

22 OPERAÇÕES COM NÚMEROS DECIMAIS

Acompanhe as situações-problema.

A mãe de Ana fez um bolo de chocolate e o dividiu em 10 pedaços.

Ana comeu 3 pedaços do bolo e seu irmão, André, comeu 4 pedaços. Que fração do bolo eles comeram?

Ana comeu → $\dfrac{3}{10}$ do bolo ou 0,3.

André comeu → $\dfrac{4}{10}$ do bolo ou 0,4.

Juntos, comeram $\dfrac{3}{10} + \dfrac{4}{10} = \dfrac{7}{10}$ ou 0,3 + 0,4 = 0,7.

- Que parte do bolo sobrou?

Sobrou → $\dfrac{10}{10} - \dfrac{7}{10} = \dfrac{3}{10}$ = 0,3 do bolo.

A fração do bolo que sobrou foi $\dfrac{3}{10}$ ou 0,3.

Para adicionar ou subtrair números decimais, colocamos um número embaixo do outro, com vírgula sob vírgula e se houver casas vazias, completamos com zeros. Por último, efetuamos normalmente a operação.

ATIVIDADES

1. Carla ganhou uma caixa com 10 bombons. Deu 0,2 dos bombons para Cris; 0,1 dos bombons para sua mãe e 0,3 para seu irmão. Escreva os cálculos que indicam como você pensou para responder a cada pergunta.

a) Que fração decimal representa a parte que Carla deu para Cris e sua mãe?
_____
_____

b) Que fração decimal representa a parte que Carla deu para Cris e seu irmão?
_____
_____

c) Que fração decimal representa a parte que ela deu para Cris, sua mãe e seu irmão?
_____
_____

2. Efetue as adições e subtrações com números decimais. Use uma calculadora.

a) 0,5 + 0,3 = _____   **d)** 0,9 − 0,3 = _____

b) 0,52 + 0,13 = _____   **e)** 0,99 − 0,84 = _____

c) 0,6 + 0,1 = _____   **f)** 0,683 − 0,211 = _____

3. Observe e faça como no exemplo.

> 4 décimos + 5 décimos = 9 décimos
> $$\begin{array}{r} 0,4 \\ +\ 0,5 \\ \hline 0,9 \end{array}$$

a) 23 décimos + 18 décimos = _____

b) 16 décimos + 6 décimos = _____

c) 34 décimos + 12 décimos + 3 décimos = _____

d) 68 centésimos + 10 milésimos = _____

4. Resolva as operações.

a) 0,6 + 0,7 + 2,4   **c)** 4,26 − 2,68

b) 1,7 + 2,1 + 5,0   **d)** 0,85 + 0,36

5. Escreva as medidas abaixo usando a representação decimal, na unidade metro.

a) 4 metros e 5 centímetros _____

b) 210 centímetros _____

c) 12 metros e 13 centímetros _____

d) 2 m e 5 cm _____

6. Escreva os preços abaixo usando a representação decimal.

a) 25 centavos _____

b) 1 real e 25 centavos _____

c) 5 reais e 5 centavos _____

d) 10 reais e dez centavos _____

Atenção!

O **metro** é dividido em 100 partes. Cada uma dessas partes é chamada de **centímetro**.

Cada centímetro é igual a 1 centésimo do metro.

O nosso dinheiro, o **real**, também é dividido em 100 partes chamadas de **centavos**.

1 m = 100 cm

1 cm = 0,01 m

1 real = 100 centavos

- Com base na estatura de cada pessoa, responda às perguntas.

João mede 0,55 m.

Pedro mede 1,65 m.

Laura mede 1,18 m.

Camila mede 1,62 m.

Danilo mede 1,17 m.

a) Quem é o mais alto? _____

b) Qual a diferença de estatura entre Pedro e Laura? _____

c) Quantos centímetros Camila é mais alta do que Danilo? _____

d) Quantos centímetros Camila é mais baixa do que Pedro? _____

e) 1,10 m é a diferença de estatura entre _____ e _____.

- Marcelo ganhou trinta reais de seu pai e cinquenta reais do padrinho. Com o dinheiro que ganhou, comprou um boné por trinta e cinco reais e oitenta centavos.

Com base nas informações, faça o que se pede.

a) Escreva em forma decimal as quantias que aparecem no texto.
_____

b) Que quantia ela ganhou ao todo? _____

c) Quanto Marcelo ainda tem do dinheiro que ganhou? _____

PROBLEMAS

1. Mariana ganhou vinte e três reais de sua madrinha e trinta reais do padrinho. Com o dinheiro que ganhou, comprou um quebra-cabeça de 100 peças por 15 reais e sessenta centavos. No caixa, deu uma nota de vinte reais. O troco ela guardou no cofre.

Com base nas informações, faça o que se pede.

a) Escreva em forma decimal as quantias que aparecem no texto.
_____

b) Que quantia ela ganhou ao todo? _____

c) Quanto Mariana ainda tem do dinheiro que ganhou? Atenção: não conte com o dinheiro que ela guardou no cofre! _____

d) Quanto ela guardou no cofre? _____

2. André comprou uma mochila por 39 reais e 90 centavos e um estojo por 12 reais e 40 centavos.

Sua mãe pagou a conta com uma nota de 100 reais. Quanto ela recebeu de troco?

Resposta: _____

3. Na maratona realizada na escola, os alunos tinham de percorrer 4 km entre a escola e a Praça Castro Alves. Mônica já fez 2,3 km; Ricardo percorreu 1,7 km e Guilherme percorreu 3,1 km. Observe a representação do caminho e responda.

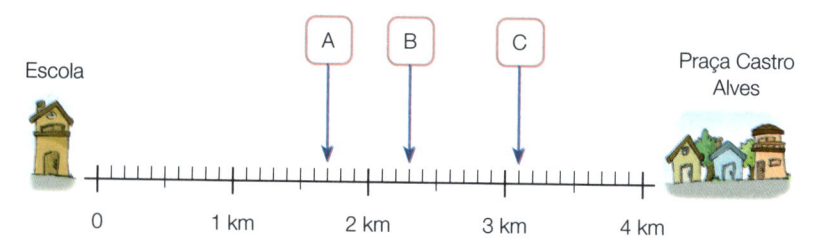

a) Qual dos alunos está representado pela letra A? _____

b) Quem está representado pelas letras B e C?
_____

c) Qual aluno percorreu a maior parte do caminho?
_____

23 DINHEIRO NO DIA A DIA

No final de cada mês, Anderson recebe o salário resultante de seu trabalho. Com o dinheiro recebido, ele paga as contas e faz as compras necessárias para a casa.

Anderson valoriza o salário, então sempre analisa os preços dos produtos para fazer as melhores escolhas.

- Você sabe o que é salário? Discuta com os colegas sobre como recebemos um salário.
- Quais são os critérios que podem ser utilizados para fazer melhores escolhas no momento de comprar produtos?

Nos dias de hoje utilizamos o dinheiro na hora de comprar ou vender produtos e serviços. Mas será que sempre foi assim?

Um pouco de história

Antes de o dinheiro surgir, as pessoas utilizavam um sistema de troca de mercadorias chamado de **escambo**.

Era comum…

- Trocar feijão por galinha;
- Uma canoa por um cavalo.

À medida que as dificuldades com esse sistema surgiam, foram inventadas as moedas e as cédulas.

- Como seria nossa vida sem o dinheiro?
- Será que há povos que ainda realizam trocas?
- Você costuma fazer trocas? Se sim, o que você costuma trocar?

Converse com os colegas e com o professor sobre o que você acabou de ler.

Cédulas e moedas

O conjunto de cédulas e moedas utilizadas por um país forma o seu sistema monetário. Esse sistema é regulado por meio de legislação própria e é organizado a partir de um valor que lhe serve de base e que é sua unidade monetária. No Brasil, a unidade monetária é o **real**.

O real é representado por moedas e cédulas, veja:

| R$ 1,00 | R$ 0,50 | R$ 0,25 | R$ 0,10 | R$ 0,05 | R$ 0,01 |

R$ 200,00   R$ 100,00    R$ 50,00

R$ 20,00   R$ 10,00    R$ 5,00

R$ 2,00

O símbolo do real é **R$**.

O real é dividido em cem partes. Cada uma dessas partes recebe o nome de **centavo**.

ATIVIDADES

1. Observe a quantia de dinheiro que Ana e Pedro possuem.

Quem tem mais dinheiro, Ana ou Pedro? Por quê?

_____

2. Observe as quantias representadas no quadro e escreva o valor. Que outras cédulas podem substituir esse valor?

_____
_____

3. Dois alunos do 4º ano resolveram abrir seus cofrinhos. Observe o que cada um conseguiu juntar.

Gustavo
- 6 moedas de 1 real
- 5 moedas de 50 centavos
- 8 moedas de 25 centavos
- 15 moedas de 10 centavos
- 21 moedas de 5 centavos

Graziela
- 8 moedas de 1 real
- 3 moedas de 50 centavos
- 10 moedas de 25 centavos
- 21 moedas de 10 centavos
- 30 moedas de 5 centavos

Agora, responda.

a) Observando a lista das moedas, sem contá-las, você saberia dizer aproximadamente quanto cada criança tem? _____

b) Quanto dinheiro cada uma das crianças possui? _____

c) Quem tem mais dinheiro? _____

d) Quem tem menos dinheiro? _____

e) Quanto dinheiro um tem a mais do que o outro? _____

f) Gustavo quer comprar uma almofada que custa R$ 18,00. Ele tem dinheiro suficiente para comprar a almofada? _____

g) Quanto dinheiro falta, aproximadamente, para Gustavo comprar a almofada?

_____

Lucro e prejuízo

Quando compramos uma mercadoria, pagamos um preço por ela. Se a vendemos por um preço maior, obtemos **lucro**. Se a vendemos por um preço menor, temos **prejuízo**.

Resolva e complete conforme o exemplo.

Comprei uma mercadoria por R$ 156,00. Revendi por R$ 150,00.

Houve lucro? De quanto? _____

Houve prejuízo? De quanto? _____

_____

a) Comprei uma mercadoria por R$ 1 280,00. Revendi por R$ 1 540,00.

Houve lucro? De quanto? _____

_____

Houve prejuízo? De quanto? _____

_____

b) Comprei uma mercadoria por R$ 165,50. Revendi por R$ 114,50.

Houve lucro? De quanto? _____

Houve prejuízo? De quanto? _____

PROBLEMAS

1. Anita tinha R$ 500,00. Ganhou R$ 280,00 de seu pai. Quanto dinheiro Anita tem agora?

Resposta: _____

2. Júlia quer comprar uma bicicleta que custa R$ 700,00, mas só tem R$ 670,00. Quanto ainda lhe falta para poder comprar a bicicleta?

Resposta: _____

3. Ana Lúcia gastou R$ 45,00 na compra de um sapato e R$ 50,00 na compra de uma bolsa. Comprou um vestido que custou R$ 25,00 a mais do que a bolsa. Quanto gastou Ana Lúcia?

Resposta: _____

24 MEDIDAS DE COMPRIMENTO

Comprimento

Para medir a altura de uma pessoa, a distância entre uma cidade e outra, comprar tecido ou fios de energia elétrica, por exemplo, usamos as unidades de medida de comprimento.

As unidades de medida de comprimento mais usadas são o **metro** (m), o **quilômetro** (km), o **centímetro** (cm) e o **milímetro** (mm). Elas são utilizadas de acordo com a extensão que se deseja medir.

Observe a tabela.

UNIDADE DE MEDIDA	PARA QUE UTILIZAMOS
Quilômetro	Medir distâncias entre bairros, cidades, estados ou países.
Metro	Medir altura de pessoas, de prédios, de árvores, de móveis etc.
Centímetro	Para medir tamanhos de objetos como mesas, brinquedos, entre outros.
Milímetro	Medir objetos muito pequenos, como tachinhas, parafusos etc.

O **metro** é a unidade de medida de comprimento de base, ou seja, a que é usada como referência para medidas em todo o planeta.

> 1 quilômetro (km) é igual a 1 000 metros.   1 km = 1 000 m
>
> 1 metro (m) é igual a 100 centímetros.   1 m = 100 cm
>
> 1 centímetro (cm) corresponde a 10 milímetros.   1 cm = 10 mm

ATIVIDADES

1. A distância entre Maceió e Arapiraca é de 126 km. Ricardo resolveu fazer o percurso de bicicleta. Quantos metros ele percorrerá?

2. A professora cortou um pedaço de corda de 2 m de comprimento. Quantos centímetros tem essa corda?

3. Registre o comprimento dos seguintes materiais escolares. Meça-os com o auxílio de uma régua.

a) o seu caderno _____

b) o livro de Matemática _____

c) o seu lápis _____

d) a sua mesa/carteira _____

4. Observe o quadro. Escreva o grupo a que pertence cada criança.

GRUPO	ESTATURA EM METROS
A	de 1,16 a 1,20
B	de 1,21 a 1,25
C	de 1,26 a 1,30
D	de 1,31 a 1,35
E	de 1,36 a 1,40
F	de 1,41 a 1,45
G	de 1,46 a 1,50
H	mais de 1,51

Ricardo
1,43 m
grupo ☐

Patrícia
1,34 m
grupo ☐

Pedro
1,28 m
grupo ☐

Mônica
1,22 m
grupo ☐

5. E você, a qual grupo pertence?

6. Resolva.

Quantos quilômetros percorrerão três bicicletas se a primeira percorre 18 km, a segunda, o triplo da primeira, e a terceira, a metade que primeira e a segunda juntas?

A 1ª percorre 18 km.

A 2ª percorre _____.

A 3ª percorre _____.

As três percorrem _____ ao todo.

RESOLUÇÃO DE PROBLEMAS

1. Leia o seguinte problema.

> Um atleta treina três vezes por semana. No primeiro dia ele corre 15,5 km, no segundo dia, 12,6 km e, no terceiro, 8,4 km. Que distância ele percorre em seu treino durante uma semana?

a) Há algum dado no problema que não interessa para responder à pergunta?
_____
_____

b) Resolva esse problema.

2. Leia o problema que está começado.

a) Continue o texto do problema, elaborando as informações que faltam, utilizando valores em reais (R$).

> Um pai deposita todo mês, para seus três filhos, uma quantia diferente para cada um.
> _____
> _____
> _____

b) Troque com o colega e resolva o problema elaborado por ele.

c) Depois destroque e corrija o problema resolvido por ele.

LIÇÃO 25
MEDIDAS DE SUPERFÍCIE E PERÍMETRO

Medindo superfícies

Agora você vai aprender a medir a superfície de objetos e figuras planas, como o tapete e a toalha de mesa.

A medida de uma superfície chama-se **área**.

Representamos duas figuras — um retângulo e um quadrado — sobre uma malha quadriculada, e cada quadradinho é uma unidade de área (1 u.a.).

Observe.

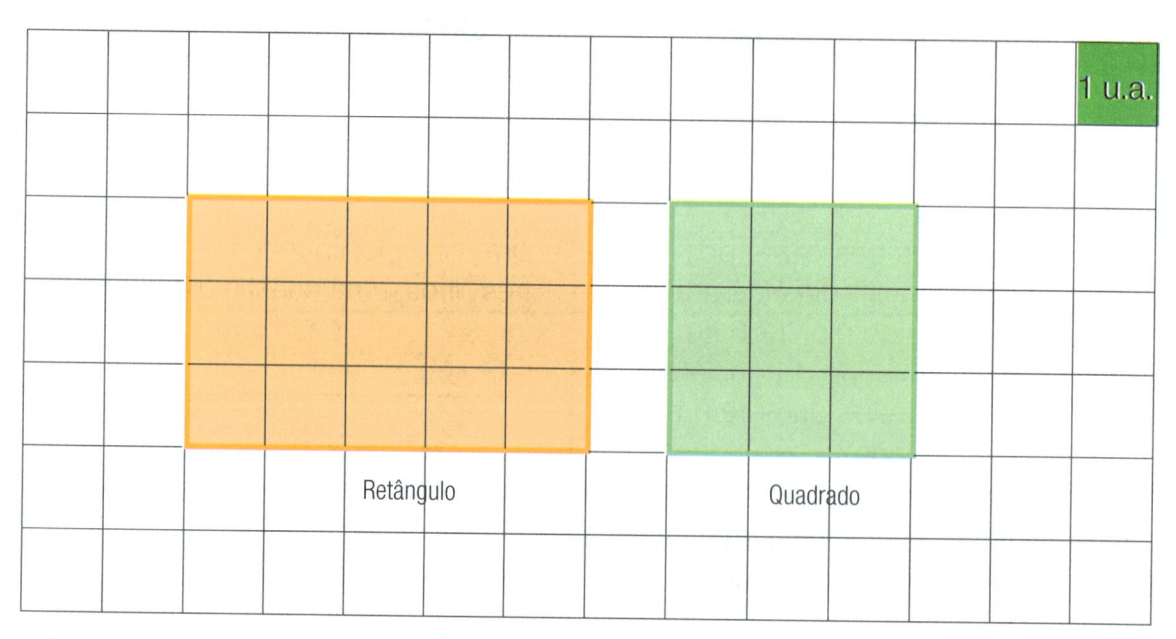

Para calcular a área de cada figura, vamos estabelecer a seguinte relação:

> 1 quadradinho da malha = 1 u.a. (unidade de área)

Quantas vezes 1 u.a. cabe dentro das áreas ocupadas pelo retângulo laranja e pelo quadrado verde na malha quadriculada?

Você pode dizer que:
- O retângulo tem 15 u.a. de superfície.
- O quadrado tem 9 u.a. de superfície.

Perímetro

É comum as pessoas cercarem terrenos ou colocarem rodapé nos cômodos de uma casa. Para isso, precisamos saber a quantidade de material necessário para executar tal serviço. Medir o contorno de formas que lembram um polígono é medir o seu perímetro.

Perímetro é a soma das medidas dos lados do polígono.

O contorno de um terreno é o seu perímetro.

Observe a figura abaixo. Ela tem 30,5 cm de perímetro, obtido pela soma das medidas de seus lados.

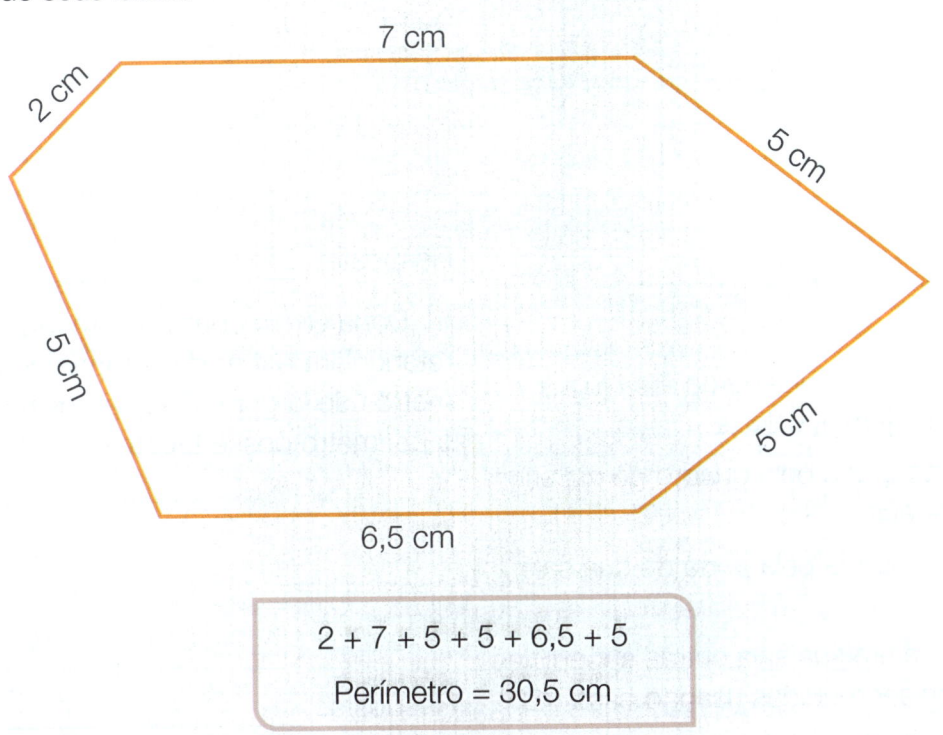

2 + 7 + 5 + 5 + 6,5 + 5
Perímetro = 30,5 cm

ATIVIDADES

1. Usando ▢ como unidade de medida de área (u.a.), calcule e registre a área representada pelas figuras.

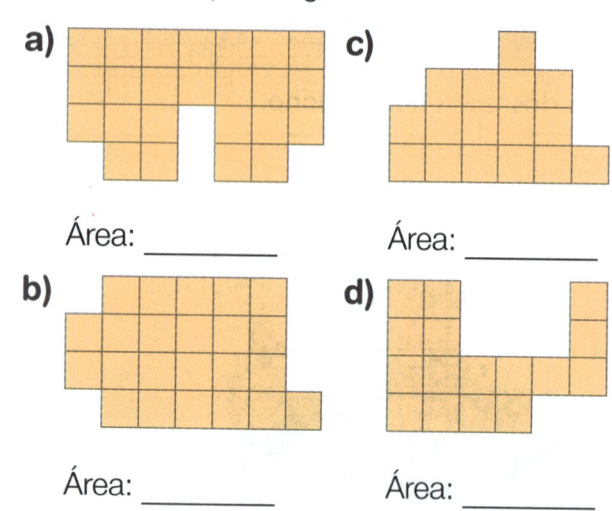

a)

Área: _____

b)

Área: _____

c)

Área: _____

d)

Área: _____

2. Dona Sílvia resolveu colocar azulejo em apenas uma parede da lavanderia de sua casa. O desenho representa a área dessa parede.

Observe-o e responda: quantos azulejos serão necessários para cobrir a parede?

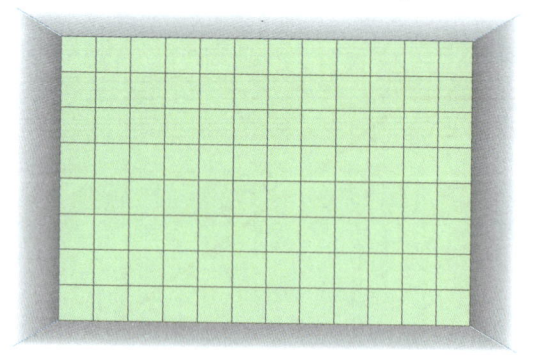

3. Usando como unidade de área (u.a.) uma folha de jornal, calcule:

a) a área ocupada pelo quadro de giz em sua sala de aula.

b) a área ocupada pela porta de sua sala de aula.

c) Descubra em sua sala outras superfícies que podem ser medidas usando essa u.a.

PROBLEMAS

1. Calcule o perímetro de um terreno retangular cujo lado menor mede 15 m e o maior 27 m.

Resposta: _____

2. O perímetro de um terreno quadrado mede 96 m. Quanto mede cada lado?

Resposta: _____

3. Titia ganhou uma bandeja retangular com 30 cm de comprimento por 10 cm de largura. Qual é o perímetro dessa bandeja?

Resposta: _____

4. Dona Cíntia comprou um tapete retangular de 4 m de comprimento por 2 metros de largura. De quantos metros de é o perímetro desse tapete?

Resposta: _____

26 MEDIDAS DE CAPACIDADE

Capacidade

Para medir a quantidade de líquidos que bebemos, ou a quantidade de combustível a ser colocada em um automóvel, o **litro** (L) e o **mililitro** (mL) são as unidades de medida mais utilizadas.

> 1 litro (L) é igual a 1 000 mililitros (mL).   1 L = 1 000 mL
>
> 1 mililitro (1 mL) equivale a um milésimo do litro.   1 mL = 0,001 L

ATIVIDADES

1. Complete.

a) O _____ é a unidade fundamental de medida de capacidade.

Seu símbolo é _____.

b) Um submúltiplo muito usado do litro é o _____.

Seu símbolo é _____.

2. Acompanhe a situação.

André, para passar sua tosse, tome 4 colheres de xarope por dia.

1 colher = 5 mL

Em 1 dia, André vai tomar _____ mL de xarope.

3. Uma perfumaria oferece um perfume em três tamanhos: grande (G), médio (M) e pequeno (P).

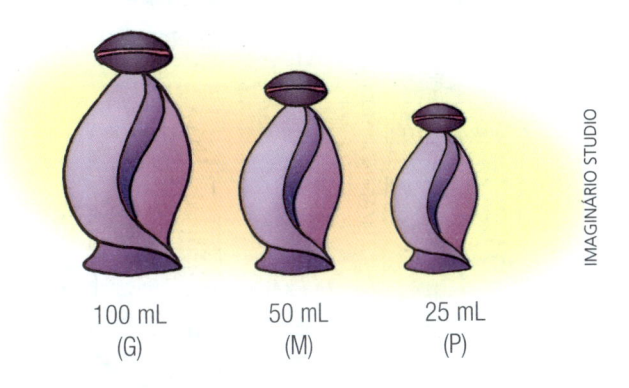

100 mL (G)   50 mL (M)   25 mL (P)

Duda possui 2 frascos: 1 M e 1 P.
Ana possui 2 frascos de tamanho M.
Bia possui 2 frascos de tamanho P.
Carla possui um frasco de tamanho G e um de tamanho P.

a) Determine quantos mL de perfume tem cada menina.

Ana: _____
Bia: _____
Carla: _____
Duda: _____

b) Qual delas tem mais perfume? _____

c) Qual delas tem menos perfume? _____

d) Quantos mililitros de perfume Bia tem a menos que Duda? _____

e) Quantos frascos serão necessários para uma pessoa ter 350 mL desse perfume?
_____

4. Observe as figuras.

500 mL
10 litros
1 litro
250 mL
2 000 mL

Indique os litros que cabem em:

a) 5 galões de água → ___ L

b) 12 garrafinhas de leite fermentado com lactobacilos → ___ L

c) 6 caixas de leite → ___ L

d) 4 caixas de laranjada → ___ L

e) 8 garrafas de limonada → ___ L

PROBLEMAS

1. Tio Augusto vendeu 8 litros de suco de uva, 12 litros de suco de laranja e 23 litros de suco de limão. Quantos litros de suco tio Augusto vendeu?

Resposta: _____

2. Em um barril, há 35 litros de vinagre. José colocou esse vinagre em garrafões de 5 litros de capacidade cada um. Quantos garrafões José encheu?

Resposta: _____

3. Numa bomba de combustível, havia 350 litros de gasolina. Já foram vendidos 135 litros. Quantos litros de gasolina ainda restam na bomba?

Resposta: _____

4. Marlene comprou 6 garrafas de suco. Cada garrafa contém 1 litro. Ela bebeu durante um dia 2 copos de 250 mL cada. Quantos litros de suco restaram no final do dia?

Resposta: _____

SEÇÃO 27 — MEDIDAS DE MASSA

Massa

Para medir a massa (peso) de alimentos e corpos, utilizamos as unidades de medida de massa, o quilograma (kg), o grama (g), o miligrama (mg) e a tonelada (t).

A unidade-base para medir massa é o **quilograma**.

1 quilograma (kg) é igual a 1 000 gramas.   1 kg = 1 000 g
1 grama (g) é igual a 1 000 miligramas.   1 g = 1 000 mg
1 tonelada (t) é igual a 1 000 quilogramas.   1 t = 1 000 kg

ATIVIDADES

1. Complete as frases.

a) O _____ é a unidade-padrão de medida de massa.

b) A _____ é o instrumento usado para medir massa.

c) Um quilograma contém _____ gramas.

d) Meio quilograma contém _____ gramas.

e) Três toneladas contêm _____ quilogramas.

f) Meia tonelada equivale a _____ quilogramas.

2. Agrupe as peças de forma que cada grupo fique com 1 kg. Que peça vai sobrar?

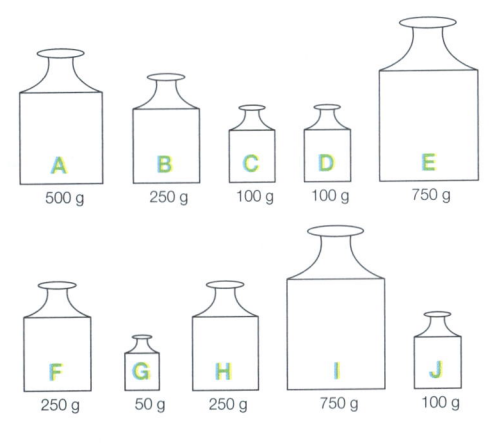

A — 500 g
B — 250 g
C — 100 g
D — 100 g
E — 750 g
F — 250 g
G — 50 g
H — 250 g
I — 750 g
J — 100 g

Grupo 1: _____
Grupo 2: _____
Grupo 3: _____
Sobra alguma peça? _____

3. Mônica e o seu irmão Pedro estão com gripe. Foram ao médico. Observe os medicamentos receitados pelo médico.

Mônica
Medicamento X
tomar 250 mg de 6 em 6 horas por 7 dias.

Pedro
Medicamento Y
tomar 500 mg de 8 em 8 horas por 7 dias.

a) Quantos miligramas de medicação cada um tomará por dia? _____

b) E ao final de 7 dias?
_____

c) Quem tomará maior quantidade de medicação por dia? _____

d) Na bula, havia a seguinte informação: "Dose máxima de 2 g a 3 g por dia". Algum deles ultrapassa a dose diária máxima de medicação? Por quê?
_____

4. Complete:

a) 1 quilograma tem _____ gramas.

b) $\frac{1}{2}$ quilograma tem _____ gramas.

c) $\frac{3}{4}$ do quilograma tem _____ gramas.

d) $\frac{5}{10}$ do quilograma tem _____ gramas.

5. Escreva por extenso as medidas indicadas.

a) 12 kg _____
b) 120 g _____
c) 1,5 kg _____
d) 0,2 kg _____

6. Transforme em gramas.

a) 2 kg = _____   **b)** 5 t = _____

PROBLEMAS

1. Se 1 kg de uma mercadoria custa R$ 2,50, quanto custarão 7 kg?

Resposta: _____

2. Comprei 8 kg de feijão, 7,500 kg de arroz e 0,850 kg de farinha. Quantos quilogramas comprei ao todo?

Resposta: _____

3. Oito quilogramas de carne serão divididos em 20 pacotes. Quantos gramas terá cada pacote?

Resposta: _____

4. Vou distribuir 5 kg de presunto em 5 pacotes. Quantos gramas terá cada pacote?

Resposta: _____

5. Vou dividir 1 kg de café em 5 potes. Quantos gramas ficarão em cada pote?

Resposta: _____

Coleção Eu gosto m@is

HISTÓRIA

4º ANO
ENSINO FUNDAMENTAL

SUMÁRIO

Lição 1 – O mundo de antigamente 276
- A descoberta do fogo 276
- O controle do fogo 276
- Tudo começou na África 277
- Da África para o mundo 278
- O surgimento da pecuária e da agricultura 279
- Povos nômades e povos sedentários 281

Lição 2 – As primeiras cidades 284
- Uma cidade muito antiga 284
- Surgiram povoados, aldeias e cidades 284
- As primeiras cidades do mundo 285
- As moradias, as ferramentas, as vestimentas: tudo evoluiu 286
- Técnicas agrícolas e ferramentas 287
- O comércio 287
- A divisão do trabalho 288
- A invenção da escrita 289

Lição 3 – Os primeiros habitantes do Brasil 291
- Pinturas feitas milhares de anos atrás 291
- Havia inúmeros povos indígenas 291
- Há várias maneiras de estudar os primeiros habitantes do Brasil 292
- Os indígenas que os portugueses encontraram 293
- Descendentes dos povos nativos hoje 295
- O encontro entre os povos indígenas e os europeus 296

Lição 4 – A aventura dos navegadores portugueses 298
- Os portugueses chegaram ao território 298
- A expansão marítima e comercial portuguesa 299
- O Tratado de Tordesilhas 300
- A chegada dos portugueses ao Brasil 302

Lição 5 – Os povos africanos no Brasil 305
- Trabalhadores no passado e no presente 305
- A escravidão dos povos africanos 305
- Os escravizados vinham de várias regiões da África 307
- Os europeus se interessaram pela compra de escravizados 308
- Os escravizados lutaram contra a escravidão 308
- Influências africanas no modo de vida brasileiro 308

Lição 6 – Brasil, a colônia portuguesa na América **313**
- Os portugueses exploraram as riquezas da terra 313
- O rei decidiu colonizar o território.. 318
- Era muita terra para administrar... 318
- O açúcar era produzido nos engenhos.................................... 319
- Atividades de subsistência: pecuária e agricultura.................. 320
- A descoberta de ouro no Brasil... 321
- A beleza das cidades mineiras 323

Lição 7 – A formação do Brasil... **324**
- A Europa no início de 1800.. 324
- A vinda da família real para o Brasil 325
- A colônia foi elevada a Reino Unido 325
- Dom Pedro decidiu permanecer no Brasil.............................. 326
- O Primeiro Reinado (1822 a 1831) 327
- O Brasil foi governado por regentes 329
- O Segundo Reinado (1840 a 1889) 330
- As leis abolicionistas 331

Lição 8 – A formação do povo brasileiro **333**
- Um país de vários povos... 333
- Os povos indígenas... 334
- Os africanos escravizados... 337
- Europeus e asiáticos no Brasil 343
- Uma dívida histórica com os afrodescendentes 344
- A cultura brasileira é afrodescendente 345

Datas comemorativas **346**
- Dia do Indígena 346
- Dia da Libertação dos Escravizados 347
- Dia do Imigrante... 347
- Dia da Independência 348
- Dia da Cultura Brasileira 349
- Dia da Proclamação da República.. 350
- Dia Nacional da Consciência Negra 351

LIÇÃO 1

O MUNDO DE ANTIGAMENTE

A descoberta do fogo

Desde a origem, os seres humanos desenvolvem meios para se adaptar ao ambiente natural e, assim, garantir a sobrevivência. Dessa maneira, realizaram grandes descobertas, que mudaram completamente suas vidas. O **fogo** foi uma dessas descobertas.

1. Descreva esta imagem.

Modelo que representa controle do fogo na Pré-História. Museu Nacional da História da Mongólia em Ulaanbaatar, Mongólia. Foto de 2009.

- Em sua opinião, o que ela representa?

- Como seria a vida do ser humano sem a descoberta do elemento que é retratado na imagem?

O controle do fogo

Uma das mais importantes descobertas dos primeiros grupos humanos foi o controle do fogo, isto é, como acendê-lo para usá-lo no cotidiano.

Até então, o ser humano só conseguia obter fogo por meio de algum fenômeno da natureza, como um incêndio na mata causado por um raio.

Nessa época, por desconhecerem o princípio do fogo, nossos ancestrais eram obrigados a manter uma brasa sempre acesa, desse modo poderiam ter fogo quando necessário. E, se a brasa se apagasse, era preciso esperar que o fogo surgisse novamente, causado por um outro raio.

Mas, provavelmente, em um determinado momento da História, ao esfregarem uma pedra em outra para dar-lhes o formato de ponta de lanças ou de flechas, esses grupos humanos notaram que esse atrito produzia faíscas, as quais podiam incendiar a palha e a folha seca. Eles também perceberam que obtinham faíscas quando esfregavam um graveto em uma lasca de madeira.

Com isso, perceberam que não era mais preciso esperar que um raio produzisse fogo, nem mesmo manter uma brasa acesa. Era preciso apenas manter sempre por perto pedras e gravetos que, ao serem postos em atrito, produziriam faíscas.

O controle do fogo foi muito importante para a sobrevivência dos nossos ancestrais. Porque as fogueiras, além de aquecerem em períodos de frio, serviam para cozinhar alimentos, permitindo conservá-los por mais tempo. O fogo também era usado para espantar insetos e animais que, eventualmente, atacavam os acampamentos. Além disso, o fogo era bastante útil na iluminação das cavernas.

Controle e uso do fogo na Pré-História para iluminar uma caverna.

Tudo começou na África

De acordo com estudos desenvolvidos por pesquisadores que buscam entender a origem da humanidade, os primeiros seres humanos viveram no continente africano.

A família dos hominídeos foi muito provavelmente a que deu origem aos seres humanos atuais. Havia vários tipos de hominídeos, todos eles possuíam aparência já bem semelhante à dos seres humanos atuais. Eles andavam eretos, usavam armas para caçar e pescar, cozinhavam vários tipos de alimentos e eram **herbívoros** e **carnívoros**. Outra característica comprovada pelos estudos é que eles possuíam o cérebro menor que o do ser humano moderno.

Segundo os pesquisadores, esses hominídeos, provavelmente, conseguiram se adaptar ao meio ambiente, mesmo quando ocorreram mudanças climáticas, porque já haviam desenvolvido habilidades como a de confeccionar ferramentas e controlar o fogo.

VOCABULÁRIO

herbívoro: que se alimenta de plantas ou de ervas.
carnívoro: que se alimenta de carne.

Não há um consenso entre os cientistas para a causa do desaparecimento da espécie dos hominídeos – o mais provável é que, ao longo dos milhares de anos seguintes, tenham sofrido sucessivas adaptações, dando origem à família do *Homo sapiens sapiens*, à qual pertencemos.

De acordo com essa teoria, os primeiros seres humanos teriam vivido há aproximadamente 300 mil anos, na África. De lá passaram a migrar para outras áreas do globo terrestre: Europa, Ásia, Oceania e América. Porém, ainda não conhecemos com precisão como ocorreu esse processo migratório.

Os arqueólogos encontraram parte de um crânio e o maxilar inferior de um *Homo sapiens sapiens*, em uma região do Marrocos, no norte da África, em 2017. É, até o momento, o mais antigo ancestral do ser humano atual que temos notícia, ele viveu há cerca de 300 mil anos.

Da África para o mundo

Mas como o ser humano ou *Homo sapiens sapiens* se espalhou pelo globo terrestre?

Isso aconteceu ao longo de milhares e milhares de anos. As pesquisas mostram que os grupos humanos enfrentaram muitas dificuldades nos primeiros milhares de anos em que viveram no continente africano. Passavam o tempo todo procurando alimentos e abrigo. Viviam nas savanas, com um clima muito seco. Alimentavam-se de raízes, frutos, animais que conseguiam caçar ou restos deixados por outros predadores.

Entre 80 000 e 10 500 anos atrás, a Terra sofreu mudanças de clima, devido a um fenômeno chamado glaciação, que foi um esfriamento muito grande, a ponto de se formarem calotas de gelo em continentes, mares e rios. Isso afetou os seres humanos, obrigando-os a se deslocarem para regiões onde se adaptassem melhor.

Assim começou a expansão do gênero *Homo sapiens sapiens* para fora do continente africano. Eles foram avançando rumo a novos ambientes, como bosques, pradarias, desertos, florestas temperadas. Em cada novo hábitat, tinham de se adaptar para sobreviver. Essa adaptação aconteceu até mesmo fisicamente, ou seja, o corpo humano teve de se modificar para que os *Homo sapiens sapiens* sobrevivessem. Foi assim que surgiram tantas diferenças físicas entre as pessoas, como as que existem hoje: alguns são loiros; outros, morenos; outros são negros; alguns têm olhos puxados; outros têm olhos bem redondos; certos grupos têm muitos pelos no corpo; outros não têm quase nenhum.

VOCABULÁRIO

savana: região de planície, onde a vegetação é seca, composta de gramíneos e arbustos baixos, e o clima é quente.

hábitat: conjunto das condições apresentadas em um lugar, no qual vivem os organismos vivos, inclusive os seres humanos.

As rotas de deslocamento dos primeiros grupos humanos se deram por terra (terrestres), por rios (fluviais) e pelos mares (marítimas).

Observe o mapa a seguir.

DESLOCAMENTO DOS *HOMO SAPIENS SAPIENS* A PARTIR DA ÁFRICA

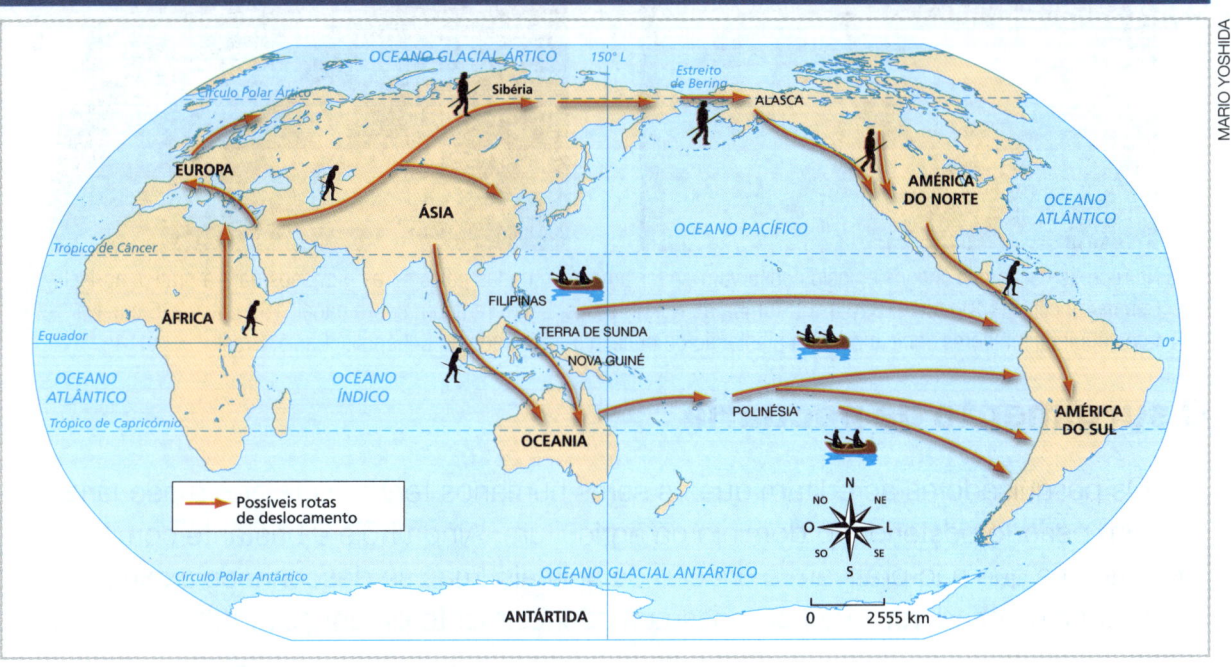

Fonte: NEVES, Walter; HUBBE, Mark. Os primeiros das Américas. In: *Nossa História*. Rio de Janeiro, n. 22, ago. 2005.

O surgimento da pecuária e da agricultura

O surgimento da agricultura

Os pesquisadores acreditam que os primeiros grupos humanos costumavam dividir a tarefa de encontrar alimentos: os homens caçavam, usando ferramentas e armas feitas com osso, pedra e madeira. Enquanto as mulheres coletavam frutos, raízes e folhas comestíveis e medicinais. Elas também faziam cestos de palha com os quais transportavam o que coletavam.

Com base nas pinturas encontradas em cavernas em várias partes do mundo, os pesquisadores supõem ainda que a divisão de tarefas entre mulheres e homens não era rígida, podendo variar em alguns grupos e em algumas localidades. De acordo com essa teoria, havia casos em que as mulheres caçavam, assim como os homens também coletavam plantas nas florestas.

É por isso que alguns estudiosos sugerem que tenham sidos as mulheres as responsáveis pela descoberta da **agricultura**. Isso aconteceu exatamente porque elas passavam grande parte do tempo observando e conhecendo o comportamento de plantas e sementes. As mulheres devem ter notado que as sementes, transportadas pelo vento ou por pássaros e insetos, brotavam na terra, gerando novas plantas.

Na representação dos antigos egípcios observam-se ferramentas criadas pelos seres humanos para a prática agrícola. Cenas Agrícolas (1400 a.C.-1390 a.C.), Tumba de Nakht, Tebas, Egito. Têmpera sobre papel, 169 cm X 226 cm. Na foto seguinte, mulheres dedicando-se à plantação de eucalipto, na cidade de Eunápolis, Bahia, Brasil.

O surgimento da pecuária

Os pesquisadores acreditam que os seres humanos tenham iniciado a pecuária em um período posterior ao domínio da agricultura. Ainda hoje é bastante comum agricultores que não praticam a criação de animais, mas se desconhece a existência de grupos de criadores que não possuam conhecimento da agricultura.

Os estudos indicam ainda que, provavelmente, tenham sido os animais que se aproximaram dos seres humanos. De acordo com isso, esse tipo de criação ocorreu inicialmente no Oriente Médio, em consequência de longos períodos de estiagem, quando os animais foram forçados a se aproximar de seus predadores – os seres humanos – em busca de água doce.

Acredita-se ainda que tenham sido os seres humanos a permitirem que os animais pastassem nos campos já colhidos, utilizando os próprios animais na limpeza dos terrenos a serem preparados para o plantio.

Assim como ocorreu com a agricultura, os seres humanos estudaram o comportamento dos animais, afastando os predadores, como leões e lobos, e domesticando os mais dóceis, como os bois.

Inicialmente, todos os animais eram mantidos como reserva de caça, mas aos poucos os seres humanos adaptaram esses animais às suas necessidades. Ao longo do tempo, a agricultura e a pecuária se tornaram

Detalhe de um afresco da parede em tumba no Vale dos Reis, Egito, 2016.

atividades complementares. Bois e cavalos passaram a ser utilizados para puxarem arados e carroças, enquanto o esterco era utilizado como adubo.

Em um momento posterior, o couro também passou a ter grande importância no cotidiano dos seres humanos, sendo usado na confecção de vestimentas e recipientes para o transporte de sementes e ferramentas e na proteção das habitações. A lã e o pelo de alguns animais também se tornaram bastante úteis, principalmente em regiões mais frias. E esses produtos passaram a ser trocados por sementes e alimentos, tornando-se parte da economia daquele período.

- No lugar onde você vive se pratica a pecuária? Que tipos de animais são criados?

Povos nômades e povos sedentários

A agricultura é considerada uma enorme revolução na vida dos seres humanos. Isso porque, além de poderem armazenar alimentos, eles também puderam permanecer em um determinado local, deixando de ser **nômades**.

Até aquele momento, os nossos ancestrais viviam mudando de um lugar ao outro, não podiam permanecer por muito tempo em um mesmo local, porque viviam em busca de alimentos.

Com a agricultura, eles puderam permanecer em um mesmo lugar por muito mais tempo, tornando-se **sedentários**, palavra que significa "fixos em um lugar".

Nem todos os grupos humanos tornaram-se sedentários ao mesmo tempo. Alguns são nômades ainda hoje, como os ciganos, que vivem em diversos países do mundo, se deslocando sempre de um local para outro; ou os beduínos, povos que vivem em regiões desérticas do norte da África ou do Oriente Médio.

Muitos dos nativos da América do Sul, encontrados pelos portugueses quando chegaram às terras que deram origem ao Brasil, eram seminômades. Eles viviam em um local durante certo tempo, depois se mudavam para outro, em busca de caça, pesca e outros recursos mais abundantes.

Acampamento cigano, Jaguaré (SP). Foto de 2014.

Obra retratando grupo de nativos brasileiros no meio da mata (1835), de Johann Moritz Rugendas. Litografia e aquarela sobre papel, 34,4 cm x 53 cm.

ATIVIDADES

1. Vimos duas descobertas dos seres humanos que mudaram o modo de vida de nossos antepassados. Quais foram essas descobertas?

a) _____

b) _____

2. Por que o controle do fogo foi importante para a humanidade?

_____
_____

3. Responda.

a) Qual é a diferença entre ser nômade e ser sedentário?

_____
_____
_____

b) Como os primeiros grupos nômades conseguiam alimentos?

_____
_____

4. Marque a afirmativa correta.
Os primeiros grupos de seres humanos, que eram nômades,

☐ moravam em cabanas e não se deslocavam de um lugar para outro.

☐ tinham de se mudar constantemente para procurar alimentos.

☐ plantavam diversos tipos de legumes e verduras e criavam porcos e gado.

☐ mantinham-se em um único lugar para poder colher tudo que crescia nas florestas.

5. Que nome damos à atividade de criar animais?

_____
_____

6. Qual a importância de criar animais no período em que grupos humanos descobriram a agricultura? Qual a relação entre essas duas atividades?

_____
_____
_____
_____
_____

7. Os estudiosos consideram que em alguns dos primeiros grupos humanos houvesse uma divisão de tarefas entre mulheres e homens. Escreva **F** para falso e **V** para verdadeiro nas frases que explicam adequadamente como se dava essa divisão de tarefas.

☐ Os homens dedicavam-se à plantação e as mulheres cozinhavam e cuidavam das crianças.

☐ De modo geral, homens caçavam e mulheres colhiam frutos e raízes, mas também podia ocorrer o inverso.

☐ A divisão de tarefas levava os homens a se dedicarem à coleta e às mulheres, à caça.

☐ Devido à divisão de tarefas, talvez tenham sido as mulheres a descobrirem a agricultura.

8. Escolha uma frase da atividade anterior, na qual você tenha marcado **F**, e reescreva-a para que se torne verdadeira.

_____
_____
_____

9. Por que a descoberta da agricultura levou os grupos humanos a se tornarem sedentários?

_____
_____
_____

10. Atualmente, todos os povos do mundo são sedentários?

_____
_____

11. Marque um **X** na resposta adequada. Os estudos atuais comprovam que os seres humanos tiveram origem:

☐ na Ásia.   ☐ na África.

☐ na América.   ☐ na Europa.

12. O que são povos nômades? Sublinhe a frase com a resposta correta.

a) São povos que vivem em um local fixo, normalmente perto de rios e lagos.

b) São grupos humanos que mudam de um lugar ao outro constantemente, não possuíam habitação fixa por muito tempo.

c) São aldeias indígenas que permanecem muito tempo em um único local.

d) São povos que desapareceram completamente depois do surgimento das vilas e cidades.

13. Atualmente ainda há povos nômades no mundo. Pinte o quadrinho que menciona um desses povos:

beduínos   chineses   europeus

portugueses   australianos

14. Marque um **X** na resposta correta. Um dos motivos para o ser humano ter se tornado sedentário foi:

☐ a descoberta do fogo.

☐ a descoberta da agricultura.

☐ a busca por água e alimentos.

☐ a saída dos seres humanos do continente africano.

15. Cole nos espaços abaixo o adesivo correto:

O povo beduíno não tem um local fixo como moradia. É um povo nômade. Deserto de Wadi Rum, Jordânia. Por volta de novembro de 2019.

Os norte-americanos vivem em locais fixos, por isso são sedentários. Nova Iorque, EUA, 2020.

HISTÓRIA

LIÇÃO 2

AS PRIMEIRAS CIDADES

Uma cidade muito antiga

Na década de 1960, escavações arqueológicas mostraram que, cerca de 9 000 anos atrás, na região da atual Turquia, havia uma cidade chamada Çatal Huyuk.

Estudando os vestígios arqueológicos encontrados, os pesquisadores deduziram que essa cidade era o centro de uma cultura muito desenvolvida. Eles perceberam, por exemplo, que os habitantes de Çatal Huyuk moravam em casas feitas de tijolos de barro com lareira, forno e superfícies que eram utilizadas, provavelmente, para os moradores sentarem, dormirem e trabalharem.

Além disso, os habitantes de Çatal Huyuk seguiam alguma orientação religiosa, pois nessa cidade havia também um bairro no qual se localizavam santuários decorados com paredes coloridas. Os residentes se alimentavam de grãos, sementes e óleo de nozes, que eles mesmos produziam.

Essa foto é uma reprodução da cidade Çatal Huyuk. A imagem foi feita no computador com base nos estudos realizados com os vestígios que foram encontrados na região. Os pesquisadores acreditam que a entrada das casas se dava pelo teto. Os moradores precisavam usar escadas para chegar ao topo da casa e depois descer aos cômodos internos.

Você acha que os habitantes eram nômades ou sedentários?

Surgiram povoados, aldeias e cidades

Com a descoberta da agricultura, da pecuária e a fixação de alguns povos em determinadas localidades por períodos mais longos, uma nova transformação começou a ocorrer em algumas regiões do mundo: aos poucos, foram surgindo **povoados**, **aldeias** e, mais tarde, **cidades**.

Esses assentamentos permanentes ocorriam quase sempre nas proximidades de rios e lagos, facilitando a irrigação das lavouras, a retirada e o escoamento da água para o consumo humano, dos animais e o uso doméstico.

Os primeiros povoados começaram a se formar por volta de 12 mil anos atrás, e com eles surgiram também os primeiros avanços tecnológicos, como as ferramentas usadas na agricultura.

Além disso, os habitantes desses novos povoados passaram a viver de modo mais complexo, surgindo, por exemplo, uma nova variedade de atividades e trabalhos.

Isso aconteceu, principalmente, porque os avanços tecnológicos, como o arado puxado por animais, aumentaram a produtividade agrícola e ainda diminuíram a necessidade da força de trabalho humana, permitindo que os moradores desses povoados, vilas e cidades pudessem se dedicar a outras atividades, como a mineração, o artesanato e a construção de habitações.

Representação do cotidiano de uma vila no Neolítico que mostra a divisão das atividades entre mulheres e homens, como cozinhar e moldar ferro e construir casas, respectivamente.

As primeiras cidades do mundo

As primeiras cidades surgiram às margens de grandes rios, ainda hoje muito importantes. Observe o mapa a seguir.

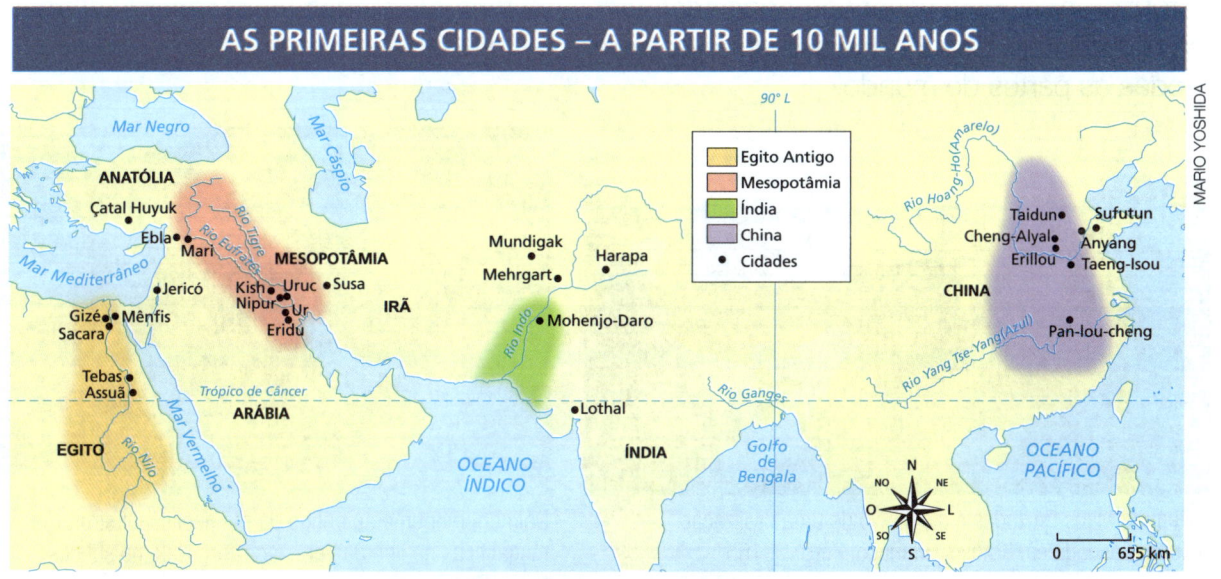

AS PRIMEIRAS CIDADES – A PARTIR DE 10 MIL ANOS

Fonte: ARRUDA, José Jobson de A. *Atlas histórico básico*. 17. ed. São Paulo: Ática, 2007. p. 6.

O mapa indica que as primeiras cidades nasceram há 10 mil anos, em quatro diferentes regiões do mundo: no Egito (norte da África), na Mesopotâmia (atual Iraque, no Oriente Médio), na Índia (sul da Ásia) e na China (no leste da Ásia).

A partir do mapa, é possível notar também que esses povos, que viviam em regiões distantes umas das outras, desenvolveram, mais ou menos no mesmo período, hábitos e costumes comuns. Eles habitavam terras **ribeirinhas**, praticavam a agricultura e a pecuária e viviam em cidades.

> **VOCABULÁRIO**
> **ribeirinho:** vive ou se encontra nas margens de rios.

As moradias, as ferramentas, as vestimentas: tudo evoluiu

Aos poucos, os moradores desses povoados, vilas e cidades foram desenvolvendo novas técnicas de construção de moradias, de fabricação de tecidos, de confecção de cerâmica e de vestimentas.

A cerâmica era usada para diferentes fins, como a produção de utensílios para preparo e estoque de alimentos, construção de fornos e também decoração dos santuários.

As moradias, de início simples abrigos de folhas, galhos e madeira, também evoluíram ao longo do tempo. Passou-se a usar adobe (mistura de barro com folhas), pedras e tijolos. No começo tinham o formato redondo ou quadrado, geralmente um cômodo único onde todos dormiam, cozinhavam e se abrigavam do frio e do ataque de animais. Com o tempo, as moradias foram se tornando maiores.

Ao longo da história, cada sociedade desenvolveu a própria técnica de construção arquitetônica. Essa variedade pode ser verificada nas descobertas arqueológicas em todas as partes do mundo.

A cerâmica é uma das mais antigas técnicas de fabricação de objetos da humanidade. Artigos artesanais feitos de argila por artesãos marajoaras. São Paulo, 2018.

O Templo Mãos Cruzadas é o símbolo de uma civilização milenar baseada em Kotosh, Huánuco, Peru, 2016.

Dólmen, monumento antigo da era neolítica. Estruturas megalíticas na ilha de Vera, lago Turgoyak, no sul dos Urais, Rússia, 2012.

Técnicas agrícolas e ferramentas

Para melhorar a produção agrícola, as técnicas e as ferramentas evoluíram muito rapidamente. Foram inventadas novas ferramentas, como arado, enxada, forquilha e foice.

Também houve a necessidade de desenvolver métodos para calcular as unidades dos produtos, contar a passagem do tempo, medir as cheias e vazantes dos rios, para entender melhor o comportamento da natureza, como a sucessão das estações do ano.

Era muito importante saber calcular e registrar as mudanças que ocorriam na natureza, pois disso dependiam o sucesso das plantações, e, por consequência, a abundância ou escassez dos alimentos.

O desenvolvimento desses conhecimentos foi determinante para a progressão de ciências como a matemática e a astronomia, por exemplo.

VOCABULÁRIO

vazante: período em que as águas de rio ou mar baixam, havendo um refluxo.
abundância: fartura, grande quantidade, maior do que se necessita.
escassez: falta, pequena quantidade, menor do que se necessita.

Antigo Sistema Hidráulico Histórico de Shushtar, cidade localizada na província de Khuzestan, no Irã. Essa construção foi registrada na lista de Patrimônios Mundiais da Unesco em 2009.

O comércio

Com o desenvolvimento de novas técnicas e ferramentas agrícolas, houve um crescente aumento da produção agrícola. A abundância de alimentos permitiu a manutenção de um estoque e estimulou o surgimento de uma nova prática: o **comércio**.

Além da troca de produtos agrícolas entre habitantes de uma mesma vila ou cidade, passou a existir também a troca entre diferentes aldeias e cidades.

Nesse período, surgiram também as primeiras rotas de comércio entre povos distantes. O comércio a longa distância era na maior parte das vezes realizado por comerciantes nômades, que facilitavam a troca de mercadorias entre as diferentes vilas e cidades.

Muitas dessas vilas e cidades passaram também a servir como pontos de encontro entre mercadores e consumidores, transformando-se em centros urbanos com grande concentração de pessoas e atividades econômicas diversificadas.

A divisão do trabalho

O aparecimento de diferentes atividades fez com surgisse uma **divisão do trabalho**. Ou seja, enquanto algumas pessoas se dedicavam exclusivamente à agricultura, outras trabalhavam no comércio, alguns eram artesões e havia também os soldados, que garantiam a segurança desses novos centros urbanos.

Com tantas atividades acontecendo ao mesmo tempo e tantas pessoas em movimento, foi necessário também o desenvolvimento de uma estrutura administrativa que mantivesse a ordem e o funcionamento dessas cidades. Tornou-se um costume entre essas novas sociedades que o chefe da família mais influente passasse a exercer as funções de líder político do lugar em que morava.

Reconstrução do Portão azul de Ishtar, entrada norte da cidade da Babilônia, uma das primeiras do mundo. Esta reconstrução encontra-se atualmente no Museu de Pérgamo, em Berlim, na Alemanha, 2013.

ATIVIDADES

1. Como ocorreu o início de povoados, vilas e cidades no mundo?

_____
_____
_____
_____

2. Coloque **F** para falso e **V** para verdadeiro.

☐ As primeiras cidades surgiram próximas a grandes rios.

☐ As aldeias surgiram em regiões de muita seca.

☐ A atividade mais importante nas primeiras aldeias e cidades era a agricultura.

☐ A agricultura ajudou a aumentar o conhecimento sobre a natureza.

3. Complete as frases a seguir:

a) As primeiras _____ do mundo surgiram nas _____ dos rios.

b) Elas surgiram há cerca de _____ anos, em diferentes regiões do mundo:

_____, _____,

_____, _____.

4. As primeiras moradias humanas foram construídas com quais materiais?

_____
_____

5. Por que os povos da Antiguidade preferiam viver próximos aos rios?

_____
_____
_____

6. Quais eram as desvantagens em viver tão próximo aos rios?

_____
_____
_____

7. Como foi que surgiu a prática do comércio na Antiguidade?

_____
_____
_____
_____

8. Qual a atividade predominante em sua cidade, a agricultura ou o comércio?

_____
_____
_____

A invenção da escrita

Como você estudou até aqui, a vida nas vilas e nas cidades foi aos poucos se tornando mais complexa.

Com o aumento contínuo da população urbana, algumas atividades, como a cobrança de impostos e a contagem de mercadorias, precisavam de um controle maior. Para isso, começou-se a usar um sistema de registro gráfico, inicialmente baseado em desenhos, a que chamamos **sistema pictográfico** ou **hieróglifos**. Nesse sistema, desenhava-se, por exemplo, uma cabeça de boi para registrar o animal ou um ramo de trigo para representar o cereal.

Mas, aos poucos, esse sistema foi se tornando ineficiente, pois dificultava a expressão de quantidades ou de ideias. Os comerciantes se depararam com problemas para especificar as mercadorias vendidas. Por exemplo: Quantos bois foram comercializados? O líquido vendido era óleo ou mingau?

Na tentativa de aprimorar os registros, eles elaboraram símbolos que pudessem representar com mais precisão suas ideias e ações, facilitando ainda mais a transmissão das informações. Criaram representações ainda mais estilizadas para expressarem melhor o que queriam dizer. Um jarro com um bico, poderia sinalizar o líquido que estava dentro.

Placa de argila com escrita cuneiforme da cidade de Nuzi, atualmente Yorghan Tepe, no Iraque.

Esculturas hieroglíficas nas paredes exteriores de um antigo templo egípcio, Egito.

Mas como esses símbolos foram se tornando cada vez mais complexos, poucas eram as pessoas que sabiam desenhá-los. Surgiu, então, uma nova atividade, a de **escriba**. O escriba era uma pessoa que conhecia todos os símbolos de seu povo, dominava tanto a técnica da leitura como da escrita. Logo, os escribas se tornaram pessoas muito influentes em suas comunidades. Funcionários públicos, os escribas recebiam muitas recompensas pelo trabalho que prestavam ao governo. Viviam em casas grandes e luxuosas, nos melhores bairros, alimentavam-se bem e podiam até possuir escravos.

Glifos maias antigos em Quirigua, Guatemala.

O desenvolvimento de sistemas de escrita ocorreu há cerca de 4 mil anos. Diferentes povos do mundo elaboraram sistemas próprios para registrar acontecimentos e compilar dados. Podemos citar os mesopotâmicos (no Oriente Médio), os egípcios (no norte da África) e os maias (na América do Norte).

ATIVIDADES

1. O primeiro sistema de escrita ficou conhecido como:

☐ alfabético.   ☐ estilístico.

☐ pictográfico.   ☐ egípcio.

2. Observe a imagem, leia a legenda e responda ao que se pede.

Hieróglifo egípcio datado de 1420-1411 a.C. O sistema de escrita utilizado no Egito Antigo era bastante complexo, por isso havia a necessidade de pessoas especializadas que dominavam as técnicas de escrita e leitura. Esse sistema era usado principalmente para registrar os documentos oficiais e a história dos reis.

a) Descreva a imagem.

b) A que povo essa pintura pertence?

c) Com qual nome ficou conhecido o sistema de escrita usado naquele tempo?

d) Como se chamava o profissional que aparece na pintura?

e) Que transformação revolucionária na História está representada nessa imagem?

LEIA MAIS

Descobrindo a arqueologia: o que os mortos podem nos contar sobre a vida?
Luiz Pezo Lanfranco, Cecília Petronilho e Sabine Eggers. São Paulo: Cortez, 2014.

Estudando como as pessoas lidavam com os mortos, você vai perceber que é possível descobrir muitas coisas sobre a vida dos povos antigos.

SEÇÃO 3 — OS PRIMEIROS HABITANTES DO BRASIL

Pinturas feitas milhares de anos atrás

Você sabia que damos o nome de pintura rupestre às pinturas feitas nas pedras, no interior das cavernas ou ao ar livre? Esta é a imagem de uma delas. Você já viu alguma dessas pinturas?

Pintura rupestre feita em caverna na Serra da Capivara (PI). Fotografia de 2010.

Não parece um grafite moderno, desses que são feitos em muros e paredes nas cidades? Entretanto, as pinturas rupestres têm milhares e milhares de anos e foram feitas pelos primeiros seres humanos.

Os desenhos da imagem acima foram feitos no Brasil, na região onde hoje é o estado do Piauí, em um local chamado Serra da Capivara. Lá, existem centenas de pinturas com mais de 20 mil anos de idade. Isso quer dizer que essas pinturas foram feitas pelos antepassados dos povos indígenas que viviam naquele local.

> Em sua opinião, por que os seres humanos daquela época faziam esses desenhos?

Havia inúmeros povos indígenas

Até o ano de 1500, o território que hoje pertence ao Brasil era habitado por povos nativos, ou seja, povos naturais dessa terra. Eram homens, mulheres, crianças e idosos que se dividiam em diferentes aldeias e **etnias**.

Alguns desses grupos compartilhavam o mesmo idioma e os mesmos hábitos e costumes. Os estudiosos que se dedicam a pesquisar as origens e as histórias das línguas acreditam que, na época em que os portugueses chegaram às terras que hoje compreendem o Brasil, havia mais de mil línguas sendo faladas por mais de dois milhões de pessoas.

Terra Brasilis (1519), mapa de Lopo Homem e Pedro Reinel. Além de representar o contorno geográfico, os autores representaram os indígenas, a fauna e a flora do território encontrado pelos portugueses.

VOCABULÁRIO

etnia: grupo de pessoas que compartilham hábitos, costumes e idioma.

- O que significa nativo?

_____

_____

- Segundo a Fundação Nacional do Índio (Funai), órgão governamental responsável por atender as nações indígenas, há hoje no Brasil 215 comunidades descendentes dos primeiros habitantes dessa terra, que falam cerca de 180 línguas e têm costumes diversos. Pesquise mais sobre um desses grupos e conte aos colegas o que você descobriu.

Há várias maneiras de estudar os primeiros habitantes do Brasil

Como você estudou na página anterior, os primeiros habitantes do Brasil estavam divididos em vários grupos. Esses grupos possuíam alguns costumes semelhantes e outros diferentes.

Uma semelhança é que todo o conhecimento e todas as histórias de um povo eram transmitidos por meio da oralidade. Ou seja, as gerações mais velhas contavam para as gerações mais novas todas as informações que conheciam. Isso acontecia porque esses povos não haviam desenvolvido um sistema de escrita. Então, para que as informações importantes não fossem esquecidas, era preciso contá-las.

Mas você deve estar se perguntando: como podemos estudar a história dos antigos povos indígenas do Brasil se eles não deixaram textos escritos, não é mesmo?

Um dos caminhos possíveis é a análise de vestígios deixados por eles. E são os arqueólogos que fazem esse trabalho. Esses vestígios são pedaços de armas ou de utensílios que eram usados para armazenar alimentos ou transportar objetos, resquícios de habitações e túmulos, ossos humanos etc.

Também podemos entender um pouco mais sobre os povos que habitavam o Brasil no passado ouvindo as histórias preservadas por seus descendentes. Muitos costumes e modos de viver dos grupos que habitavam o território brasileiro há muito tempo ainda são conservados por seus descendentes, os indígenas brasileiros de hoje.

Esses costumes foram passados de geração em geração, há muitos séculos. Observe as imagens a seguir.

Menina da etnia Kalapalo da Aldeia Aiha lavando mandioca-brava ralada. Querência (MT), 2018.

Meninos xavantes, entre 7 e 10 anos, sendo preparados para o ritual Oi'ó, cerimônia pública para o processo de iniciação. Aldeia Idzo Uhu (MT). Foto de 2010.

Ainda hoje, muitos grupos indígenas do Brasil utilizam a oralidade para transmitir informações importantes.

Os indígenas que os portugueses encontraram

Quando os portugueses chegaram às terras que hoje formam o Brasil, já havia milhões de pessoas vivendo aqui. Eram povos diversos, mas com algumas semelhanças entre eles.

Os portugueses entraram em contato primeiro com povos que viviam no litoral, os Tupiniquins. Depois, ao longo de muitos anos, foram conhecendo outros grupos, como Guarani, Jê, Tucano etc.

Esses grupos tinham de semelhante práticas como a caça, a pesca, a coleta de frutos e raízes e a construção de aldeias com grandes casas.

A maioria era **seminômade**, isto é, permanecia durante um tempo em um lugar e depois se mudava para outros locais, com mais caça, rios e vegetação.

Alguns já praticavam a agricultura, plantando feijão, milho e mandioca. As diferenças entre esses grupos estavam no modo de se enfeitar, nas pinturas do corpo, no modo de construir as moradias, na linguagem, nas crenças e nos hábitos.

Veja no mapa a localização de diversos povos indígenas naquela época.

POVOS INDÍGENAS BRASILEIROS (1500)

Legenda:
- Tupi-Guarani
- Jê
- Aruaque
- Kariba
- Cariri
- Pano
- Tucano
- Charrua
- Outros grupos

Fonte: IBGE, 2018.

ATIVIDADES

1. Leia a pergunta abaixo sobre os povos nativos do território que hoje chamamos de Brasil e assinale um **X** na resposta correta.

- Do que os povos nativos viviam por volta de 1500, quando os portugueses chegaram?

☐ Vendiam produtos fabricados por eles, como roupas e alimentos.

☐ Viviam da caça, da pesca e da coleta de materiais da natureza.

☐ Viviam da venda de artesanato.

☐ Alugavam suas moradias.

2. Leia as frases a seguir e responda ao que se pede.

- Marque com um **X** as frases corretas.

☐ Os antepassados dos indígenas já viviam na América há 20 mil anos.

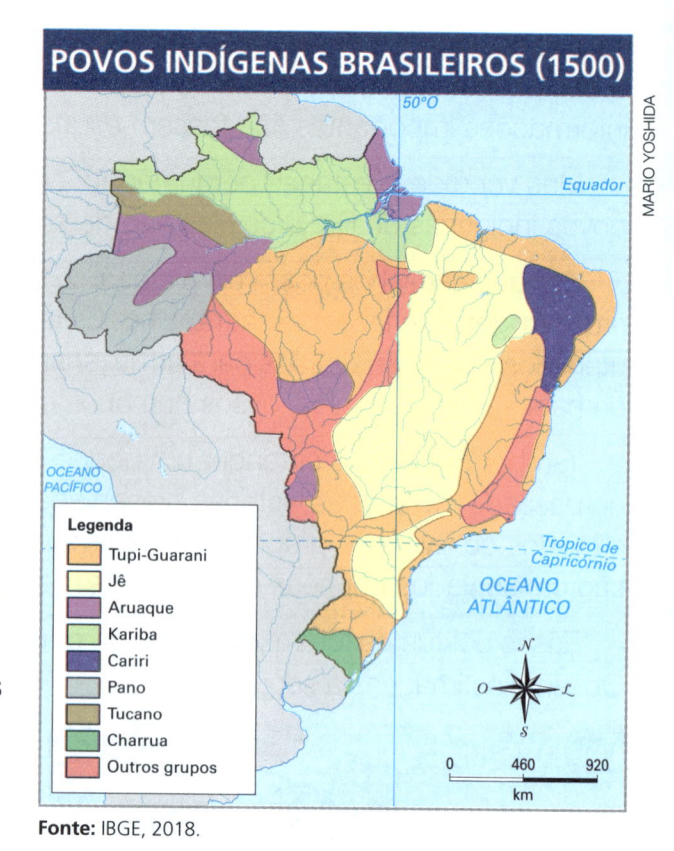

☐ Quando os portugueses chegaram, não havia nenhum povo vivendo na América.

☐ Os primeiros habitantes do Brasil pertenciam a uma única etnia, falavam todos a mesma língua e possuíam os mesmos hábitos.

3. Escreva as definições corretas das palavras abaixo.

a) Pintura rupestre: _____
_____
_____

b) Etnia: _____
_____
_____

c) Seminômade: _____
_____
_____

4. Observe as fotos. Depois, responda ao que se pede.

Quando os europeus chegaram ao Brasil, por volta de 1500, surpreenderam-se com o modo como os nativos dormiam, estirados em redes feitas de palha. Ainda hoje é bastante comum que indígenas de diferentes etnias brasileiras durmam em redes. Atualmente, elas continuam sendo feitas de palha, mas podem ser feitas de fios de algodão também. Na foto, indígenas da etnia Yanomami, em sua aldeia, descansando em redes em acampamento, em Santa Isabel do Rio Negro (AM). Foto de 2017.

As etnias indígenas que vivem na região do Alto Xingu, no Mato Grosso, vivem em grandes habitações coletivas. Entre essas etnias é comum que as casas sejam compartilhadas por várias gerações de uma mesma família. Na foto, oca em construção na Aldeia Piyulaga, da etnia Waurá ou Waujá – Parque Indígena do Xingu, Gaúcha do Norte (MT). Foto de 2013.

- Observe as fotos e leia as legendas. Depois, converse com o professor e os colegas sobre as seguintes questões:

a) Você já descansou em uma rede? Na sua casa tem rede?

b) A casa em que você mora foi construída do mesmo modo que a habitação indígena da segunda foto? Se não foi, quais foram as diferenças?

5. Sublinhe a frase correta, sobre os povos indígenas na atualidade:

☐ Muitos povos indígenas brasileiros mantêm hábitos e tradições de seus antepassados.

☐ Todos os povos indígenas do Brasil usam redes e constroem casas chamadas ocas.

Descendentes dos povos nativos hoje

Desde 1500, com a chegada dos povos europeus ao território que hoje corresponde ao Brasil, os habitantes nativos, que hoje chamamos de indígenas, sofreram uma redução enorme. Os que chegavam traziam doenças desconhecidas entre os nativos, para as quais não possuíam resistência, como a gripe e o sarampo. Além disso, apropriavam-se das terras indígenas e atacavam e escravizavam seus grupos.

Atualmente, os grupos indígenas mais tradicionais ainda praticam muitos costumes dos nativos do passado, como a caça, a pesca e o cultivo de roças de subsistência.

Ainda hoje, é comum a divisão de tarefas entre homens e mulheres. Os homens caçam e pescam para obter alimento, enquanto às mulheres cabe cuidar da roça, onde plantam milho, mandioca, cará, batata-doce etc. A terra pertence a todos os habitantes da aldeia e não há diferenças entre as moradias.

O contato com sociedades de não indígenas também acabou levando à perda de muitas características mais tradicionais dos povos indígenas. Mas, apesar dessas perdas, há cerca de 40 anos começou a ocorrer um aumento das populações indígenas no Brasil, com maior valorização dos seus costumes e hábitos culturais e mais respeito pelos seus modos de viver.

As crianças indígenas também gostam de se divertir com brincadeiras e brinquedos que elas mesmas constroem. Além de brincarem no rio e nas áreas ao redor da aldeia, elas gostam de brincar de perna de pau e de futebol, por exemplo. Crianças Ingarikó na Cachoeira da Taboca, Uiramutã, RR, 2017.

Atualmente, em quase todas as aldeias do Brasil há uma escola indígena, na qual as crianças aprendem a contar, a ler e a escrever em português e também em suas línguas nativas. Crianças em sala de aula da escola de ensino fundamental da aldeia Aiha, do povo Kalapalo, Querência, MT, 2018.

O encontro entre os povos indígenas e os europeus

No início, os primeiros contatos entre europeus e povos indígenas foram pacíficos, principalmente porque os europeus negociavam com os nativos a troca de pau-brasil por objetos como machados, adornos, utensílios de metal etc.

Os indígenas derrubavam as árvores e as levavam para a praia, armazenando-as em **feitorias**, construções erguidas para esse fim. De lá, a madeira era embarcada nas caravelas.

Em algumas ocasiões, os europeus se aproveitavam das rivalidades já existentes entre os diferentes povos para conseguir fazer alianças com algum deles. Por exemplo, quando os franceses tentaram fundar uma colônia na região onde hoje é o Rio de Janeiro, contaram com o apoio dos Tupinambá, porque esses eram inimigos dos Tupiniquim, que apoiavam os portugueses.

Nessa gravura, o artista observou a prática de escravização de indígenas no Brasil na época dos portugueses. "Negociante contando índios (século XIX)", ilustração do livro *Viagem pelo Brasil*, dos pesquisadores Spix e Martius. Obra disponível na Biblioteca Pública e Universitária de Neuchâtel, Suíça.

Mais tarde, quando os europeus precisaram de trabalhadores para suas fazendas, como as de cana-de-açúcar, eles passaram a caçar indígenas para escravizá-los.

ATIVIDADES

1. O estudo dos primeiros habitantes de nosso continente pode ser feito com base em quais fontes históricas?

☐ Textos escritos em papel.

☐ Desenhos nas rochas de cavernas e montanhas.

☐ Tecidos enterrados com os mortos.

2. Os primeiros habitantes do continente americano chegaram há:

☐ 500 anos.

☐ mais de 20 mil anos.

☐ 1 000 anos.

3. Entre os povos nativos, como as histórias e as informações importantes eram passadas de uma geração à outra? Justifique sua resposta.

_____
_____
_____
_____
_____

4. Agora, faça um desenho, no espaço a seguir, mostrando como viviam os primeiros habitantes das terras que hoje formam o Brasil.

HISTÓRIA

LIÇÃO 4

A AVENTURA DOS NAVEGADORES PORTUGUESES

Os portugueses chegaram ao território

Em 1500, os portugueses chegaram ao território que hoje corresponde ao Brasil. Eles vieram de um lugar muito distante, a Europa, um continente localizado do outro lado do Atlântico, oceano que naquela época era pouco conhecido.

Além disso, não havia avião, nem carro ou barco a motor. Para chegarem até aqui, os portugueses precisaram usar embarcações movidas pela força dos ventos, enfrentando grandes perigos, como ondas enormes, tempestades, sede e fome.

- Em sua opinião, por que os portugueses se interessaram pelo território que hoje forma o nosso país? Converse com os colegas e com o professor.

No século XV, a Europa tinha grande interesse pelos produtos que vinham do Oriente, de uma região conhecida como **Índias**. Esses produtos eram chamados de **especiarias**. Eram produtos naturais usados como temperos, para a fabricação de remédios, corantes e para a conservação dos alimentos. São exemplos de especiarias: a canela, o gengibre, a noz-de-cola, o cravo, o açafrão, entre outros.

Para chegar às Índias, os europeus tinham duas opções: cruzar a Europa por terra ou navegar pelo Mar Mediterrâneo. Por terra, teriam de enfrentar os árabes, com quem viviam em guerra. No Mar Mediterrâneo, quem dominava a navegação eram os comerciantes italianos.

O comércio de especiarias era muito lucrativo e os portugueses tinham muito interesse em participar dele. Então, precisavam buscar outro caminho para chegar às Índias e encontrar as especiarias. Tentaram, por isso, navegar pelo Oceano Atlântico.

CHASSENET- KEYSTONE

VOCABULÁRIO

culinária: a arte de cozinhar; o modo de cozinhar de cada povo.

Pimenta, cravo, canela, erva-doce, entre outras, eram especiarias apreciadas pelos europeus e encontradas apenas no Oriente. Até hoje são usadas na **culinária** de diversos povos.

A expansão marítima e comercial portuguesa

O território do reino de Portugal é banhado pelo Oceano Atlântico. No século XV, o governo português procurou aproveitar essa facilidade de navegação para chegar ao seu destino, que eram as Índias. Ninguém ainda havia feito esse caminho pelo Oceano Atlântico, mas os portugueses acreditavam ser possível atingir o Oriente por essa rota.

Além da posição geográfica favorável, outras condições facilitaram o interesse do reino de Portugal pelas navegações marítimas:

- os portugueses já se dedicavam à pesca e ao comércio no litoral e, portanto, já tinham experiência com navegação em alto-mar;

- em Portugal, encontravam-se muitos navegadores de várias partes do mundo. Eles trocavam experiências de navegação e contribuíram para o desenvolvimento e o aprimoramento dos instrumentos necessários para as viagens marítimas.

Esse período de intensa movimentação marítima e de aprimoramento dos instrumentos de viagem por mar ficou conhecido como a época das **Grandes Navegações**.

A primeira das grandes viagens portuguesas aconteceu em 1415, quando eles chegaram ao Marrocos, no norte da África.

NAVEGAÇÕES PORTUGUESAS E ESPANHOLAS NO SÉCULO XV

Viagens marítimas
- Bartolomeu Dias
- Vasco da Gama
- Pedro Álvares Cabral
- Cristóvão Colombo

Fonte: *Atlas histórico escolar*. Rio de Janeiro: FAE, 1991.

Portugueses e espanhóis iniciaram as navegações marítimas para descobrir novas rotas de comércio. Os dois reinos europeus voltaram-se para o Oceano Atlântico. Uma competição começou a acontecer em relação a essas rotas.

Em 1488, o navegador português Bartolomeu Dias atingiu o limite sul do continente africano ao chegar ao Cabo das Tormentas, último ponto desse continente. Esse cabo seria rebatizado depois como Cabo da Boa Esperança, nome dado porque essa descoberta mostrava que Portugal poderia chegar às Índias por esse caminho.

Em 1498, Vasco da Gama, enfim, confirmou a rota do contorno da África, chegando à cidade de Calicute, que faz parte da atual Índia.

Pedro Álvares Cabral e sua **esquadra**, enviados para fazer comércio com as Índias, chegaram ao Brasil dois anos depois, em 1500.

Os descobrimentos marítimos espanhóis começaram em 1492, com a viagem de Cristóvão Colombo, um navegador **genovês**, que trabalhava para a Espanha.

VOCABULÁRIO

esquadra: conjunto de navios.
genovês: natural de Gênova, cidade que fica na região da Itália.

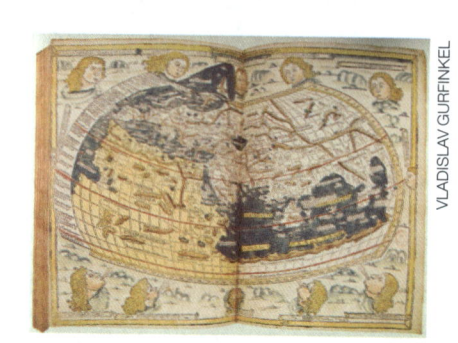

A bússola, o astrolábio e os mapas eram fundamentais para as navegações, pois permitiam aos viajantes se localizar por meio da posição dos astros e também pelos registros já feitos em mapas por outros marinheiros. O trabalho de especialistas foi fundamental para o avanço das técnicas de navegação, para a maior precisão dos mapas e para o desenvolvimento de embarcações mais apropriadas às viagens oceânicas.

O Tratado de Tordesilhas

A descoberta de novas terras do outro lado do Atlântico e a procura de um caminho pelo mar até as Índias levaram portugueses e espanhóis a uma disputa crescente nas navegações.

Para evitar que essa disputa se tornasse mais grave, em 1494 foi assinado um tratado, chamado Tratado de Tordesilhas, que dividia os territórios já descobertos e os ainda por descobrir entre Portugal e Espanha.

O MUNDO DIVIDIDO ENTRE PORTUGUESES E ESPANHÓIS

Fonte: *Atlas histórico escolar*. Rio de Janeiro: FAE, 1991.

O tratado estabelece uma linha imaginária que dividia as descobertas feitas pelos dois países. As terras que ficavam a leste (à direita) desse meridiano perteceriam a Portugal, e as que ficavam a oeste (à esquerda), à Espanha.

O Tratado de Tordesilhas pretendia acabar com os conflitos entre as duas potências marítimas da época. No entanto, outros países, que não foram chamados para participar da partilha, ignoraram o tratado e invadiram várias vezes os territórios portugueses e espanhóis na América.

> O nome do continente onde fica o Brasil, América, foi uma homenagem a outro navegador da época das Grandes Navegações: Américo Vespúcio.

ATIVIDADES

1. Complete a frase com as palavras do quadro abaixo.

| especiarias | Europa | Índias | Oriente |
| portugueses | produtos | século | |

No período do _____ XV, a _____ tinha um enorme interesse em _____ que vinham do _____, de uma região conhecida como _____. As _____ eram os produtos desejados pelos _____.

2. Encontre no caça-palavras 5 (cinco) nomes de especiarias.

R	U	G	E	N	G	I	B	R	E	U	E
C	J	U	H	Y	T	F	R	D	E	S	S
A	H	E	C	R	A	V	O	H	F	R	C
N	O	L	K	U	N	G	T	R	D	E	A
E	W	D	A	Ç	A	F	R	Ã	O	I	S
L	A	N	T	A	J	O	S	O	S	A	S
A	N	O	Z	-	D	E	-	C	O	L	A

3. Como as especiarias eram usadas?
_____
_____

4. Antes das Grandes Navegações, para chegar às Índias, os europeus tinham duas opções. Quais eram elas?
_____
_____

5. O que foram as Grandes Navegações? Pinte o quadro com a resposta correta.

> A grande movimentação de navios de guerra pelo continente europeu e africano.

> O período de intensa movimentação marítima e de aprimoramento dos instrumentos de viagens por mar.

6. Observe novamente o mapa "Navegações portuguesas e espanholas no século XV" e assinale as alternativas corretas.

☐ No ano de 1415, aconteceu a primeira das grandes viagens brasileiras.

☐ A viagem de Bartolomeu Dias, em 1488, atingiu o sul do continente africano.

☐ O último ponto do continente africano passou a ser conhecido como Cabo da Boa Esperança.

HISTÓRIA

301

☐ Vasco da Gama atingiu as Índias, em 1498, após contornar o continente africano.

☐ Pedro Álvares Cabral e sua esquadra se dirigiram às Índias após pararem no Brasil, em 1500.

7. O que foi o Tratado de Tordesilhas?

_____

_____

_____

8. Marque com um X quais foram os países que assinaram o Tratado de Tordesilhas.

☐ França e Inglaterra

☐ Holanda e Espanha

☐ Portugal e Espanha

☐ Portugal e Índias.

A chegada dos portugueses ao Brasil

As viagens marítimas que os portugueses realizavam eram documentadas por um escrivão e pelo comandante, que escrevia seu diário de bordo. Graças a esses documentos, temos hoje descrições importantes sobre a viagem de Pedro Álvares Cabral e a sua chegada às novas terras, do outro lado do Oceano Atlântico.

No ano de 1500, Dom Manuel, rei de Portugal, preparou uma esquadra com 13 navios para ser comandada por Pedro Álvares Cabral com o objetivo de fazer uma viagem às Índias. Porém, essa esquadra devia, antes de seguir o caminho das Índias, dirigir-se um pouco mais para oeste, ou seja, explorar mais o Oceano Atlântico. Eles desconfiavam de que existissem terras nessa direção.

A esquadra de Cabral chegou ao Brasil e tomou posse das terras antes de prosseguir até o Oriente. Viajou aproximadamente 45 dias até chegar à nossa terra, no dia 22 de abril de 1500, no local que hoje corresponde ao estado da Bahia.

Desembarque de Cabral em Porto Seguro (1922), de Oscar Pereira da Silva. Óleo sobre tela, 190 cm x 333 cm.

> Quando chegou à América do Norte, em 1492, Cristóvão Colombo acreditava estar nas Índias. Por isso, chamou o povo que encontrou de "índio".

Na viagem de Cabral ao Brasil, havia um escrivão cuja função era relatar ao rei de Portugal as novidades encontradas por aqui. Pero Vaz de Caminha escreveu uma carta descrevendo a viagem, a chegada à nova terra e o encontro com um povo muito diferente dos portugueses.

Os relatos de Caminha sobre os dez dias que passaram nas "novas terras portuguesas" descrevem um encontro cordial entre os viajantes (os portugueses) e o povo que já vivia no território (os indígenas).

Caminha registrou em sua carta um momento importante, quando os portugueses preparavam uma cruz para que o frei que acompanhava a esquadra rezasse uma missa. Para os portugueses cristãos, isso confirmava a posse da terra. Leia um trecho da carta:

A grande cruz e uma novidade

No dia seguinte, depois de comer, fomos em terra cortar lenha e lavar roupa.
Uns duzentos e sessenta nativos já se sentem tão seguros entre nós que nem arcos trazem mais.
[...]
Enquanto isso, dois carpinteiros faziam a Grande Cruz com bastões já cortados ontem especialmente para isso. Os mais curiosos se aproximaram dos carpinteiros, mas não creio que fosse por causa da cruz, que para eles não tem significado algum. Outra coisa os fascinava.
Observavam eles uma ferramenta de ferro que facilitava muito o trabalho dos carpinteiros.
Os nativos não conheciam o ferro! E aí começou um tal de: AIPOTA KITI (eu desejo cortar), AIPOTA KISSÊ (desejo faca), MBOIREHEPA RENHEMU (por quanto você vende?).

Fábia Termi. *Uma semana na terra de Vera Cruz*. São Paulo: Landy, 2000. p. 48-49.

No dia 2 de maio, a esquadra saiu da terra para continuar sua viagem às Índias.

Novos nomes para a "nova" terra

O primeiro nome dado pelos portugueses à nova terra foi Ilha de Vera Cruz, pois, ao chegarem, julgaram que o Brasil fosse uma ilha.

Depois deram o nome de Terra de Santa Cruz e, finalmente, Brasil, devido a uma madeira cor de brasa, o pau-brasil, que existia em grande quantidade no litoral. Dessa madeira, extraía-se uma tinta de cor vermelha, muito valorizada comercialmente.

Durante alguns anos, a exploração de pau-brasil foi a principal fonte de riqueza dos portugueses no Brasil. Eles convenceram os indígenas a cortar a madeira e a transportá-la até os barcos. Em troca de seu trabalho, os indígenas recebiam alguns produtos trazidos pelos portugueses, como espelhos, tecidos etc.

ATIVIDADES

1. Assinale as frases corretas.

☐ Um escrivão documentava as viagens marítimas que os portugueses realizavam.

☐ A esquadra comandada por Pedro Álvares Cabral chegou à nossa terra em 21 de abril de 1500.

☐ A esquadra de Cabral, com 13 navios, tinha o objetivo de fazer uma viagem às Índias.

☐ Na esquadra de Cabral havia um escrivão, chamado Pero Vaz de Caminha.

Agora, reescreva corretamente a frase incorreta, tornando-a verdadeira.

_____
_____
_____
_____

2. Por que os habitantes da nova terra foram chamados de índios?

_____
_____
_____
_____

3. Escreva os diversos nomes que o Brasil recebeu ao longo de sua história.

Primeiro nome: _____

Segundo nome: _____

Terceiro nome: _____

4. Descubra as palavras que completam as questões abaixo.

P	A	U	-	B	R	A	S	I	L	U	V
E	J	U	H	Y	T	F	R	D	E	S	E
T	H	E	N	O	R	M	E	H	F	O	R
I	N	D	Í	G	E	N	A	S	D	E	M
B	W	D	C	X	S	A	T	G	B	I	E
V	A	M	A	D	E	I	R	A	Ç	P	L
C	X	C	V	B	N	M	K	I	U	Y	H
B	W	D	C	X	R	I	Q	U	E	Z	A

a) Produto explorado pelos portugueses nos primeiros anos de ocupação do Brasil.

_____
_____

b) Quem cortava e transportava as toras da madeira explorada pelos portugueses.

_____
_____

c) Cor da tinta que era extraída do pau-brasil.

_____

d) Durante alguns anos, o pau-brasil foi a principal fonte de _____ dos portugueses no Brasil.

e) Os portugueses convenceram os indígenas a cortar _____.

5 OS POVOS AFRICANOS NO BRASIL

Trabalhadores no passado e no presente

Engenho manual que faz caldo de cana (1822), de Jean-Baptiste Debret. Aquarela sobre papel, 17,60 cm x 24,5 cm.

Dama em liteira carregada por escravos e suas acompanhantes (1776), de Carlos Julião. Aquarela colorida, 28 cm x 38,2 cm.

Enfermeira.

Executivos.

- Observe as imagens acima. O que elas mostram?
- São cenas da mesma época? Quais são as diferenças entre elas?
- Qual é a relação entre essas imagens? Converse com os colegas e o professor.

A escravidão dos povos africanos

Como você estudou anteriormente, enquanto os portugueses tentavam descobrir uma rota marítima para as Índias, acabaram percorrendo toda a costa da África, até finalmente contornarem o continente e chegarem à Calicute, uma das cidades que pertencem atualmente à Índia.

Nessas inúmeras viagens, os navegadores portugueses aproveitavam para atracar seus navios e explorar os novos territórios.

A África, naquele tempo, era habitada por diferentes povos. Muitos desses povos estavam organizados em reinos e eram governados por reis que centralizavam o controle político e exerciam o domínio sobre importantes rotas comerciais de marfim, de metais e de pedras preciosas.

Naquele período, era bastante comum entre diversos povos africanos a prática da captura de cativos de guerra. Quando um reino saía vitorioso de uma batalha, por exemplo, lhe era permitido escravizar o adversário.

Os portugueses logo se apropriaram dessa prática e passaram a capturar escravizados na África para comercializá-los em Portugal. Lá, os escravizados realizavam tarefas domésticas nas casas da nobreza. Mas, além disso, esses escravizados também eram exibidos, ao lado de leões e outros animais africanos, em apresentações de entretenimento, que tinham como objetivo mostrar ao público europeu o quanto a África era um lugar exótico.

Quando os portugueses, enfim, passaram a explorar as terras recém-descobertas no continente americano, estabelecendo plantações de cana-de-açúcar, valeram-se do escravismo, como forma de suprir a necessidade de trabalhadores nas fazendas, nas minas e nas vilas e cidades da colônia.

Os historiadores acreditam que durante o período em que houve escravidão no Brasil, entraram no país cerca de 4,8 milhões de escravizados africanos. O comércio de escravizados ficou conhecido como tráfico negreiro.

Reconstituição, chamada maquete, do interior de um navio negreiro. Note que os compartimentos em que ficavam os escravizados eram pequenos e mal ventilados; as pessoas praticamente ficavam empilhadas.

Os escravizados vinham de várias regiões da África

As pessoas escravizadas vinham de diversos pontos do continente africano e, por isso, tinham costumes, religiões e línguas diferentes. Elas pertenciam a vários povos. Observe no mapa a seguir onde eram embarcadas.

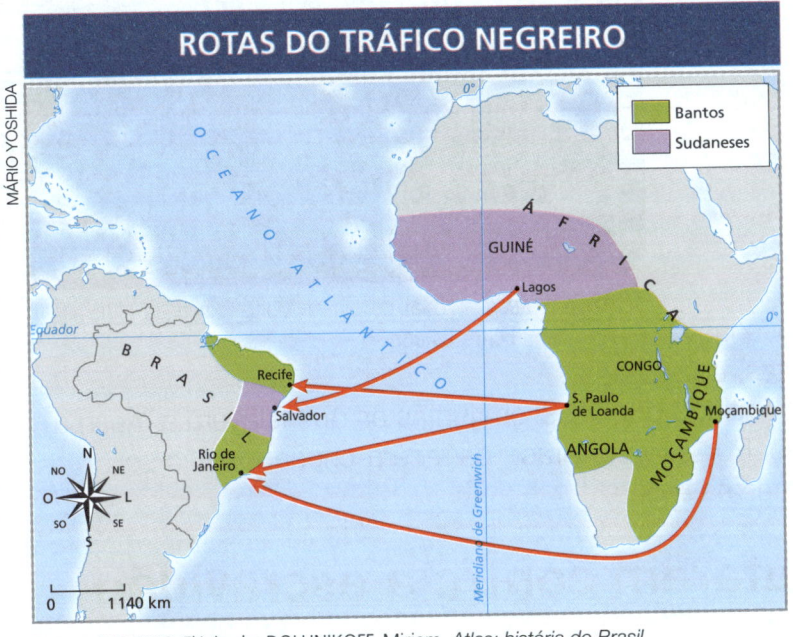

ROTAS DO TRÁFICO NEGREIRO

De modo geral, os povos africanos trazidos para o Brasil foram classificados como sudaneses e bantos. Os bantos eram grupos diversos que ocupavam os territórios que hoje formam os países Angola, Camarões, Congo, Guiné Equatorial e Moçambique. Os sudaneses são originários de Benin, Costa do Marfim, Gana, Mali, Nigéria e Togo.

Fonte: CAMPOS, Flávio de; DOLHNIKOFF, Miriam. *Atlas: história do Brasil*. São Paulo: Scipione, 1993.

Observe estas fotos feitas por volta de 1870, em Pernambuco. As pessoas mostradas são descendentes de vários povos da África, por isso apresentam diferenças físicas entre si. No Brasil, essas pessoas foram vendidas como escravizadas.

Retratos de escravizados em Pernambuco, por volta de 1870.

307

Os europeus se interessaram pela compra de escravizados

Com o propósito de justificar o tráfico negreiro e a escravização dos povos africanos, os europeus desenvolveram várias teorias de caráter racista.

Essas teorias defendiam a superioridade da cultura europeia em relação às culturas dos povos estrangeiros.

Mesmo diante disso, os povos africanos resistiram bravamente às investidas dos europeus e à escravidão. Para evitar que as pessoas escravizadas organizassem revoltas, os traficantes as separavam, não permitindo que ficassem juntas as que falavam a mesma língua ou fossem do mesmo povo. Por isso, no Brasil, os recém-chegados não se entendiam, pois nem falavam a mesma língua.

Mercado de negros (1835), de Johann Moritz Rugendas. Litografia aquarelada, 38 cm x 54 cm.

Os escravizados lutaram contra a escravidão

Mesmo separados de seus grupos, os escravizados reagiam contra o cativeiro. Eles lutavam de todas as formas possíveis: fugiam das fazendas, rebelavam-se contra os maus-tratos, não se dedicavam ao trabalho, porque nada do que produziam era deles. E procuravam conservar seus costumes, transmitindo seus conhecimentos para as crianças. Assim, as antigas culturas africanas foram sobrevivendo.

Quilombo de Palmares em Alagoas (ilustração de Seth). Os quilombos eram os locais para onde os escravizados fugiam.

Influências africanas no modo de vida brasileiro

Hoje, podemos identificar muitas influências de povos africanos em nosso modo de vida, em nossas crenças, na música, nas danças e na culinária. Observe.

- **Língua**: o português falado no Brasil tem uma imensa quantidade de palavras originadas das línguas africanas. Por exemplo: nenê, moleque, samba, batuque, canga, dengosa, marimbondo etc.

- **Música e dança**: a música e a dança de origem africana são influências muito fortes no Brasil. Nós herdamos deles ritmos como o batuque, o samba, o maracatu, a gafieira e também instrumentos musicais, como os bongôs, o berimbau, o pandeiro e outros.
- **Lutas e esportes**: a capoeira, inicialmente, era uma forma de luta que os escravizados praticavam. Nela, partes do corpo, como mãos e pés, tornavam-se armas. Mais tarde, a capoeira tornou-se uma mistura de esporte e dança.

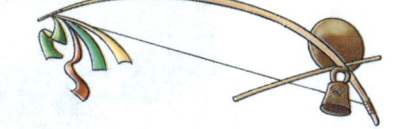

ATIVIDADES

1. Por que os portugueses escravizaram povos africanos?

☐ Os indígenas reagiam e os africanos aceitavam a escravidão.

☐ O comércio de escravos africanos era lucrativo para os portugueses.

☐ Os indígenas eram preguiçosos e os africanos, muito esforçados.

2. Observe esta pintura e complete a ficha sobre ela.

Punição pública (1835), de Johann Moritz Rugendas. Litografia, 22,5 cm x 30,5 cm.

Nome da obra: _____
_____.
Nome do artista que a produziu:
_____.
O que está representado na pintura:
Os castigos a que eram submetidos os escravizados que não _____
_____.

3. Pela pintura que você observou na atividade anterior, pode-se concluir que os africanos escravizados no Brasil:

☐ eram muito bem tratados.

☐ recebiam castigos violentos.

☐ eram tratados do mesmo modo que os brancos.

☐ eram preguiçosos.

4. Leia o texto a seguir e responda.

Os griôs transmitem conhecimentos

Entre os povos africanos, os conhecimentos eram passados dos mais velhos aos mais novos por meio de relatos orais. Atualmente, existem artistas que contam histórias, dançam e cantam, também transmitindo conhecimentos sobre o passado de seu povo. Eles são chamados de griôs.

Griô do Mali, África, em 2006.
Os griôs tocam um instrumento de cordas chamado *kora*.

a) Quem são os griôs?
_____

b) Na sua escola existem griôs! Quem são os griôs de sua escola?
_____

5. E como é a África hoje em dia? Você já viu um mapa com todos os países africanos na atualidade?
Observe e analise o mapa político do continente africano. Depois, pesquise e escreva o nome da capital dos países a seguir.

Angola: _____

Moçambique: _____

África do Sul: _____
_____

Senegal: _____

Congo: _____

MAPA POLÍTICO DA ÁFRICA

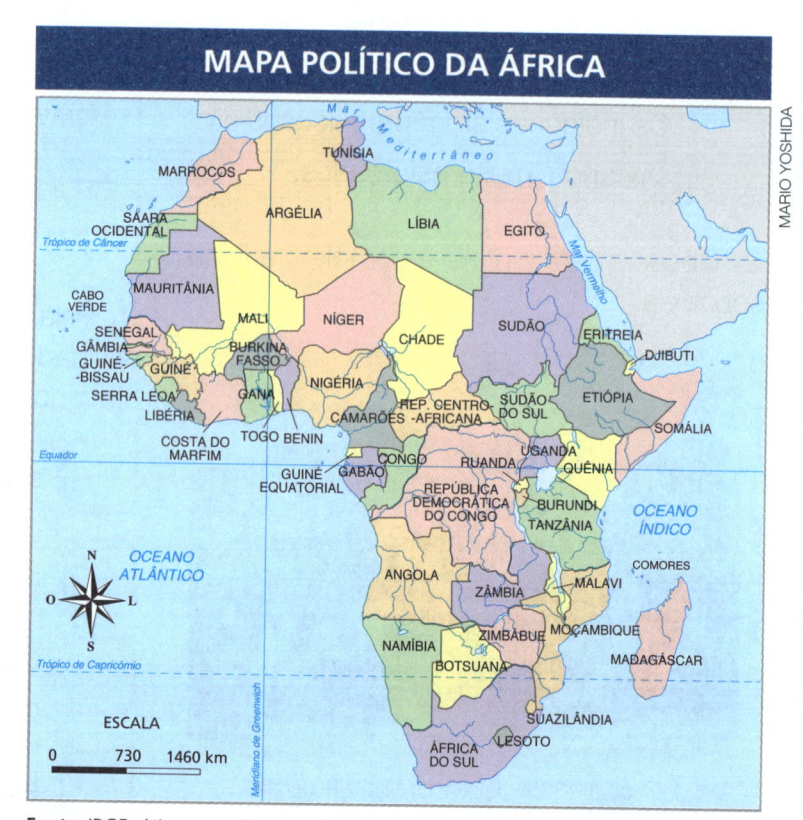

Fonte: IBGE. *Atlas geográfico escolar*. 6. ed. Rio de Janeiro: IBGE, 2012.

6. Assinale a principal ocupação dos africanos escravizados no início da colonização.

☐ Extração de pau-brasil.

☐ Mineração.

☐ Produção de açúcar.

☐ Serviços gerais.

7. Na maioria das vilas e cidades africanas, existia, e ainda existe, uma pessoa que conta histórias de seu povo aos mais jovens, como um meio de conservar a memória sobre o passado. Estamos falando dos:

_____

8. Explique como os africanos escravizados reagiam contra a escravidão. O que eles faziam?

_____
_____
_____

9. Faça um desenho ou cole uma imagem que represente uma influência africana na cultura brasileira atual. Pode ser na dança, na música, na culinária, na língua... Você escolhe!

ATIVIDADES COMPLEMENTARES

1. Como você poderia definir quilombo? Escreva no espaço a seguir.

_____
_____

2. Ainda existem quilombolas no Brasil? Explique.

_____
_____

HISTÓRIA

3. Observe este quadro, pintado em 1859, quando ainda havia escravidão no Brasil. Leia a legenda e responda.

COLEÇÃO SÉRGIO FADEL, RIO DE JANEIRO

Fuga de escravos (1859), de François Auguste Biard. Óleo sobre tela, 33 cm x 52 cm.

a) Quantas pessoas foram representadas? Quantos são adultos? Quantas são crianças?
_____

b) Por que essas pessoas estavam fugindo?
_____

c) Para onde elas poderiam ir?
_____

4. Nas linhas a seguir, escreva um resumo de tudo o que você aprendeu nesta lição.
_____
_____
_____
_____
_____
_____
_____
_____
_____
_____
_____

BRASIL, A COLÔNIA PORTUGUESA NA AMÉRICA

Os portugueses exploraram as riquezas da terra

Logo após chegarem à nova terra, à qual denominaram Brasil, os portugueses a transformaram em sua **colônia**.

- Você sabe o que significa "colônia"?

A formação de colônias aconteceu porque, no século XV, o comércio na Europa aumentou. O comércio estava se tornando uma forma poderosa de enriquecer.

Portugal e outros países lucravam muito com o comércio de especiarias da Índia. Na nova terra, que depois viria a ser o Brasil, buscavam produtos que poderiam ser vendidos a bons preços na Europa. Para isso, era preciso que os portugueses conhecessem melhor a terra que começaram a ocupar.

Ilustração que representa comerciantes europeus do século XV.

As primeiras expedições para conhecer o território

O rei de Portugal resolveu enviar algumas expedições para conhecer melhor as riquezas que poderiam ser exploradas na colônia.

As expedições que vieram ao território deram nomes aos acidentes geográficos. Em geral, escolhia-se o nome do santo do dia para os pontos importantes da geografia brasileira que iam sendo identificados. No entanto, os portugueses também nomearam alguns acidentes geográficos, rios e regiões com os mesmos nomes usados pelos indígenas.

Essas expedições mapearam o litoral do Brasil e fizeram um levantamento dos produtos naturais que poderiam ser explorados pelos portugueses. O que lhes chamou a atenção imediatamente foi o **pau-brasil**.

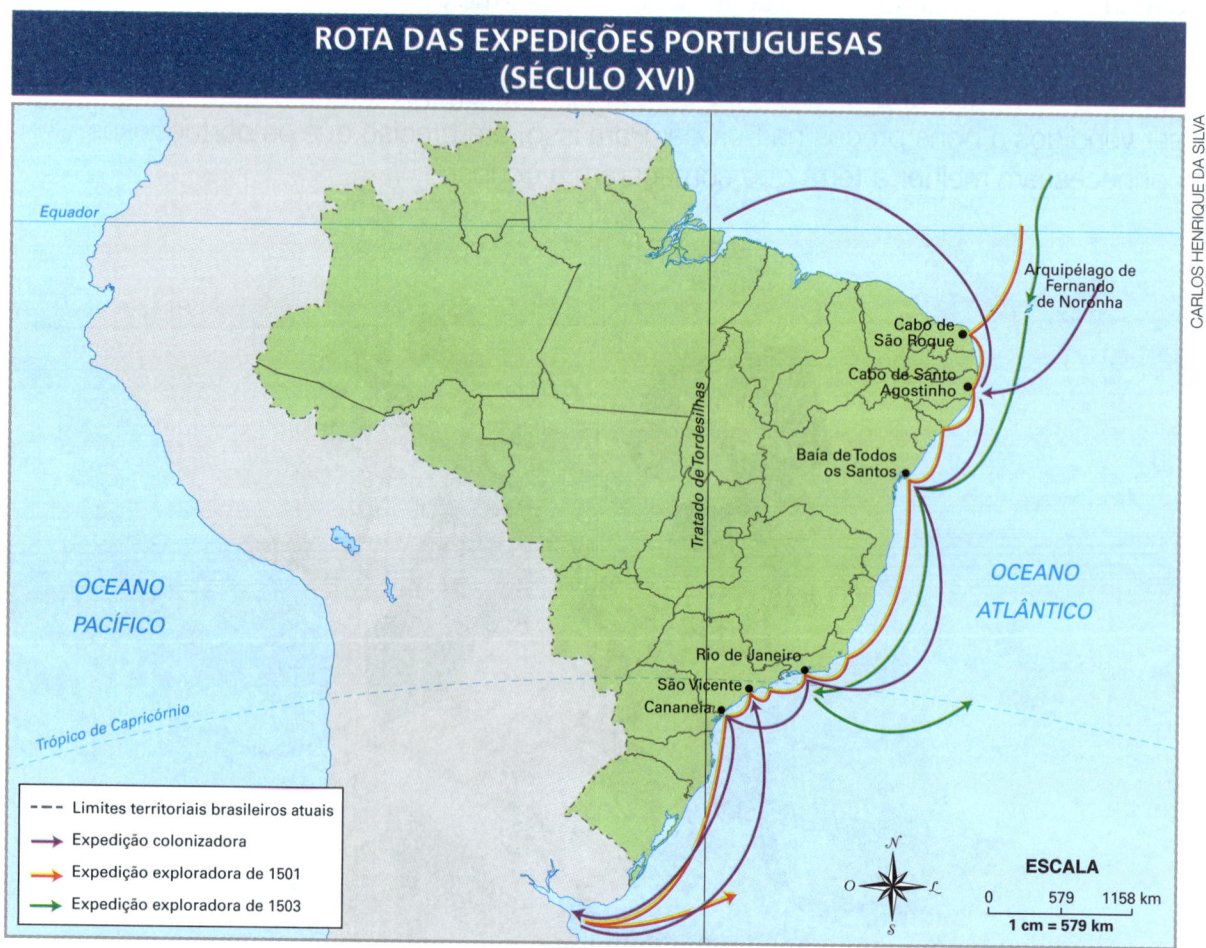

ROTA DAS EXPEDIÇÕES PORTUGUESAS (SÉCULO XVI)

Fonte: *Atlas histórico escolar*. Rio de Janeiro: FAE, 1991.

A exploração do pau-brasil

Os portugueses não encontraram aqui as especiarias das Índias nem pedras preciosas, ouro ou prata. Por isso, inicialmente, o governo português não viu motivo para iniciar a ocupação do território.

Bastava que os comerciantes viessem, carregassem suas embarcações com pau-brasil e voltassem à Europa para vender a carga aos fabricantes de corantes. Esse foi o primeiro produto comercial do Brasil.

Alguns interessados na exploração do pau-brasil conseguiram autorização do rei de Portugal para fazer o comércio da madeira. Esse comércio rendia **impostos** ao rei, mas era pouco em relação ao que a terra poderia oferecer.

Mesmo assim, a quantidade de árvores de pau-brasil que existia no litoral era tanta, que o território ficou conhecido como "Terra do Brasil" e, depois, Brasil.

O PAU-BRASIL NO SÉCULO XVI

Fonte: *Atlas histórico escolar*. Rio de Janeiro: FAE, 1991.

No mapa, vê-se a divisão atual do Brasil em estados, que não existia no século XVI. A linha vermelha, que representa o Tratado de Tordesilhas, indica a divisão de terras entre portugueses e espanhóis feita em 1494.

No século XVI, o pau-brasil predominava nas matas costeiras do território, do Nordeste ao Sudeste. No entanto, hoje, essa árvore é muito rara em nosso país.

Os portugueses exploraram o trabalho dos indígenas

Os portugueses desejavam explorar o pau-brasil. Mas não eram eles que cortavam as árvores e carregavam a madeira para os navios. Quem fazia isso eram os grupos nativos, que conheciam bem a mata e estavam em maior número.

Em troca da madeira, os indígenas recebiam utensílios de metal, espelhos, tecidos e outros produtos desconhecidos por eles na época. Esse negócio, realizado com base na troca de produtos entre europeus e nativos, foi chamado **escambo**.

Piratas e corsários saqueavam o litoral da colônia

A exploração do pau-brasil e de outras riquezas atraía também navegadores de outros países. Como não tinham permissão do rei de Portugal para isso, eles se estabeleciam em locais distantes das povoações portuguesas ou atacavam os navios de Portugal carregados de mercadorias: eram os **piratas** e os **corsários**.

Combate naval entre portugueses e franceses na costa do Brasil (1592), gravura de Theodore de Bry.

ATIVIDADES

1. Procure no diagrama cinco palavras que completem o texto.

Depois da _____ dos portugueses, o território que hoje forma o _____ se tornou _____, o que quer dizer que pertencia a _____. Essa formação de colônias deu-se por causa do aumento do _____ no século XV.

L	C	O	M	É	R	C	I	O	J	R
A	M	T	R	C	H	E	G	A	D	A
K	X	J	C	O	L	Ô	N	I	A	R
P	O	R	T	U	G	A	L	S	U	A
E	I	M	A	D	B	R	A	S	I	L

316

2. Responda.

a) Qual foi o primeiro produto explorado no litoral do Brasil pelos europeus?

_____

b) Quem fazia o trabalho de cortar e carregar as toras de pau-brasil até as embarcações?

_____

c) Como a madeira do pau-brasil era usada pelos europeus?

_____

_____

_____

3. Compare o mapa a seguir com o mapa "O pau-brasil no século XVI", na página 305, e resolva as questões.

O PAU-BRASIL NO INÍCIO DO SÉCULO XXI

Área de ocorrência de pau-brasil

Fonte: José Jobson de A. Arruda. *Atlas histórico básico*. São Paulo: Ática, 2005.

a) Marque os motivos de os europeus retirarem pau-brasil da mata que cobria o litoral do território conquistado.

☐ Para ser vendido na Europa.

☐ Do seu tronco retirava-se uma tinta de cor avermelhada, usada como corante.

☐ A madeira era usada para fabricar móveis e utensílios.

☐ Para servir de lenha em fogueiras e lareiras nos lugares muito frios.

b) Marque com X o que aconteceu com a área de ocorrência do pau-brasil entre o século XVI e os dias de hoje.

☐ Ela diminuiu.

☐ Ela aumentou.

☐ Ela se estendeu para o interior do Brasil.

☐ Ela permaneceu igual.

4. No estado em que você mora existem matas com pau-brasil? Olhe no mapa atual do Brasil, na atividade anterior. Comente com o professor e os colegas.

O rei decidiu colonizar o território

Em 1530, o rei de Portugal enviou uma expedição com o objetivo de iniciar a colonização. Era uma forma de trazer pessoas para a nova terra e mudas de cana-de--açúcar para plantar, além de extrair riquezas do local. O açúcar era um produto raro e muito apreciado pela nobreza europeia.

O artista Benedito Calixto imaginou como poderia ter sido a chegada dos portugueses ao litoral paulista na obra *Fundação de São Vicente* (1900). A região de São Vicente se desenvolveu com base no cultivo de cana-de-açúcar.

Em janeiro de 1532, Martim Afonso de Sousa, responsável pela expedição, fundou a Vila de São Vicente, no litoral das terras que hoje pertencem ao estado de São Paulo.

- Imagine como foi a fundação de uma vila no período colonial. Quem estava presente, além dos portugueses?

- Faça um desenho para representar como você imagina esse momento histórico.

Era muita terra para administrar...

Naquele momento da colonização, o governo português precisava resolver um problema: como tomar posse de um território tão extenso?

Em 1534, o rei então implantou um sistema chamado **capitanias hereditárias**: dividiu as terras em 15 lotes, que foram doados a 12 homens de confiança de Portugal; alguns receberam mais de um lote. Esses "capitães" ou "donatários", como eram chamados, teriam de investir em fazendas, plantações, mineração etc., entregando ao governo, por meio de impostos, uma parte do que produziam.

Por conta dos altos investimentos necessários, esse sistema não deu muito certo. Por isso, o rei resolveu enviar para a colônia um governador-geral, uma pessoa com autoridade para governar. Esse sistema foi chamado de governo-geral, e o primeiro representante do rei a vir para cá foi Tomé de Sousa, em 1548.

No ano seguinte, em 1549, foi fundada a cidade de Salvador, a primeira capital da colônia.

Salvador (1624), gravura de Claes Jansz.

Mapa de Luís Teixeira (1574) com o território da colônia dividido em capitanias hereditárias.

O açúcar era produzido nos engenhos

Os portugueses buscaram outras formas de lucrar no Brasil. A primeira experiência bem-sucedida foi a produção de açúcar, produto que era muito valorizado pela nobreza europeia naquele período.

Os fazendeiros portugueses começaram o cultivo da cana-de-açúcar em grandes extensões de terra. Logo os canaviais se espalharam pelo litoral nordestino a perder de vista.

Para transformar a cana em açúcar, era necessário um conjunto de construções, máquinas e ferramentas. Esse conjunto formava o **engenho**.

Os portugueses dominavam as técnicas de plantio da cana e de fabricação do açúcar, pois essa era uma atividade que já realizavam nas ilhas africanas Açores, Madeira e Cabo Verde. Lá, eles também usavam escravizados para essas tarefas.

Nos engenhos havia o canavial – para o cultivo da cana –, as construções destinadas à produção do açúcar, as senzalas – para a moradia dos trabalhadores escravizados –, a casa-grande – para a moradia do senhor e de sua família – e a igreja. Os engenhos variavam de tamanho de acordo com as posses de seus proprietários.

Johann Moritz Rugendas, um artista alemão que viveu no Brasil por volta dos anos de 1800, representou o cotidiano em um engenho de açúcar. Observe, na obra *Engenho de açúcar*, a moenda, onde a cana-de-açúcar era moída, os **pães de açúcar** na amurada, os trabalhadores escravizados e as construções de um engenho de açúcar.

VOCABULÁRIO

pão de açúcar: nos antigos engenhos, era a massa de açúcar esfriada e depositada em formas que tinham o formato de cone, para tomar consistência.

Atividades de subsistência: pecuária e agricultura

A **pecuária** começou a ser praticada sobretudo por portugueses e mestiços que não possuíam recursos econômicos nem poder político para estabelecerem engenhos de cana. Foi durante muito tempo uma atividade de subsistência dos engenhos. Os bois eram usados como força motriz das moendas de cana, enquanto a carne, o leite e o couro eram consumidos pelos moradores das fazendas.

Carro de bois (1638), de Frans Post. Óleo sobre tela, 61 cm × 88 cm.

Por ser uma atividade de subsistência, a pecuária era praticada nas proximidades das fazendas de cana. A criação de gado era feita em pastos sem cercas e passava a ocupar as terras férteis destinadas à produção da cana. Como isso ameaçava os interesses econômicos dos grandes senhores e do rei português, este acabou proibindo a prática da atividade pecuária nas terras próximas ao litoral.

Essa proibição forçou os criadores a praticarem a atividade cada vez mais longe da costa, adentrando as terras do interior da colônia. E, como a criação era feita com o gado solto, ela funcionava como uma espécie de fronteira móvel, que ia desbravando o interior sem custos para os produtores nem para o reino português.

A **agricultura de subsistência** por sua vez, naquele período, era destinada ao cultivo de alimentos para serem consumidos pelos moradores da própria colônia. Plantava-se, por exemplo, feijão, milho, mandioca, cará etc. Foi uma atividade praticada nas proximidades dos engenhos, das vilas e cidades.

A descoberta de ouro no Brasil

Por volta de 1650, a economia do açúcar estava muito enfraquecida. Mas Portugal dependia da arrecadação dos impostos gerados em torno dessa atividade econômica para manter o reino.

Com o objetivo de encontrar metais e pedras preciosas, o rei português incentivou os colonos do Brasil a realizarem expedições para o interior da colônia, ou como se dizia naquela época, para o "**sertão**" da colônia.

Os paulistas se tornaram o maior exemplo de exploradores e conquistadores do sertão. Saíam de São Paulo de Piratininga e se embrenhavam pelo interior em expedições que podiam durar anos. Essas expedições eram chamadas **bandeiras**.

Um dos objetivos dessas bandeiras era capturar indígenas para vendê-los como escravizados. Mas as bandeiras foram responsáveis também pela expansão das fronteiras da colônia portuguesa e pela descoberta de ouro nas regiões de Minas Gerais e Goiás.

Em 1695, os paulistas descobriram ouro no Rio das Velhas, próximo às atuais cidades de Sabará e Caeté, no estado de Minas Gerais. Nos anos seguintes, outras minas foram descobertas no território dos atuais estados da Bahia, Goiás e Mato Grosso.

A notícia se espalhou rapidamente e muitas pessoas chegaram às áreas mineradoras. Muitos portugueses vieram para o Brasil na esperança de enriquecer rapidamente.

PRINCIPAIS ÁREAS DE MINERAÇÃO NO BRASIL 1700-1800

Áreas de mineração

Fonte: ARRUDA, José Jobson de. *Atlas histórico básico*. São Paulo: Ática, 2007.

ATIVIDADES

1. Pinte as palavras que completam as frases corretamente.

a) O Brasil foi [conquistado] [descoberto] quando Portugal procurava [dominar] [abandonar] o comércio com [a Espanha] [as Índias].

b) Logo após a chegada de Cabral, o reino português enviou ao Brasil as expedições [exploradoras] [colonizadoras], para verificar se havia [riquezas] [outros povos] aqui.

c) Inicialmente, o produto que mais chamou a atenção no novo território foi o(a) [ouro] [pau-brasil] [prata].

2. Por que os reis se associaram aos comerciantes? Como cada uma das partes era beneficiada?

_____
_____
_____

3. Em 1534, na época em que a colonização começou, o rei Dom João III resolveu dividir a colônia portuguesa em lotes.

a) Em quantos lotes foi dividido o Brasil?

_____

b) Como eram chamados esses lotes?

_____

c) Para quem esses lotes foram doados?

_____

d) Como ficaram conhecidos esses homens de confiança do rei?

_____

e) Quantos eram os donatários e quantos lotes receberam?

_____

4. Faça a relação entre as datas e os acontecimentos da história da colonização do Brasil.

1	1530
2	1532
3	1534

☐ Martim Afonso de Sousa fundou a Vila de São Vicente, no litoral das terras que hoje pertencem ao estado de São Paulo.

☐ Dom João III resolveu dividir a colônia portuguesa em quinze lotes – as capitanias hereditárias – e doar cada lote a um colonizador.

☐ O rei de Portugal, Dom João III, enviou uma expedição para o Brasil com o objetivo de iniciar a colonização.

5. Com relação ao açúcar, marque com **X** as afirmações corretas.

☐ Não era um produto muito aceito na Europa.

☐ Durante muito tempo, foi a base da riqueza colonial.

☐ Os portugueses não dominavam as técnicas do plantio da cana e da fabricação do açúcar.

☐ Para transformar a cana em açúcar, era necessário um conjunto de construções, máquinas, ferramentas etc.

☐ A cana-de-açúcar já existia no território da colônia e foi apresentada aos portugueses pelos indígenas.

☐ O plantio da cana-de-açúcar se desenvolveu em grandes extensões de terra, as quais deram origem às fazendas.

6. Marque com **X** as alternativas corretas.

☐ As bandeiras eram expedições que seguiam em direção ao interior do Brasil.

☐ Os moradores de Salvador foram os principais bandeirantes.

☐ Um dos objetivos dos bandeirantes era aprisionar indígenas para serem escravizados.

A beleza das cidades mineiras

Quando as pessoas começaram a enriquecer na região das minas, começaram também a incentivar a construção de casas e igrejas luxuosas.

Cidades mineiras como Ouro Preto (que na época se chamava Vila Rica), São João del Rei, Sabará, Diamantina e muitas outras ganharam ruas, palacetes e muitas igrejas ricamente decoradas.

Diversos artistas se destacaram ao pintar e esculpir essas obras religiosas. Muitos desses artistas eram escravizados que dominavam técnicas de arquitetura e tinham um incrível dom artístico. Outros eram pessoas do povo, como o brasileiro Antônio Francisco Lisboa, filho de uma africana escravizada com um português. Ele recebeu alforria (quer dizer, foi libertado) e dedicou-se às artes. Ficou conhecido pelo apelido de Aleijadinho, porque sofria de uma doença que o fez perder os dedos das mãos e dos pés.

Suas obras mais importantes estão na Igreja de São Francisco de Assis de Ouro Preto e no Santuário do Bom Jesus de Matosinhos.

As cidades mineiras, hoje consideradas cidades históricas, atraem milhares de turistas porque conservam muito da beleza da época em que a mineração era a principal atividade econômica do Brasil.

• Como são chamadas hoje as cidades mineiras do século XVIII? No que elas se destacam?

_____

_____

LIÇÃO 7 — A FORMAÇÃO DO BRASIL

A Europa no início de 1800

Os reis portugueses sempre governaram a colônia a distância. Eles nunca tinham visitado a colônia até se mudarem definitivamente para o Brasil, em 1808.

Naquele período, Napoleão Bonaparte era o imperador da França. Ele tinha a ambição de formar um império que se estenderia por todo o mundo, começando pela conquista da Europa. Para isso, Napoleão precisava vencer a Inglaterra, a mais rica nação da época.

Napoleão tinha um plano para derrotar a Inglaterra: proibir todos os países da Europa de vender e comprar mercadorias dos comerciantes ingleses. O país que desobedecesse à ordem seria invadido pelas tropas francesas. Essa proibição colocaria a Inglaterra em dificuldades, uma vez que a economia inglesa se baseava no comércio com os países da Europa e suas colônias.

Portugal era um dos maiores parceiros comerciais da Inglaterra e o rei português não estava interessado em romper os negócios lucrativos para ambos os lados.

A resposta de Napoleão foi rápida: decidiu invadir Portugal.

- Imagine que você fosse o rei português nessa época. O que você faria se a França invadisse Portugal?

À esquerda, retrato de Napoleão Bonaparte pintado em 1812 por Jacques-Louis David. Óleo sobre tela, 203,9 cm 125,1 cm. À direita, batalha ocorrida em 1807, sob comando de Napoleão, registrada pelo pintor Antoine-Jean Gros. Óleo sobre tela, 521 cm X 784 cm.

Cena de batalha com Napoleão no comando. Napoléon à la bataille d'Eylau en 1807. Autor Antoine-Jean Gros

A vinda da família real para o Brasil

Para escapar das tropas de Napoleão, a família real e toda a corte, isto é, a nobreza que ocupava os altos cargos, decidiram embarcar às pressas para o Brasil.

As embarcações portuguesas chegaram à colônia em janeiro de 1808.

Tão logo chegou a Salvador, Dom João tomou uma medida muito importante: assinou um decreto que mandava abrir os portos da colônia para as nações amigas. Dessa forma, permitiu que todas as nações aliadas a Portugal, principalmente a Inglaterra, vendessem diretamente seus produtos ao Brasil e comprassem os produtos brasileiros sem intermediários.

No Rio de Janeiro, o príncipe Dom João tomou uma série de providências para tornar a cidade adequada a servir de sede do reino de Portugal. Foram criadas várias instituições, como o Banco do Brasil, o Jardim Botânico, a Imprensa Régia, a Biblioteca Real, escolas de Ensino Superior, entre outras.

Chegada do príncipe Dom João à igreja do Rosário, de Armando Martins Viana. Óleo sobre tela, 27,5 cm x 23,5 cm.

Até o início de 1808, apenas navios portugueses podiam embarcar e desembarcar produtos nos portos brasileiros.

A colônia foi elevada a Reino Unido

Em 1815, com o fim do domínio de Napoleão Bonaparte sobre a Europa, Dom João determinou que o Brasil não seria mais uma colônia, elevando-o a Reino Unido a Portugal e Algarves.

Com a morte de sua mãe, Dona Maria I, Dom João foi nomeado rei de Portugal e do Brasil. Ele recebeu o título de Dom João VI.

Essa situação, de um lado, era uma vantagem para a antiga colônia, que já recebera várias mudanças com a transferência da corte portuguesa. De outro, era uma maneira de conter a ambição de o Brasil se tornar independente do domínio português.

Partida da rainha D. Carlota para Portugal (1839), de Jean-Baptiste Debret. Litografia incluída no livro *Viagem Pitoresca*, 27,5 cm x 23,5 cm.

Com essa mudança, as capitanias passaram a ser chamadas de províncias.

Em 1821, Dom João VI voltou a Portugal, para garantir o trono na Europa, pois os portugueses estavam revoltados com o abandono do rei durante a guerra napoleônica.

Ao se despedir, entregou a chefia do governo brasileiro ao seu filho, Dom Pedro.

ATIVIDADES

1. Qual era a ambição de Napoleão Bonaparte, imperador da França?

_____
_____
_____

2. Qual era a nação europeia que Napoleão precisava vencer para atingir seu objetivo?

_____
_____
_____

3. O que Napoleão fez para alcançar esse objetivo? O que ele pretendia com isso?

_____
_____
_____

4. Que outra nação europeia não obedeceu às ordens de Napoleão? O que ele fez diante disso?

_____
_____
_____

5. Leia o texto e, depois, responda.

Tão logo chegou a Salvador, o príncipe Dom João tomou uma medida muito importante: assinou um decreto que mandava abrir os portos para as nações amigas.

a) Por que Dom João teve de tomar essa medida?

b) O que essa medida significou para os ingleses?

Dom Pedro decidiu permanecer no Brasil

Depois da partida de Dom João VI para Portugal, Dom Pedro, com apenas 22 anos de idade, passou a governar o Brasil como príncipe regente.

Em 1821, as cortes portuguesas exigiram o retorno de Dom Pedro e determinaram que as províncias obedecessem apenas às ordens diretas do governo português. Uma comissão de brasileiros entregou a Dom Pedro um abaixo-assinado com mais de 8 mil assinaturas, pedindo-lhe que permanecesse no Brasil.

Ao receber o abaixo-assinado, Dom Pedro declarou: "Como é para o bem de todos e felicidade geral da nação, estou pronto: diga ao povo que fico". Dom Pedro fez essa declaração em 9 de janeiro de 1822, data que se tornou conhecida como **Dia do Fico**.

O Brasil se tornou independente de Portugal

Os políticos brasileiros queriam a independência do Brasil, mas divergiam quanto à maneira de conquistá-la. Um grupo era favorável a um processo lento, outro queria a independência imediata. Para conseguir apoio a seu governo, o príncipe Dom Pedro resolveu deixar o Rio de Janeiro e visitar algumas províncias, entre elas, São Paulo.

Em 7 de setembro de 1822, quando voltava de Santos para São Paulo, às margens do Riacho do Ipiranga, o príncipe Dom Pedro recebeu os decretos do governo de Lisboa, que anulavam seus atos mais importantes e exigiam que ele voltasse para Portugal. Diante disso, o príncipe regente declarou que estavam cortados os laços que uniam o Brasil a Portugal e proclamou a independência do Brasil.

Dom Pedro, então, foi aclamado imperador com o título de Dom Pedro I.

O Primeiro Reinado (1822 a 1831)

Foi chamado de **Primeiro Reinado** o período em que Dom Pedro I governou o Brasil.

Com a separação de Portugal, o Brasil passou a ter leis e administração próprias e a controlar o comércio com outros países. Mas isso não modificou muito a vida da maioria dos escravizados e das pessoas livres e pobres.

A fim de elaborar a primeira Constituição brasileira, foi reunida uma Assembleia Constituinte. Dom Pedro I não aprovou o projeto proposto pela Assembleia, pois, segundo a Constituição elaborada pelos brasileiros, ele não poderia exercer um poder absoluto. Então, dissolveu a Assembleia, expulsou e prendeu alguns de seus participantes.

Aclamação de Dom Pedro I no Campo de Sant'Ana (1839), de Jean-Baptiste Debret. Litografia, 48 cm x 70 cm.

VOCABULÁRIO

Constituição: é a lei fundamental de uma nação, que estabelece os direitos e os deveres dos cidadãos.

Em 1824, uma Constituição imposta por Dom Pedro I foi outorgada, sem qualquer discussão com os representantes das províncias. Essa Carta dava plenos poderes ao imperador e estabelecia que apenas os grandes proprietários podiam participar da política.

Dom Pedro I exerceu um poder imperial

A primeira Constituição brasileira, outorgada por Dom Pedro I, estabeleceu que o voto era aberto e exercido apenas por homens maiores de 25 anos, com alto poder aquisitivo. Além disso, estabeleceu quatro poderes:

- Poder Executivo, formado pelo imperador e seus ministros;
- Poder Legislativo, formado por deputados e senadores;
- Poder Judiciário, composto pelos juízes (escolhidos pelo imperador);
- Poder Moderador, que controlava os outros três poderes e era exercido pelo imperador.

Dom Pedro I queria impor sua autoridade. Com isso, acabou perdendo o apoio de várias camadas da população.

Uma revolta aconteceu em Pernambuco

Em 1824, ocorreu em Pernambuco a Confederação do Equador, uma revolução que pretendia transformar Pernambuco, Ceará, Rio Grande do Norte e Paraíba numa república independente.

Dom Pedro I dominou a revolução e vários revoltosos foram presos. Manoel Paes de Andrade, um dos líderes, refugiou-se num navio inglês. Frei Caneca, outro líder, foi preso e condenado à morte.

Estudo para Frei Caneca, de Antônio Parreiras, 1918. Óleo sobre tela, 77 cm x 96.2 cm.
O pintor representou a cena de julgamento de Frei Caneca, um dos participantes da Confederação do Equador (1824), uma rebelião contra o governo de D. Pedro I.

Dom Pedro II e suas irmãs (1835), de Felix Taunay. Dona Januária e dona Francisca, no quarto de estudos em São Cristóvão. Litografia, 25,5 cm x 23,5 cm.

Dom Pedro I deixou seu filho no poder

No dia 7 de abril de 1831, Dom Pedro I abdicou do trono em favor de seu filho Pedro de Alcântara, então com 5 anos de idade, e partiu para Portugal.

Com sua abdicação, terminou o Primeiro Reinado. Pedro de Alcântara, no entanto, só poderia governar o país quando completasse 18 anos. O Brasil, então, passou a ser governado pelos **regentes**.

As elites brasileiras acreditavam que seria mais fácil dominar o príncipe regente do que seu pai, Dom Pedro I, que ainda tinha interesses em Portugal.

VOCABULÁRIO

regente: chefe de governo durante a impossibilidade de o rei assumir o poder.

ATIVIDADES

1. Todas as pessoas que viviam no Brasil aceitaram a independência? Explique sua resposta.

_____
_____
_____

2. Relacione as perguntas às respostas corretas, numerando-as.

1	O que foi o Primeiro Reinado?
2	Como foi escrita a primeira Constituição do Brasil imperial?
3	Como acabou o reinado de Dom Pedro I no Brasil?
4	Dom Pedro I enfrentou vários problemas durante seu governo, como a Confederação do Equador. O que foi esse movimento?

☐ Foi uma revolução que desejava transformar Pernambuco, Ceará, Rio Grande do Norte e Paraíba numa república independente.

☐ Dom Pedro I dissolveu a Assembleia que havia convocado para elaborar a Constituição. Ele próprio impôs uma Constituição em 1824, que dava plenos poderes ao imperador.

☐ Foi o período em que Dom Pedro I governou o Brasil.

☐ No dia 7 de abril de 1831, Dom Pedro I abdicou do trono em favor de seu filho Pedro de Alcântara, então com 5 anos de idade.

3. Consulte um dicionário e escreva, no caderno, o significado da palavra "monarquia", o sistema de governo herdado de Portugal e mantido no Brasil depois da independência.

O Brasil foi governado por regentes

Dom Pedro I deixou o Brasil e entregou o trono a seu filho, que tinha apenas 5 anos. Até que Pedro de Alcântara tivesse idade para governar, o Brasil foi administrado por regentes: a **Regência Trina Provisória**, formada por três pessoas, que governou o país durante dois meses; a **Regência Trina Permanente**, formada por três pessoas, que governou o país de 1831 a 1835; a **Regência Una do padre Diogo Antônio Feijó**, que governou de 1835 a 1837; e a **Regência Una de Araújo Lima**, que governou de 1837 a 1840.

O período das regências unas foi muito agitado. Nele ocorreram várias revoltas. Essas revoltas foram provocadas pelos impostos elevados, pelas dificuldades das províncias para comercializar seus produtos e pela pobreza da população. Acompanhe:

- Cabanagem, de 1835 a 1840. Ocorreu no Grão-Pará (atual estado do Pará). Os revoltosos eram formados por escravizados e mestiços explorados pelos grandes fazendeiros. Alguns comerciantes e fazendeiros descontentes com o governante

escolhido pelos regentes aderiram à revolta. Os revoltosos chegaram a assumir a província, mas foram derrotados pelas autoridades.
- Balaiada, de 1838 a 1841. No Maranhão ocorreu uma revolta contra o governante escolhido pelos regentes. Homens livres pobres e escravizados se rebelaram contra os grandes fazendeiros e autoridades. Eles tomaram a cidade de Caxias, mas foram derrotados em 1841 pelas tropas do governo.
- Sabinada, de 1837 a 1838. O movimento foi liderado pelo médico Francisco Sabino Vieira e teve a participação de intelectuais e comerciantes descontentes com o presidente da província da Bahia. A repressão foi violenta: cerca de mil e trezentas pessoas foram mortas e quase três mil foram presas.
- Guerra dos Farrapos, de 1835 a 1845. A revolta, que ocorreu na província do Rio Grande do Sul, tinha como objetivo separar a província do restante do país, pois os fazendeiros de gado estavam insatisfeitos com os altos impostos e com o governante escolhido pelos regentes. A revolta durou dez anos e terminou somente em 1845. Para restabelecer a ordem no país e resolver as questões políticas, em 1840 foi antecipada a maioridade de Pedro de Alcântara, então com quase 15 anos de idade.

Fonte: José Jobson de A. Arruda. *Atlas histórico básico*. São Paulo: Ática, 2005.

O Segundo Reinado (1840 a 1889)

Em 1840, Pedro de Alcântara assumiu o poder com apenas 14 anos de idade e recebeu o título de Dom Pedro II. Esse período ficou conhecido como **Segundo Reinado**.

Dom Pedro II foi preparado durante toda sua juventude para ser o novo imperador. Estudou, viajou pelo Brasil e para outros países, informou-se sobre as novidades que aconteciam na Europa e nos Estados Unidos.

Durante seu governo, a economia brasileira cresceu com a comercialização do café; surgiram fábricas de alimentos, bebidas e tecidos; inovações aconteceram nos meios de comunicação (telégrafo e telefone) e nos transportes (ferrovias); as ruas das principais cidades receberam trilhos de bondes e iluminação a gás; museus, escolas e faculdades foram construídos.

O novo imperador conseguiu que as rebeliões que ocorreram no período regencial fossem controladas, além de outras, que se iniciaram mais tarde.

Dom Pedro II também enfrentou guerras contra países vizinhos, como a Guerra do Paraguai, que durou de 1865 a 1870. Nessa guerra, Argentina, Uruguai e Brasil uniram-se para derrotar o Paraguai.

O café

As primeiras mudas e sementes foram trazidas da Guiana Francesa pelo paraense Francisco de Melo Palheta, em 1727, e plantadas próximas a Belém do Pará. Foi no período do império, porém, que essa cultura alcançou grande expansão.

Em 1760, mudas de café foram levadas para o Rio de Janeiro, onde o cultivo se expandiu graças aos trabalhadores escravizados, à facilidade de transporte e à proximidade do porto. Além disso, o café passou a ser um produto muito apreciado na Europa, consumido em cafeterias ou por operários das primeiras fábricas, para sustentar o ritmo de trabalho.

Do Rio de Janeiro, a cultura expandiu-se para São Paulo, Minas Gerais e Espírito Santo. A terra roxa e o clima temperado e úmido foram fatores que favoreceram a aclimatação do café nas regiões Sudeste e Sul.

Transporte de café, de Jean-Baptiste Debret. Aquarela, 17,1 cm x 21,1 cm.

VOCABULÁRIO

terra roxa: tipo de solo vermelho bastante fértil que aparece nos estados das regiões centrais e sul do Brasil.

As leis abolicionistas

Durante os anos de 1800 e, principalmente, durante o governo de Dom Pedro II, o trabalho escravo passou a ser combatido pelas nações da Europa. O governo brasileiro foi pressionado a impedir o tráfico de escravizados, isto é, que escravizados fossem trazidos para o Brasil.

Era grande o número de trabalhadores escravizados nas fazendas de café, especialmente no Rio de Janeiro. Os fazendeiros do oeste paulista também usavam escravizados em suas propriedades.

Em **1850**, Dom Pedro II assinou a **Lei Eusébio de Queirós**, que proibia o tráfico. Entretanto, os "comerciantes" de escravizados continuaram o tráfico, burlando a lei estabelecida. Mas a ideia da abolição já estava sendo discutida, principalmente pelas constantes reações de resistência dos escravizados, que não aceitavam sua situação.

Nesse período, intelectuais brasileiros, como o poeta Castro Alves, José do Patrocínio, Joaquim Nabuco, André Rebouças, Rui Barbosa, Luís Gama e Eusébio de Queirós, formaram um grupo abolicionista, cujo objetivo era o combate ao trabalho escravo.

Pouco a pouco, foram assinadas leis para libertar os escravizados: em 28 de setembro de **1871**, foi assinada a **Lei do Ventre Livre**, que dava liberdade para os filhos de escravizados nascidos a partir daquela data, mas os deixava sob a tutela dos senhores até os 21 anos de idade; em 28 de setembro de **1885**, foi assinada a **Lei dos Sexagenários**, que dava liberdade aos escravos com mais de 65 anos; e, por fim, a **Lei Áurea**, que encerrou oficialmente a escravidão no Brasil, foi assinada pela princesa Isabel no dia 13 de maio de **1888**. Com essa lei, os africanos e seus descendentes estavam livres e aqueles que continuassem a trabalhar nas fazendas passariam a receber um salário.

Luís Gama, ex-escravizado, tornou-se um dos principais defensores do fim da escravidão. Ele buscava na justiça formas de garantir a liberdade às pessoas escravizadas.

ATIVIDADES

1. Por que o período histórico após a abdicação de Dom Pedro I ficou conhecido como Período Regencial?

2. Com o governo de Dom Pedro II, o país sofreu várias mudanças. Cite três dessas mudanças.

3. Que fatores favoreceram o desenvolvimento do cultivo do café no Rio de Janeiro?

4. Que fatores favoreceram as plantações de café nas regiões Sudeste e Sul?

5. Em seu caderno, responda. Quais leis decretadas no Segundo Império visavam combater a escravidão? Explique cada uma delas.

8 A FORMAÇÃO DO POVO BRASILEIRO

Um país de vários povos

A população brasileira é bastante **miscigenada**. Isso ocorre em razão da mistura de diversos grupos humanos no país.

Antes da chegada dos portugueses, já havia no território milhares de pessoas. Eram os povos indígenas, os habitantes nativos destas terras.

VOCABULÁRIO

miscigenada: misturada; formada pela mistura étnica de vários povos.

A população brasileira reúne uma enorme diversidade étnica. São pessoas de várias origens vindas de todas as partes do mundo.

Após 1500, os portugueses também começaram a fazer parte da população. Eles ocuparam a costa brasileira e, mais tarde, o interior. Algum tempo depois, foram trazidas pessoas de diversas regiões do continente africano. Indígenas, portugueses e africanos foram os três grupos que formaram, inicialmente, a sociedade brasileira.

- Há pessoas de origem indígena, africana ou portuguesa em sua família? Converse com os colegas sobre isso.

Os povos indígenas

Com a chegada dos europeus, os indígenas, verdadeiros donos das terras, passaram a viver sempre ameaçados pelos portugueses, que procuravam pessoas para trabalhar nos engenhos de cana-de-açúcar. Alguns grupos conseguiam conviver pacificamente com os brancos, mas a maioria precisava enfrentar o perigo de ser escravizada.

Para não ser obrigados a trabalhar nos engenhos nem entrar em conflito com os portugueses, muitos povos indígenas abandonaram suas terras e fugiram para o interior do território. Grande parte deles, entretanto, foi aprisionada ou morta nas guerras que ocorreram e nos ataques feitos pelos europeus.

Muitos nativos foram escravizados, isto é, foram obrigados a trabalhar para os portugueses sem receber nada por isso. Geralmente, as regiões mais pobres do Brasil na época, como as terras dos atuais estados de São Paulo, Amazonas e Pará, usavam o trabalho escravo indígena.

Além disso, grupos de religiosos, chamados de **jesuítas**, vieram para o Brasil com o objetivo de **catequizar** os povos indígenas. Eles fundaram as missões, que eram aldeamentos coordenados pelos padres em que os indígenas aprendiam os valores e os hábitos dos portugueses, como a religião católica.

VOCABULÁRIO

catequizar: converter uma pessoa a uma crença ou doutrina religiosa.

Segundo os jesuítas, essas missões eram locais de proteção aos indígenas, pois eles estariam afastados dos colonizadores que tentavam escravizá-los.

Esses acontecimentos fizeram muitas famílias indígenas se isolarem e ficarem distantes da sociedade brasileira que se formava. Muitos grupos se dispersaram pelo interior do território, o que aumentou seu isolamento, sem contar as etnias que sempre viveram sem nenhum contato com outros povos.

Os grupos indígenas que se misturam com outros povos passaram a adquirir valores que os afastaram da cultura e dos costumes do seu grupo de origem.

De acordo com a Fundação Nacional do Índio (Funai), atualmente

Indígena do grupo xavante, década de 2000. Atualmente, muitos integrantes dos povos indígenas abandonaram sua antiga maneira de viver.

há no Brasil sociedades indígenas que já não sabem mais falar sua língua original nem se lembram dos costumes de seus antepassados.

Por isso, muitos povos indígenas que ainda existem buscam conservar suas tradições e crenças, ensinando-as aos mais jovens.

ATIVIDADES

1. Indígenas, portugueses e africanos foram os três grupos que formaram inicialmente a sociedade brasileira. Relacione esses povos a algumas de suas influências presentes na sociedade brasileira atual.

1	Influências indígenas.
2	Influências africanas.
3	Influências portuguesas.

☐ Língua portuguesa; arquitetura; festas de boi, como o bumba meu boi e o boi de mamão.

☐ Ritmos musicais com atabaques e tambores; alimentos, como o acarajé, a cocada e o azeite de dendê; eficiência em trabalhos com metais (metalurgia).

☐ Alimentos, como a mandioca e o milho; nomes de vários animais da fauna brasileira, como a arara e o jacaré; artesanatos em barro e fibras naturais.

2. Escreva **V** para as frases verdadeiras e **F** para as falsas.

☐ Os portugueses já viviam no Brasil e, depois, vieram os índios.

☐ O povo brasileiro foi formado pela mistura de outros povos.

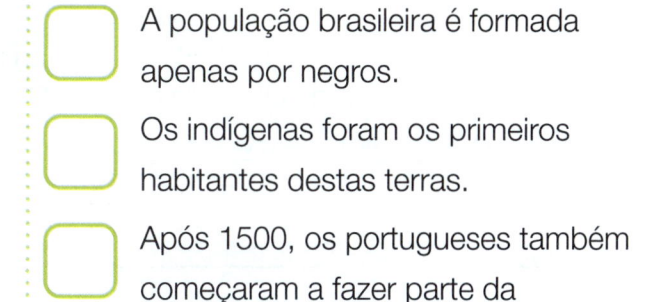

☐ A população brasileira é formada apenas por negros.

☐ Os indígenas foram os primeiros habitantes destas terras.

☐ Após 1500, os portugueses também começaram a fazer parte da população local.

3. Observe os mapas e compare-os para responder às questões a seguir.

GRUPOS INDÍGENAS NO BRASIL EM 1500

Legenda:
- Tupi-Guarani
- Jê
- Aruaque
- Kariba
- Cariri
- Pano
- Tucano
- Charrua
- Outros grupos

ESCALA: 0 — 950 — 1900 km
1 cm = 950 km

GRUPOS INDÍGENAS NO BRASIL ATUALMENTE

Legenda:
- Tronco Tupi
- Tronco Jê
- Família Kariba
- Família Aruaque
- Família Tucano
- Família Pano
- Família Bororo
- Família Yanomâmi
- Grupo Tikuna
- Outros grupos

ESCALA: 0 — 950 — 1900 km
1 cm = 950 km

HISTÓRIA

335

a) Que mudanças você observou entre a distribuição dos povos indígenas no Brasil em 1500, época da chegada dos portugueses, e atualmente?

_____
_____
_____
_____
_____
_____
_____
_____
_____

b) Há grupos indígenas vivendo em seu estado atualmente? Qual(is)?

_____
_____
_____

c) No texto, afirmou-se que muitos povos do litoral fugiram para o interior do Brasil, onde estavam mais protegidos dos colonizadores portugueses. É possível confirmar isso observando os mapas? Há mais povos indígenas no interior ou no litoral do Brasil?

_____
_____
_____
_____
_____

4. O que eram as missões jesuíticas? Responda.

_____
_____
_____
_____
_____
_____
_____
_____
_____

5. Complete os espaços em branco com as palavras do retângulo.

> missões - catequizar - hábitos - jesuítas

Os _____ vieram para o Brasil com o objetivo de _____ os povos indígenas, isto é, convertê-los para a religião católica.

Eles fundaram as _____, aldeamentos coordenados pelos padres nos quais os indígenas aprendiam os valores e os _____ dos portugueses.

336

Os africanos escravizados

Muitos africanos, de diferentes partes da África, foram trazidos ao Brasil para trabalhar como escravizados. Eles se tornaram a principal mão de obra nos engenhos de açúcar e também desempenharam várias funções na colônia portuguesa: trabalharam como criados pessoais, na derrubada das matas, nos pequenos comércios das vilas e cidades, na construção de edifícios, entre outras atividades.

A escravidão já existia entre os africanos desde a Antiguidade, principalmente entre membros de grupos rivais, pois eles escravizavam os inimigos derrotados em guerras e conflitos. Mas, no século XVI, os portugueses descobriram, na escravização de seres humanos, uma nova forma de comércio que lhes garantiu muito lucro.

O comércio de escravizados feito entre os portugueses e os africanos era muito lucrativo. O africano escravizado não era só um trabalhador forçado, mas uma mercadoria valiosa. Comprados em algumas regiões da África, os escravizados eram transportados para o Brasil em embarcações chamadas **navios negreiros**.

Entre os africanos que vinham como escravizados, havia muitos agricultores e artesãos acostumados ao trabalho livre nos territórios africanos onde viviam. Já conheciam a metalurgia, que era a arte de trabalhar com objetos de ferro, e também muitos dos trabalhos técnicos usados nos engenhos de açúcar. Os conhecimentos anteriores dos escravizados foram aproveitados no Brasil entre os séculos XVI e XVII.

Comerciante africano que vende escravos a um europeu. Gravura de autor anônimo, s/d. O comércio de seres humanos proporcionou muito lucro a alguns comerciantes portugueses; por isso, a escravidão só deixou de existir no Brasil em 1888, após muitos protestos e lutas de diversos setores da sociedade brasileira.

Escravos no porão do navio (1835), de Johann Moritz Rugendas. Gravura.

Escravizado é uma pessoa que é obrigada a trabalhar para seu dono sem pagamento. Ele não tem liberdade e se torna uma propriedade de seu senhor, isto é, da pessoa que o escraviza.

Engenho manual que faz caldo de cana (1822), de Jean-Baptiste Debret. Aquarela sobre papel, 17,6 cm x 24,5 cm.

Os africanos escravizados e seus descendentes foram trazidos para o Brasil para trabalhar nas lavouras de cana-de-açúcar, nos engenhos, na mineração e na casa de famílias ricas.

Além dessas atividades, muitos africanos trabalhavam nas cidades como escravizados de ganho e escravizados de aluguel. Os escravizados de ganho eram mandados pelos seus senhores para trabalhar nas ruas das cidades.

O ganho desse trabalho era entregue para seus donos no final do dia e, caso não entregassem o valor combinado, poderiam ser castigados.

Alguns senhores alugavam seus escravizados para realizar trabalhos a pessoas interessadas. A maior parte deles transportava mercadorias ou materiais de construção. As mulheres eram alugadas como amas de leite para amamentar os filhos das mulheres brancas.

Escravizados na colheita do café fotografados por volta de 1882, no Rio de Janeiro.

Africana com tabuleiro carregando filho nas costas. Fotografia de Christiano Júnior, s/d.

Ama de leite, Mônica com Artur Gomes Leal, 1860.

Os escravizados, entretanto, não aceitavam passivamente as condições as quais eram submetidos. A rebeldia também fazia parte da realidade da escravidão e as revoltas eram constantes.

A forma mais organizada de resistência se deu através dos **quilombos**, que eram comunidades formadas por escravizados fugitivos, onde viviam também indígenas e brancos.

> Quilombo significa "povoação" ou "acampamento" na língua quimbundo.

Palmares foi um conjunto de quilombos ligados por trilhas em meio à mata. Localizava-se na Serra da Barriga, no interior do atual estado de Alagoas. Há muitas lendas sobre ele, mas pouco se sabe sobre sua história.

O conjunto de quilombos de Palmares existiu durante o século XVII e foi destruído após muitos ataques dos fazendeiros, em 1695. Seu líder, **Zumbi**, escapou e só foi morto dois anos depois. Sua cabeça foi exposta na praça central de Recife para, que outros escravos que quisessem seguir seu exemplo se lembrassem do final da história.

No dia 20 de novembro, comemora-se o **Dia da Consciência Negra** em homenagem à data da morte de Zumbi.

A escravidão existiu no Brasil desde o século XVI até o século XIX. Durante esse período, muitos escravos conseguiram comprar sua liberdade. Desde 1816, o senhor podia vender ao escravizado uma **carta de alforria**, isto é, uma carta de liberdade. Alguns homens livres vendiam a liberdade a seus escravizados para poder pagar dívidas pessoais.

Em 1888, com a assinatura da **Lei Áurea**, a escravidão terminou oficialmente no Brasil.

Casa construída do mesmo modo que faziam os quilombolas, no Parque Memorial Quilombo dos Palmares, Serra da Barriga, Alagoas, 2010.

Comemoração da Abolição da Escravatura na tarde de 13 de maio de 1888, em frente ao Paço (Palácio) Imperial no Rio de Janeiro.

A lei, no entanto, foi mal elaborada. Os escravizados não receberam nenhuma indenização, ou seja, nenhum pagamento para ajudá-los a se manter até conseguirem moradia. Sem recursos, muitos deles foram viver em habitações precárias, nos morros da cidade, como aconteceu no Rio de Janeiro, capital do Brasil na época. Teve origem, assim, o primeiro núcleo de moradias que depois ficou conhecido como **favela**.

Atualmente, os descendentes dos africanos formam uma grande comunidade. Os **afrodescendentes** desenvolvem as mais variadas atividades em diferentes setores da sociedade. A riqueza de sua cultura está sendo recuperada por meio da valorização das tradições dos africanos e de seus descendentes no Brasil.

São afrodescendentes muitos advogados, professores, artistas, médicos, esportistas, desembargadores, políticos, ministros e comerciantes que se projetam na sociedade brasileira atual.

O ministro da Cultura, Gilberto Gil, durante entrevista exclusiva para a Folha de S.Paulo, no hotel Mercure, em Belo Horizonte (MG). Foto de 2007.

Luísa Linda Valois no lancamento do livro Recomeços, de Lina de Albuquerque, com depoimentos de pessoas que deram a volta por cima. Foto de 2009.

O ex-jogador de futebol Pelé durante jantar oferecido pelo empresário José Victor Oliva em sua casa, em São Paulo (SP), em homenagem ao ex-atleta. Foto de 2010.

O governo tem procurado equilibrar a situação dos descendentes de africanos escravizados que ainda vivem nas terras de seus antepassados. Existem mais de 2 500 comunidades cujas origens são antigos quilombos. Nesses locais **remanescentes** de quilombos, vive ainda uma população em busca do reconhecimento de seu direito à propriedade.

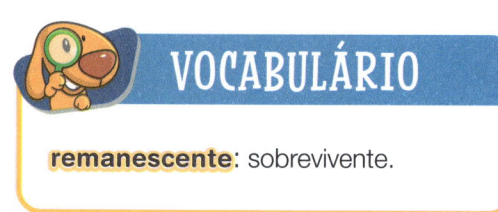

VOCABULÁRIO

remanescente: sobrevivente.

ATIVIDADES

1. Quais dessas atividades eram comumente realizadas por trabalhadores escravizados no Brasil colonial? Assinale-as com **X**.

☐ Eram criados pessoais, como amas de leite, cozinheiros, mordomos e damas de companhia para pessoas ricas.

☐ Eram senhores de engenhos e lucravam com a produção e a venda de açúcar para a Europa.

☐ Eram "alugados" por seus senhores a outras pessoas.

☐ Podiam trabalhar por conta própria, mas tinham de entregar o dinheiro do ganho aos seus donos.

☐ Eram banqueiros e donos de grandes estabelecimentos comerciais.

☐ Trabalhavam nas lavouras de cana-de-açúcar e, mais tarde, de café. Também trabalharam na mineração.

2. Encontre no caça-palavras as respostas para as frases.

a) Pessoas que vieram da Europa para ocupar nosso país há 500 anos.

b) Situação em que eram colocados os negros vindos da África.

c) População que vivia em nossa terra quando os brancos chegaram ao Brasil.

d) Vieram escravizados para o Brasil.

e) Embarcação em que eram transportados os escravizados.

H	K	U	P	X	G	Z	E	I	D	A	F	R	I	C	A	N	O	S	B	S	O
I	U	K	Z	R	I	A	H	M	D	V	B	S	T	R	E	E	A	Ç	V	W	A
N	V	B	S	T	R	A	I	S	E	B	X	L	I	Ç	H	Ã	F	T	E	I	D
D	S	T	R	E	U	R	O	P	E	U	S	W	N	R	U	L	C	G	S	D	B
Í	Q	P	D	P	V	M	R	U	Y	R	U	P	X	G	Z	E	I	D	A	B	S
G	N	S	R	F	G	U	O	N	A	V	I	O	*	N	E	G	R	E	I	R	O
E	U	S	H	U	K	Z	Ã	I	A	H	M	D	V	B	S	S	T	R	E	E	C
N	A	Ç	V	W	A	I	E	S	C	R	A	V	I	D	Ã	O	S	D	W	O	U
A	S	T	R	E	E	A	Ç	V	W	A	P	Ç	M	S	Z	U	J	A	W	L	K

3. Considere a afirmativa abaixo e responda ao que se pede.

Os escravizados não aceitavam passivamente as condições a que eram submetidos, fugindo e fundando os quilombos.

a) O que eram os quilombos?
_____
_____
_____
_____

b) Qual é o nome do quilombo que se localizava na Serra da Barriga, no interior do atual estado de Alagoas?
_____
_____

c) Quem foi o líder desse quilombo?
_____
_____
_____

d) Em que dia esse líder é homenageado? Por que é feita essa homenagem?
_____
_____
_____
_____

4. Além do Quilombo dos Palmares, existiram outros quilombos em que os negros se refugiavam. Elabore em seu caderno uma pequena história que narre a fuga de um escravizados até sua chegada a um quilombo. O que seu personagem terá que enfrentar? O que ele encontrará no quilombo? Se quiser, ilustre com desenhos.

5. Os africanos e seus descendentes deixaram muitas marcas na cultura brasileira. Pesquise algumas influências na vida cotidiana dos brasileiros nas seguintes áreas:

a) alimentação;
_____
_____
_____
_____

b) festas e danças;
_____
_____
_____

c) saberes e tecnologia.
_____
_____
_____
_____

6. Em sua opinião, a abolição da escravatura, realizada em 1888, melhorou a vida das pessoas que foram libertadas?
_____
_____
_____
_____
_____
_____
_____

Europeus e asiáticos no Brasil

Portugueses e seus descendentes faziam parte da população do período colonial. Eram proprietários de terras e engenhos, comerciantes que vendiam os produtos para fora do Brasil (exportadores) e os que compravam de Portugal e países amigos para vendê-los no Brasil (importadores). Havia também os comerciantes dos escravizados.

Até a descoberta das minas de ouro, na região de Minas Gerais e Goiás, a elite se concentrou no Nordeste. Eram os proprietários de engenho e as pessoas envolvidas com a venda do açúcar.

Entre a população livre, havia também um grupo em condições muitas vezes precárias: pequenos proprietários de terras, pequenos comerciantes, artesãos, trabalhadores especializados, lavradores e vaqueiros.

Outras pessoas livres começaram a fazer parte da sociedade brasileira na virada dos anos de 1800 para 1900. Eram os **imigrantes**. Eles vieram de países europeus, especialmente da Alemanha e da Itália, para trabalhar no Brasil – principalmente nas fazendas de café que surgiam na região de São Paulo. Muitos imigrantes foram bem-sucedidos, outros voltaram para seu país de origem sem conseguir o que desejavam.

O mesmo sonho de uma vida melhor trouxe para o Brasil povos de outros continentes, como os japoneses. Eles chegaram aqui em 1908 para trabalhar no campo. Muitos desses imigrantes deixaram o campo para trabalhar nas cidades, em especial nas indústrias que começaram a se instalar e também no comércio, como nos armazéns, nas lojas e nos restaurantes.

Milhares de imigrantes italianos vieram para o Brasil no fim do século XIX e início do século XX. Muitos trabalhavam nas plantações de café. Na foto, colheita de café em fazenda do interior de São Paulo, em 1910.

Hoje, além dos indígenas e dos afrodescendentes, o povo brasileiro é composto por descendentes de portugueses, italianos, espanhóis, alemães, japoneses, sírios, libaneses e de muitos outros povos, vindos do mundo inteiro.

ATIVIDADES

1. Complete o quadro com as atividades que os grupos realizavam na colônia.

Grupo	Atividade realizada
Comerciantes exportadores	_____
Comerciantes importadores	_____
Comerciantes de escravizados	_____
Pequenos proprietários de terra, pequenos comerciantes, artesãos, trabalhadores especializados, lavradores e vaqueiros	_____

2. Complete as frases. Se considerar necessário, consulte o banco de palavras.

> comerciantes   escravizados   elite livres   Nordeste   colonial

a) As pessoas _____ também faziam parte da população do período _____.

b) Havia também os _____ de _____.

c) A _____ se concentrou no _____.

Uma dívida histórica com os afrodescendentes

Depois de serem escravizados por mais de 350 anos, a assinatura da Lei Áurea não garantiu aos africanos e seus descendentes os direitos fundamentais, como ter um lugar para morar, poder sobreviver e se alimentar de modo saudável, estudar e ter um trabalho digno, por exemplo.

O governo brasileiro da época e os grandes fazendeiros não se preocuparam em criar leis e incentivos para que ex-escravizados obtivessem os mesmos direitos de pessoas de outras origens. A maioria dessa população passou a

Esta foto de Augusto Malta, feita em 1910, retrata uma família de descendentes de africanos escravizados, moradora do Morro da Babilônia, no Rio de Janeiro. É um registro das condições precárias nas quais muitos grupos afrodescendentes passaram a viver após a abolição da escravatura no Brasil.

viver em habitações precárias, fazendo trabalhos mal remunerados nas cidades ou no campo, ou continuou nas fazendas, para garantir pelo menos a alimentação diária, que recebiam em troca de trabalho.

Os ex-escravizados enfrentaram dificuldades, porque, na época da Abolição, os fazendeiros já estavam contratando imigrantes europeus empobrecidos para trabalharem como assalariados nas fazendas. Os afrodescendentes passaram a ser discriminados por terem a pele negra, por serem ex-escravizados, por terem costumes diferentes. Assim, durante muitos anos, o samba e a capoeira, manifestações culturais introduzidas no Brasil por descendentes de africanos, foram proibidos por lei.

A cultura brasileira é afrodescendente

Hoje, no Brasil, há grande presença de elementos africanos em quase todos os aspectos de nossa vida. Veja nas imagens alguns desses elementos presentes na cultura e nos costumes brasileiros.

Noite dos Tambores Silenciosos, cortejo de Maracatu Leão Coroado, em Olinda (PE). Foto de 2018.

Festa de São Benedito com Grupo Congado Nossa Senhora do Rosário dos Quilombolas de Berilo (MG). Foto de 2016.

- Faça uma pesquisa em livros, revistas ou na internet e escreva sobre os movimentos atuais dos afrodescendentes. Compartilhe os resultados de sua pesquisa com o professor e os colegas.

LEIA MAIS

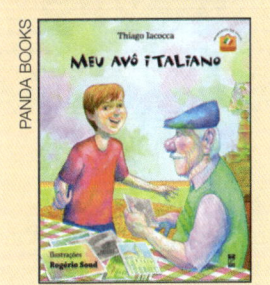

Meu avô italiano

Thiago Iacocca. São Paulo: Panda Books, 2010.

Revendo as fotos da família ao lado do avô, Tito descobre como era a vida de seus parentes na Itália, por que eles vieram para o Brasil e como foi a adaptação ao novo país.

LIÇÃO 9 — DATAS COMEMORATIVAS

Dia do Indígena

No dia 19 de abril, comemora-se a presença indígena na cultura brasileira. Nessa data, fazemos uma homenagem aos primeiros habitantes de nosso território.

A partir de 1500, alguns grupos indígenas viveram ao lado de europeus e africanos e com eles se relacionaram, formando famílias. Por isso, muitos brasileiros têm um tataravô, um bisavô ou mesmo um avô indígena.

ATIVIDADE

Os povos indígenas brasileiros possuem um enorme conhecimento sobre a natureza. Com eles, os europeus aprenderam a consumir diversos alimentos, incluindo raízes, plantas, sementes e frutos.

- Observe a cena abaixo, de crianças indígenas. Circule os elementos que fazem parte da cultura desse povo.

colar   enfeites de madeira no nariz   pulseira
alimentos   pintura no rosto   bracelete

Preparativos dos meninos na Aldeia Aiha, da etnia Kalapalo, para a dança da taquara, Querência (MT). Foto de 2018.

Dia da Libertação dos Escravizados

No dia 13 de maio de 1888, a princesa Isabel assinou a Lei Áurea, que libertou a população escravizada no Brasil.

Esta cena representa homens escravizados caminhando pelas ruas do Rio de Janeiro. *Negros acorrentados levando para a cadeia o jantar que foram buscar no Hospício da Misericórdia* (1820), aquarela sobre papel, de Jean-Baptiste Debret.

ATIVIDADES

Complete as frases a seguir, substituindo os ícones pelas letras correspondentes, e descubra como as pessoas escravizadas no Brasil conquistaram a liberdade.

A = ☺	LOM = ★	DOR = ✏
BO = 💧	ÇÃO = ❀	NOS = ☎
VA = ❄	FRI = ✈	QUI = ▢
CA = ✉	SAL = ♥	LI = ○

- Por volta de 1530, os primeiros ☺ ✈ ✉ ☎ _____ escravizados chegaram ao Brasil.

- Ainda no século XVI, pessoas escravizadas na região de Pernambuco fugiram e fundaram o ▢ ★ 💧 _____ dos Palmares, uma fortaleza que resistiu por mais de cem anos a diversos ataques.

- Em 1835, africanos da cidade de ♥ ❄ ✏ _____, na Bahia, lutaram contra a escravidão na Revolta dos Malês.

- No século XIX, pessoas que não concordavam com a escravidão passaram a lutar pela sua ☺ 💧 ○ ❀ _____. Por isso, foram chamadas de abolicionistas.

Dia do Imigrante

O dia 25 de junho é o Dia do Imigrante. Imigrante é uma pessoa que sai do lugar em que mora para viver em outra região por vontade própria.

Ao longo de sua história, o Brasil recebeu muitos imigrantes, de países como Portugal, Espanha, Itália, Alemanha e Japão. Eles ajudaram na formação do nosso país, ao lado dos primeiros moradores desta terra, os indígenas, e dos povos trazidos da África.

Cada imigrante trouxe seus costumes, que se misturaram aqui no Brasil. Por isso, a cultura brasileira é tão rica e variada!

> Sua família tem algum imigrante? Você conhece alguém que tenha um parente nascido no exterior? Descubra de onde eles vieram e o que trouxeram de novo para a cultura brasileira.

ATIVIDADES

Escolha e destaque do final deste livro um dos adesivos das nacionalidades que vieram para nosso país.

- Cole o adesivo escolhido no espaço a seguir e preencha a ficha.

Este é o povo: _____.

Uma característica dele é: _____.

Outra característica: _____.

Dia da Independência

Com a chegada dos portugueses, em 1500, o território do Brasil tornou-se **colônia** de Portugal. Durante muitos anos, os portugueses exploraram as riquezas destas terras e obtiveram muito lucro. Em diferentes partes do Brasil e em diferentes momentos, muitas pessoas lutaram e até morreram para tentar tornar o país independente de Portugal.

Entretanto, a independência do nosso país só ocorreu em 7 de setembro de 1822, quando o príncipe regente Dom Pedro, filho do rei de Portugal, decidiu que não obedeceria mais às ordens vindas daquele país. A partir dessa data, o Brasil passou a ser um **império**.

Dom Pedro I foi o primeiro governante do Brasil após nosso país se tornar independente. *Coroação do Imperador Dom Pedro I do Brasil* (1828), de Jean-Baptiste Debret.

ATIVIDADES

Marque um **X** nas respostas que completam as frases.

a) A Independência do Brasil foi proclamada em:

☐ 13 de maio de 1888.

☐ 22 de abril de 1500.

☐ 7 de setembro de 1822.

b) Quem proclamou a Independência do Brasil foi:

☐ O navegador Pedro Álvares Cabral.

☐ O príncipe-regente Dom Pedro.

☐ O rei Dom Manuel.

Dia da Cultura Brasileira

O Dia da Cultura Brasileira é comemorado no dia 5 de novembro.

Cultura é tudo que expressa os costumes e as tradições de um povo. As receitas culinárias, a língua, as roupas, as artes, as moradias, as brincadeiras, as religiões e as festas de cada povo fazem parte de sua cultura.

Em cada parte do país existem manifestações culturais diferentes umas das outras. É importante e divertido conhecer e valorizar a cultura brasileira!

ATIVIDADES

1. Uma das marcas da cultura é a culinária. E a cultura brasileira está cheia de comidas deliciosas!

• Pesquise em revistas, na internet ou em outros meios um dos pratos típicos da culinária brasileira e preencha a ficha a seguir:

• Nome do prato típico: _____

• Região onde é conhecido: _____

• Você já provou essa comida? _____

• Qual é sua opinião sobre essa comida: _____

• _____

2. Você conhece alguma manifestação cultural da localidade onde você vive? Uma comida típica, uma festa ou dança?

- Faça um desenho dessa manifestação no espaço a seguir.

- Você também pode pesquisar em revistas e na internet, recortar e colar fotos dessa manifestação cultural.

Dia da Proclamação da República

Durante muitos anos, o Brasil foi um **império**. Ao longo do século XIX, o país foi governado pelos imperadores Dom Pedro I e Dom Pedro II.

Muitos brasileiros desejavam mudar a forma de governo. Para isso, iniciaram uma campanha para que o Brasil tivesse um governo republicano e democrático, isto é, um governo eleito pelo povo. Para isso, fundaram o Clube Republicano, que, mais tarde, teve o apoio dos militares descontentes com o império.

No dia 15 de novembro de 1889, o marechal Deodoro da Fonseca proclamou a **república**. O Brasil, então, passou a ser governado por um presidente.

O primeiro presidente do país foi o próprio marechal Deodoro da Fonseca.

Proclamação da República (1893), de Benedito Calixto. Óleo sobre lona, 123,5 cm × 200 cm.

ATIVIDADES

Quem é o atual presidente da República do Brasil?

- Recorte de jornais ou revistas uma foto dele(a) e escreva seu nome.

Dia Nacional da Consciência Negra

O Dia Nacional da Consciência Negra é comemorado em 20 de novembro.

É uma data muito importante para a história do Brasil. Serve para lembrar a luta de homens e mulheres que foram trazidos à força da África para cá. Aqui, eles e seus filhos foram obrigados a trabalhar em regime de escravidão.

Você sabe por que o dia 20 de novembro foi escolhido para essa comemoração?
É uma homenagem a Zumbi dos Palmares, que lutou contra a escravidão no Brasil por muitos anos.
Ele foi morto em 20 de novembro de 1695.

Mais da metade dos brasileiros tem antepassados afrodescendentes. Por isso, é importante que exista uma data especial para homenageá-los e para lembrar suas lutas pela liberdade.

ATIVIDADE

Vamos homenagear a história do povo afrodescendente? Pinte o desenho de Mariana, conforme o modelo.

JOSÉ LUIS JUHAS

JOSÉ LUIS JUHAS

Coleção Eu gosto m@is

GEOGRAFIA

4º ANO

ENSINO FUNDAMENTAL

SUMÁRIO

Lição 1 – Representações da Terra: o nosso planeta **355**
- Linhas imaginárias 356
- Movimentos da Terra 360
- Mapas e escalas 362
- Trabalhando com mapas e escalas 364

Lição 2 – Meu município **367**
- Os limites do município 368
- Espaço urbano e rural 370

Lição 3 – A vida no município **372**
- Os serviços públicos 373
- A administração do município 376
- Ser cidadão 378
- Os cidadãos do município e o lazer 379

Lição 4 – O relevo e a hidrografia do planeta **380**
- Formas de relevo 380
- Rios 382
- Lagos e lagoas 383
- Barragens ou represas 383

Lição 5 – Zonas climáticas do planeta **385**
- Os diferentes climas 386
- As regiões conforme a zona climática 389
- Os climas do Brasil 390

Lição 6 – A vegetação do planeta **393**
- Tundra 394
- Floresta de coníferas 394
- Floresta temperada 394
- Vegetação de altitude 395
- Estepe 395
- Floresta tropical 395
- Vegetação mediterrânea 395
- Savana 396
- Vegetação de deserto 397
- A vida animal em alguns tipos de vegetação 397

Lição 7 – A natureza e a paisagem **399**
- O que é paisagem? 399
- As paisagens mudam 400

Lição 8 – O ser humano e a paisagem **404**
- Cidade 404
- Campo 405
- Poluição do ar 406
- Poluição dos rios, lagos e mananciais subterrâneos 407
- Reciclar para um planeta mais saudável 410

REPRESENTAÇÕES DA TERRA: O NOSSO PLANETA

Vivemos na superfície do planeta Terra. A Terra tem a forma aproximada de uma **esfera** achatada nos **polos**.

O globo e o planisfério são as formas mais utilizadas para representar a Terra.

A forma do **globo** terrestre se assemelha à de uma esfera. Por isso, essa é a representação que mais se aproxima do real e, para vermos toda a superfície terrestre no globo, precisamos girá-lo.

No **planisfério**, é possível identificar todos os **continentes** e todos os **oceanos** de uma só vez, porque eles aparecem em um único plano.

Globo terrestre.

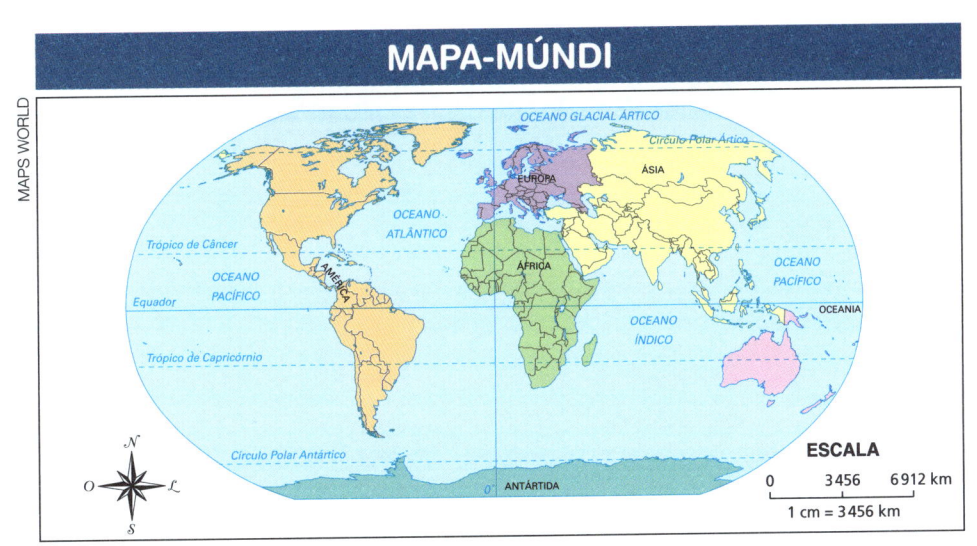

MAPA-MÚNDI

Fonte: IBGE. *Atlas geográfico escolar*. Rio de Janeiro: IBGE, 2009.

VOCABULÁRIO

esfera: corpo completamente redondo em sua extensão, como uma bola de futebol.

polos: são as extremidades da Terra, definidas como Polo Norte e Polo Sul.

continentes: grandes massas de terras contínuas e não cobertas pelas águas. Os continentes da Terra são: Europa, Ásia, África, América, Oceania e Antártida.

oceanos: grandes extensões de água salgada. A Terra é coberta por água salgada em aproximadamente 71% de sua superfície.

Linhas imaginárias

Para localizar um lugar na superfície da Terra, o globo terrestre e os diferentes tipos de mapas apresentam **linhas imaginárias**. Essas linhas são chamadas **paralelos** e **meridianos**.

Paralelos

Os paralelos são linhas imaginárias horizontais que circundam a Terra no sentido leste-oeste.

A **Linha do Equador** é o principal paralelo. Ela divide a Terra em duas metades iguais: Hemisfério Norte e Hemisfério Sul. A palavra "hemisfério" quer dizer "metade de uma esfera".

Além da Linha do Equador, existem outros paralelos. Os mais conhecidos são:
- Trópico de Câncer;
- Trópico de Capricórnio;
- Círculo Polar Ártico;
- Círculo Polar Antártico.

Na imagem a seguir do globo terrestre, há a indicação da posição desses paralelos.

PRINCIPAIS PARALELOS

Fonte: IBGE. *Atlas geográfico escolar*. Rio de Janeiro: IBGE, 2009. Imagem fora de escala.

VOCABULÁRIO

linhas imaginárias: linhas que, na realidade, não existem, mas foram criadas para nos orientar diante da vasta extensão da superfície terrestre.

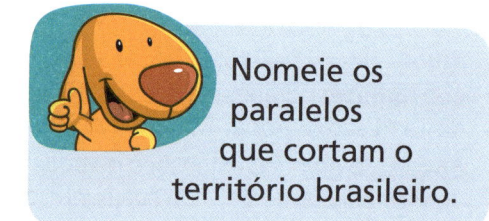

Nomeie os paralelos que cortam o território brasileiro.

Meridianos

Os meridianos são linhas imaginárias que circundam a Terra no sentido norte-sul, passando pelos polos. O principal meridiano é o de **Greenwich**.

Esse meridiano divide a Terra em duas metades iguais:

- o Hemisfério Ocidental (oeste);
- o Hemisfério Oriental (leste).

Observe, na imagem ao lado, a indicação do principal meridiano.

PRINCIPAL MERIDIANO

Fonte: IBGE. *Atlas geográfico escolar*. Rio de Janeiro: IBGE, 2009. Imagem fora de escala.

VOCABULÁRIO

Greenwich: é uma cidade localizada próxima a Londres, na Inglaterra. Nessa cidade, no século XIX, houve uma reunião de estudiosos que estabeleceram o Meridiano de Greenwich como referência para dividir a superfície terrestre em dois hemisférios: Leste (Oriental) e Oeste (Ocidental).

ATIVIDADES

1. Preencha o diagrama a seguir de acordo com as informações solicitadas.

a) Representa, em uma superfície plana, todas as partes da Terra.

b) Principal meridiano terrestre.

c) Metade de uma esfera.

d) Principal paralelo terrestre.

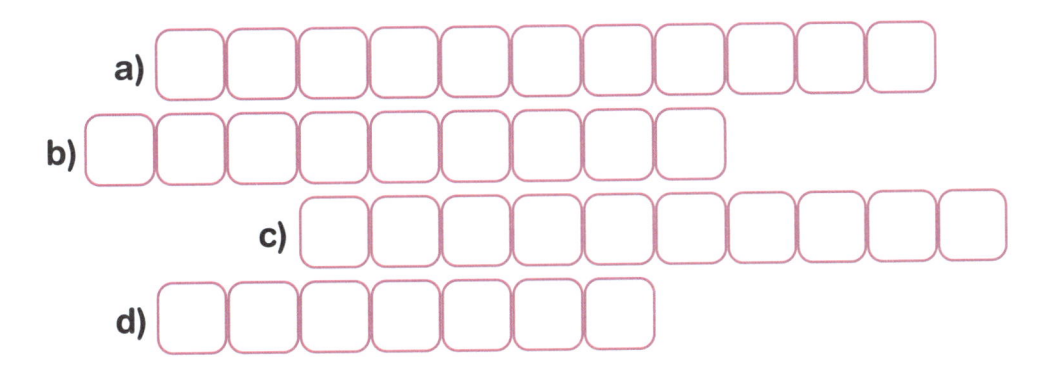

Coordenada geográfica

Os paralelos e os meridianos formam uma espécie de rede ao se cruzar.

O ponto de encontro de um paralelo com um meridiano chama-se **coordenada geográfica**.

Por meio das coordenadas é possível identificar a localização geográfica de qualquer objeto, lugar ou pessoa na superfície terrestre.

Esse endereço é expresso em **latitudes** e em **longitudes**.

A latitude é definida pelos paralelos e indica a distância de cada um deles em relação ao paralelo principal – a Linha do Equador.

Os meridianos definem a longitude, que indica a distância de cada um deles em relação ao meridiano principal – o de Greenwich.

Essas distâncias são medidas em graus, minutos e segundos.

Observe a indicação dos paralelos e meridianos no planisfério político a seguir.

LATITUDE E LONGITUDE

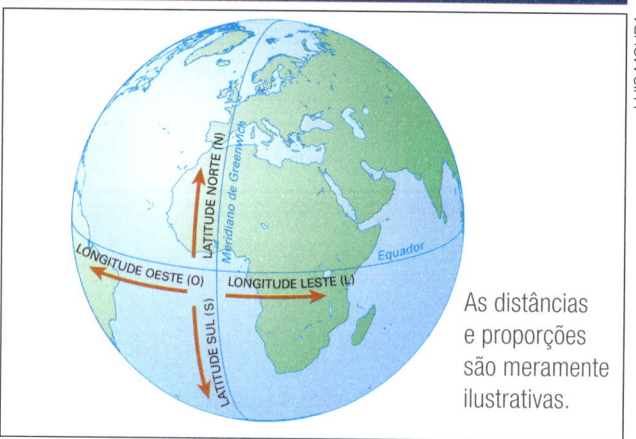

As distâncias e proporções são meramente ilustrativas.

Fonte: IBGE. *Atlas geográfico escolar.* Rio de Janeiro: IBGE, 2009.

PLANISFÉRIO POLÍTICO

Fonte: IBGE. *Atlas geográfico escolar.* Rio de Janeiro: IBGE, 2009.

Como você pode observar, os paralelos e meridianos são indicados em graus (°).

ATIVIDADES

1. Observe, no planisfério político da página 348, que os paralelos são traçados de 20 em 20 graus a partir da Linha do Equador. Da mesma forma, os meridianos representados estão traçados de 20 em 20 graus a partir do Meridiano de Greenwich. Com base nessa informação, encontre as coordenadas geográficas dos pontos indicados:

A: _____   C: _____   E: _____

B: _____   D: _____   F: _____

2. Observe o globo terrestre a seguir e escreva o nome dos paralelos.

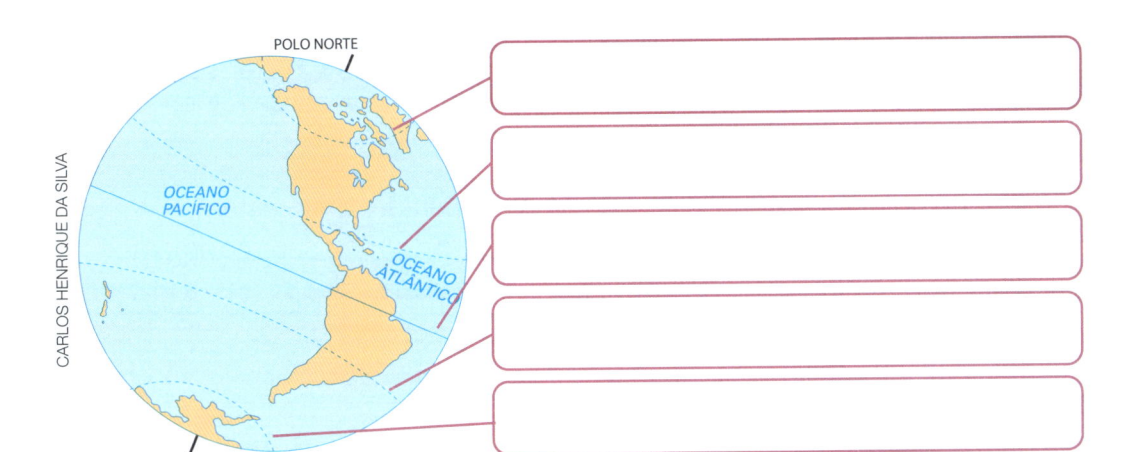

Fonte: IBGE. *Atlas geográfico escolar*. Rio de Janeiro: IBGE, 2009. Imagem fora de escala.

3. Pinte os oceanos com a cor azul e os continentes com as cores da legenda.

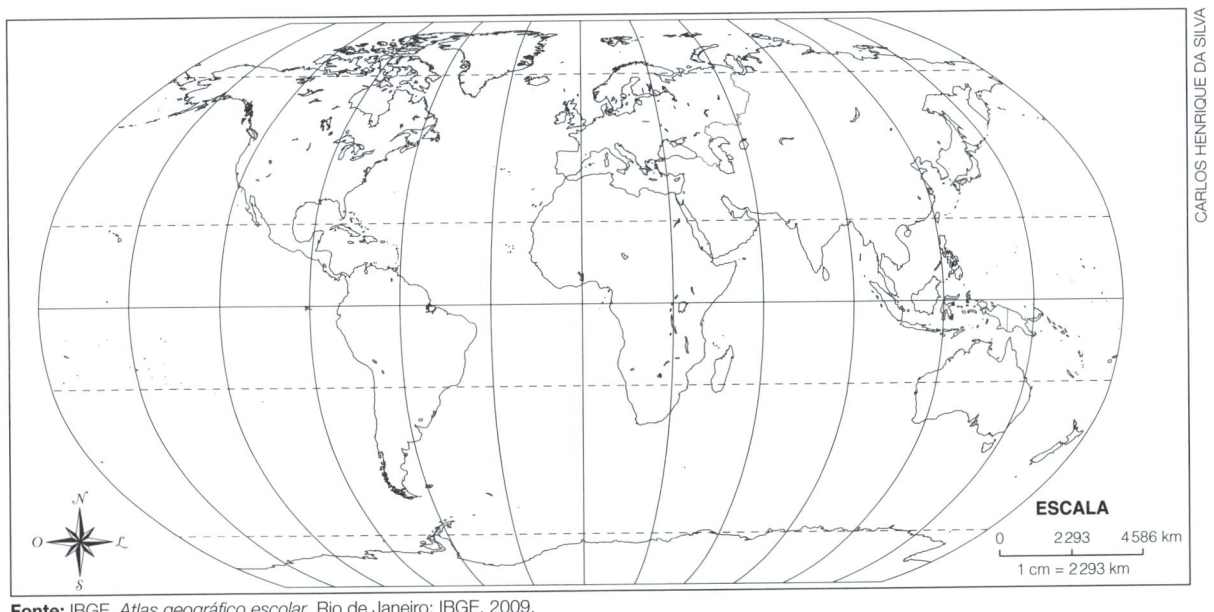

ESCALA
0   2 293   4 586 km
1 cm = 2 293 km

Fonte: IBGE. *Atlas geográfico escolar*. Rio de Janeiro: IBGE, 2009.

Legenda: ■ América   ■ África   ■ Oceania   ■ Europa   ■ Ásia   ■ Antártida

Movimentos da Terra

Você já observou o "nascer" e o "pôr" do Sol? Como é o "movimento" do Sol? Será que é ele que se movimenta? E a Lua e as estrelas, será que elas também se movimentam?

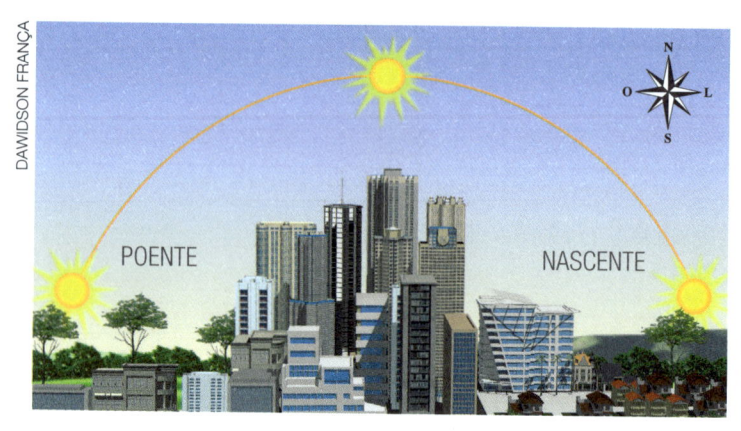

O Sol nasce do lado leste de um observador localizado na superfície terrestre que está de frente para o norte.

Embora não se perceba, é a Terra que se movimenta. Como estamos em sua superfície e nos deslocamos junto com ela, não percebemos seu movimento.

O planeta Terra se move constantemente e de forma inclinada no espaço: gira, ao mesmo tempo, em torno de si mesmo e ao redor do Sol.

Rotação e translação

O giro da Terra em torno de si mesma dá origem aos dias e às noites, em um movimento chamado **rotação**. O sentido desse movimento é de oeste para leste e o tempo que a Terra leva para dar uma volta completa em torno de si mesma é de aproximadamente 24 horas, período correspondente a um dia.

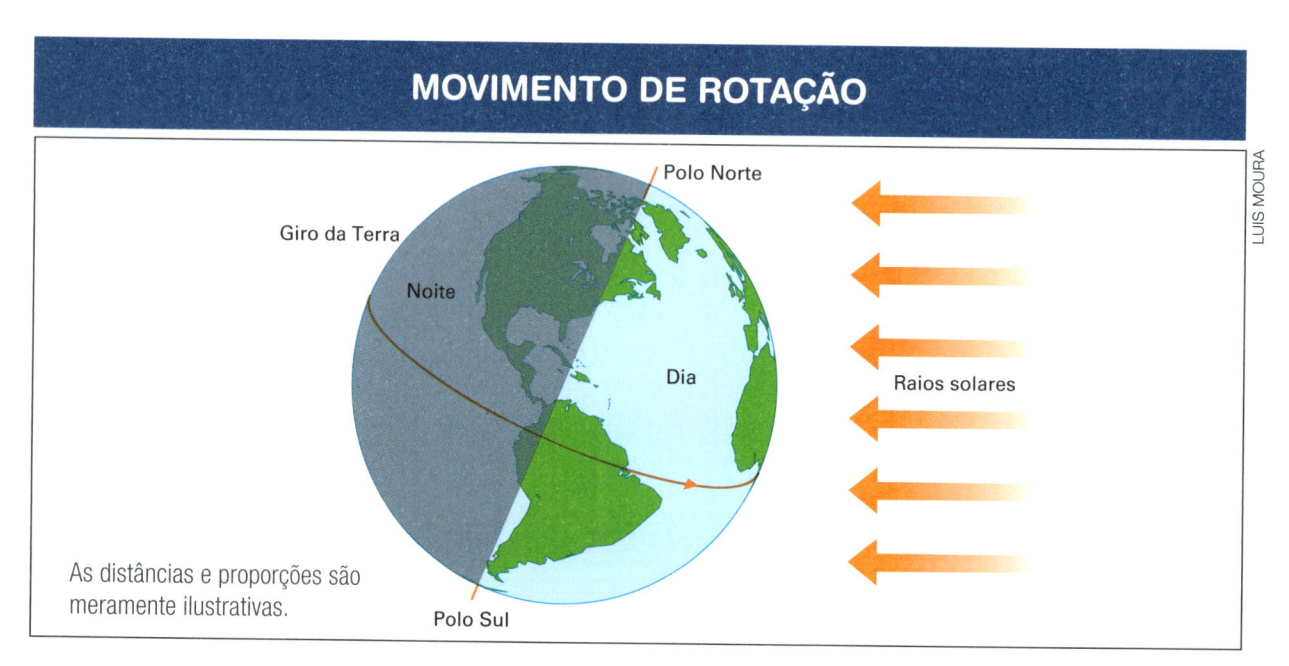

MOVIMENTO DE ROTAÇÃO

As distâncias e proporções são meramente ilustrativas.

Os raios solares não iluminam toda a superfície terrestre ao mesmo tempo. Assim, quando o Hemisfério Oeste está iluminado, é dia nessa face da Terra e noite no Hemisfério Leste.

Ao mesmo tempo em que gira em torno de si mesma, a Terra faz uma trajetória ao redor do Sol. Esse movimento é chamado **translação**. Para dar uma volta completa ao redor do Sol, a Terra leva 365 dias, 5 horas, 48 minutos e 46 segundos, o que equivale a aproximadamente um ano terrestre.

No calendário que utilizamos, o ano tem 365 dias. Sobram, portanto, 5 horas, 48 minutos e 46 segundos. Esse tempo restante é somado e, a cada 4 anos, equivalem a mais um dia inteiro. Por isso, a cada 4 anos, nosso calendário foi ajustado para ter um dia a mais no mês mais curto, fevereiro, que fica com 29 dias. Esses anos em que fevereiro fica com um dia a mais são chamados **bissextos**.

A Terra realiza os movimentos de rotação e translação mantendo uma inclinação sobre seu eixo. Esses fatores fazem com que ela receba os raios solares de maneira desigual, o que resulta nas estações do ano.

MOVIMENTO DE TRANSLAÇÃO

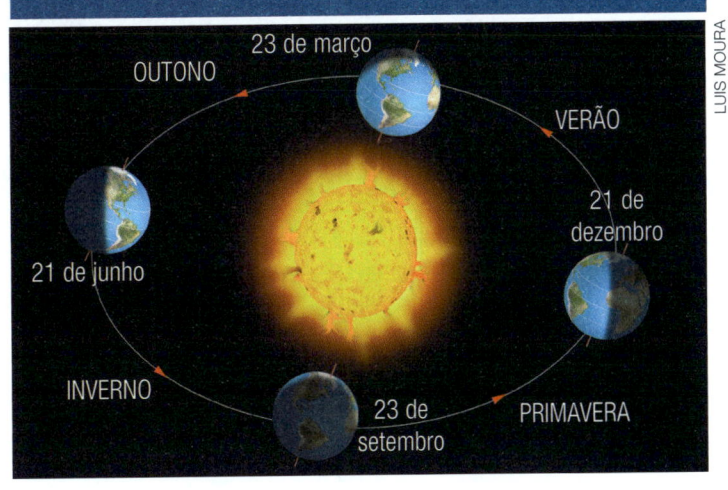

As distâncias e proporções são meramente ilustrativas.

ATIVIDADES

1. Explique por que temos a impressão de que o Sol se movimenta no céu.

_____

_____

2. Complete a ilustração a seguir com as denominações correspondentes e identifique onde é dia e onde é noite.

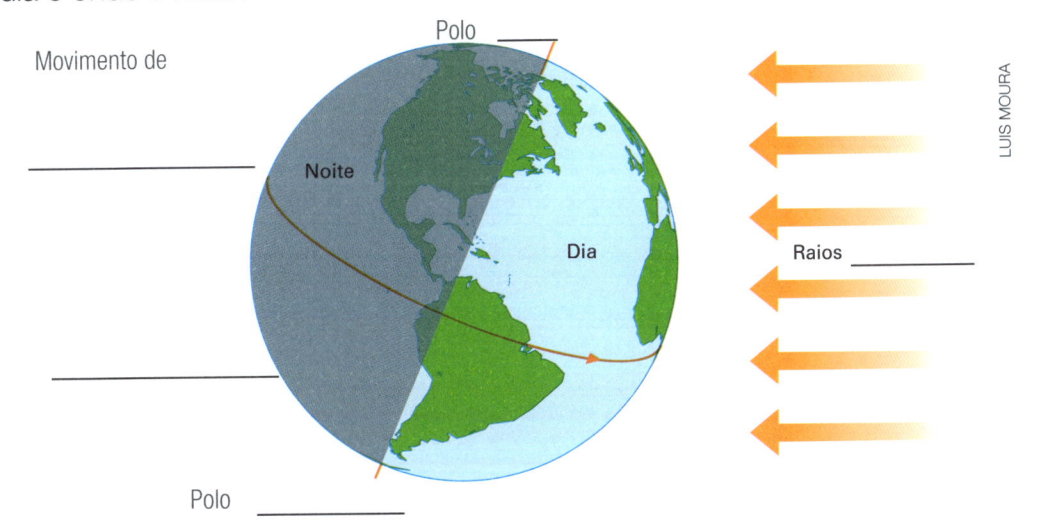

Movimento de _____

Polo _____

Noite

Dia

Raios _____

Polo _____

Mapas e escalas

Mapa é a representação reduzida de um espaço real. É um desenho do espaço que nos auxilia a conhecer melhor uma determinada área.

Os mapas estão presentes no nosso dia a dia e são úteis até para esclarecer notícias divulgadas pela televisão, por jornais e pela internet. Por meio deles é possível representar informações como: o contorno dos continentes, as fronteiras dos países e dos estados, as variações do relevo, os lagos e os rios, o clima e a vegetação predominantes em cada região.

Além disso, os mapas também podem indicar dados da população, como a **densidade demográfica** de uma região, informações sobre economia e produção industrial e agrícola, entre outras.

BRASIL – RELEVO

Fonte: FERREIRA, Graça Maria Helena. *Atlas geográfico:* espaço mundial. São Paulo: Moderna, 2003.

BRASIL – DENSIDADE DEMOGRÁFICA

Habitantes por km²
- Menos de 1
- 1 a 10
- 10 a 25
- 25 a 100
- Mais de 100

Fonte: IBGE. *Atlas geográfico escolar*. Rio de Janeiro: IBGE, 2007.

VOCABULÁRIO

densidade demográfica: quantidade média de habitantes por quilômetro quadrado.

Para podermos ler, interpretar e entender um mapa, usamos símbolos e cores.

Os símbolos são desenhos pequenos usados para representar elementos da paisagem nos mapas. As cores usadas nos mapas, em geral, significam:

- azul – as águas;
- verde – a vegetação;
- marrom, laranja e amarelo – o relevo.

Os cartógrafos são os profissionais responsáveis pela elaboração dos mapas. Eles devem seguir regras estabelecidas em todos os países do mundo.

ATIVIDADES

1. Analisando o mapa **Brasil – Relevo**, na página anterior, é possível perceber que cada estado apresenta uma forma de relevo predominante. Qual é a forma de relevo predominante nos estados do Amazonas e do Pará?

_____

2. As áreas de planície são comuns no litoral e nas áreas próximas aos grandes rios brasileiros. Exemplifique essa afirmação.

_____
_____
_____
_____
_____
_____
_____
_____

3. Agora, analise o mapa **Brasil – Densidade demográfica**, na página anterior, para responder aos itens a seguir.

a) Qual desses estados apresenta maior densidade demográfica?

☐ Mato Grosso

☐ Maranhão

☐ Rio de Janeiro

b) As áreas de maior densidade demográfica no Brasil estão:

☐ mais próximas do Oceano Atlântico.

☐ na Região Norte.

☐ na parte central do Brasil.

4. Com base nas informações contidas nos mapas **Brasil – Relevo** e **Brasil – Densidade demográfica**, responda:

- Qual é a principal formação de relevo no estado em que você mora?

_____
_____

5. Que outras informações podemos obter por meio das representações de mapas? Faça uma pesquisa e registre no caderno o que você descobriu. Depois, compare suas respostas com as de seus colegas.

Trabalhando com mapas e escalas

Em geral, os mapas apresentam os seguintes elementos:

- **Título:** informa o que será representado. Por exemplo: Brasil – político.
- **Legenda:** apresenta os significados de símbolos e cores usadas no mapa.
- **Orientação:** indica a direção norte em relação ao mapa, representada pela rosa dos ventos.
- **Escala:** mostra a relação entre o que está representado e seu tamanho real.
- **Fonte:** traz o nome de onde o mapa foi extraído (atlas, revista, jornal, *site* etc.).

Nos mapas, a representação do espaço é feita na visão vertical, ou seja, eles apresentam sempre um lugar visto de cima. Podemos ampliar nossos conhecimentos sobre o espaço em que vivemos por meio de uma interpretação correta dos mapas.

Escala

Como você já viu, o mapa é a representação de um espaço real. Essa representação é feita de forma reduzida e proporcional à realidade. A redução é expressa por meio da escala, que estabelece quantas vezes o espaço real foi reduzido.

Assim, por meio da escala, podemos conhecer a distância entre os lugares representados. Ela pode ser representada por uma régua. Veja um exemplo:

A escala informa que 1 centímetro (cm) desenhado no papel corresponde a 120 metros no espaço real. Por exemplo, medindo a distância entre a escola e a prefeitura com uma régua, obtemos a distância de 2 centímetros.

Se 1 centímetro na planta equivale a 120 metros no espaço real, então 2 × 120 = 240 metros.

Isso significa dizer que há, entre a escola e a prefeitura, uma distância real de 240 metros.

ATIVIDADES

1. Faça a correspondência dos elementos de um mapa.

A Título
B Legenda
C Orientação
D Escala
E Fonte

☐ Representada pela rosa dos ventos.

☐ Mostra de onde o mapa foi copiado.

☐ Indica o que está sendo representado.

☐ Mostra a relação entre o que está representado e seu tamanho real.

☐ Apresenta os significados dos símbolos e das cores usadas.

2. Analise a planta e complete as frases

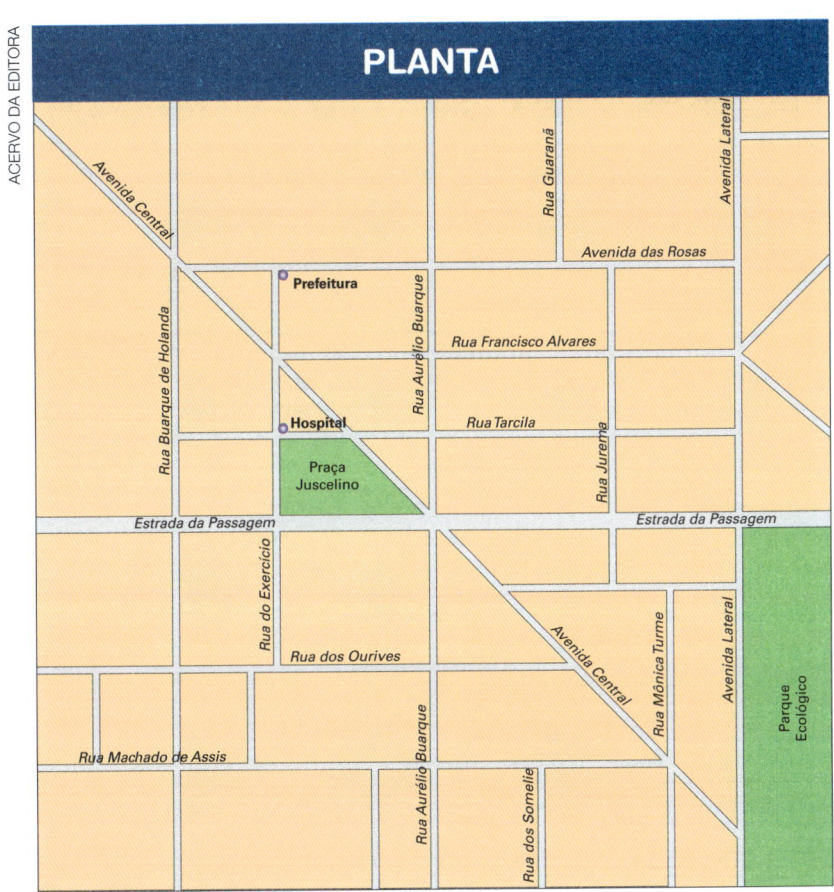

PLANTA

Fonte: Elaborado pelo Cartógrafo

a) A escala informa que 1 cm desenhado no papel equivale a _____ no espaço real.

b) Com uma régua, meça a distância entre a prefeitura e o hospital. O resultado que você lê na régua é de _____.

c) Se 1 cm no mapa equivale a 100 metros no espaço real, então 2 × 100 = _____. A distância real entre a prefeitura e o hospital é de aproximadamente _____.

3. Observe a escala do mapa do Brasil em estados e complete.

BRASIL – ESTADOS

Fonte: IBGE. *Atlas geográfico escolar*. Rio de Janeiro: IBGE, 2009.

A escala nos informa que cada centímetro da representação corresponde, na verdade, a _____.

Se medirmos no mapa a distância entre Curitiba, capital do Paraná, e Florianópolis, capital de Santa Catarina, encontraremos 1 centímetro. Se cada centímetro do mapa equivale a 217 quilômetros, sabemos que a distância real entre essas duas cidades é de _____.

MEU MUNICÍPIO

Vamos conhecer os municípios?

Os municípios são as menores divisões territoriais de um país e abrangem tanto as áreas urbanas como as rurais. No Brasil, os municípios são as divisões nos estados que compõem nosso país. Em qual município você mora?

Observe o mapa.

BRASIL – DIVISÃO POLÍTICA

Fonte: IBGE. *Atlas Geográfico Escolar*. Rio de Janeiro: IBGE, 2012.

Podemos observar o Brasil dividido em estados e, no detalhe, todos os municípios do estado de Sergipe.

Você consegue localizar no mapa do Brasil o estado no qual você e seus colegas vivem? Contorne esse estado com lápis de cor.

Os limites do município

Os municípios vizinhos são separados por uma linha imaginária chamada **limite** ou **fronteira**. Seus limites podem ser naturais ou artificiais.

MUNICÍPIOS DO ESTADO DO ACRE

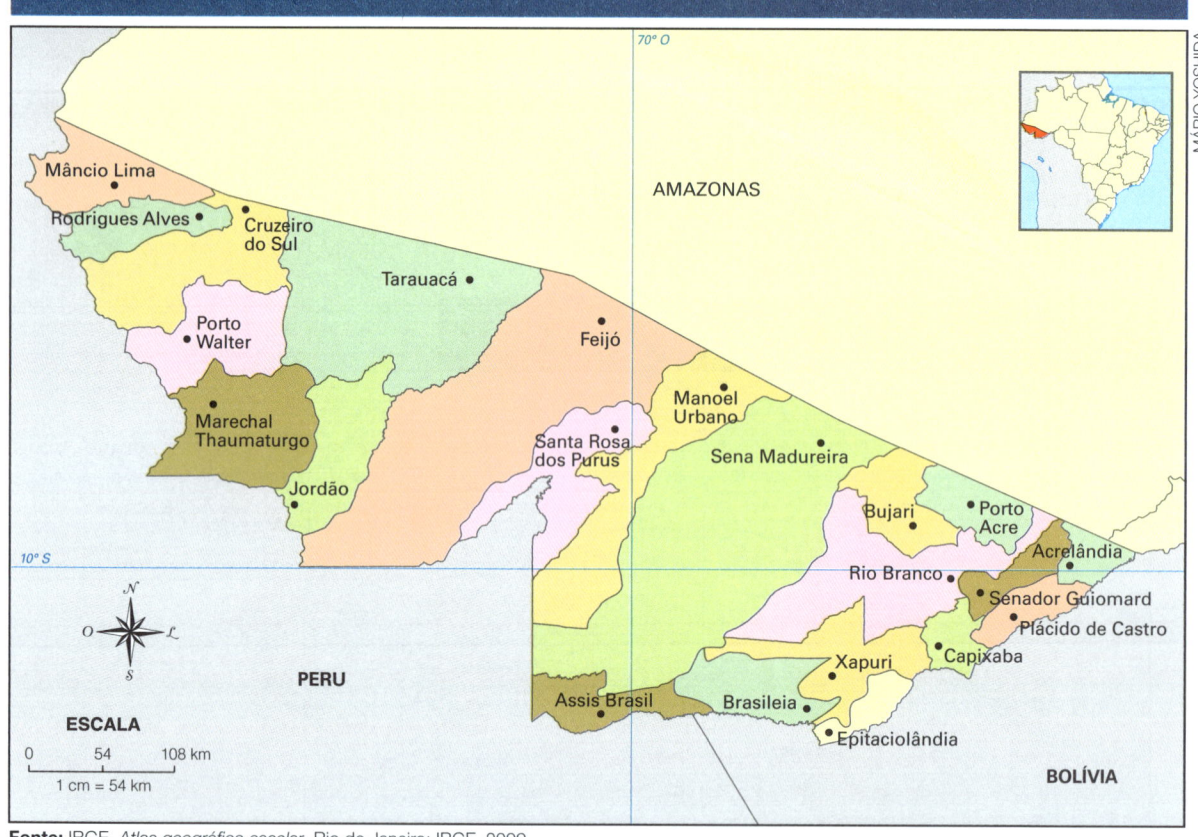

Fonte: IBGE. *Atlas geográfico escolar*. Rio de Janeiro: IBGE, 2009.

Rios, lagoas, oceanos e outras formas de relevo são **limites naturais**, não apenas entre municípios, mas também entre estados e países.

Ferrovias, rodovias, ruas, cercas de arame ou madeira, placas, marcos e outros elementos construídos pelo ser humano são **limites artificiais**.

Rio Paraná, no município de Presidente Epitácio. O rio é a divisa de municípios do estado de São Paulo e do Mato Grosso do Sul.

ATIVIDADES

1. Identifique as possíveis formas de limite entre municípios, escrevendo **N** para **limites naturais** e **A** para **limites artificiais**.

- ☐ rio
- ☐ cerca
- ☐ ferrovia
- ☐ rodovia
- ☐ ponte
- ☐ mar
- ☐ lagoa
- ☐ serra

2. Observe a ilustração a seguir. Localize o município de Correntes e complete as frases.

A oeste do município de Correntes está o município de:

_____

Entre eles, há um limite:

- ☐ natural
- ☐ artificial

Esse limite é um:

_____

A noroeste do município de Correntes está o município de:

_____

Entre eles, há um limite:

- ☐ natural
- ☐ artificial

Esse limite é uma:

_____

A nordeste do município de Correntes está o município de:

_____

Entre eles, há um limite:

- ☐ natural
- ☐ artificial

Esse limite é uma:

_____

3. Pesquise para saber quais as fronteiras do município onde você vive. Quais são elas?

_____
_____
_____
_____
_____
_____

Espaço urbano e rural

Os municípios são formados por áreas urbanas e rurais. O campo (ou área rural) é caracterizado pelas atividades agrárias e há uma aglomeração menor de pessoas. As moradias são mais distantes umas das outras e é comum que a população dessa área precise se deslocar às cidades para obter alguns serviços.

Para se localizar, as pessoas costumam organizar os municípios em distritos ou bairros.

Os bairros de um município podem ser representados em uma carta ou num guia de ruas, por exemplo. Agora, pense e responda: Qual é o nome do bairro onde você mora?

Região urbana da cidade de Joinville (SC), 2018.

Área rural de Joinville (SC), em 2018.

ATIVIDADES

1. Observe as imagens a seguir e responda.

A

São Paulo (SP), 2017.

B

Fazenda em Pirenopolis (GO), 2017.

A paisagem retratada na fotografia **A** é predominantemente urbana. Quais elementos culturais existem nela?

_____
_____
_____

A paisagem retratada na fotografia **B** é predominantemente rural. Quais elementos naturais existem nela?

_____
_____
_____

3. Nos limites do município em que você vive há elementos naturais ou apenas elementos construídos pelos seres humanos?

_____
_____
_____

4. A escola na qual você estuda fica no mesmo bairro em que você mora?

_____
_____
_____

5. O bairro em que você mora é rural ou urbano?

_____
_____
_____
_____

6. Complete a ficha do lugar onde você mora.

Nome da rua:
_____
_____

Nome do bairro:
_____
_____

Nome do município:
_____
_____

GEOGRAFIA

371

LIÇÃO 3 — A VIDA NO MUNICÍPIO

Cada município tem uma paisagem diferente. Alguns são muito populosos, outros são predominantemente urbanos etc.

Relembre o caminho que você faz todos os dias para transitar entre a escola em que estuda e a sua moradia.

Quais são os principais elementos da paisagem existentes? É um lugar predominantemente urbano ou rural? Você conhece as pessoas que passam por esse caminho?

ATIVIDADES

1. Escreva um pequeno texto indicando as características das paisagens existentes no caminho entre a sua moradia e a escola.

_____
_____
_____
_____
_____
_____
_____
_____
_____

2. Produza um desenho simples do caminho entre sua moradia e a escola na qual você estuda. Neste desenho, indique os principais pontos de referência, como comércios e prédios históricos e elementos marcantes da paisagem. Ao final, mostre aos colegas e verifique se vocês representaram os mesmos elementos ou caminhos parecidos.

As pessoas que vivem nos municípios, seja na área urbana ou na área rural, precisam receber alguns serviços básicos, como água encanada, energia elétrica e assistência médica, entre outros. Vamos conhecer mais sobre o funcionamento de um município e os serviços essenciais a todos os cidadãos.

Os serviços públicos

O governo do município deve garantir que algumas necessidades básicas da população sejam atendidas. Assim, ele é responsável por oferecer alguns serviços que garantam a saúde e o conforto das pessoas que vivem no município.

Todos os habitantes dos municípios pagam **impostos** e taxas ao governo.

Conheça alguns dos serviços públicos prestados pelo município:

- construção de rede de água e esgoto;
- tratamento da água para beber e tratamento do esgoto;
- coleta de lixo;
- calçamento, limpeza e arborização de ruas, praças etc.;
- serviços de transporte coletivo;
- construção e conservação de estradas, pontes, ruas etc.;
- construção e funcionamento de escolas, creches, parques infantis, bibliotecas públicas etc.;
- construção de postos de saúde, prontos-socorros, hospitais públicos;
- criação e conservação de áreas de lazer etc.

VOCABULÁRIO

imposto: dinheiro cobrado obrigatoriamente de cidadãos e empresas com o objetivo de financiar as obras e os serviços públicos de educação, saúde, assistência social, entre outros, de modo a beneficiar toda a sociedade de maneira igualitária.

Fonte: Serasa. Disponível em: https://www.serasa.com.br/blog/o-que-e-imposto/. Acesso em: 31 jul. 2022.

Serviço de coleta de lixo na cidade de de São José dos Campos (SP).

Estação de Tratamento de Esgoto da cidade de Itabuna (BA).

Os serviços públicos são executados por diversos servidores, chamados funcionários públicos.

Por receberem os impostos dos cidadãos, os governos federal e estadual também têm obrigações na prestação de serviços aos cidadãos.

Observe alguns serviços públicos.

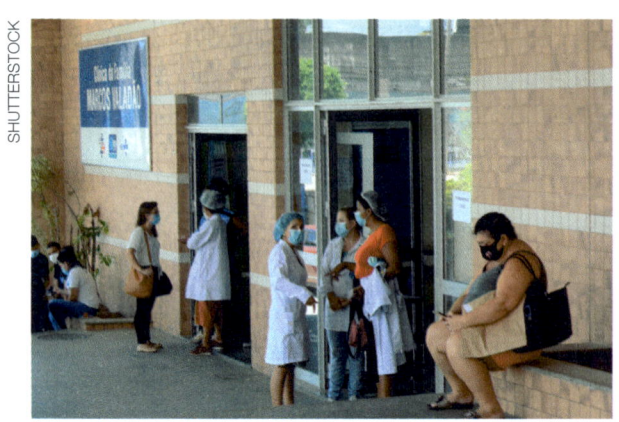

Pacientes e profissionais da saúde, em clínica da família. Acari (RJ), 2021.

Professora e alunos em escola pública. Ipojuca (BA), 2019.

ATIVIDADES

1. Decifre o código e descubra o nome das menores divisões territoriais de um país.

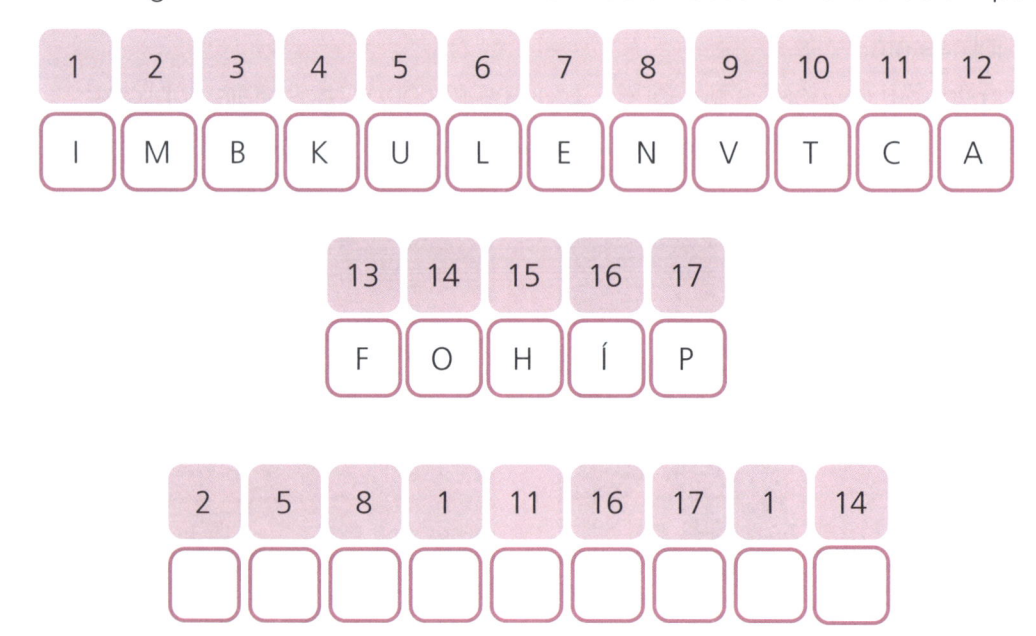

1	2	3	4	5	6	7	8	9	10	11	12
I	M	B	K	U	L	E	N	V	T	C	A

13	14	15	16	17
F	O	H	Í	P

2	5	8	1	11	16	17	1	14
M	U	N	I	C	Í	P	I	O

2. O que são impostos?

_____
_____
_____

3. Encontre no diagrama três aspectos comuns a todos os municípios.

A	S	C	V	H	U	U	M	K	G
C	G	B	J	E	S	G	O	T	O
R	G	G	N	H	B	F	E	W	V
V	L	H	E	S	C	O	L	A	E
A	I	C	B	G	J	K	O	Ç	R
D	X	B	F	Á	G	U	A	D	N
A	O	K	R	T	F	D	S	B	O
P	O	P	U	L	A	Ç	Ã	O	Q

4. Pesquise e registre os dados do município onde você vive.

Nome do município:

_____

Estado em que se localiza:

_____

Data de fundação do município:

_____

Número de habitantes:

_____

A maior parte dos habitantes está na área:

☐ rural.   ☐ urbana.

5. Responda:

a) Quem deve garantir as necessidades básicas da população do município?

_____

_____

b) Que nome recebe o dinheiro que é cobrado obrigatoriamente de todos os cidadãos?

_____

_____

c) Como são chamados os servidores que executam os serviços públicos?

_____

_____

GEOGRAFIA

6. No município onde você mora existe:

a) posto de saúde?

☐ sim ☐ não

b) limpeza pública?

☐ sim ☐ não

c) água encanada?

☐ sim ☐ não

d) destino certo para o lixo?

☐ sim ☐ não

e) boa distribuição de alimentos?

☐ sim ☐ não

f) conservação de ruas e parques?

☐ sim ☐ não

g) transporte coletivo?

☐ sim ☐ não

h) áreas de lazer?

☐ sim ☐ não

A administração do município

Para garantir que todos os serviços públicos sejam oferecidos, os municípios contam com uma administração.

Quem comanda o município é o prefeito, que é eleito pelo voto dos cidadãos e fica no poder por quatro anos, podendo ser reeleito para mais quatro anos de governo. Ele é ajudado pelo vice-prefeito e por vários secretários. Cada secretário é responsável por um setor da administração do município. Por exemplo: existe um secretário para cuidar de questões relacionadas à saúde, outro para cuidar dos assuntos de educação etc.

Para fazer as leis do município, existem os vereadores. Eles também são eleitos pelo voto dos cidadãos e, assim como o prefeito, têm mandato de quatro anos. Eles se reúnem na Câmara Municipal e devem fiscalizar a administração do município.

O prefeito e seus assessores trabalham na prefeitura, um edifício que abriga parte da administração do município. Prefeitura de Missal (PR), 2021.

Conselho Municipal de Ribeirão Preto, foto do plenário, local de trabalho dos vereadores. Ribeirão Preto (SP), 2022.

ATIVIDADES

1. Responda às questões, de acordo com as letras correspondentes.

- A Elaboram as leis do município.
- B Responsável por um setor da administração do município.
- C Governa o município.

☐ Prefeito.

☐ Vereadores.

☐ Secretário.

2. Pesquise ou converse com adultos e registre as seguintes informações:

- Nome do prefeito do seu município.
  _____

- Nome do vice-prefeito:
  _____

- Nome de um vereador:
  _____

- Data da última eleição para prefeito e vereadores:
  _____

- Quantidade de vereadores no município:
  _____

- Nome de dois vereadores do município:
  _____

- Salário do prefeito:
  _____

- Salário do vice-prefeito:
  _____

- Salário dos vereadores:
  _____

3. Marque com um **X** a resposta certa. Prefeitos, vice-prefeitos e vereadores são escolhidos:

☐ de 3 em 3 anos.

☐ de 4 em 4 anos.

☐ de 5 em 5 anos.

4. Como são escolhidos os prefeitos e vereadores?
_____
_____
_____

5. Pesquise na internet os endereços dos órgãos públicos de seu município. Indique o endereço do prédio e também o site destes órgãos:

a) Prefeitura/Endereço:
_____
_____

b) Câmara de Vereadores/Endereço:
_____

Site:
_____

c) Fórum Municipal/Endereço:
_____

Site:
_____

377

Ser cidadão

Ser cidadão é ter direitos e deveres em relação a seu país. Um dos direitos mais importantes dos cidadãos é o direito de escolher seus representantes no governo por meio do voto. No Brasil, todas as pessoas com idade entre 18 e 70 anos devem votar. O voto é **facultativo** apenas para os analfabetos, para quem tem idade entre 16 e 18 anos e para pessoas com idade superior a 70 anos.

VOCABULÁRIO

facultativo: que não é obrigatório.

Mas ser cidadão não é apenas votar, pagar seus impostos e taxas e obedecer às leis da sociedade. Ser cidadão é preservar o lugar onde se vive. Telefones públicos, lixeiras, praças, parques e semáforos são exemplos de bens e espaços públicos que devem ser preservados por todos para que possam ser bem utilizados.

O cidadão também tem direitos. O principal deles é a liberdade. Só perde a liberdade aquele que desrespeita a lei e é julgado pela justiça. Os cidadãos têm o direito de trabalhar, liberdade de manifestar seus valores culturais e religiosos, liberdade para se organizar e expressar suas ideias, seja por manifestações presenciais pacíficas ou pela internet.

A cidadania é exercida no dia a dia, ou seja, devemos cumprir nossos deveres e lutar para ter nossos direitos garantidos diariamente.

ATIVIDADES

1. Liste três serviços públicos que devem ser oferecidos aos cidadãos.

_____

_____

2. Como os governos municipal, estadual e federal mantêm os serviços públicos que atendem à população?

_____

_____

3. O que você considera um dever do cidadão.

_____

_____

4. Quais são os direitos dos cidadãos?

_____

_____

Os cidadãos do município e o lazer

Todos nós precisamos descansar, nos distrair e nos divertir. As atividades que fazemos nesses momentos são atividades de lazer.

Ter lazer de boa qualidade é um direito de todos os cidadãos e os municípios devem oferecer formas de lazer, como cinemas, teatros, museus, jardins zoológicos, praças e parques, áreas para prática de esporte, piscinas etc.

Nas áreas rurais, há outras opções de lazer, como áreas para pesca, rios e cachoeiras, espaço para andar a cavalo, entre outros.

Além dos locais de lazer no município, as pessoas podem encontrar outras formas para se distrair e descansar. Ler, ouvir música, assistir à televisão, conversar, fazer trabalhos manuais, por exemplo, podem proporcionar bons momentos de lazer a todos.

Pessoas se divertem no Lago Negro, Gramado (RS), 2021.

Passeio a cavalo na cidade de Sabará (MG), 2022.

ATIVIDADES

1. Circule as formas de lazer que podem ser oferecidas pelo município.

praça   edifícios   zoológico
feira   ciclovia   lojas   museu
teatro   casas   clube

2. Elabore no caderno um roteiro de passeio a um local de lazer em sua cidade. Complete o folheto com os dados abaixo e ilustre-o.
- Local / Como chegar / O que há para fazer / Melhor dia para visitar

3. Responda:

a) Como você gosta de passar suas horas de lazer e diversão?

_____

b) Como é o lugar em que você costuma se divertir?

_____

4. Troque cada letra pela anterior no alfabeto e descubra o nome de uma forma de lazer.

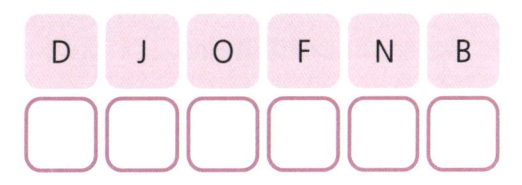

| D | J | O | F | N | B |

☐ ☐ ☐ ☐ ☐ ☐

5. Observe esta imagem e responda à questão.

a) Como as crianças retratadas na imagem estão se divertindo?

_____

b) Escreva duas brincadeiras que fazem você se divertir.

_____

LIÇÃO 4

O RELEVO E A HIDROGRAFIA DO PLANETA

A superfície da Terra é o lugar onde vivemos, plantamos e fazemos nossas construções. Essa superfície não é totalmente igual: é formada por terrenos planos, terrenos ondulados (com subidas e descidas), terrenos altos e outros mais baixos.

Ao conjunto das diferentes formas da superfície terrestre damos o nome de **relevo**.

O relevo terrestre sofre transformações ao longo do tempo.

Planalto da Borborema, na área rural do município de Ingá, Paraíba.

Formas de relevo

As principais formas de relevo são:
- **Planície**: terreno plano, às vezes com pequenas elevações.
- **Planalto**: terreno mais alto que a planície. Apresenta superfície irregular.
- **Depressão**: terreno mais baixo que os terrenos que o cercam.
- **Montanha**: grande elevação de terra.
- **Escarpa**: é uma vertente muito inclinada, também chamada penhasco.
- **Serra** ou **cordilheira**: conjunto de montanhas.
- **Monte**: elevação média de terra.
- **Morro** ou **colina**: pequena elevação de terra.
- **Vale**: região plana situada entre morros e montanhas.
- **Ilha**: porção de terra cercada de água por todos os lados.

Observe no esquema as formas de relevo.

Esquema da formas do relevo.

ATIVIDADES

1. Encontre, no diagrama, as formas de relevo e escreva-as ao lado da descrição correspondente.

monte   ilha   montanha
depressão   vale   serra
morro   planalto   planície

```
M O N T A N H A E H P E
O J U S E R R A D E L S
N H E N O I L H A F A C
T O L M O R R O R D N A
E W D C X S A T G B A S
V A N T A J O S V A L E
C P L A N Í C I E U T O
D E P R E S S Ã O S O S
```

a) Grande elevação de terra: _____
b) Terreno mais alto que a planície: _____
c) Região plana situada entre morros e montanhas: _____
d) Terreno plano, às vezes com pequenas elevações: _____
e) Conjunto de montanhas: _____
f) Elevação média de terra: _____
g) Pequena elevação de terra: _____
h) Porção de terra cercada de água por todos os lados: _____
i) Terreno mais baixo que os terrenos que o cercam: _____

2. Responda às perguntas.
O que é:
a) a superfície da Terra?
_____
_____
_____
b) relevo?
_____
_____

3. Escreva no caderno exemplos de duas formas de relevo e ilustre-as.

4. Identifique e escreva no desenho abaixo onde estão: a montanha, o vale, a serra ou cordilheira, o planalto, a planície, a depressão e a ilha. Depois, pinte-o.

Rios

Rios são correntes de água doce que se dirigem para o mar, para um lago ou para outro rio.

As partes de um rio são:
- **Nascente:** lugar onde um rio "nasce".
- **Leito:** lugar por onde correm as águas de um rio.
- **Margens:** terras localizadas nos lados direito e esquerdo de um rio.
- **Foz:** lugar onde um rio despeja suas águas.

Um rio que despeja suas águas em outro rio é chamado **afluente**.

A importância dos rios

Os rios são muito importantes para o equilíbrio do meio ambiente e, consequentemente, para a vida dos seres humanos. Além de ser o hábitat de vários animais e plantas, os rios são fundamentais para a manutenção da vegetação ao seu redor.

Os rios são utilizados para várias atividades necessárias à vida em sociedade: fornecem água para abastecer cidades e irrigar plantações; podem ser utilizados para a navegação ou para produzir energia elétrica nas usinas hidrelétricas.

Os rios também oferecem áreas de lazer para a população das áreas urbanas e do campo.

É fundamental preservar os rios e as áreas ao seu redor, evitando a contaminação das águas e do solo com lixo, agrotóxicos, esgoto e substâncias prejudiciais aos animais, à vegetação e aos seres humanos.

VOCABULÁRIO

hábitat: conjunto de condições físicas e geográficas favoráveis à vida e ao desenvolvimento de determinada espécie animal ou vegetal.

Lagos e lagoas

- **Lago** é uma grande quantidade de água que ocupa uma parte baixa de um terreno.
- **Lagoa** é um lago menor.

Lagoa Rodrigo de Freitas, Rio de Janeiro (RJ), 2021.

Barragens ou represas

Uma **barragem**, **açude** ou **represa** é uma barreira artificial, ou seja, construída pelos seres humanos, para a retenção de grandes quantidades de água. A sua utilização é, sobretudo, para fornecer água às residências, à produção agrícola ou à produção de energia elétrica.

Barragem da Usina Hidrelétrica do Xingó, na divisa dos estados de Alagoas e Sergipe, 2020.

ATIVIDADES

1. Por que os rios são importantes para o meio ambiente?

_____
_____
_____
_____
_____

2. Escreva o nome das partes do rio e pinte a figura.

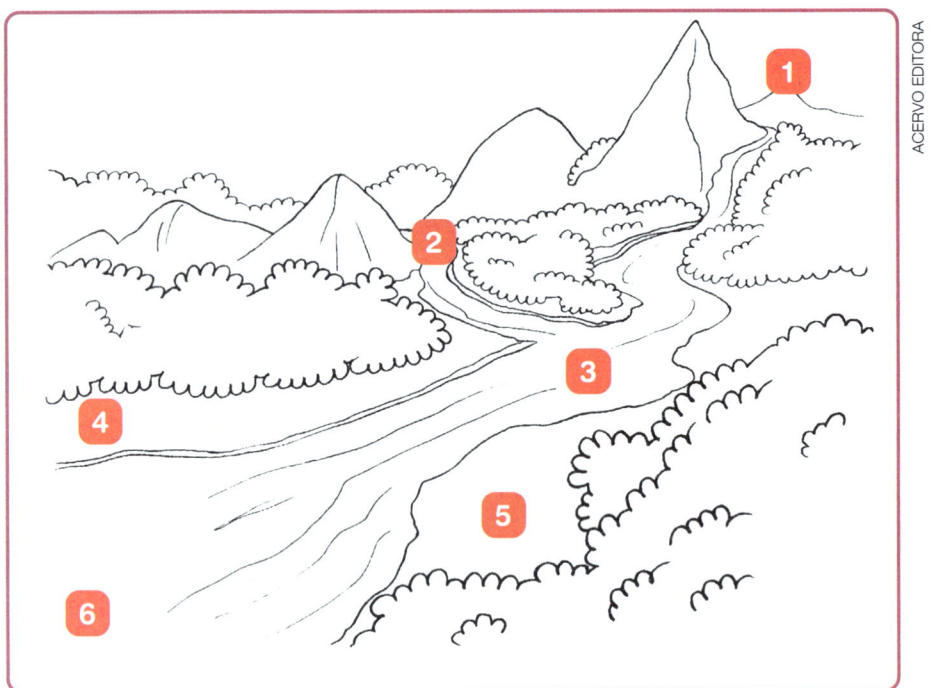

1 _____   4 _____

2 _____   5 _____

3 _____   6 _____

3. Marque com um **X** as afirmativas corretas e corrija as erradas no caderno.

a) ☐ Nascente é o lugar onde o rio "nasce".

b) ☐ Rio é uma corrente de água salgada.

c) ☐ O lago é maior que a lagoa.

d) ☐ Açudes ou barragens são construídos pelos seres humanos.

e) ☐ A Terra é conhecida como Planeta Verde.

4. O Brasil possui muitos rios importantes. Pesquise e escolha um deles para preencher o quadro abaixo.

Nome: _____

Estado onde se encontra: _____

Nome de dois afluentes: _____

Importância para a região: _____

5. Pesquise na sua região se existe um rio, lago, lagoa ou represa. Além da importância desse recurso para a região.

ZONAS CLIMÁTICAS DO PLANETA

Você já deve ter notado que a temperatura no lugar onde mora é diferente de outros lugares do Brasil e do planeta. Observe o planisfério a seguir, que indica as médias de temperatura. O que você percebe?

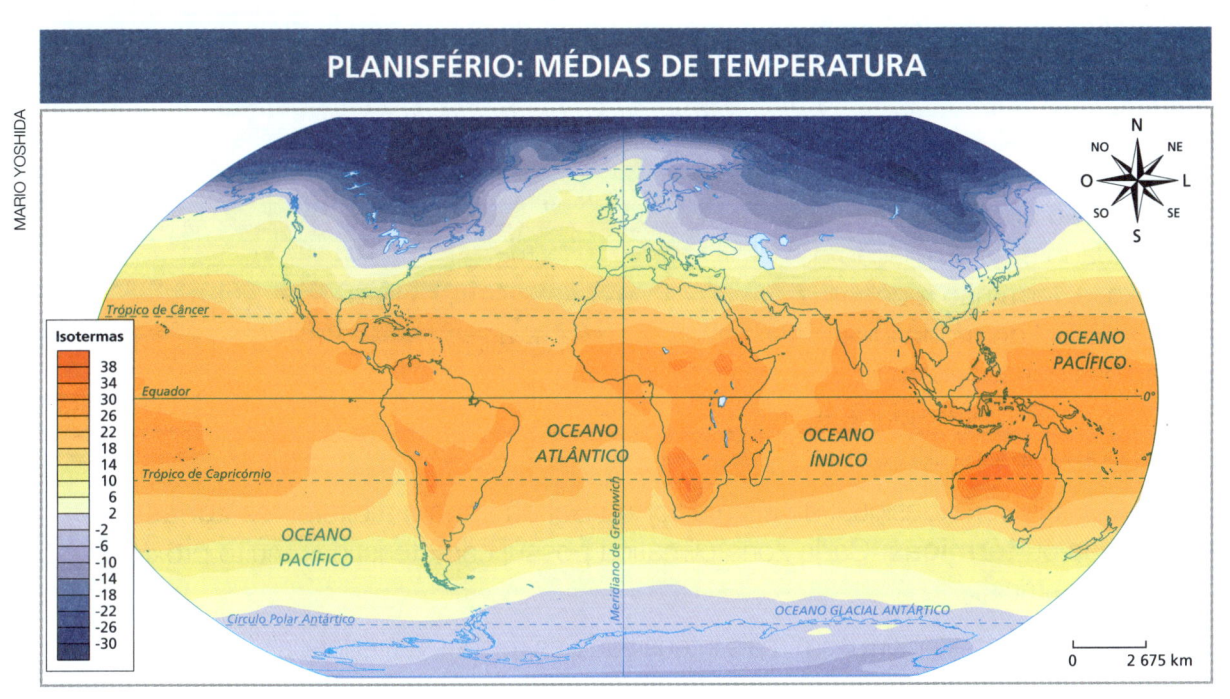

PLANISFÉRIO: MÉDIAS DE TEMPERATURA

Fonte: IBGE. *Atlas geográfico escolar*. Rio de Janeiro: IBGE, 2012. p. 60.

ATIVIDADE

Você já percebeu que, enquanto é verão no Hemisfério Norte, é inverno no Hemisfério Sul? Converse com o professor por que isso ocorre e registre a seguir a conclusão.

_____
_____
_____
_____
_____
_____
_____
_____
_____
_____
_____
_____

Os diferentes climas

Sabemos que o tipo de clima no nosso planeta varia de região para região. Existem regiões da Terra que são quentes durante o ano inteiro, como aquelas próximas da Linha do Equador. Em outras, o frio intenso domina todos os meses, mesmo no verão. É o caso do Polo Sul.

Por que isso acontece?

Em razão do seu formato arredondado e da inclinação de seu eixo, a Terra não recebe luz e calor do Sol de modo igual. Há regiões que recebem luz solar com maior intensidade e outras com menor intensidade.

TERRA: INCIDÊNCIA DOS RAIOS SOLARES

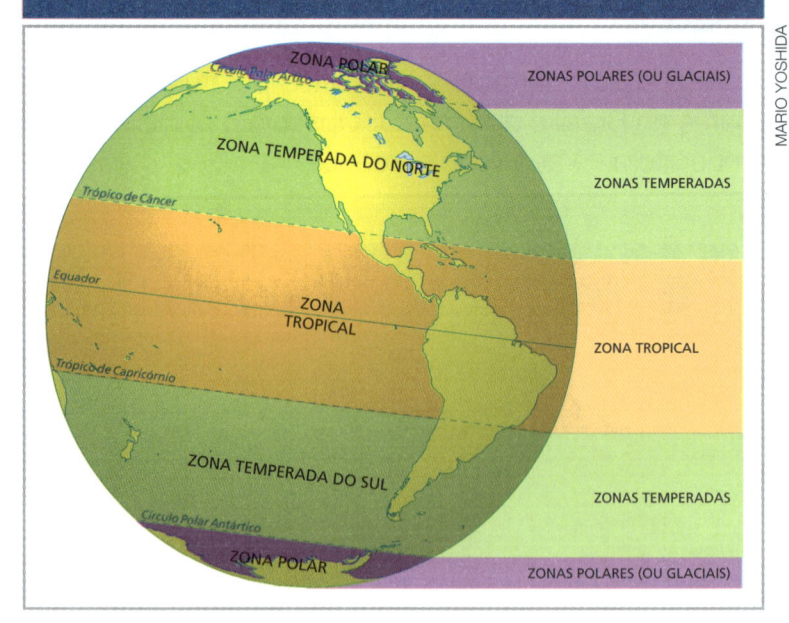

Essa distribuição desigual de luz e calor do Sol dá origem a diferentes **zonas climáticas** ou **térmicas**. Cada zona climática possui características muito próximas e se difere das demais.

Os raios solares atingem com mais intensidade as regiões ao redor da Linha do Equador e cada vez menos as regiões próximas aos polos.

De acordo com essas características, podemos então identificar as seguintes zonas climáticas na Terra: zona equatorial ou tropical, zona temperada do norte, zona temperada do sul, zona polar ou glacial antártica, zona polar ou glacial ártica.

- Zona equatorial ou tropical: regiões próximas da Linha do Equador, as mais quentes do planeta. Nessas áreas há intensa movimentação das massas de ar quente e, de modo geral, há elevados índices pluviométricos, regulares durante todo o ano.
- Zonas intertropicais: são as faixas intermediárias, que ficam entre os trópicos de Câncer e de Capricórnio e a zona equatorial. São também regiões muito quentes. Nas estações mais frias do ano costumam receber massas de ar geladas provenientes de latitudes mais altas.

Floresta tropical de montanha, na Costa Rica.

Parque nacional em zona tropical em Uganda.

- Zonas temperadas: ficam entre o Trópico de Capricórnio e o Círculo Polar Antártico (ao sul) e entre o Trópico de Câncer e o Círculo Polar Ártico (ao norte). São regiões de temperaturas mais amenas. Nessa faixa há grande amplitude térmica entre as estações quentes e frias.
- Zonas glaciais ou polares: no Polo Norte temos a zona glacial Ártica e no Polo Sul, a zona glacial Antártica. São as áreas mais frias do planeta Terra, localizadas em altas latitudes. Por isso são consideradas as áreas mais inóspitas que existem.

Região da Patagônia, na Argentina.

Antártida.

ATIVIDADES

1. Escreva o nome de cada uma das zonas climáticas da Terra.

a) _____

b) _____

c) _____

d) _____

e) _____

f) _____

g) _____

2. Coloque, nas frases a seguir, a letra de cada zona climática, de acordo com o que você respondeu na atividade 1.

☐ É a zona mais quente do planeta.

☐ Fica ao norte e é uma das zonas mais frias do planeta.

☐ Fica ao norte e tem temperatura amena.

☐ Fica ao norte e tem temperatura elevada.

☐ Fica ao sul e tem temperatura amena.

☐ Fica ao sul e tem temperatura elevada.

☐ Fica ao sul e é uma das zonas mais frias do planeta.

3. Pinte as zonas climáticas da Terra com cores diferentes e produza uma pequena legenda, identificando cada uma.

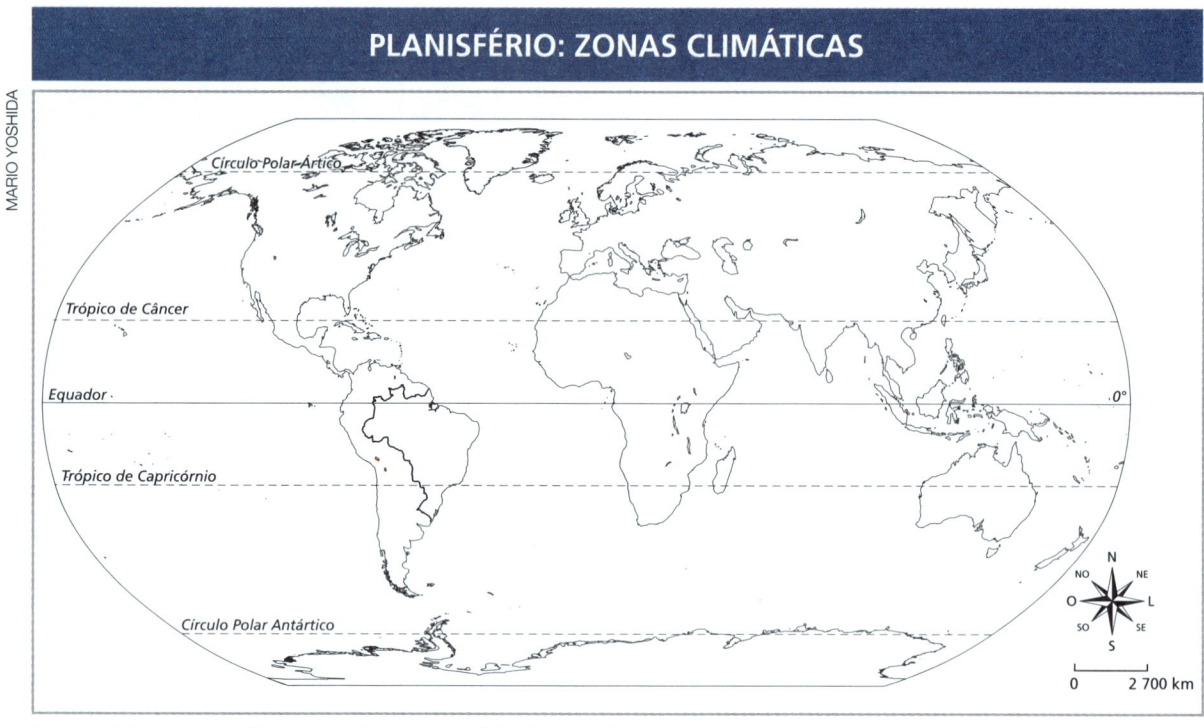

PLANISFÉRIO: ZONAS CLIMÁTICAS

Fonte: IBGE. *Atlas Geográfico Escolar*. Rio de Janeiro: IBGE, 2012. p. 58.

4. Quais são as regiões mais quentes do planeta Terra?

_____
_____
_____

5. Em que zonas climáticas encontramos as regiões mais frias da Terra?

_____
_____
_____
_____
_____
_____

6. Como é o clima nas zonas temperadas do planeta?

_____
_____
_____

7. Qual é a característica climática das zonas intertropicais do planeta?

_____
_____
_____
_____
_____

As regiões conforme a zona climática

Cada zona climática da Terra tem características que marcam as regiões. Assim, nas zonas glaciais ou polares, é muito frio durante o ano inteiro, mesmo quando é verão.

Nas zonas temperadas, as estações do ano são mais bem definidas, com temperaturas altas no verão e baixas no inverno. No outono, por exemplo, é comum que as folhas das árvores caiam; no inverno pode nevar em certos lugares.

Já nas zonas tropical e equatorial, não há estações do ano bem definidas, apresentando altas temperaturas praticamente o ano todo. São as regiões de florestas, de muita umidade, de chuvas constantes e onde se encontra uma diversidade muito grande de espécies de vegetais e animais.

Verão na cidade de Nice, França. No inverno a temperatura da cidade gira entre 17 ºC e 7 ºC.

Outono em rodovia dos Estados Unidos, com a típica mudança de cores das folhas da vegetação.

Primavera na Holanda, com as famosas tulipas floridas.

Parque Nacional Banff, em Alberta, no Canadá, durante o inverno.

ATIVIDADE

Na região onde você mora consegue perceber alterações no ambiente conforme as mudanças das estações climáticas?

_____

_____

Os climas do Brasil

Diariamente, podemos observar se está fazendo calor ou frio, se o céu está ensolarado ou nublado. Esses são apenas exemplos de como está o tempo.

O conjunto das características do tempo que se repetem, durante certo período, constitui o **clima** de um lugar.

Observe, no mapa, os principais tipos de clima do Brasil.

BRASIL – CLIMAS

LEGENDA
- Equatorial
- Tropical semiúmido
- Tropical semiárido
- Tropical úmido
- Tropical de altitude
- Subtropical

ESCALA: 0 – 346 – 692 km
1 cm = 346 km

Fonte: IBGE. *Atlas geográfico escolar*. Rio de Janeiro: IBGE, 2009.

Como está o tempo em seu município hoje? Qual é o tipo de clima predominante em seu estado? Converse com seus colegas e com o professor a respeito.

Leia, a seguir, algumas informações sobre os tipos de clima do Brasil.

Clima equatorial

Vista aérea da Floresta Amazônica e do Rio Amazonas, Amazonas, 2007.

O clima equatorial é um tipo de clima quente e úmido, com muita chuva durante o ano todo. Nos estados do Amazonas e do Pará, por exemplo, predomina esse tipo de clima.

Clima tropical

O clima tropical é predominante na maior parte do território brasileiro. Por isso, nosso país é chamado de "país tropical". Esse clima é classificado em tropical semiárido, tropical semiúmido, tropical úmido e tropical de altitude.

Clima tropical semiárido

É o clima do sertão nordestino. Faz muito calor o ano todo e apresenta longos períodos de seca.

Área de clima tropical semiárido, no Ceará, 2004.

Clima tropical semiúmido

É o clima predominante na maior parte do Brasil. Esse clima possui uma estação chuvosa (verão) e uma estação seca (inverno).

Área de clima tropical semiúmido na Serra da Canastra, em Minas Gerais, 2007.

Clima tropical úmido

É um clima litorâneo caracterizado por chuvas frequentes e mal distribuídas durante o ano. As temperaturas são elevadas ao longo de todo o ano.

Clima tropical de altitude

É o clima que ocorre nas regiões de altitudes mais elevadas. As chuvas são mal distribuídas durante o ano, concentrando-se no verão.

Clima subtropical

É um clima que apresenta invernos frios com geadas e chuvas durante o ano todo.

Clima subtropical, mata de araucárias, no Rio Grande do Sul, 2003.

ATIVIDADES

1. Escreva as características de cada clima.

a) Clima equatorial: _____

b) Clima tropical semiárido: _____

c) Clima tropical semiúmido: _____

d) Clima tropical úmido: _____

e) Clima subtropical: _____

f) Clima tropical de altitude: _____

2. Escreva **V** para verdadeiro ou **F** para falso.

☐ O clima que predomina no sul do Brasil é o tropical.

☐ No Brasil predominam os climas quentes.

☐ O clima equatorial é quente e úmido.

☐ No litoral brasileiro, predomina o clima tropical semiúmido.

☐ O clima tropical semiárido ocorre no sertão nordestino.

3. Analise novamente o mapa **Brasil – Climas**, identifique o clima predominante no estado em que você mora e registre no seu caderno as principais características desse clima.

6 A VEGETAÇÃO DO PLANETA

O conjunto de diferentes tipos de planta que nascem naturalmente em uma região chama-se **vegetação**.

A formação e o desenvolvimento da vegetação dependem das condições do solo e do clima. Assim, a vegetação varia em cada região do planeta conforme mudam as condições climáticas e as características do solo e do relevo. Esses fatores fazem com que a superfície do planeta apresente uma grande variedade de tipos de vegetação.

O Brasil, por exemplo, apresenta regiões com climas muito diferentes. Possui, também, áreas com características diversificadas quanto à vegetação. A vegetação de determinada área pode ser classificada em diferentes tipos, dependendo dessas características.

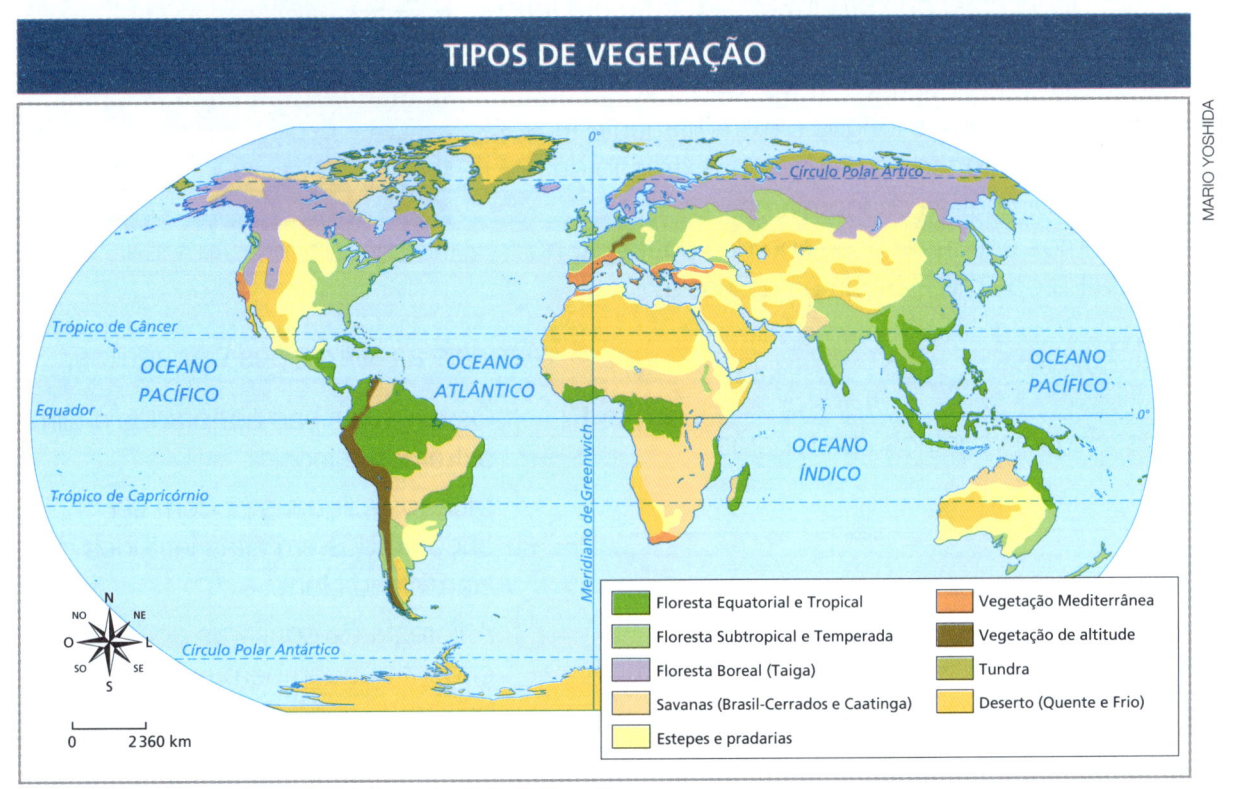

TIPOS DE VEGETAÇÃO

Legenda:
- Floresta Equatorial e Tropical
- Floresta Subtropical e Temperada
- Floresta Boreal (Taiga)
- Savanas (Brasil-Cerrados e Caatinga)
- Estepes e pradarias
- Vegetação Mediterrânea
- Vegetação de altitude
- Tundra
- Deserto (Quente e Frio)

Fonte: IBGE. *Atlas geográfico escolar.* Rio de Janeiro: IBGE, 2012. p. 61.

A vegetação é fundamental para o equilíbrio ecológico de nosso planeta.

ATIVIDADES

1. O que faz a vegetação do planeta variar?

2. A vegetação do lugar onde você mora está representada no mapa? Qual é?

Tundra

É um tipo de vegetação existente em regiões onde o solo permanece congelado praticamente o ano inteiro. Durante poucos meses, o solo descongela e, então, surge a vegetação de musgos, liquens e plantas baixas. Essa vegetação é muito utilizada para **pastoreio**.

A tundra é encontrada no extremo norte do Canadá, do Alasca, da Rússia, da Noruega e na ilha da Groenlândia.

VOCABULÁRIO

pastoreio: pecuária extensiva.

Floresta de coníferas

Esse tipo de vegetação é característico nas regiões de clima frio, nas quais predominam os pinheiros (coníferas) que produzem um fruto em forma de cone e têm folhas em forma de agulha, o que contribui para não acumular neve. São árvores que sobrevivem a invernos longos e extremamente frios, com neve durante toda a estação. A extração de madeira movimenta a economia nesses locais.

Podemos encontrar esse tipo de vegetação no norte da Europa, no Canadá e na Rússia.

Vegetação de coníferas, na Áustria.

ATIVIDADES

1. Descreva a vegetação de tundras.

_____

_____

2. Descreva a vegetação de coníferas.

_____

_____

3. Assinale as afirmações verdadeiras.

☐ Os pinheiros são adaptados a climas extremante frios.

☐ Musgos e liquens podem ser encontrados em altas latitudes do Hemisfério Norte.

☐ A floresta de coníferas pode ser encontrada também em áreas baixas de regiões tropicais.

☐ A tundra pode ser encontrada na zona climática equatorial do planeta.

Floresta temperada

Esse tipo de formação vegetal é composto por árvores que perdem as folhas antes da chegada do inverno, por isso, são conhecidas como "florestas das folhas que caem". As folhas das árvores brotam novamente na primavera.

Encontramos esse tipo de vegetação no leste dos Estados Unidos, no centro da Europa, nas ilhas do Reino Unido e no nordeste da China.

Floresta temperada nos Estados Unidos.

Vegetação de altitude

Essa vegetação é formada por arbustos de raízes firmes e profundas que sobrevivem aos ventos fortes e ao frio. O clima não contribui para o desenvolvimento de uma vegetação mais variada.

Encontramos a vegetação de altitude no alto das montanhas, na América do Sul, principalmente na área ocupada pela Cordilheira dos Andes. No Himalaia também encontramos esse tipo de vegetação.

Campos de altitude no Parque Nacional de Itatiaia, Rio de Janeiro (RJ).

Estepe

Vegetação formada predominantemente por gramíneas, muito utilizadas para pastagem de animais, e poucas árvores. É típica de áreas subtropicais e seu subsolo geralmente é rico em nutrientes, o que favorece a prática agrícola.

Esse tipo de vegetação pode ser encontrado no Brasil, no sul da África, no leste da Europa, no centro da Ásia e no leste da Austrália.

Vegetação de estepes, em montanha localizada no Quirguistão.

Floresta tropical

A floresta tropical desenvolve-se em regiões quentes e úmidas. As árvores têm muitas folhas, que são perenes, isto é, não caem no inverno.

Nas florestas tropicais existem árvores com até 60 metros de altura. Encontramos esse tipo de vegetação na América do Sul, na América Central, no centro da África e no sudeste da Ásia.

Interior da Mata Atlântica, floresta tropical localizada no Brasil.

VOCABULÁRIO

perene: permanente.

Vegetação mediterrânea

Vegetação característica das faixas do litoral mediterrâneo europeu (porção sul) e africano (porção norte), formada por árvores pequenas (como oliveiras e videiras), moitas e arbustos.

Vegetação de montanha conhecida como garrigue, na Grécia.

Em grandes áreas com vegetação mediterrânea, principalmente na Espanha, cultivam-se oliveiras para a produção de azeite, que abastece boa parte do território europeu. Além das oliveiras, destaca-se a produção de uvas, utilizadas na produção de vinho. Esses tipos de cultivo são favorecidos pelo clima próprio da região, quente, que recebe massas de ar provenientes do território africano.

ATIVIDADES

1. Indique **1** para as características da floresta tropical e **2** para as de vegetação mediterrânea.

☐ Desenvolve-se em regiões quentes e úmidas.

☐ Ocupam a porção sul da Europa.

☐ As folhas não caem no inverno.

☐ Ocupam o norte da África.

☐ Árvores com até 60 metros de altura.

☐ Cultivam-se oliveiras e videiras.

☐ Produz matérias-primas para produção de vinho e azeite.

2. Imagine que um viajante terá de subir o Rio Amazonas desde sua foz até praticamente sua nascente. Assinale o tipo de vegetação predominante pela qual ele passará.

☐ tundra

☐ vegetação mediterrânea

☐ floresta temperada

☐ floresta tropical

☐ floresta de coníferas

Savana

Formação vegetal composta por plantas rasteiras, diversos tipos de capim, árvores pequenas distantes umas das outras e arbustos retorcidos. O relevo, em geral, é plano.

Presente em partes tropicais da América do Sul, da África, da Índia e da Austrália. No Brasil, esse tipo de vegetação é mais conhecido como **cerrado**.

Cerrado em Pirenópolis (GO), 2014.

Vegetação de deserto

A vegetação característica de regiões desérticas quentes são as cactáceas. Em geral, são espinhosas ou com pequenas folhas. Apresentam raízes profundas, capazes de retirar água do subsolo e armazená-la em seus caules.

No maior **deserto quente** do mundo, o Saara, localizado na África, existem formações de vegetação de palmeiras em que pode haver água. Esse conjunto forma o que chamamos **oásis**. Na América do Sul há o deserto mais seco do mundo, o Deserto de Atacama.

Além dos desertos quentes, há os **desertos gelados**. São áreas localizadas em altas latitudes, na maioria das vezes, nos polos. O continente Antártico ou Antártida é o maior deserto gelado do mundo e, por isso, é chamado de continente gelado.

Parque na Reserva indígena Navajo, nos Estados Unidos, em 2013.

A vida animal em alguns tipos de vegetação

A vegetação do planeta varia conforme o clima, o solo, a quantidade de água, entre outros fatores, como você viu. Ela também influencia o clima, podendo torná-lo mais úmido, por exemplo, quando há florestas. Outra relação importante se dá entre a vegetação e os animais. Para cada tipo de vegetação na Terra existem tipos de animais que melhor se adaptam e vivem dos recursos que nela encontram.

Deserto gelado na Nova Zelândia.

Nas florestas de coníferas do Hemisfério Norte vivem alces, ursos-pardos, lobos, martas, linces, esquilos, raposas, entre outros. As sementes das coníferas dessas florestas também servem de alimento para muitos tipos de ave, como o cruza-bico, de bico curvo, cujas pontas se cruzam como uma tesoura. Com esse recurso, essa ave consegue cortar as pinhas e abrir as sementes.

Nas florestas temperadas predominam doninhas, lobos, linces, insetos variados, répteis, anfíbios. Nas estepes, há muitos mamíferos, como coiotes, búfalos, leopardos, zebras, girafas, além de répteis, insetos, aves como gaviões e corujas. Nas tundras, por causa do frio intenso, há espécies animais que mudam de hábitat quando chega o inverno, como o lobo, o urso-polar, a coruja-das-neves e outros. Os lemingues (pequenos roedores), no entanto, cavam buracos e túneis no gelo e ali se abrigam, comendo musgos e liquens.

ATIVIDADES

1. Pinte de vermelho as características da savana e de verde as de deserto.

- ☐ Formada por plantas rasteiras e árvores esparsas.
- ☐ Formada por cactáceas.
- ☐ No Brasil, é conhecido como cerrado.
- ☐ Localizados em altas latitudes.
- ☐ Existem áreas muito quentes e secas ou muito frias.

2. Complete a informação.

O deserto mais seco do mundo é o Deserto do _____, que se localiza na _____.

3. Qual é o maior deserto quente do mundo? Onde está localizado?

_____
_____

4. Onde se localiza o deserto mais gelado do mundo?

_____
_____

5. Identifique o tipo de vegetação apresentado nas imagens.

Parque Nacional do Itatiaia, Pico das Agulhas Negras, Itatiaia, RJ.

Floresta na Eslovênia, Europa.

Floresta do Norte do Brasil Floresta tropical.

_____   _____   _____

6. Escolha um tipo de vegetação, pesquise e preencha o quadro.

Tipo de vegetação	
Características das plantas	
Locais do planeta onde ocorre	

LIÇÃO 7 — A NATUREZA E A PAISAGEM

GEOGRAFIA

Observe as imagens apresentadas a seguir.

Glaciar Perito Moreno, na Argentina, 2018.

Vegetação europeia, 2017.

Como você descreveria cada uma dessas imagens? Você já visitou algum local com uma paisagem parecida com essas? Quais eram as diferenças e semelhanças?

Nesta lição você aprenderá a fazer a **leitura das paisagens**, descrevê-las e compará-las.

ATIVIDADES

1. O que você observa nas paisagens apresentadas nas imagens?

_____
_____
_____
_____

2. Alguma dessas imagens é parecida com o lugar em que você vive? Quais são as semelhanças?

_____
_____
_____
_____

O que é paisagem?

Tudo aquilo que os nossos olhos conseguem ver – objetos, construções, relevo, vegetação, elementos climáticos e seres vivos – em um determinado local forma uma **paisagem**.

Na paisagem você pode identificar **elementos naturais** e **elementos criados pelos seres humanos**. Como esses elementos variam muito de um local para outro, as paisagens são diferentes.

O subúrbio (2004), de Airton das Neves. Óleo sobre tela, 50 cm × 70 cm. Nesse quadro, o pintor brasileiro representou uma paisagem na qual aparecem elementos naturais e elementos criados pelos seres humanos.

As paisagens mudam

Além de serem diferentes umas das outras, as paisagens mudam constantemente, seja por ação da natureza, seja pela ação do ser humano.

A ação da natureza acontece de várias maneiras. Essas mudanças podem ocorrer por causa de erosões, chuvas, terremotos, *tsunamis*, vulcões etc.

Mudanças causadas por erosão e chuvas

Erosão é o desgaste e o arrastamento do solo, provocado por ventos, chuvas e até pelos seres humanos. A erosão do solo pode ocorrer lentamente, ao longo de muitos anos, ou abruptamente, como em um deslizamento.

Em áreas muito chuvosas e com pouca vegetação, a erosão é muito intensa e pode causar deslizamentos de terra.

Para os seres humanos, esse tipo de fenômeno, o deslizamento, é sempre ameaçador, pois, se no momento em que ocorrer houver pessoas no local, elas podem ser soterradas.

Um modo de prevenir deslizamentos é não destruir a vegetação nos locais altos, pois as árvores, gramíneas e outras plantas "seguram" o solo e as rochas.

VOCABULÁRIO

deslizamento: grande deslocamento de materiais sólidos, como o solo, geralmente provocado por chuvas fortes em áreas sem cobertura vegetal.

Mudanças causadas por terremotos

A superfície do nosso planeta, ou crosta terrestre, repousa sobre imensas placas, chamadas **placas tectônicas**. Essas placas são móveis, elas se mexem e se chocam umas contra as outras, pois estão flutuando sobre uma massa pastosa de temperatura altíssima que forma o interior da Terra.

Quando as placas tectônicas se chocam, provocam tremores na superfície da Terra. Nós chamamos esses tremores de **terremotos**. Eles podem ser muito fortes (destruindo bairros ou cidades) ou mais fracos (que nem são percebidos pelos seres humanos). Nas áreas de encontro das placas os terremotos tendem a ser mais intensos.

PLACAS TECTÔNICAS

Fonte: IBGE. *Atlas geográfico escolar*. Rio de Janeiro: IBGE, 2012. p. 12.

Os terremotos mais fortes mudam a paisagem, pois alteram o relevo, a vegetação e podem causar tragédias, caso atinjam regiões habitadas. Alguns países estão muito sujeitos a terremotos, como o Japão e o Chile, pois estão bem próximos do encontro de placas tectônicas. Outros países, como o Brasil, têm tremores mais fracos, porque estão mais afastados da junção de placas tectônicas.

Mudanças causadas por vulcões

Vulcão é uma estrutura do relevo que surge quando o **magma**, gases e partículas quentes (cinza vulcânica) escapam do núcleo da Terra para a superfície. Essa estrutura de relevo é como um funil invertido, e o material vulcânico "espirra" por ele, enchendo a atmosfera com poeira, gases e o território ao redor com ondas de lava (magma) que, depois, se resfriarão e se tornarão sólidas.

A erupção de um vulcão pode atingir locais habitados nas suas imediações, destruindo vilas, cidades e plantações, além de matar pessoas e animais. Ou seja, pode ser um grande desastre natural.

Os cientistas que estudam os vulcões são chamados vulcanologistas. Eles tentam prever quando um vulcão vai entrar em atividade, mas ainda não se encontrou um modo de descobrir isso com exatidão.

Os vulcões podem ser classificados em ativos, dormentes e extintos.

Os **ativos** são aqueles que estão em constante erupção. Os **dormentes** são os que se mantêm quietos, sem atividade, mas de vez em quando "acordam" e entram em erupção. Os **extintos** são os que não têm mais atividade. Entretanto, essa classificação pode não ser muito segura, porque já aconteceu de um vulcão declarado extinto repentinamente "acordar".

Os solos nos arredores de vulcões são muito antigos, formados de lava resfriada e endurecida, costumam ser férteis, favorecendo as plantações.

Magma sendo expelido pelo vulcão Etna, na Itália, em 2017.

Vulcão Arenal, na Costa Rica, em 2014.

Lago localizado na cratera de vulcão, no Equador, 2017.

ATIVIDADES

1. Explique o que você entendeu por paisagem.

_____
_____
_____
_____
_____
_____

2. Marque as frases corretas com **C** e as erradas com **E**. Depois corrija as frases erradas.

☐ As paisagens jamais se modificam, pois são resultado da ação da natureza e da ação do ser humano.

☐ A natureza pode mudar a paisagem quando ocorrem fenômenos como chuva e vento.

☐ Erosão significa o deslocamento de parcelas do solo por ação de fenômenos naturais ou pelo ser humano.

_____
_____
_____

3. Complete a frase: As paisagens podem mudar por ação da natureza, por exemplo, quando ocorrem _____, _____, _____,

e _____.

4. Marque com um **X** a resposta correta. Quando os fenômenos naturais que mudam a paisagem acontecem em regiões povoadas eles são considerados:

☐ desastres naturais.

☐ vulcões ativos.

☐ tragédias humanas.

5. Por que acontece um terremoto?

_____
_____
_____
_____
_____
_____

6. Assinale os eventos que podem mudar uma paisagem.

☐ Terremoto.   ☐ Erosão.
☐ Ferrovias.   ☐ Vulcão ativo.
☐ Pontes.   ☐ Chuvas.
☐ Queimada.   ☐ Vento.
☐ Plantações.

7. Circule o que for unicamente ação da natureza.

ferrovias   pontes   erosão

estradas   ventos   moradias

terremoto

LIÇÃO 8
O SER HUMANO E A PAISAGEM

Vista de Belo Horizonte (MG), em 2017.

Na paisagem acima, você pode identificar elementos naturais e elementos criados pelos seres humanos. Esses elementos variam muito de um lugar para outro. Por isso, as paisagens são diferentes.

ATIVIDADES

1. Quais são os elementos humanos e os naturais dessa paisagem?

_____

_____

_____

2. No lugar em que você mora, quais são os elementos humanos e os naturais que existem?

_____

_____

_____

Cidade

Quando a paisagem natural é transformada pelos seres humanos, dizemos que ela foi modificada. Algumas das modificações humanas que podemos observar nas paisagens naturais são a abertura de ruas e avenidas; a construção de pontes, viadutos, casas, edifícios e barragens; a escavação de túneis etc.

Quando uma paisagem natural é muito modificada e predominam os elementos humanos, dizemos que é uma **área urbana**, ou **cidade**. Veja, ao lado, imagem de área urbana.

Note que os elementos construídos pelos seres humanos predominam na paisagem urbana.

Área urbana em Vena Del Mar, no Chile, 2017.

404

Campo

Quando há pouca alteração na paisagem e predominam os elementos naturais, como rios, árvores, animais e plantações, dizemos que se trata de uma **área rural**, também chamada **campo**.

Há alterações na paisagem que nem sempre são visíveis. Quando uma empresa pulveriza uma plantação com pesticida, por exemplo, o solo é contaminado e, por vezes, as pessoas nem se dão conta disso. Há empresas ou pessoas que despejam poluentes nos rios e pode ser que isso demore para ser percebido, pois nem todos os elementos contaminantes alteram o aspecto da água.

Área rural em Torres (RS), em 2017.

ATIVIDADES

1. Observe as paisagens e complete as frases.

a) Na paisagem da foto ao lado, é possível observar elementos naturais, como:
_____
_____
_____

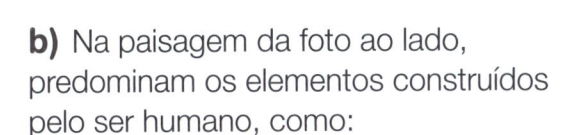

b) Na paisagem da foto ao lado, predominam os elementos construídos pelo ser humano, como:
_____
_____
_____

c) Na paisagem da foto da Baía de Guanabara, podemos ver elementos naturais, como _____ _____ e outros, construídos pelo ser humano, como _____

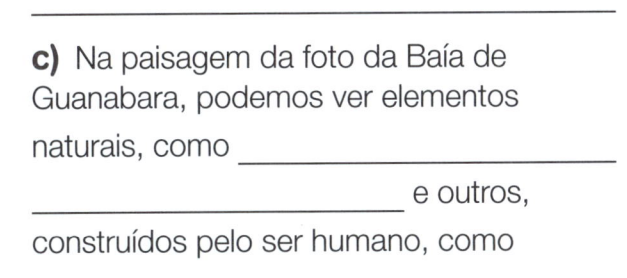

Aldeia do Demini em território Yanomani, em 2012.

Vista aérea da Avenida Paulista, em São Paulo (SP), 2018.

Baía de Guanabara, no Rio de Janeiro (RJ), 2018.

Poluição do ar

Um dos mais sérios problemas ambientais é a poluição do ar, porque é do ar que os seres humanos e todos os demais seres vivos retiram o oxigênio necessário à sobrevivência.

As atividades dos seres humanos, nos últimos séculos, desde o surgimento da indústria, têm resultado na produção de toneladas de poluentes que são despejados na **atmosfera** (a camada de ar em torno da Terra). Há cidades que sofrem mais e outras que sofrem menos com esse problema, dependendo de como se controla a emissão de gases e de outros produtos químicos. Entre as cidades mais poluídas do mundo estão Pequim (China), Tóquio (Japão), São Paulo (Brasil), Nova York (Estados Unidos), Cidade do México (México).

A **poluição do ar** acontece por causa da queima de combustíveis fósseis, como petróleo (utilizado na produção de gasolina e diesel) e carvão mineral. Ao serem queimados, esses produtos lançam na atmosfera monóxido de carbono e gás carbônico, que são muito prejudiciais à saúde dos seres humanos.

Nas grandes cidades, ocorre um aumento de doenças ligadas à poluição, como rinite, bronquite (respiratórias), alergias em geral, doenças nos olhos e na garganta etc.

Os profissionais de saúde recomendam que em dias muito secos, em locais de poluição, deve-se beber muita água e evitar exercitar-se ou permanecer ao ar livre nos horários mais quentes.

Em cidades localizadas entre montanhas, a poluição do ar pode ser mais intensa, pois os poluentes não se dispersam facilmente.

A poluição do ar pode modificar o clima, pois os poluentes acabam formando uma camada ao redor das cidades, o que dificulta a diminuição do calor.

Existem, atualmente, muitas campanhas para alertar contra os perigos da poluição do ar e exigir que os governos tomem providências, como a criação de leis que proíbam as indústrias de lançar na atmosfera gases **nocivos**. Os cientistas procuram encontrar outros tipos de combustíveis menos poluentes para os automóveis. O Brasil já usa o etanol, combustível derivado da cana-de-açúcar, que polui bem menos do que gasolina, extraída do petróleo.

VOCABULÁRIO

nocivo: prejudicial à saúde.

Poluição dos rios, lagos e mananciais subterrâneos

Os rios, os lagos e os mananciais de água subterrânea são essenciais para os seres humanos e os demais seres vivos do planeta. Todos precisam consumir água doce para continuar vivendo. Entretanto, principalmente com o crescimento das cidades, surgiu um dos mais sérios problemas ambientais: a **poluição das águas**.

As águas começaram a ser contaminadas por lixo, esgoto, entulho e outros materiais poluentes. Isso mata os peixes e as plantas, "matando" esses cursos de água, em que nada mais sobrevive, exceto algumas bactérias.

Águas poluídas causam males à população, aumentando o número de doentes com febre tifoide, cólera, disenteria, meningite e hepatites A e B, entre outras doenças graves. Os mosquitos transmissores de doenças se multiplicam, bem como parasitas que provocam verminoses.

Em alguns locais do mundo, os poderes públicos cada vez mais se preocupam com isso. Na França, o governo da cidade de Paris conseguiu despoluir o Rio Sena, que estava completamente contaminado décadas atrás. O mesmo aconteceu na cidade de Londres, na Inglaterra, onde o Rio Tâmisa foi inteiramente recuperado e despoluído.

O Rio Sena foi totalmente despoluído e atualmente serve de área de entretenimento para população local e turistas.

No Brasil, nos grandes centros urbanos, já existem rios "mortos", como os rios Tietê e Pinheiros, em São Paulo.

É preciso aumentar a campanha contra a poluição dos rios, ensinando as pessoas que não se deve jogar lixo nas águas e exigindo dos poderes públicos leis que protejam essas águas.

ATIVIDADES

1. Leia o texto e responda:

Poluição de rios

Muitas cidades nascem e crescem próximas a rios, pois a água é fundamental para várias atividades humanas, como alimentação, higiene etc.

Com o crescimento das cidades, as margens dos rios são cada vez mais ocupadas por construções e os rios não podem mais correr livremente. Seu curso é retificado, isto é, deixa de ter curvas e passa a ser reto para permitir a melhor ocupação dos arredores.

A mata ciliar é retirada das margens dos rios. Essa mata é muito importante para o rio, pois ela deixa o solo fofo para absorver as águas das chuvas, ajudando no controle das enchentes e evitando o desmoronamento de terra para dentro do rio.

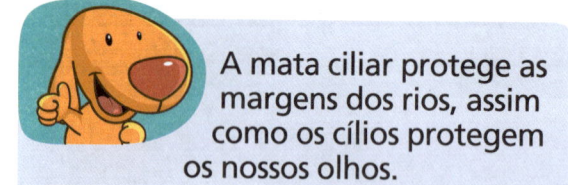

> A mata ciliar protege as margens dos rios, assim como os cílios protegem os nossos olhos.

Dessa forma, os esgotos e os detritos das cidades são lançados às águas dos rios, fazendo com que terra, areia, esgoto e lixo ali se acumulem, tornando-o mais raso e sujeito a inundações.

a) Por que os desmoronamentos acontecem?

_____
_____
_____
_____

b) Explique por que os rios que passam por áreas urbanas sofrem com a poluição.

_____
_____
_____

c) Por que a mata ciliar é importante para o rio?

_____
_____
_____
_____

2. A imagem a seguir é de um trecho do Rio Curuá, no estado do Pará. Observe-a e faça o que se pede.

a) Descreva o que você observa na paisagem ao redor do rio.

_____
_____
_____

b) Pela imagem, você observa alguns fatores que podem desencadear poluição e outros problemas no Rio Curuá?

_____
_____

3. Sublinhe o que for problema enfrentado em centros urbanos.

a) Baixos salários na época da colheita dos produtos agrícolas.

b) Poluição causada por excesso de automóveis.

c) Congestionamentos pelo excesso de automóveis.

d) Falta de moradia e de serviços essenciais para a população, quando esta começa a crescer muito.

e) Poluição dos rios e suas margens.

4. Escolha uma área do lugar onde você vive que tenha algum tipo de poluição. Faça, no quadro a seguir, um desenho que represente essa paisagem. Procure indicar os elementos naturais e culturais desta paisagem, destacando os elementos poluidores. Ao final, dê um título ao desenho, com o nome dessa área.

5. Quais tipos de poluição foram representados no seu desenho?

_____
_____
_____
_____

6. Compare seu desenho com o desenho de seus colegas e responda:

a) Quais foram os tipos de poluição apresentados?

_____
_____

b) Esses problemas são os mesmos apresentados em seu desenho?

_____
_____

c) Em sua opinião, quem são os causadores desse tipo de poluição no lugar onde vocês vivem?

_____
_____
_____

d) Como esses problemas de poluição poderiam ser reduzidos ou extintos?

_____
_____
_____

7. Na escola onde você estuda há espaços poluídos? Por que isso ocorre?

_____
_____

GEOGRAFIA

8. Indique com um **X** quais tipos de doenças podem ser contraídas pela ingestão de água poluída.

☐ Meningite   ☐ Febre tifoide

☐ Dengue   ☐ Bronquite

☐ Hepatite A e B   ☐ Disenteria

☐ Cólera   ☐ Asma

9. Complete as frases corretamente.

a) A _____ pode modificar o clima, pois os poluentes acabam formando uma camada ao redor das cidades.

b) Existem campanhas que exigem dos governos a proibição das indústrias lançarem na atmosfera gases _____.

c) O Brasil já usa o _____, como combustível derivado da cana-de-açúcar, que polui bem menos do que a _____, extraída do petróleo.

d) A poluição do ar acontece por causa da queima de _____.

e) Nas grandes cidades, ocorre um aumento de doenças ligadas à poluição, como _____ e _____.

Reciclar para um planeta mais saudável

É muito importante, nos dias de hoje, reciclar os materiais que usamos. Essa é uma maneira de evitar o consumismo e de diminuir a poluição do planeta.

Praticamente tudo que usamos e criamos pode ser reciclado, isto é, pode ser modificado e adquirir outras funções úteis para a vida do ser humano. No Brasil, já existem fábricas que reciclam plástico, alumínio, pneus, papel, objetos eletroeletrônicos etc. em diversos municípios, o que faz com que essa prática se desenvolva.

Esteira para separação de materiais recicláveis, em cooperativa em São Paulo, 2014.

O processo é assim: as pessoas separam o lixo, colocando o chamado "lixo seco", isto é, reciclável, em embalagens próprias, que os funcionários das prefeituras ou empresas recolhem em um dia específico da semana. O lixo descartável é separado em grandes estabelecimentos: latinhas, embalagens de leite, garrafas plásticas e papel. Esses recicláveis são encaminhados para fábricas que se incumbem de tratá-los. Em seguida, os produtos são vendidos para indústrias que necessitam desses materiais para a fabricação de novas mercadorias.

Muitas pessoas nas cidades vivem de recolher e separar o lixo descartável. Elas recolhem papel, papelão, latas de alumínio, garrafas plásticas, plásticos e outros recicláveis. Depois levam tudo para grandes centros receptores, onde vendem o material coletado.

ATIVIDADE

• Sente-se com um colega e conversem sobre esse texto. Procurem escrever uma frase que resuma o assunto. Vocês podem começar assim:

Esse texto fala da importância... _____

Coleção Eu gosto m@is

CIÊNCIAS

4º ANO ENSINO FUNDAMENTAL

SUMÁRIO

Lição 1 – A Terra no espaço **413**
- Terra: o planeta azul 417
- Os movimentos da Terra 419
- As estações do ano 422
- A Lua 424
- Os corpos celestes e a passagem do tempo 427
- Os pontos cardeais 431

Lição 2 – A matéria da Terra **434**
- Os estados físicos da matéria 435
- Mudanças de estado físico 437
- Mudança de estado de alguns materiais 438
- O ciclo da água 440
- Água potável 442
- Poluição da água 443

Lição 3 – A combustão dos materiais **445**
- O oxigênio e a combustão 445
- A combustão como fonte de calor 446
- O efeito estufa 449

Lição 4 – Outras transformações químicas **450**

Lição 5 – Substâncias e misturas **453**
- Classificando as misturas 453
- Separação das misturas 454

Lição 6 – Relações entre plantas e animais **458**
- O grupo das plantas 458
- O grupo dos animais 461
- Produtores, consumidores e decompositores 461
- Digestão dos animais 462
- O comportamento e a interação animal 465

Lição 7 – Os alimentos **468**
- O conteúdo dos alimentos 469
- Vitaminas: indispensáveis para o organismo 471
- Conservação dos alimentos 475
- Alimentação saudável 477

Lição 8 – Transmissão de doenças **481**
- Doenças hereditárias 481
- Doenças infecciosas 481
- Os antibióticos e as vacinas 482
- Verminoses 483

1 A TERRA NO ESPAÇO

Observe a imagem a seguir.

Visão de parte do planeta Terra e a Estação Internacional Espacial feita de dentro do ônibus espacial Endeavor, em 2002.

Ao observar a Terra do espaço, os astronautas têm a impressão de que ela é uma pequena bola flutuante, mas nosso **planeta** é imenso.

Lá do alto, os astronautas veem a presença da água dos oceanos, dos continentes e até mesmo as luzes das cidades. Supõe-se que o planeta Terra, assim como outros astros, também sofreu diferentes transformações antes de apresentar ambientes variados.

Acredita-se que, no início de sua formação, a Terra era uma enorme massa pastosa incandescente, mas ao longo de milhões de anos foi se resfriando e acumulando grandes quantidades de água em sua superfície e em seu interior. A presença da luz e do calor provenientes do Sol, da água líquida, associada a outros fatores, garante a vida em nosso planeta.

O planeta Terra movimenta-se no espaço assim como os planetas Mercúrio, Vênus, Marte, Júpiter, Saturno, Urano e Netuno. A Terra e esses planetas se movimentam ao redor do Sol, formando o Sistema Solar. Mercúrio é o menor planeta do Sistema Solar e Júpiter, o maior. O Sol é a **estrela** mais próxima de nós e é dela que obtemos nossa fonte de luz e de vida.

VOCABULÁRIO

planeta: astro sem luz própria que gira ao redor de uma estrela.

estrela: astro que possui luz própria.

Representação esquemática do Sistema Solar e das **órbitas** dos planetas em torno do Sol. Nessa representação as cores são ilustrativas. O tamanho dos astros e as distâncias entre eles estão fora de escala.

O Sol é uma enorme esfera de gás em altas temperaturas. Ele está longe da Terra cerca de 150 milhões de quilômetros e a temperatura na sua camada externa visível é de 6 000 °C. Montagem de imagens do Sol e da Terra com base em fotos desses dois astros.

O Sistema Solar fica em uma **galáxia** chamada Via-Láctea. O Sol é apenas uma entre bilhões de estrelas que existem nela. Do mesmo modo, a Via-Láctea é uma entre bilhões de galáxias que existem no Universo.

Além de estrelas e planetas, o Universo é formado por satélites naturais, **meteoros**, nebulosas, cometas, entre outros.

O Universo encontra-se em constante movimento. Todos os seus componentes estão se deslocando pelo espaço. Isso também ocorre com nosso planeta.

Há milhares de anos os seres humanos estudam o Universo, descobrindo inúmeros aspectos que permitiram a evolução da ciência Astronomia. Graças à Astronomia e ao desenvolvimento tecnológico, o ser humano conseguiu empreender as viagens espaciais. Atualmente, o conhecimento que temos do Universo vem, em grande parte, dos dados coletados nessas viagens espaciais e pelos satélites e telescópios espaciais que documentam o espaço constantemente.

Astronauta no espaço faz manutenção no telescópio Hubble, 1993.

VOCABULÁRIO

órbita: trajetória de um corpo celeste menor em torno de outro maior.
galáxia: conjunto de vários bilhões de estrelas e outros astros.
meteoro: astro que fica vagando no espaço.

Para que serve a Astronomia?

A Astronomia é a mais antiga entre todas as ciências. Observar o céu estrelado tem sido muito mais que uma fonte de inspiração para o ser humano. O movimento dos corpos celestes revela-se periódico e por isso tem sido associado às variações do clima da Terra.

Desde milhares de anos atrás, contemplar o céu era como assistir ao movimento de um imenso relógio, de extraordinária precisão, cujo mecanismo era preciso conhecer e dominar.

Observatório Pico dos Dias, localizado em Brazópolis, MG.

A filha do tempo

A sucessão dos dias e das noites permitiu a primeira contagem do tempo. A presença de certos grupos de estrelas no céu passou a indicar os períodos de seca e chuva e, portanto, a época adequada para fazer as plantações.

A posição do Sol no horizonte ao longo do ano ajudou-nos a compreender as estações [...].

A Lua, com suas fases, sugeriu os períodos mensais e semanais e explicou o ciclo das marés. [...]

Se não pudéssemos contemplar uma noite estrelada, jamais poderíamos ter nos aventurado pelos mares. As constelações guiaram navegantes chineses e ocidentais durante séculos. [...]

Costa, J.R.V. Para que serve a astronomia. Astronomia no Zênite, 20 jul. 1999.
Disponível em: https://www.zenite.nu/para-que-serve-a-astronomia. Acesso em: 28 jun. 2022.

ATIVIDADES

1. Marque com um **X** a resposta correta.

a) A Terra é um astro:
- ☐ sem luz própria.
- ☐ com luz própria.

b) Nosso planeta:
- ☐ gira em torno de outros planetas.
- ☐ gira em torno de uma estrela.

c) O Sol:
- ☐ é uma estrela.
- ☐ é um meteoro.

2. De onde vem a fonte de luz e vida da Terra?

_____

3. Complete as frases corretamente.

a) O Sistema Solar fica em uma galáxia chamada _____.

b) Além de estrelas e planetas, o Universo é formado por _____, _____, _____, _____, entre outros.

4. Encontre no diagrama o nome dos planetas que formam o Sistema Solar.

M	E	T	U	T	J	V	T	P	N	R	Ú
N	M	E	R	C	Ú	R	I	O	T	A	N
U	T	R	T	E	P	I	S	E	U	O	E
R	A	R	O	R	I	R	A	M	V	U	T
A	M	A	S	E	T	U	E	N	Ê	R	U
N	U	C	N	M	E	V	R	N	N	I	N
O	J	A	M	A	R	T	E	O	U	N	O
R	O	E	O	E	A	I	S	J	S	U	N
S	A	T	U	R	N	O	Ê	T	R	Ú	V
E	R	T	U	I	O	P	L	J	H	M	N

5. Identifique cada planeta do Sistema Solar escrevendo o nome deles nos quadros.

416

6. Considerando a representação dos planetas e suas órbitas no Sistema Solar da página 406, complete o que se pede:

a) Em relação à distância do Sol, a Terra é o _____ planeta mais próximo dessa estrela.

b) A temperatura de Saturno é (maior/menor) _____ que a de Netuno.

c) Mercúrio é o planeta (mais/menos) _____ quente do Sistema Solar.

d) Netuno é o planeta (mais/menos) _____ quente do Sistema Solar.

e) Júpiter é o (maior/menor) _____ planeta do Sistema Solar.

Que tal observar o céu hoje à noite e contar estrelas?

7. Qual é a importância da astronomia para os seres humanos?

_____
_____
_____
_____
_____
_____
_____
_____
_____

Terra: o planeta azul

Ao redor da Terra existe uma camada de gases que forma a atmosfera. Esses gases são o vapor de água, o gás oxigênio, o gás carbônico e outros. Não podemos vê-los porque são invisíveis.

A Terra, ao ser observada do espaço, aparenta ter a cor azul por causa do maior espalhamento da radiação azul da luz na atmosfera terrestre. Essa cor azul é também refletida pela água existente na superfície terrestre.

O interior da Terra, formado por ferro e níquel, cria um **campo magnético** ao redor dela. A atmosfera e esse campo magnético nos protegem das **radiações** prejudiciais vindas do Sol e de outras estrelas.

A atmosfera da Terra também nos protege de meteoros que, em geral, queimam pelo atrito com a atmosfera, antes de atingir a superfície terrestre.

Durante muitos anos as pessoas acreditavam que a Terra era plana e ocupava uma posição imóvel no centro do Universo.

VOCABULÁRIO

campo magnético: região no espaço ao redor do planeta Terra onde os corpos são atraídos ou repelidos.

radiações: ondas invisíveis, carregadas de energia, que se movimentam no espaço.

Por meio de observações feitas pelos cientistas, sabe-se que a Terra gira ao redor do Sol e de si mesma e tem forma quase esférica. Seria esférica se não fosse um achatamento nos polos. Esse achatamento não é percebido quando observamos a Terra do espaço.

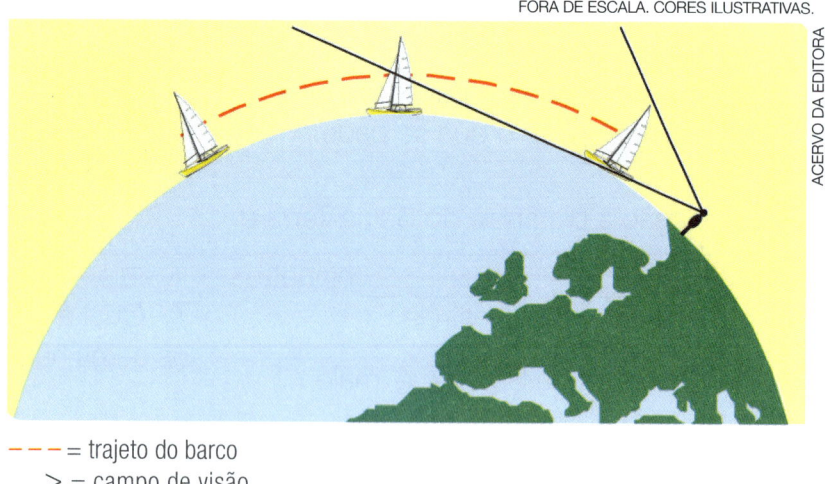

– – – = trajeto do barco
\> = campo de visão

Nas fotos registradas por satélites, aprendemos muito sobre nosso planeta. Elas não deixam dúvidas quanto à forma da Terra. Mas não é preciso viajar em uma nave espacial para perceber essa forma arredondada. Basta observar, por exemplo, como os barcos, ao se afastarem do porto, vão sumindo pouco a pouco no horizonte. Primeiro some o casco e depois as velas ou chaminé. Se a Terra fosse plana, o barco todo iria diminuindo de tamanho à medida que se distanciasse do porto.

ATIVIDADES

1. O que é atmosfera?
_____
_____

2. Por que a Terra, ao ser observada do espaço, aparenta ter cor azul?
_____
_____
_____

3. Assinale as frases com informações verdadeiras. Reescreva as frases com informações incorretas, corrigindo-as.

☐ O interior da Terra é formado apenas por ferro.

☐ O interior da Terra cria um campo magnético ao redor dela.

☐ A atmosfera e o campo magnético protegem a Terra das radiações.

☐ As radiações vindas do Sol e de outras estrelas não prejudicam a vida na Terra.

☐ A atmosfera protege a Terra de meteoros.

4. Olhando um barco que se afasta no mar, como podemos perceber que a Terra é redonda?
_____
_____

Os movimentos da Terra

Movimento de rotação

Durante o dia, o Sol parece se mover no céu até desaparecer no horizonte. Então, escurece.

Esse movimento do Sol é aparente, pois é a Terra que gira ao redor de si mesma, como se fosse um pião. Esse movimento da Terra chama-se rotação.

Um pião gira como se tivesse um eixo da ponta ao topo, passando pelo centro. De modo semelhante, podemos imaginar que a Terra possui um eixo que a atravessa de um polo ao outro. É em torno desse eixo imaginário que a Terra gira.

Para a Terra dar um giro completo ao redor de si mesma demora, aproximadamente, 24 horas. Durante esse tempo, enquanto a face voltada para o Sol está iluminada e é dia, a outra face está no escuro e é noite. Você pode observar bem isso na imagem que abre esta lição.

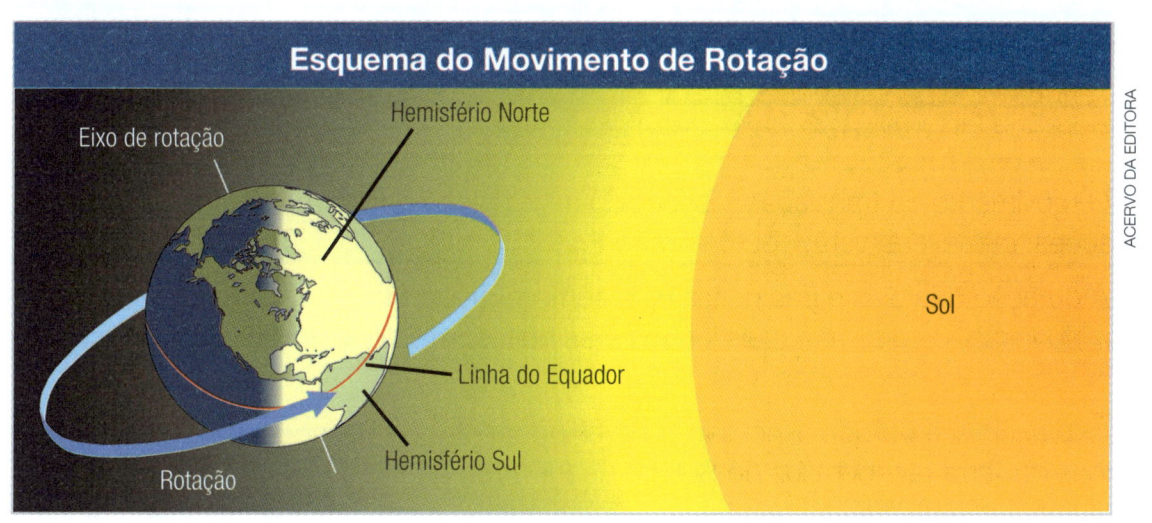

Esquema do Movimento de Rotação

Eixo de rotação — Hemisfério Norte — Linha do Equador — Hemisfério Sul — Rotação — Sol

ACERVO DA EDITORA

Enquanto uma face da Terra está iluminada, a outra está no escuro. Nessa figura, as cores são ilustrativas e a proporção da Terra em relação ao Sol não corresponde à realidade.

> O planeta Netuno completa uma volta ao redor de seu eixo a cada 16 horas. Já o planeta Vênus é o mais lento. Ele demora 243 dias para dar uma volta ao redor do próprio eixo.

Movimento de translação

Além de girar em torno de si mesma, a Terra dá voltas ao redor do Sol. Ela demora cerca de 365 dias e 6 horas para completar uma volta. Esse movimento da Terra ao redor do Sol chama-se translação.

Durante o movimento de translação, os dois hemisférios são iluminados de modo diferente por causa da inclinação da Terra.

Esquema do Movimento de Translação

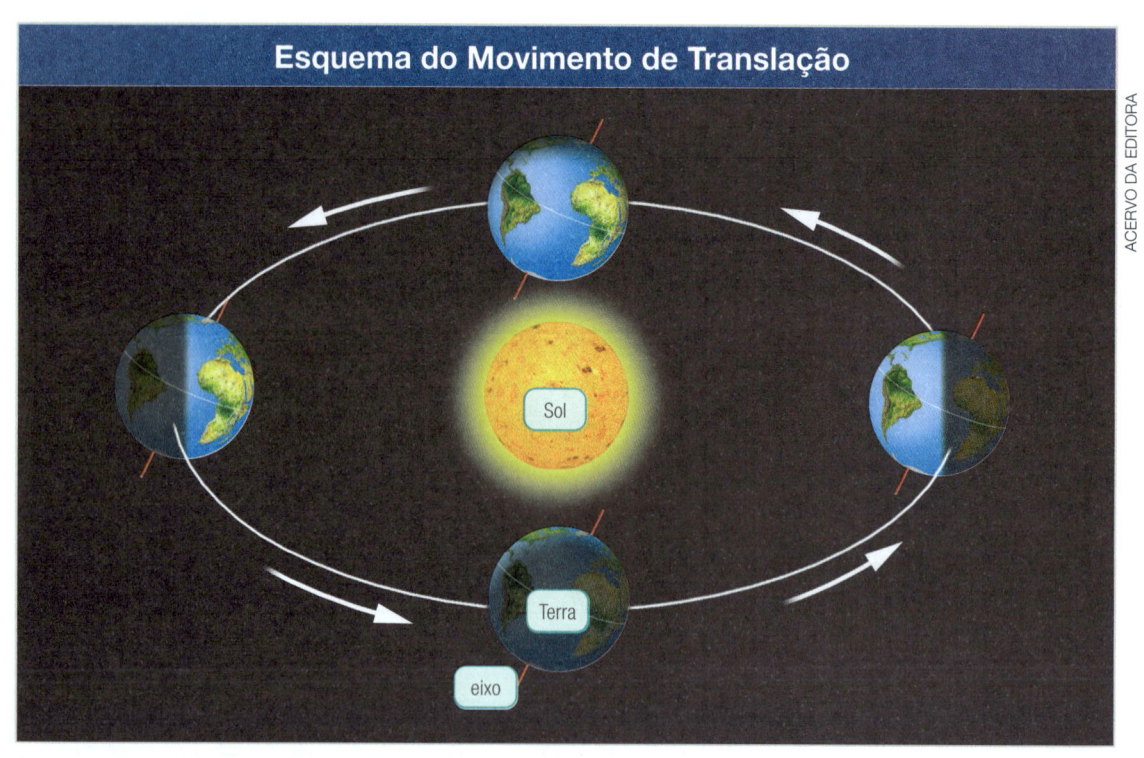

O eixo da Terra está sempre apontando para a mesma direção no espaço. Nessa figura, as cores são ilustrativas e a proporção da Terra em relação ao Sol não corresponde à realidade.

O movimento de translação, associado à inclinação da Terra, dá origem às quatro estações: primavera, verão, outono e inverno.

A duração dos dias e das noites está sempre mudando no decorrer das estações do ano. No verão, os dias são mais longos e as noites, mais curtas. No inverno, ocorre o contrário: os dias são curtos e as noites são longas.

Isso acontece porque a inclinação do eixo terrestre faz variar o tempo em que as regiões da Terra recebem luz do Sol, no decorrer do ano.

A variação na duração do dia e da noite é mais bem percebida nas regiões próximas aos polos. Perto da Linha do Equador, essa variação é pequena demais para ser notada.

Nos polos, essa variação da iluminação é máxima. Durante seis meses, o Sol aparece no céu cada vez mais próximo do horizonte: é o longo dia polar do verão. Nos seis meses restantes, o Sol não aparece no céu: é a longa noite polar do inverno.

Enquanto no Polo Norte ocorre o dia polar, no Polo Sul ocorre a noite polar.

Quanto mais perto chegamos do Polo Norte, mais tempo dura a noite polar do inverno e o dia polar do verão.

As pessoas que vivem próximas ao Polo Norte já estão acostumadas com dias e noites tão longos. Mas os turistas que visitam a região estranham bastante e dormem mal.

No Alasca, região localizada próxima ao Polo Norte, durante um dia do verão, o Sol chega perto do horizonte à meia-noite, mas não se põe.

Sol do meio-dia, no Polo Norte, 2000.

Sol da meia-noite, no Polo Norte, 2000.

Assim, nesse dia do verão, acontece o dia polar, como mostram as fotos acima. Quando chega o inverno, acontece o contrário: durante 24 horas o Sol não aparece no céu.

O que é movimento aparente?
Se você subir num gira-gira, fizer o brinquedo rodar e fixar sua atenção em um colega sentado à sua frente, terá a impressão de estar parado, com o resto do mundo girando ao redor. Esse girar do resto do mundo é um movimento aparente, pois quem está girando é você.

ATIVIDADES

1. Responda.

a) Como se chama o movimento da Terra em torno de si mesma?
_____

b) Como se chama o movimento da Terra ao redor do Sol?
_____

2. O que é o eixo de rotação da Terra?
_____
_____
_____

3. Responda.

a) Qual a consequência perceptível no decorrer do ano do movimento de translação e da inclinação da Terra?
_____
_____
_____
_____

b) Em que regiões da Terra percebemos melhor isso?
_____
_____
_____

4. Marque **X** na afirmação correta e depois reescreva corretamente as afirmações erradas.

☐ O movimento de translação dá origem aos dias.

☐ O Sol parece se mover no céu.

☐ A Terra dá uma volta completa ao redor do Sol em 354 dias, 5 horas e 48 minutos.

_____
_____
_____
_____

5. Escolha no quadro as palavras que completam corretamente as frases.

| inclinação   verão   inverno   dia |

a) No _____, os dias são mais longos que as noites.

b) No _____, as noites são mais longas que os dias.

c) A duração do _____ está sempre mudando.

d) A _____ do eixo da Terra é responsável pela variação na duração dos dias e das noites.

As estações do ano

A Terra é aquecida e iluminada diariamente por raios solares.

Seu formato esférico e sua inclinação fazem com que os raios solares se distribuam de forma desigual em algumas regiões do planeta.

O movimento de translação, associado a esses fatores, permite observar durante o ano, em muitas regiões da Terra, a sucessão de quatro estações. Cada estação dura, aproximadamente, três meses.

Observe a seguir o esquema do movimento de translação e a variação da incidência dos raios solares na Terra.

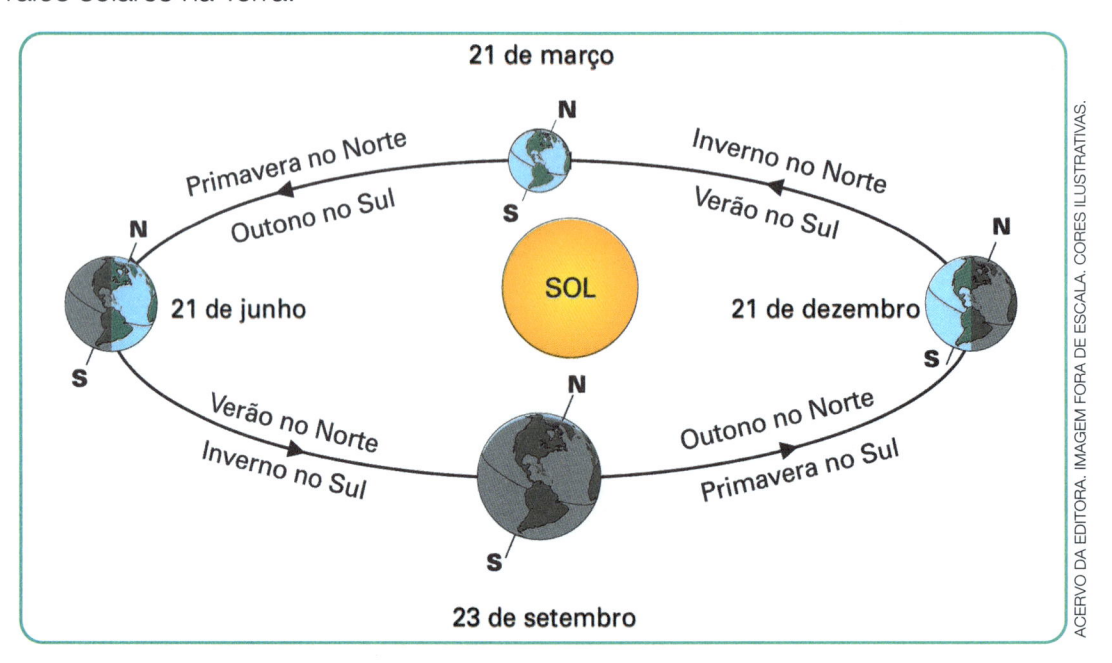

Observe na figura que no dia 21 de junho começa o verão no Hemisfério Norte, enquanto no Hemisfério Sul começa o inverno.

Como o Brasil tem uma grande extensão territorial, as características das estações do ano são diferentes de uma região para outra e bastante marcadas pela ocorrência ou não de chuvas.

No Centro-Oeste e Sudeste, o período de chuvas começa na primavera e estende-se até o final do verão. No Centro-Oeste e Sudeste, o outono e o inverno são secos.

No Sul do Brasil a ocorrência de chuvas é maior no verão, embora a região não tenha grande variação da quantidade de chuvas.

Algumas regiões do Nordeste têm chuvas durante o outono e inverno e secas a partir da primavera.

No Norte não há grande variação de temperatura no decorrer do ano, com ocorrência de chuvas praticamente o ano todo.

ATIVIDADES

1. Responda.

a) O que dá origem às estações do ano?
_____
_____

b) Em que estação do ano nós estamos?
_____

c) Quanto tempo dura, aproximadamente, cada uma das estações do ano?
_____
_____

d) Por que no Brasil as estações do ano não são bem evidentes em todas as regiões?
_____
_____
_____
_____

2. Observe novamente o esquema e responda à pergunta.

Quando é inverno no Hemisfério Norte, que estação é no Hemisfério Sul?
_____

3. Escreva como é:

a) o verão na região em que você vive.
_____
_____

b) a primavera na região em que você vive.
_____
_____

4. A foto abaixo é de um garotinho chamado John. Ele mora no Canadá. Imagine que você tenha de escrever uma carta para ele, contando como é o inverno onde você mora. Use as linhas ao lado para mostrar qual seria o conteúdo da carta.

A Lua

A Lua gira em torno da Terra e também em torno dela mesma. Esses movimentos combinados fazem com que exista uma parte da superfície da Lua, cerca de 40%, que nunca está voltada para a Terra. Durante séculos, as pessoas imaginavam como seria esse outro lado. A curiosidade só foi satisfeita em 1959, quando uma nave espacial russa conseguiu finalmente fotografar o "lado escondido da Lua".

A ausência de atmosfera na Lua faz com que o céu seja escuro, a temperatura fique muito alta durante o dia e muito baixa à noite. Além disso, sua superfície é bombardeada por **meteoritos**. Por isso, nela existem muitas crateras.

VOCABULÁRIO

meteorito: astro que atravessa a atmosfera e cai na Terra.

A Lua, emoldurada pelo horizonte da Terra, em foto feita pela Estação Espacial Internacional, Expedição 10.

As fases da Lua

Assim como a Terra, a Lua não possui luz própria. Conseguimos enxergá-la porque ela é iluminada pelo Sol. Essa iluminação depende da posição da Lua e da Terra em relação ao Sol. Por isso, ao longo de um mês de observação, a Lua, vista da Terra, parece mudar de forma. Essas diferentes formas são chamadas fases.

De uma fase de Lua cheia à outra passam-se 29 dias e 12 horas. Esse ciclo é o mês lunar. Veja a seguir os esquemas que explicam as fases da Lua.

Lua cheia

Nessa fase, a face da Lua voltada para a Terra está toda iluminada.

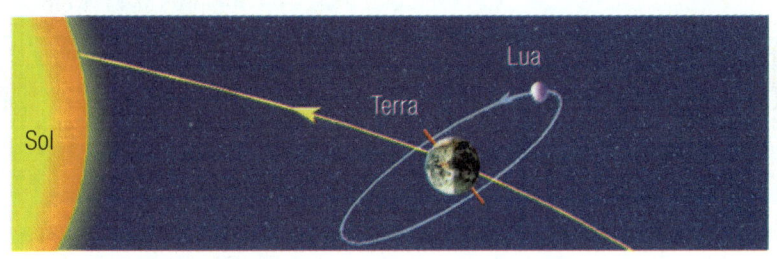

Imagens desta página estão fora de escala. Cores ilustrativas.

Lua minguante

Durante os sete dias seguintes à fase de Lua cheia, a Lua gira ao redor de si mesma e ao redor da Terra.

A face voltada para nosso planeta fica cada vez menos iluminada.

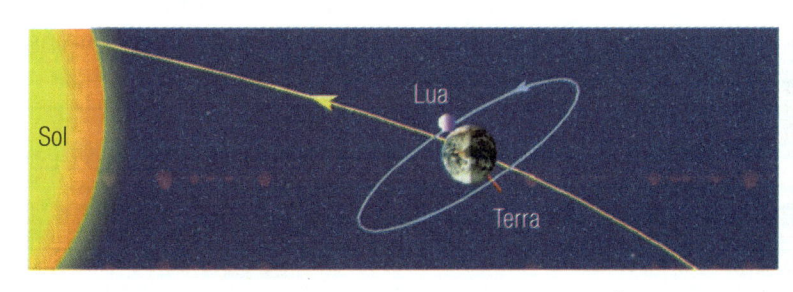

Lua nova

Sete dias depois, a face da Lua voltada para a Terra não recebe luz. A Lua fica invisível.

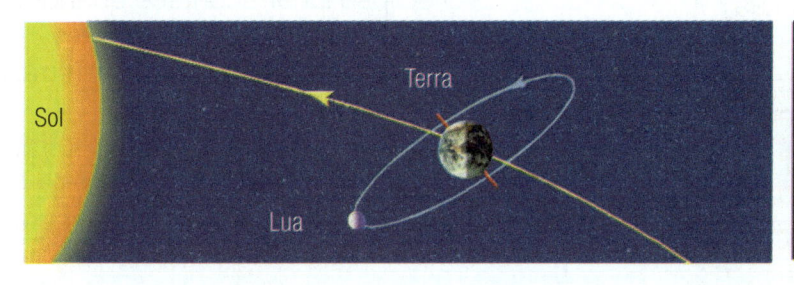

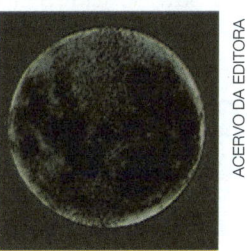

Lua crescente

A Lua continua a girar e, a cada dia, aumenta a parte iluminada da face voltada para a Terra. Sete dias depois, ela está totalmente iluminada.

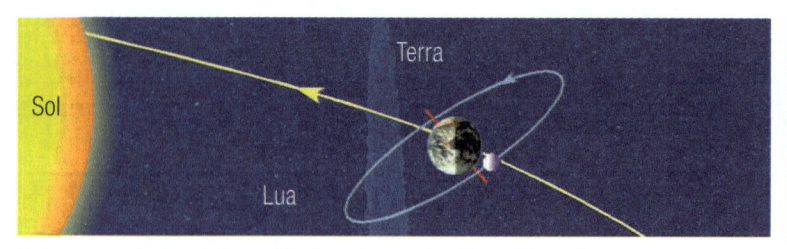

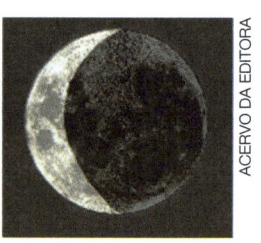

As imagens desta página estão fora de escala. Cores ilustrativas.

Eclipses lunares

Quando a Terra fica entre o Sol e a Lua, ocorre um eclipse lunar. Durante o eclipse, a Lua atravessa a sombra da Terra.

Quando apenas parte da Lua fica encoberta, o eclipse é parcial. No eclipse total, a Lua fica inteiramente encoberta pela Terra.

Ilustração mostrando um eclipse total da Lua. As cores utilizadas são ilustrativas e a proporção da Terra em relação ao Sol e da Lua em relação à Terra não corresponde à realidade.

> Existe outro tipo de eclipse, conhecido como eclipse solar. Nesse eclipse, a Lua fica posicionada entre o Sol e a Terra.

ATIVIDADES

1. Teste seus conhecimentos.

a) Por que conseguimos enxergar a Lua?
_____
_____

b) Por que a Lua parece mudar de forma?
_____
_____

c) Quais são as fases da Lua?
_____

d) Quanto tempo a Lua leva para mudar de fase?
_____

e) Consulte um calendário e anote em que fase a Lua estará daqui a 10 dias.
_____

2. Por que o céu visto da Lua é escuro?
_____
_____

3. Marque a resposta correta com um **X**.
O eclipse lunar acontece quando:

☐ a Lua fica entre o Sol e a Terra.

☐ o Sol fica entre a Lua e a Terra.

☐ a Terra fica entre o Sol e a Lua.

426

4. Complete a frase.

A Lua é o único _____ da Terra.

5. A imagem abaixo mostra um eclipse total da Lua. Desenhe no quadro as posições do Sol, da Terra e da Lua durante esse fenômeno.

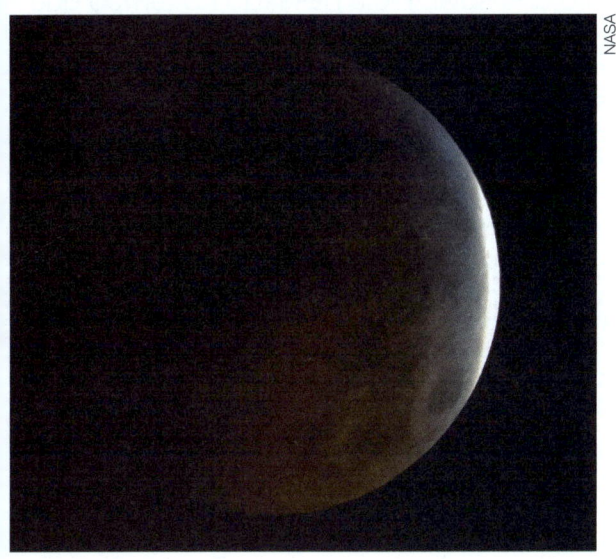

Eclipse total da Lua.

Os corpos celestes e a passagem do tempo

Há muito tempo, o ser humano utiliza os movimentos dos corpos celestes para medir a passagem do tempo.

A mudança de posição da luz solar é uma das formas de medir as horas do dia em função do movimento de rotação da Terra.

Quando conseguimos ver o Sol surgir no horizonte, notamos que ele nasce em um lado e, conforme as horas passam, a posição da luz solar se altera, até ela sumir no horizonte no lado oposto.

Veja a representação desse movimento aparente do Sol.

Nascer do sol.    Meio-dia.    Pôr do sol.

Mas não é apenas a posição da luz do Sol que é usada para marcar a passagem do tempo. Alguns calendários antigos eram baseados nas fases da Lua. Cada fase da Lua corresponde ao período aproximado de uma semana, e as quatro fases juntas somam 29 dias e meio. Esse período de tempo era conhecido como mês lunar. Isso significa que um ano lunar tem, aproximadamente, 354 dias.

O calendário que usamos atualmente adota o ano solar. Ele é baseado no tempo que a Terra leva para dar uma volta ao redor do Sol. O ano solar tem 365 dias e 6 horas.

A unidade básica do calendário é o dia. Ele é resultado da rotação da Terra ao redor de si mesma e dura 24 horas.

Os 365 dias do ano são divididos em 12 meses. Mas essa conta não é exata porque restam as seis horas que compõem o ano. Para que os cálculos fiquem corretos, a cada quatro anos é preciso somar um dia a mais ao ano. Esse dia é acrescentado no mês de fevereiro. Quando o mês de fevereiro tem 29 dias, o ano chama-se bissexto.

2023

O calendário que mede o tempo com base no movimento dos corpos celestes precisa de pequenos ajustes. É por isso que os meses têm 30, 31, 28 ou 29 dias. Atualmente, no Brasil e em muitos outros países, utiliza-se o calendário gregoriano. Esse calendário foi proposto em 15 de outubro de 1852, por ordem do papa Gregório XIII.

Antigamente, a única maneira de controlar a passagem do tempo era observando o Sol ou a Lua.

Para marcar os dias, meses e anos, temos o calendário. Para contar as horas, utilizamos o relógio.

Antes da invenção do relógio mecânico, as pessoas utilizavam outros tipos de relógio. Um deles é o relógio de sol. Ele indica a hora pela sombra de um marcador. À medida que o dia avança, essa sombra movimenta-se em posições diferentes, indicando as horas.

O relógio de sol marca o tempo pela sombra do marcador, que muda de posição conforme a Terra faz o movimento de rotação.

ATIVIDADES

1. Teste seus conhecimentos.

a) O que é calendário?
_____

b) Qual é o tipo de calendário utilizado no Brasil?
_____

c) Como se chama a unidade básica do calendário?
_____

2. Qual é a duração do:

a) dia? _____

b) mês? _____

c) ano? _____

d) mês lunar? _____

3. Complete.

Um _____ tem duração de 365 dias, mas a cada _____ anos ele tem _____ dia a mais para compensar a diferença de _____ horas, acumulada de cada um dos quatro anos, num total de 24 horas ou um dia. Nesses anos, chamados anos _____, o mês de _____ tem _____ dias.

4. Pesquise e escreva.

a) O nome dos meses que têm:

30 dias. _____
_____

31 dias. _____
_____

28 ou 29 dias. _____
_____

429

b) Quando será o próximo ano bissexto?
_____

5. Como as horas são marcadas no relógio de sol?
_____

6. Vamos descobrir em qual mês do ano há mais aniversariantes. O professor vai perguntar o mês de aniversário de cada aluno e todos anotam um ponto no mês correspondente da tabela.

Mês	
Janeiro	
Fevereiro	
Março	
Abril	
Maio	
Junho	
Julho	
Agosto	
Setembro	
Outubro	
Novembro	
Dezembro	

a) Em que mês há mais aniversariantes?
_____
_____

b) O mês que tem mais aniversariantes pertence a qual estação do ano?
_____
_____

c) Agora, vamos construir um gráfico com os dados obtidos na tabela, pintando no espaço quadriculado a quantidade de alunos que faz aniversário em cada mês. Use cores diferentes para cada mês do ano.

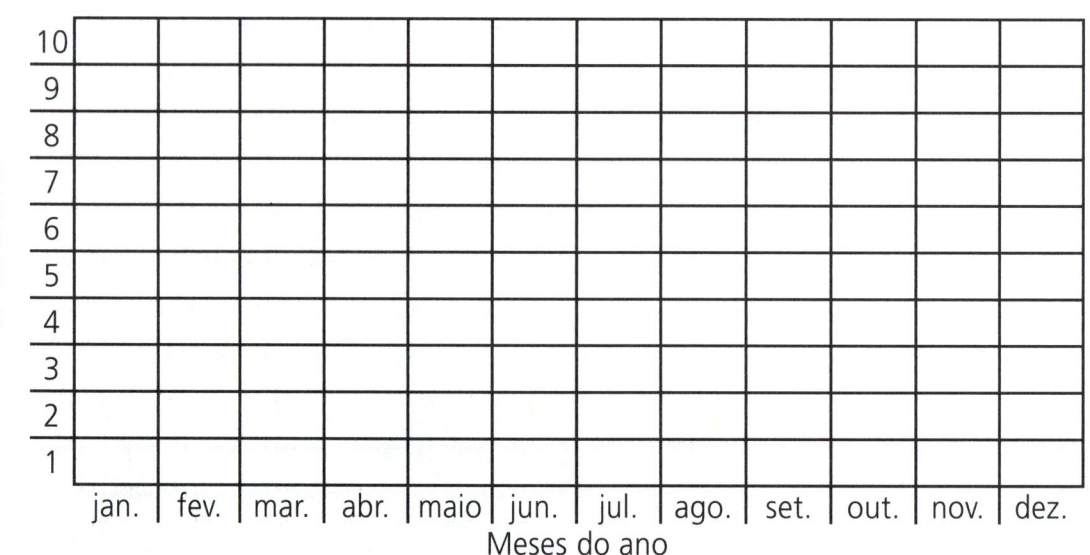

Nº de alunos (eixo vertical: 1 a 10)
Meses do ano: jan. | fev. | mar. | abr. | maio | jun. | jul. | ago. | set. | out. | nov. | dez.

Os pontos cardeais

O nascer do Sol ocorre na direção Leste e o poente, na direção Oeste. É possível identificar esses pontos, além do Norte e do Sul, por meio da projeção de sombras que a luz solar produz ao incidir nos objetos.

Para isso é necessário fincar uma haste de madeira ou metal em um local ao ar livre que seja bem iluminado pela luz solar. Com a haste no centro, faça um círculo em volta dela. O diâmetro do círculo deve ter a metade da altura da haste. No decorrer de um dia, identifique os pontos em que a ponta da haste projeta a sombra no círculo, marcando a hora.

Trace uma reta que una o ponto da primeira hora marcada pela manhã com o último ponto assinalado no período da tarde. A extremidade da reta da primeira hora da manhã estará voltada para o Leste e a extremidade oposta indica o lado Oeste. Trace uma reta da haste até a circunferência. No ponto da reta que encosta na haste é o Norte e no outro ponto, o Sul. Veja a representação dessa projeção.

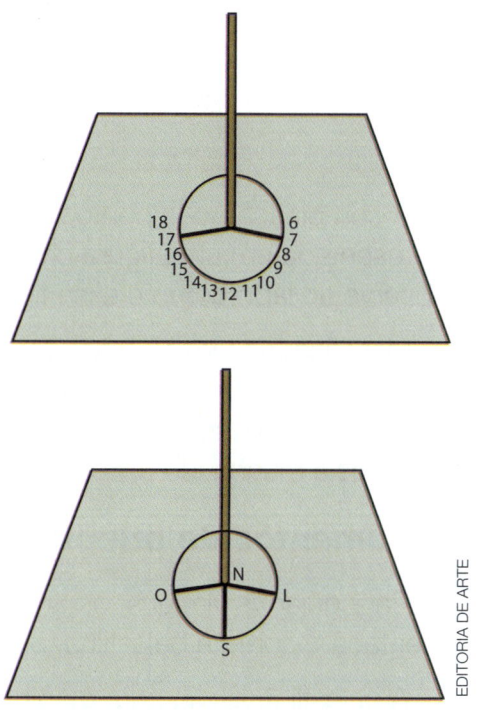

Representação esquemática da projeção da sombra da luz do Sol no decorrer do dia.

Como a posição da Terra em relação ao Sol muda no decorrer do ano em função do movimento de translação, a incidência da luz solar na superfície terrestre também muda de posição conforme se passam os meses, mas, no Brasil, o nascer do Sol sempre está voltado para o sentido Leste e o poente, para o Oeste. O Norte e o Sul apontam para os polos do planeta. Veja as representações a seguir.

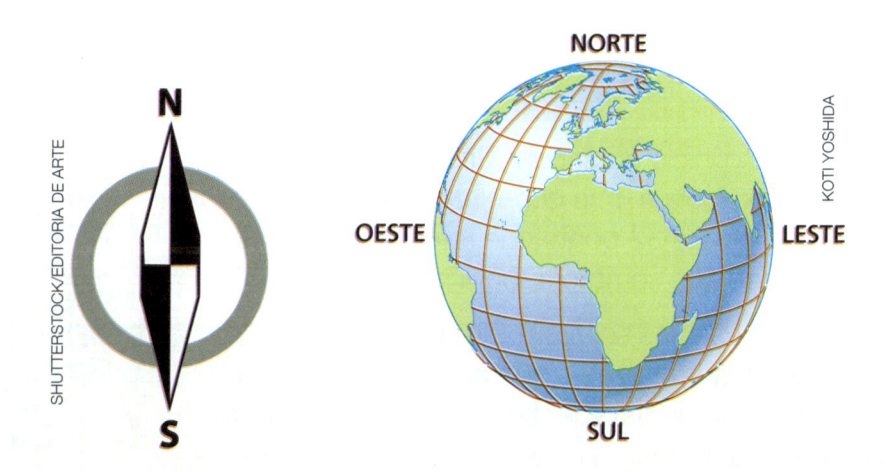

Entre cada um dos pontos cardeais existem regiões que foram denominadas Nordeste, Sudeste, Sudoeste e Noroeste. Essas direções são chamadas **pontos colaterais**. Como a distância entre o Norte e o Leste, por exemplo, é bem grande, os

431

pontos colaterais são usados para indicar com mais precisão a localização de uma área do planeta. Os pontos colaterais são representados pelas primeiras letras de seus nomes:

Norte + Leste = Nordeste = **NE**

Leste + Sul = Sudeste = **SE**

Sul + Oeste = Sudoeste = **SO**

Oeste + Norte = Noroeste = **NO**

A combinação dos pontos cardeais e dos pontos colaterais geralmente é representada em uma figura chamada **rosa dos ventos**. Observe ao lado como é essa figura.

Identificar as faces Leste, Oeste, Norte e Sul dos lugares é importante, por exemplo, para o planejamento de construções, pois assim é possível identificar em que local a luz do Sol vai incidir pela manhã, ao meio-dia e no final do dia.

Instrumentos de orientação espacial

Para guiar as viagens, os antigos navegantes utilizavam vários instrumentos de orientação, como a balestilha, o astrolábio e a bússola.

A balestilha servia para medir a posição dos astros, inclusive das estrelas, que auxiliavam os navegadores a se orientar durante a noite. O astrolábio era um instrumento náutico utilizado desde 200 a.C. para observar e determinar a posição do Sol, das estrelas e também para medir a latitude e a longitude de determinado ponto.

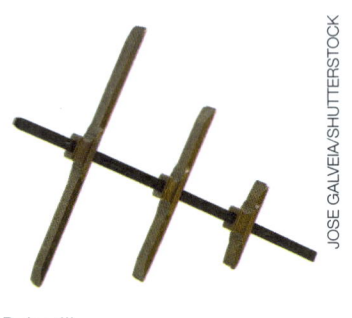

Balestilha.

Astrolábio.

Utilizada desde o início do século XIII como instrumento de localização, a bússola é uma combinação da antiga rosa dos ventos, que possuía 32 pontos de referência e uma agulha magnetizada que sempre aponta para o Norte.

Antes disso, as estrelas serviram, durante muito tempo, como guias aos viajantes que não dispunham de instrumentos precisos de navegação e, por isso, observavam o céu para saber se estavam seguindo o caminho correto.

Bússola.

Ao norte do Equador (ou seja, no Hemisfério Norte), os navegantes se orientavam principalmente pela estrela Polar e, ao sul (ou seja, no Hemisfério Sul), pela constelação do Cruzeiro do Sul.

ATIVIDADES

1. Observe a foto do nascer do Sol no Rio de Janeiro.

a) Considerando que a foto foi tirada da janela de um apartamento, em qual direção está localizada essa janela?

_____

b) A luz solar vai entrar por essa janela durante todo o dia? Por quê?

_____
_____

2. Conforme a marcação das horas na ilustração a seguir, indique os pontos cardeais.

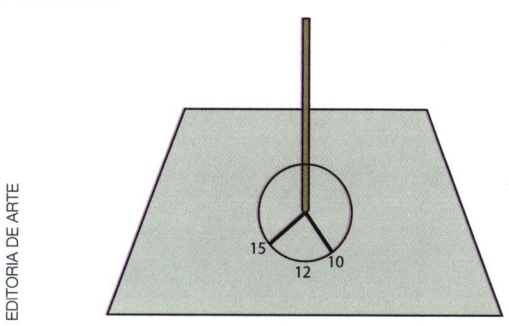

3. Indique os pontos colaterais na rosa dos ventos a seguir.

4. Carlos vai ao clube, mas antes deve passar pela casa do João para buscá-lo. Observe a planta a seguir e a rosa dos ventos e diga quais direções Carlos deverá seguir para chegar ao clube.

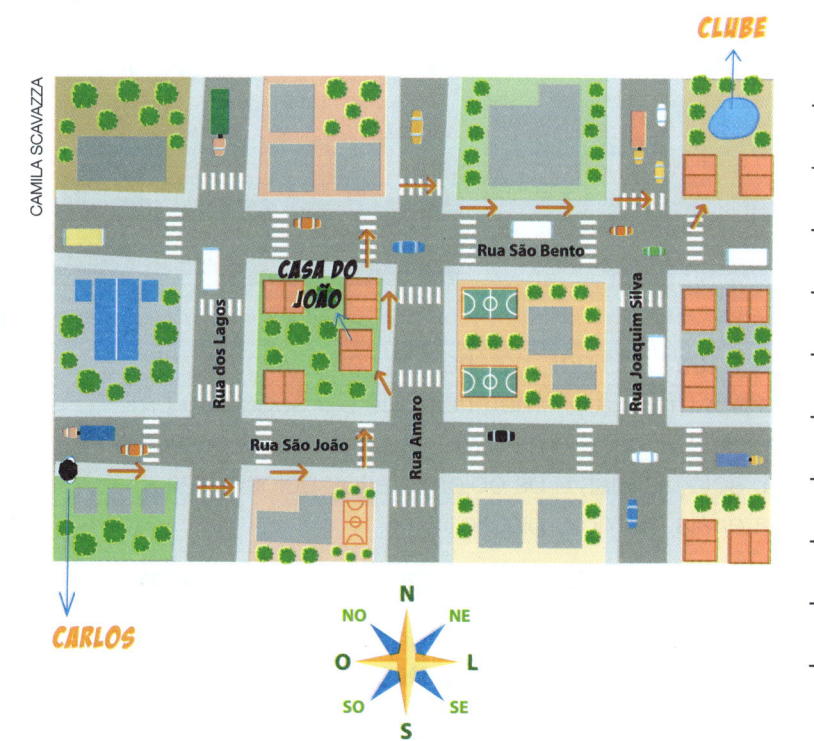

_____
_____
_____
_____
_____
_____
_____
_____
_____
_____

433

LIÇÃO 2
A MATÉRIA DA TERRA

Observe as imagens a seguir.

Tudo que está no nosso planeta é formado por matéria. Os seres vivos e os elementos não vivos são formados por matéria. A matéria pode ser separada em orgânica, quando tem origem nos seres vivos, e em inorgânica, quando é proveniente daquilo que não tem vida: ar, água, solo, rochas e os objetos feitos pelos seres humanos pela modificação dos materiais, como o plástico.

A quantidade de matéria que existe hoje na Terra é praticamente a mesma de quando o planeta se formou, há 4,5 bilhões de anos.

Os materiais da Terra são transformados por diversos processos que ocorrem naturalmente no planeta: montanhas se formaram pela força do interior da Terra;

o vento e outros agentes desgastaram montanhas que se transformaram em planícies; muitos vales foram formados por rios; outros rios secaram; muitas espécies de seres vivos se extinguiram; muitas originaram novas espécies.

Assim, nesses bilhões de anos de existência do planeta, a matéria vem sendo constantemente transformada pela ação da água, do calor do Sol, dos ventos e dos processos que ocorrem no interior da Terra.

Formações rochosas de arenito esculpidas pelo vento e pela chuva. Parque Nacional do Monte Roraima, Uiramutã (RR), 2015.

Os estados físicos da matéria

Matéria é tudo que ocupa lugar no espaço. As pessoas, os animais, as plantas, a terra, o ar, a água, o solo, os objetos, enfim, tudo o que existe é matéria.

As pedras, a madeira, o ferro, os computadores, as borrachas, os cadernos etc. são exemplos de matéria no estado sólido.

A matéria no estado líquido não tem forma definida. Ela sempre toma a forma do recipiente (copo, jarra, panela etc.) em que está contida. A água, o xampu, o perfume, os refrigerantes, o óleo, o leite etc. são exemplos de matéria no estado líquido.

A matéria no estado gasoso também não tem forma definida. O ar, o gás de cozinha, o vapor d'água etc. são exemplos de matéria no estado gasoso.

matéria no estado gasoso

matéria no estado líquido

matéria no estado sólido

A matéria pode estar em três estados físicos: sólido, líquido e gasoso.

A água, por exemplo, existe nos estados físicos sólido, líquido e gasoso.

O gelo é água no estado sólido.

A água no estado líquido forma os oceanos, os mares, os rios.

A água líquida também forma as nuvens. Elas são o conjunto de gotinhas suspensas no ar.

Na condição de vapor, a água está no estado gasoso. Nesse estado ela é invisível e determina a umidade do ar. Quanto mais vapor d'água existe no ar, mais úmido é o lugar.

Mudanças de estado físico

A matéria pode mudar de estado físico, e a água é um dos melhores exemplos para estudar esse assunto.

A água passa de um estado físico para outro por causa das mudanças de temperatura.

SOLIDIFICAÇÃO

Colocada no congelador, onde a temperatura é bem baixa, a água transforma-se em gelo. Essa passagem da água do estado líquido para o sólido é a solidificação.

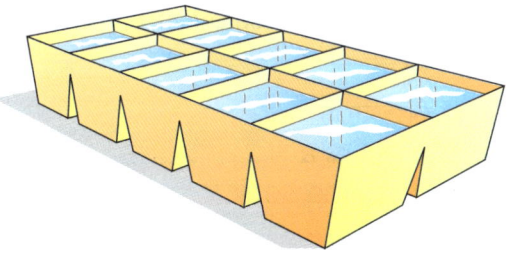

Solidificação: passagem da matéria do estado líquido para o estado sólido.

FUSÃO

Depois de um tempo fora do congelador, o gelo derrete – é a fusão. Isso acontece porque ele passou de um lugar frio para um lugar mais quente.

Fusão: passagem da matéria do estado sólido para o estado líquido.

VAPORIZAÇÃO

Quando a água ferve, ela vaporiza, ou seja, transforma-se em vapor d'água, por causa da temperatura alta. É a vaporização.

O vapor d'água é invisível.

Quando a vaporização é lenta, recebe o nome de evaporação.

Vaporização: passagem da matéria do estado líquido para o estado gasoso.

CONDENSAÇÃO

O vapor d'água, ao encontrar uma temperatura mais baixa, muda do estado gasoso para o estado líquido – é a condensação.

O vapor condensado forma gotas em suspensão na tampa da chaleira, por exemplo.

Condensação: passagem da matéria do estado gasoso para o estado líquido.

Existem mais duas mudanças de estado, ambas chamadas sublimação. É a mudança que ocorre quando a matéria passa do estado sólido diretamente para o estado gasoso e vice-versa. É o que acontece com o chamado gelo-seco: o gás carbônico no estado sólido que passa para o gasoso. O mesmo ocorre com a cânfora, produto usado para impedir a proliferação de traça nas roupas.

O gelo-seco é o gás carbônico em estado sólido que passa por sublimação para o estado gasoso.

Mudança de estado de alguns materiais

O mercúrio é um metal que, à temperatura ambiente, se encontra no estado líquido. O mercúrio só passa para o estado sólido abaixo de 39 graus Celsius negativos!

O mercúrio em estado líquido é utilizado nos termômetros clínicos. Seu volume varia de acordo com a temperatura. Daí a possibilidade de medir a temperatura pela variação do volume do mercúrio ao longo da escala do termômetro.

No estado gasoso, o mercúrio é utilizado nas lâmpadas empregadas na iluminação urbana.

O ferro é um metal sólido à temperatura ambiente. A mesma coisa acontece com o alumínio, o cobre, o ouro, a prata e outros metais. Mas, quando eles são aquecidos em alta temperatura, acontece a fusão. Nessa mudança de estado, os metais se tornam líquidos.

Termômetro de mercúrio.

Graus Celsius é uma escala de medida de temperatura usada em alguns países, como o Brasil. O símbolo usado para indicar graus Celsius é °C. Essa escala de temperatura é usada diariamente para indicar a temperatura do ambiente e quando medimos a temperatura do corpo para verificar se estamos com febre ou não. Nessa escala, a água entra em estado de fusão a 0 °C e em estado de ebulição a 100 °C. Quando falamos em graus Celsius negativos, quer dizer que a temperatura está abaixo de zero e é muito fria.

ATIVIDADES

1. Teste seus conhecimentos.

a) O que é matéria?
_____
_____

b) Em que estado físico a água pode ser encontrada na natureza?
_____
_____
_____

c) Quando a água passa de um estado físico para o outro?
_____
_____
_____
_____

2. Como podemos definir:

a) Solidificação:
_____
_____

b) Fusão:
_____
_____

c) Vaporização:
_____
_____

d) Condensação:
_____
_____

3. Escreva os nomes de formações ou lugares da natureza em que encontramos águas nas formas: sólida, líquida e gasosa.

Sólida: _____
_____

Líquida: _____
_____

Gasosa: _____
_____

4. Observe a imagem.

TAMARA10/SHUTTERSTOCK

Como podemos explicar o ramo de hortelã dentro do gelo?
_____
_____
_____
_____

Que mudança de estado físico da matéria explica o processo?

☐ Fusão.

☐ Solidificação.

☐ Condensação.

439

O ciclo da água

Os raios do Sol aquecem a água da superfície terrestre e ela se transforma em vapor, que sobe para a atmosfera.

Enquanto sobe, o vapor de água esfria e condensa, isto é, volta a ser água líquida. Formam-se então minúsculas gotas de água suspensas no ar. É assim que surgem as nuvens, que nada mais são que um conjunto de gotículas de água.

As gotículas das nuvens se juntam e ficam pesadas, até caírem como pingos de chuva.

Gotículas de água formam as nuvens que, por sua vez, caem sobre a superfície do planeta sob a forma de chuva.

Às vezes, as gotículas das nuvens congelam e formam pedrinhas de gelo ou granizo. Elas também podem formar flocos de gelo, que caem como neve.

Quando o vapor d'água se condensa perto da superfície, forma-se a neblina.

Nas madrugadas, o vapor d'água se condensa e forma gotículas sobre a superfície de objetos e plantas. É o orvalho.

Em noites bem frias, o solo perde muito calor, e o vapor d'água se condensa e congela, formando uma fina camada de gelo sobre a superfície dos objetos e das plantas. É a geada.

Geada em Santa Maria (RS).

Neblina em Campos do Jordão (SP).

Veja as etapas do ciclo da água.
- A água evapora com o calor do Sol.
- O vapor de água sobe dos oceanos, rios, lagos e seres vivos.
- O vapor condensa e forma gotículas suspensas no ar, que são as nuvens.
- A água das nuvens volta à superfície da Terra sob a forma de chuva.
- A chuva alimenta os rios, mares, lagos e oceanos.

- Os animais bebem água dos rios, riachos e lagos.
- As plantas absorvem água do solo.
- A água evapora e tudo recomeça.

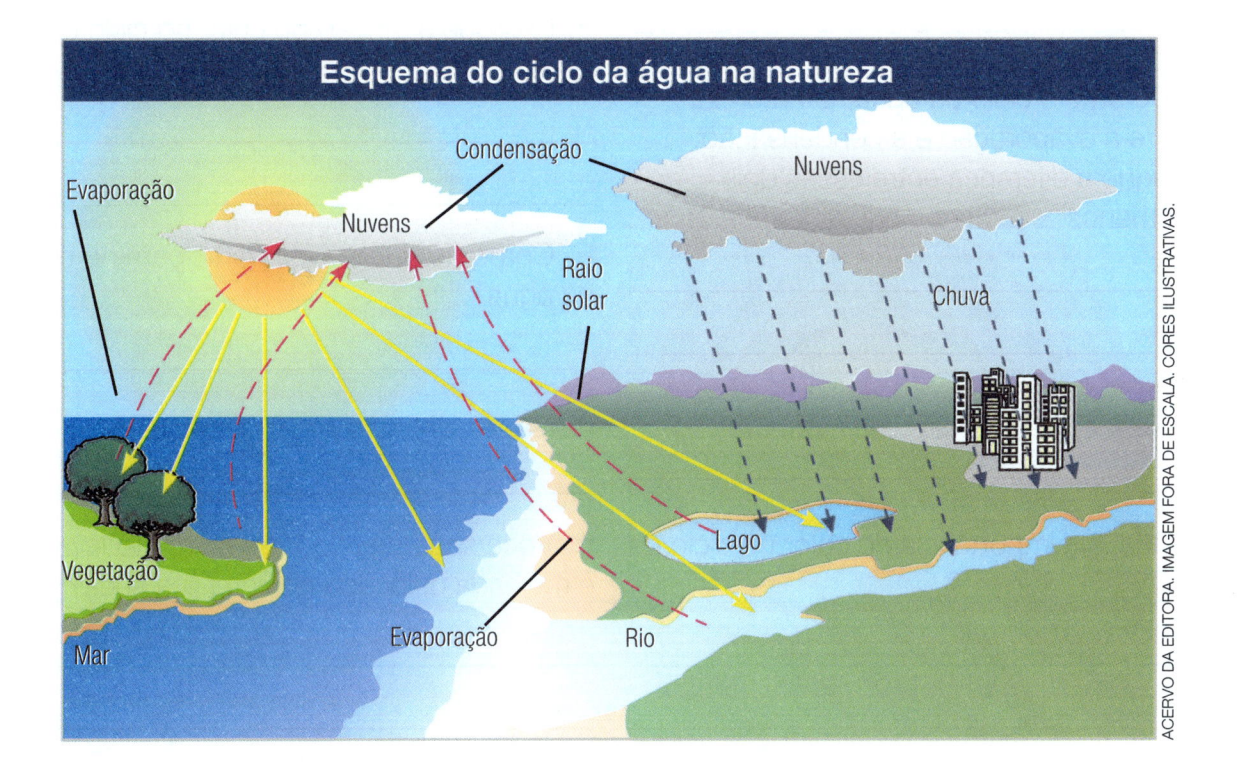

Esquema do ciclo da água na natureza

ATIVIDADES

1. Complete as frases com as palavras do quadro.

> evaporam   condensa   nuvens   chuva

a) As águas dos rios, lagos e mares _____ _____.

b) O vapor assim produzido sobe e se _____ em gotículas de água.

Essas gotículas formam as _____.

c) As gotículas vão se juntando, ficam pesadas e vão cair sob a forma de ____ _____.

2. Teste seus conhecimentos. O que é:

a) granizo?
_____
_____
_____

b) orvalho?
_____
_____
_____

c) geada?
_____
_____
_____

441

3. Quais são as utilidades da água em nossa vida?

_____
_____

4. Durante o ciclo da água na natureza ocorre a evaporação e a condensação. Explique a diferença entre esses dois fenômenos.

_____
_____
_____
_____

5. Qual é a importância do calor no ciclo da água?

_____
_____

6. Em qual etapa de seu ciclo a água está misturada com o ar?

_____

7. Explique a função do calor no ciclo da água.

_____
_____

8. Como os seres vivos participam no ciclo da água?

_____
_____
_____

9. Você sabe dizer por que a roupa lavada e molhada colocada no varal fica seca?

_____
_____

Água potável

A água apropriada para beber chama-se potável. Ela deve ser limpa, fresca e sem cheiro, sabor ou cor.

A água que vem de rios geralmente contém impurezas e microrganismos causadores de doenças, ou seja, é água imprópria para uso.

O trabalho de limpeza e purificação da água é feito nas estações de tratamento.

Ao entrar na estação, a água passa por grades que retêm galhos e folhas.

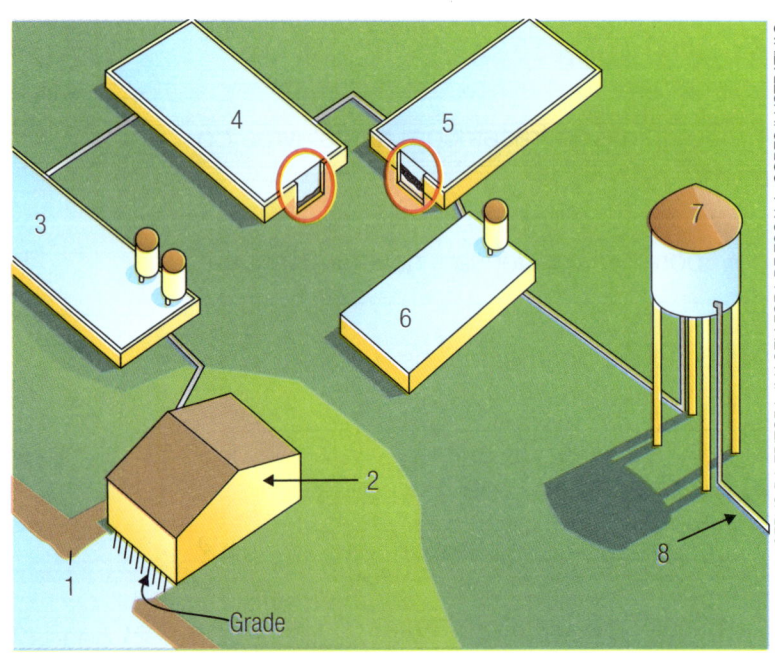

1. Entrada de água da represa / **2.** Bombeamento da água e filtragem em grades / **3.** Tanque de aplicação de sulfato de alumínio e cal / **4.** Tanque de decantação / **5.** Filtro de areia e cascalho / **6.** Tanque de aplicação de flúor e cloro / **7.** Reservatório / **8.** Rede de distribuição

442

Em seguida, ela é bombeada para um tanque onde recebe sulfato de alumínio e cal, que carregam a sujeira para o fundo. No tanque de decantação, as impurezas se acumulam no fundo. Depois, a água passa por um tanque com areia e cascalho.

A seguir, vem o tanque onde a água recebe flúor e cloro. O cloro mata os microrganismos, e o flúor fortalece os dentes e ajuda a prevenir cáries. Finalmente, ela segue pelos canos da rede de distribuição até as casas.

Vista aérea de uma estação de tratamento de água. Barueri (SP).

Nos locais em que não há estação de tratamento de água ou se utilize água de poço, é preciso ferver, filtrar e clorar a água. A fervura e a cloração matam microrganismos prejudiciais à saúde. Filtrar remove as impurezas.

Poluição da água

Às vezes, a água apresenta-se **poluída**, isto é, contém substâncias químicas lançadas por fábricas, detritos, fezes e urina. Tem cheiro desagradável e é imprópria para ser usada. Geralmente contém microrganismos causadores de doenças.

A água poluída e/ou contaminada pode causar graves prejuízos aos seres vivos.

Cuidados com a água

Para manter a qualidade da água, o governo deve criar serviços de saneamento básico: tratamento de rede de distribuição de água, tratamento e rede de esgoto, coleta e tratamento de lixo.

Os agricultores devem controlar e ter cautela no uso de agrotóxicos e inseticidas, que acabam contaminando as águas.

A população deve colaborar não jogando lixo nos córregos.

As indústrias devem obedecer às leis que proíbem o lançamento de substâncias tóxicas nos rios, lagos, lagoas etc.

Só assim a água dos rios, lagos, riachos e mares se manterá limpa.

ATIVIDADES

1. Responda.

a) Como se chama a água própria para beber?
_____

b) Qual deve ser a aparência dessa água?
_____

2. Complete as frases com as palavras do quadro.

doenças	poluída	fervura
filtração	contaminada	limpa
potável	cloração	

a) A água que bebemos se chama _____ _____. Deve ser _____ e não transmitir _____.

b) O processo mais usado para o tratamento caseiro da água é a _____. Outros processos são a _____ e a _____.

c) A água _____ ou _____ não pode ser bebida.

3. Responda.

a) Em geral, o que acontece com a água antes de chegar às nossas casas?
_____
_____
_____

b) O que acontece com a água em uma estação de tratamento?
_____
_____
_____
_____

c) Como a água é distribuída às casas?
_____
_____

4. Para manter a qualidade da água, o que deve fazer:

a) o governo?
_____
_____
_____

b) as indústrias?
_____
_____
_____

c) a população?
_____
_____
_____

d) os agricultores?
_____
_____
_____

5. Marque **X** nas afirmações corretas.

☐ A água é muito importante para todos os seres vivos.

☐ A água que usamos para beber chama-se água potável.

☐ A água potável tem cheiro e sabor e é imprópria para ser usada.

☐ Cloração é uma forma de tratamento para purificação da água.

6. Nas estações de tratamento, para que servem o cloro e o flúor adicionados à água?
_____
_____
_____

7. Cite, em seu caderno, algumas atitudes que devemos tomar para economizar água.

SEÇÃO 3 — A COMBUSTÃO DOS MATERIAIS

Você já reparou como uma folha de papel ou um pedaço de madeira queimam? Ao queimar, esses materiais se transformam. Observe que usamos a palavra "transformam". Quando um material se transforma, deixa de ser o que é e passa a ser outra coisa, como o papel e a madeira depois de queimados.

A **combustão** transforma materiais. Por isso, dizemos que é uma transformação química, isto é, por intermédio dela as substâncias iniciais sofrem alterações e outras substâncias são formadas. Nesse tipo de transformação, as substâncias iniciais não podem mais voltar ao seu estado inicial. Combustão é a queima de materiais.

Oxigênio é o gás que possibilita e mantém a combustão. Durante a queima, o oxigênio é consumido. Se não houver renovação do ar, o oxigênio acaba e o material para de queimar. A combustão termina. Durante a combustão, forma-se **gás carbônico**. Ao abanar uma fogueira, por exemplo, é possível observar facilmente que o oxigênio mantém a combustão, pois, quanto mais abanamos, mais forte fica o fogo.

Durante os incêndios na mata, os bombeiros usam areia ou um gás para impedir que o gás oxigênio alimente o fogo.

O oxigênio e a combustão

Para observar a necessidade do oxigênio na combustão, você pode realizar, com a ajuda de um adulto, o experimento a seguir.

EXPERIÊNCIA

1. Acenda uma vela pequena e cubra-a com um copo.

Observe que a chama queima por alguns instantes e logo se apaga. Como o copo impede a renovação do ar, a vela só queima enquanto há oxigênio dentro do copo.

2. Coloque uma vela dentro de um copo com uma mistura de água e bicarbonato de sódio. Acenda a vela. Coloque um pouco de vinagre dentro do copo e observe como, em pouco tempo, a vela se apaga.

O bicarbonato de sódio com o vinagre produz gás carbônico. O gás carbônico toma o lugar do oxigênio, extinguindo o fogo. Sem oxigênio, a vela para de queimar.

Alguns extintores de incêndio utilizam gás carbônico.

445

Atenção! Esses experimentos só devem ser feitos na presença de um adulto, pois o fogo causa queimaduras.

ATIVIDADES

1. Teste seus conhecimentos.
a) O que é combustão?
_____
_____

b) Que gás é fundamental para que haja combustão?
_____
_____

2. Quanto mais abanamos o fogo, mais forte ele fica. Isso acontece porque:

☐ aumentamos a quantidade de ar com oxigênio.

☐ não há renovação do ar.

3. De acordo com o experimento, responda.
a) Por que a vela acesa, coberta por um copo, se apaga depois de certo tempo?
_____
_____

b) O que acontece com o oxigênio que mantém a vela queimando?
_____

4. Como se pode interromper a queima de materiais?
_____
_____

5. Indique um uso prático do gás carbônico para combater o fogo.
_____
_____

A combustão como fonte de calor

A combustão produz luz e calor. A luz ilumina e o calor aquece, cozinha alimentos, movimenta veículos, funde metais para a fabricação de objetos, além de outros usos.

Para ocorrer a combustão, é necessário ter o combustível, o comburente e o calor inicial.

- **Combustível** é a substância que queima e libera energia.
- **Comburente** é a substância que alimenta a combustão, como o oxigênio do ar.
- **Calor inicial** é o calor que inicia a combustão, como um raio ou a chama do fósforo.

Os combustíveis são utilizados como fonte de calor para o preparo de alimentos e como fonte de energia para veículos, por exemplo. Eles podem ser gasosos, sólidos ou líquidos.

A madeira é um combustível.

O fósforo fornece calor inicial para a combustão.

Os combustíveis gasosos são o gás de cozinha, que é uma mistura de gases, parte deles no estado líquido, o hidrogênio e outros. Um dos combustíveis gasosos mais utilizados é o gás natural retirado do interior da Terra.

O gás de cozinha é o combustível usado para cozinhar alimentos.

O hidrogênio é um combustível gasoso usado nos foguetes que colocam satélites orbitando ao redor da Terra.

A lenha e o carvão são exemplos de combustíveis sólidos. Inúmeras padarias e restaurantes ainda utilizam esses combustíveis para a produção de alimentos.

Automóveis, caminhões, trens, navios e aviões utilizam combustíveis líquidos como o álcool, a gasolina, o óleo diesel e o querosene.

O combustível dos aviões é o querosene.

Os combustíveis dos automóveis são a gasolina, o álcool e o gás de veículos.

ATIVIDADES

1. Como a luz e o calor produzidos na combustão são aproveitados pelo ser humano?

_____

_____

_____

2. O que é:

a) combustível?

_____

_____

b) comburente?

_____

_____

c) calor inicial?

_____

_____

3. Que tipo de combustível é o gás de cozinha?

_____

_____

4. Onde é utilizado o gás hidrogênio?

_____

_____

5. Dê dois exemplos de cada tipo de combustível e escreva onde podem ser utilizados.

a) combustíveis sólidos:

_____

_____

_____

b) combustíveis líquidos:

_____

_____

_____

O efeito estufa

O efeito estufa é o fenômeno causado pela concentração de gases na atmosfera, principalmente gás carbônico ou dióxido de carbono. Esses gases funcionam como uma capa que não deixa o calor da irradiação solar absorvido na superfície da Terra escapar para o espaço. Esse efeito aquece a Terra, tanto durante o dia como à noite.

Sem o efeito estufa, a temperatura ambiente seria baixa e não haveria condições de existir vida na Terra.

Entretanto, por causa das atividades humanas, a concentração de gases de efeito estufa na atmosfera tem aumentado muito nos últimos 250 anos. Isso ocorre principalmente pela queima de combustíveis fósseis, como carvão, petróleo e gás natural, e pelo desmatamento e queimadas de florestas.

Como consequência, a temperatura média da Terra vem aumentando.

O Acordo de Paris, assinado em 2015 por 195 países, inclusive o Brasil, prevê a redução de gases que provocam o efeito estufa até 2025.

Área desmatada e queimada de floresta no Pará. No Brasil, 58% das emissões de gases estufas vem dos desmatamentos e queimadas.

Algumas mudanças de atitude pessoais, porém, podem ser significativas, como:

- economizar energia;
- evitar utilizar carros como meio de transporte, dando preferência aos transportes coletivos e bicicletas;
- reciclar o lixo caseiro;
- plantar árvores, de preferência nativas de sua região;
- usar *ecobags* para carregar compras e evitar uso de sacolinhas plásticas.
- usar produtos reciclados ou recicláveis.

ATIVIDADES

1. O que é efeito estufa?

2. Explique as causas e consequências do aumento do efeito estufa nos últimos 250 anos.

3. Pesquise e responda no caderno: Que outras medidas podemos tomar para ajudar nosso planeta com relação ao efeito estufa?

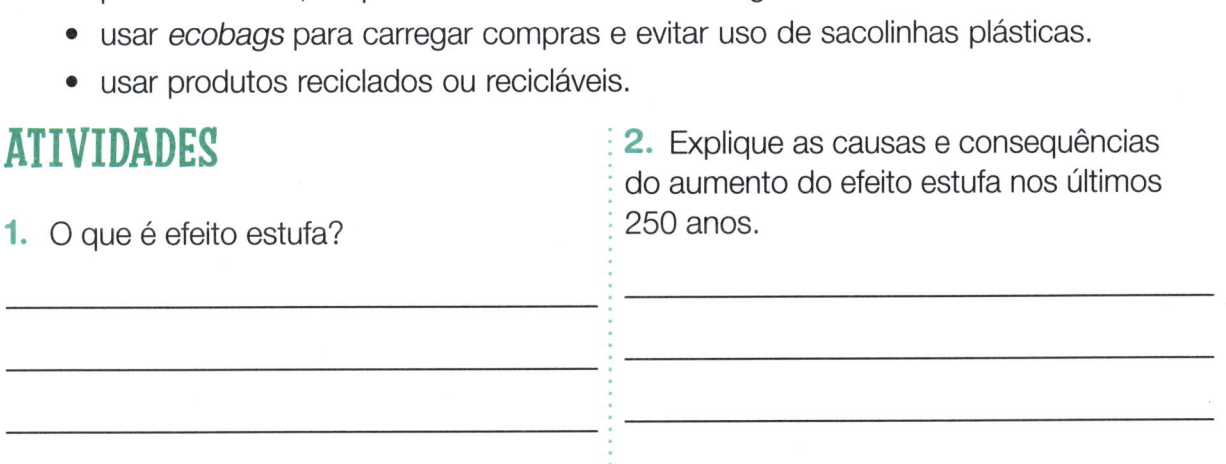

LIÇÃO 4
OUTRAS TRANSFORMAÇÕES QUÍMICAS

Observe as imagens a seguir.

ALINE BENITEZ

Você consegue perceber a diferença entre essas duas metades de maçãs? Já viu a fruta desses dois modos?

A primeira imagem é de uma maçã recém cortada. A segunda, de uma maçã cortada depois de um certo tempo. Como você pode ver nas imagens, a maçã da segunda imagem escureceu.

Esse processo ocorre em função da presença do oxigênio no ar.

O oxigênio é um componente muito importante para a vida na Terra. Sem ele não conseguiríamos sobreviver, porque dependemos dele para respirar, assim como quase todos os demais seres vivos. Esse elemento tão fundamental também está presente em outras substâncias, como a água.

Na natureza existem inúmeras transformações químicas que são causadas pelo oxigênio. Foi exatamente que aconteceu com a maçã cortada. Ela sofreu **oxidação**. Nessa transformação, o oxigênio reage com alguns compostos presentes na fruta. A coloração marrom escura é decorrente dessa reação.

Não é apenas a maçã que escurece em contato com o ar, mas também a banana, a batata, a berinjela, o pêssego e muitas outras frutas e legumes.

Reações de oxidação ocorrem em muitas outras situações, por exemplo, na nossa respiração, no processo de fotossíntese, na ferrugem que se forma em uma barra de ferro. Isso mesmo, a ferrugem nada mais é que o resultado da oxidação do ferro exposto ao ar e à água, que tem oxigênio na sua composição. O contato com a água pode ser tanto da umidade do ar quanto da água da torneira.

AYDNGVN/SHUTTERSTCOK

Barra de ferro com ferrugem, indicando que o material está sofrendo oxidação.

EXPERIÊNCIA 1

Salada de frutas bem fresquinha

Materiais necessários
- 1 banana
- 1 maçã
- 1 pera
- Metade de um limão espremido
- 2 tigelas
- 1 faquinha de plástico

Procedimentos
- Corte a banana, a maçã e a pera em pedaços pequenos.
- Divida os pedaços nas duas tigelas.
- Identifique cada tigela com uma etiqueta com A e B.

- Na tigela B, coloque o suco de limão.
- Deixe as saladas de frutas descansarem por 1 hora.

Observe como estão as duas tigelas e responda:

1. Qual a diferença entre a salada de frutas da tigela A com a da tigela B?

_____
_____
_____

2. Por que você acha que isso ocorreu na tigela A?

_____
_____
_____

3. Por que você acha que isso ocorreu na tigela B?

_____
_____

EXPERIÊNCIA 2

A ferrugem

Materiais necessários
- Palha de aço
- Água
- Dois pratos, identificados como A e B

Procedimentos
- Separe a palha de aço em dois pedaços.
- Coloque um pedaço em cada prato.
- Borrife água no prato A.
- Observe depois de um dia.

1. O que aconteceu no prato A?

_____
_____

2. Por que você acha que isso oconteceu?

_____
_____

O processo de oxidação é usado em produtos oxidantes desenvolvidos para facilitar a vida no dia a dia, como a água sanitária, que tira as manchas das roupas brancas, e a água oxigenada, usada para desinfetar feridas.

A água oxigenada para desinfetar feridas é a de 10 volumes, mas também se usam formas mais fortes para descolorir cabelos, por meio da oxidação do fio. Uma característica da água oxigenada é que ela perde as propriedades em contato com a luz, por isso deve ser adquirida em frascos opacos, que não permitem a passagem da luminosidade.

Atenção, a água oxigenada de uso medicinal é apenas a de 10 volumes; as de volumes maiores não podem ser usadas em feridas e machucados.

Podemos evitar a oxidação com algumas medidas. No caso das frutas e legumes, é preciso colocá-los em solução de água e vinagre (ou limão ou laranja). No caso do ferro, uma camada de tinta sobre o material ainda não enferrujado evita a ferrugem.

ATIVIDADES

1. Sempre que vai fazer berinjela, Lúcia a corta em rodelas e as coloca em água com vinagre para depois usá-las na receita. Por que Lúcia faz isso?

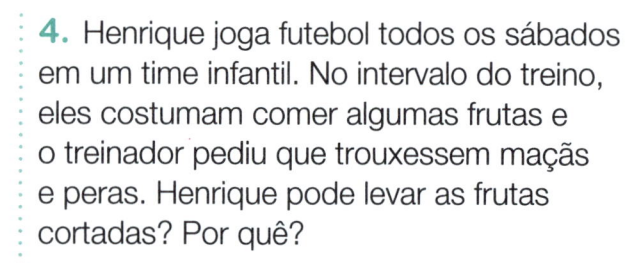

_____

_____

2. O que aconteceu com o pêssego da foto a seguir?

DEZMARCO/SHUTTERSTOCK

_____

_____

3. Analise as imagens e depois responda às questões.

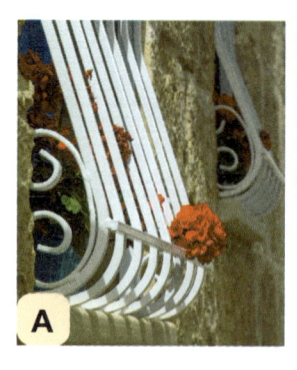

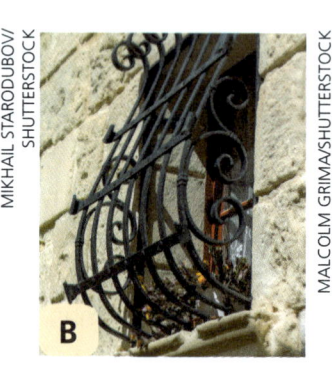

A — MIKHAIL STARODUBOV/SHUTTERSTOCK

B — MALCOLM GRIMA/SHUTTERSTOCK

a) Qual das duas janelas tem maior probabilidade de enferrujar?

_____

b) Por quê?

_____

_____

_____

4. Henrique joga futebol todos os sábados em um time infantil. No intervalo do treino, eles costumam comer algumas frutas e o treinador pediu que trouxessem maçãs e peras. Henrique pode levar as frutas cortadas? Por quê?

_____

5. Flávia e Ana voltaram da escola com suas camisetas brancas cheias de manchas. A mãe delas quase desmaiou quando viu, dizendo que ia ter que jogar fora as roupas de tão sujas que estavam. Mas as duas explicaram que podiam limpar as camisetas fazendo a oxidação das manchas. A mãe não entendeu nada. Qual a solução que Flávia e Ana ofereceram?

_____

_____

_____

6. A salada de frutas é uma sobremesa conhecida e fácil de fazer, além de ser bem nutritiva e saudável. Ela consiste na mistura de várias frutas picadas. Com essas informações e os seus conhecimentos, escreva uma receita de salada de frutas que você traria de casa para o lanche da escola. Lembre-se, uma receita deve conter os ingredientes e a forma como serão usados: com casca, sem casca, picados etc. Deve conter também o modo como se prepara o prato, orientando o que deve ser colocado e a quantidade.

_____

_____

_____

_____

SUBSTÂNCIAS E MISTURAS

O que você comeu ou bebeu no seu lanche hoje? Leite? Iogurte?

O que o leite e o iogurte têm em comum?

Os dois são formados por uma mistura de substâncias. O leite é uma mistura de água, sais minerais, proteínas, vitaminas e outras substâncias. O iogurte é uma mistura de tudo que tem no leite mais uma fruta, podendo conter açúcar.

Você comeu pão no seu lanche? O pão também é uma mistura de diversas substâncias.

O solo é uma mistura de argila, areia, água, sais minerais, húmus, entre outros materiais.

Até a água mineral é uma mistura de água com outras substâncias.

Cada substância de uma mistura é chamada **componente** dessa mistura.

Classificando as misturas

Existem misturas nas quais conseguimos identificar os componentes, por exemplo, numa mistura de água e óleo, podemos identificar facilmente os componentes. Essas misturas são chamadas **misturas heterogêneas.**

A água e o óleo formam uma mistura heterogênea.

Existem misturas em que os componentes não podem ser identificados a olho nu, como uma mistura de água e sal. A água mineral é exemplo desse tipo de mistura. Também o ar que respiramos. Essas misturas são chamadas **misturas homogêneas**.

Separação das misturas

Praticamente todas as substâncias que encontramos no ambiente estão na forma de misturas. Se quisermos utilizar alguma substância, precisamos separá-la das demais.

As substâncias podem ser separadas por diversos métodos. O método utilizado dependerá do tipo de mistura e de seus componentes. Utilizamos alguns métodos de separação em nosso dia a dia; outros são empregados em indústrias ou laboratórios.

Vamos conhecer os principais deles.

A mistura de água e sal é homogênea.

Evaporação

O sal de cozinha é obtido pela **evaporação** da água do mar nas salinas. As salinas são formadas por conjuntos de tanques rasos construídos no litoral, para os quais a água do mar é bombeada. Sob a ação da energia do Sol e do vento, a água evapora e o sal se deposita no fundo do tanque.

Nas salinas, o sal é separado da água do mar por evaporação. Salinas no município de Araruama (RJ).

Destilação simples

A **destilação** é um método de separação de misturas que usa um equipamento chamado destilador. Nele, a mistura a ser separada é colocada em um recipiente que será aquecido até um dos componentes entrar em ebulição.

O vapor produzido passará pelo condensador e lá entrará em contato com uma superfície de menor temperatura, geralmente água fria que circula constantemente nele. Esse contato fará com que o vapor se condense e a substância volte ao estado líquido.

O líquido separado é então recolhido no segundo recipiente. A substância que não entrou em ebulição permanece no recipiente inicial.

Esse método de separação de misturas é denominado **destilação simples**, e é comum em laboratórios, para obtenção de água destilada usada na fabricação de medicamentos.

Em alguns locais, nos quais existe pouca água doce, essa é uma forma de obtenção de água para o consumo dos moradores, utilizando água do mar. Nesse caso, o sal é retirado da água por meio de um processo chamado **dessalinização**.

Observe o esquema de um destilador a seguir.

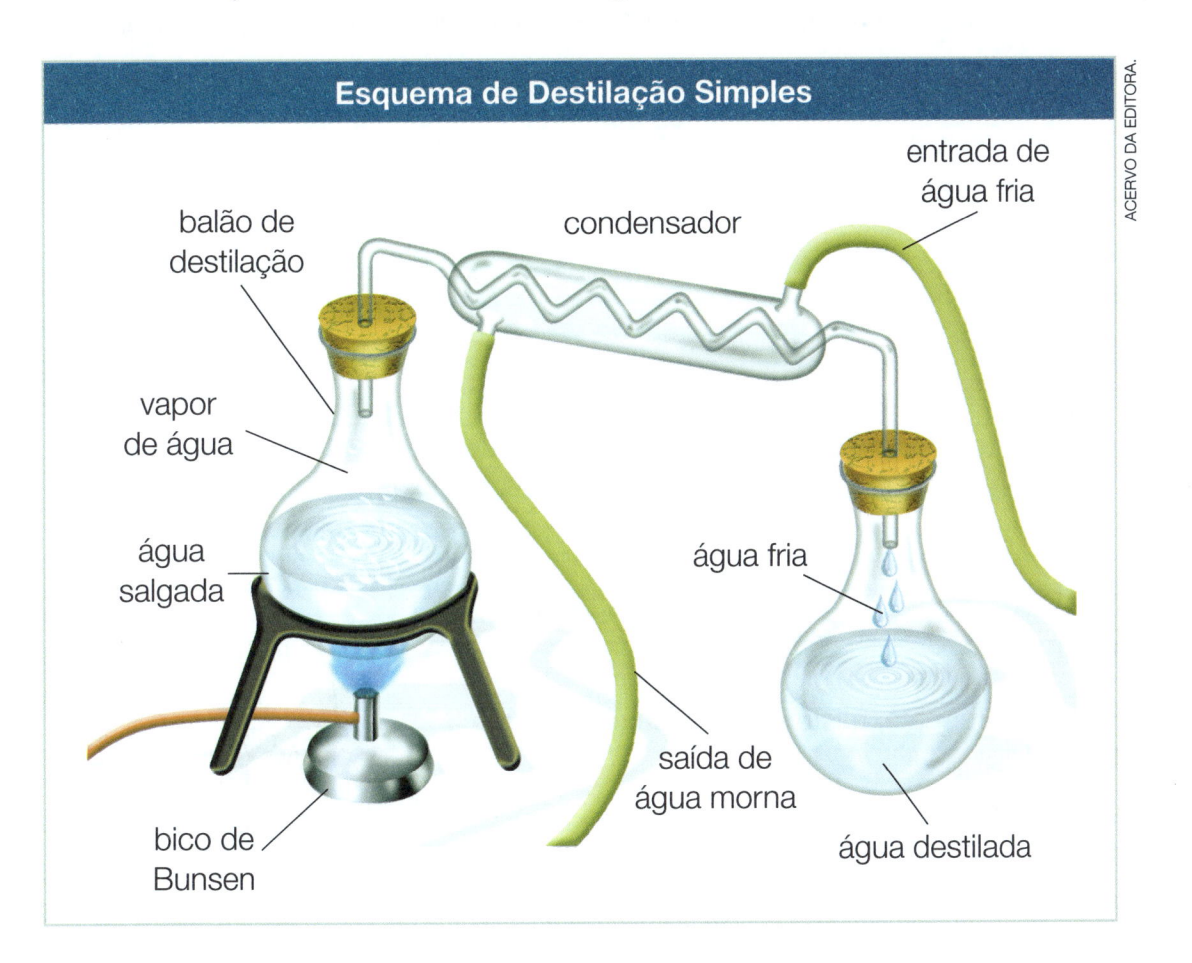

Esquema de Destilação Simples

- balão de destilação
- vapor de água
- água salgada
- bico de Bunsen
- condensador
- entrada de água fria
- água fria
- saída de água morna
- água destilada

Decantação

O processo de **decantação** separa misturas heterogêneas quando deixadas em repouso, isto é, sem ninguém mexer nelas.

Você já tomou suco de maracujá? Já viu o que acontece quando ele fica muito tempo no copo sem ninguém mexer?

Parte do suco se separa e, para voltarmos a tomar, precisamos dar uma mexida, para que o suco fique novamente misturado.

O que ocorre com o suco é um processo de decantação, ou seja, os componentes da mistura se separam.

A decantação é um dos processos usados nas Estações de Tratamento de Água (ETA). Logo que chega à estação de tratamento, a água é levada para os tanques de decantação, onde a sujeira que existe nela se deposita no fundo. Até sair totalmente limpa, a água passa por diversos tanques.

Observe um esquema do processo de separação de substâncias por decantação.

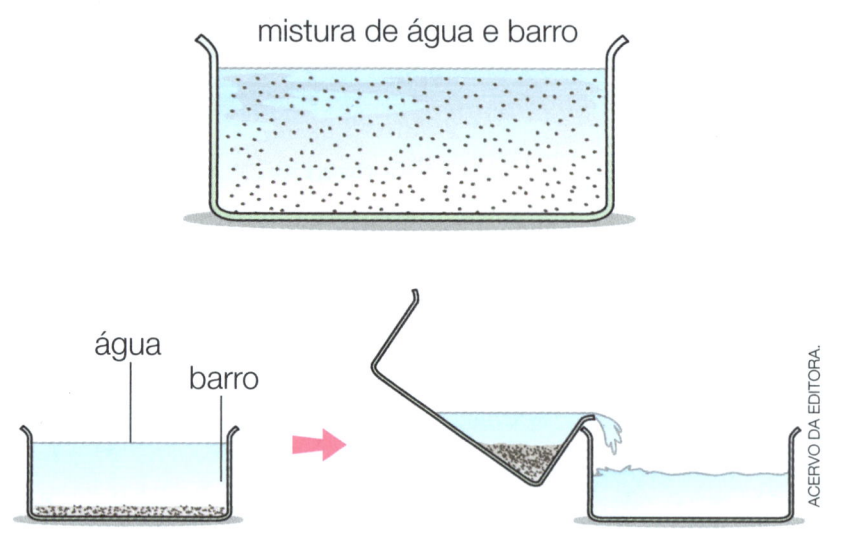

mistura de água e barro

água
barro

Filtração

Para preparar café, misturamos água quente e pó de café.

A água se mistura ao pó e parte das substâncias nele existentes se dissolve na água.

Para separar o pó de café da água, usamos um filtro que deixa passar o líquido e retém o pó. Esse processo chama-se **filtração**.

Filtro de papel.
Café coado.
Água com pó de café.

Catação

Você já viu alguém escolher feijão para cozinhar? Quando se separa do feijão os grãos estragados ou pequenas sujeiras, selecionando os grãos bons para cozinhar, o processo realizado é o de **catação**.

Nas usinas de reaproveitamento de lixo, é usado esse mesmo processo. O lixo vai passando em uma esteira transportadora e os trabalhadores, com luvas de proteção, selecionam papéis, vidros, latas, plásticos etc., separando-os uns dos outros.

Observe a foto de uma esteira de separação de lixo.

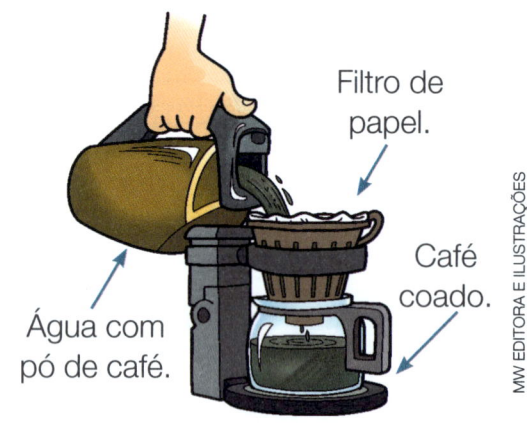

Separação do lixo por meio da catação.

Peneiração

Neste processo de separação usa-se uma peneira. Por exemplo, para separar areia de pedrinhas e outros componentes que estão misturados a ela, coloca-se na peneira uma porção de areia e agita-se a peneira.

A peneira tem uma malha e por ela passam os grãos de areia. Os componentes maiores ficam retidos. Observe uma foto de separação por peneiração.

Na peneiração, os componentes menores passam pela malha da peneira; os elementos maiores ficam retidos.

ATIVIDADES

1. Identifique as misturas a seguir como homogêneas ou heterogêneas quando vistas a olho nu.

a) água e areia: _____

b) água e sal: _____

c) óleo e areia: _____

d) arroz e feijão: _____

e) areia e sal de cozinha: _____

f) aço: _____

2. Existe uma forma de se preparar chá chamada infusão, na qual se coloca as ervas em um recipiente e coloca-se água fervente por cima. Tampa-se o recipiente por alguns minutos.

Este tipo de preparo origina uma:

☐ mistura homogênea.

☐ mistura heterogênea.

3. Leia o texto sobre uma etapa do processo de tratamento de água e responda.

"Ao entrar na estação de tratamento, a água passa por grades que retêm galhos e folhas. Em seguida, ela é bombeada para um tanque no qual recebe sulfato de alumínio e cal, que carregam a sujeira para o fundo. Nesse tanque, as impurezas se acumulam no fundo..."

- Quais são os processos de separação de misturas que estão sendo usados no processo descrito acima?

_____

4. Colocamos água em um recipiente e a ela adicionamos várias colheres de areia. Depois de algum tempo, a areia se separa da água e fica na parte inferior do recipiente. Que método de separação acaba de ser descrito?

_____

5. As salinas são reservatórios de água salgada construídos à beira-mar. Neles, a água do mar evapora, e o que sobra é o sal, que é recolhido para beneficiamento. Como se chama esse processo de separação?

_____

LIÇÃO 6

RELAÇÕES ENTRE PLANTAS E ANIMAIS

Observe as imagens a seguir.

Samambaia em vaso.

Samambaias crescendo em floresta.

Girafa em zoológico.

Girafa em ambiente natural, na savana africana.

Plantas e animais compõem o grupo dos seres vivos que ocupam os diferentes ambientes do planeta Terra. Os ambientes podem ser naturais ou modificados pelo ser humano.

O grupo das plantas

As plantas são organismos que usam energia solar, gás carbônico e água para produzir seus alimentos. A maioria delas tem raízes, caule e folhas.

Entretanto, há plantas que não apresentam todas essas estruturas, como é o caso do grupo dos musgos, plantas que não ultrapassam 20 cm de altura.

Os **musgos** prendem-se ao solo por um tipo simples de raiz e dele retiram água e sais minerais. Como essas plantas não têm vasos condutores, a seiva bruta é transportada lentamente pela planta.

As **samambaias** e as **avencas** têm vasos condutores de seiva. Por essa razão, são bem mais altas do que os musgos. Mas essas plantas não têm flores, frutos ou sementes. Elas se reproduzem por esporos que se formam debaixo das folhas e por ramos que brotam.

Os **pinheiros** e outras plantas desse grupo têm sementes, mas não têm flores e frutos. As sementes se formam em folhas reprodutivas reunidas, chamadas de estróbilos.

Musgos crescendo sobre o chão da floresta.

Folha de samambaia com os esporos, os pontinhos escuros.

No Brasil, um representante desse grupo é a araucária ou pinheiro-do-paraná, cujos estróbilos são popularmente chamados de pinhas. Depois da fecundação, nas pinhas formam-se os pinhões, que são sementes utilizadas como alimento.

Mata de Araucárias, Paraná.

Pinha de araucária aberta.

As plantas com flores, frutos e sementes formam o grupo mais numeroso de plantas da Terra e são chamadas de **angiospermas**. Elas vivem tanto nas florestas úmidas como nos desertos e na água. Nas flores estão os órgãos reprodutores masculino e feminino dessas plantas.

O **androceu** é o órgão masculino, formado por estames com uma antera na ponta, na qual estão os grãos de pólen. Cada grão tem um núcleo masculino.

O **gineceu** é o órgão feminino, formado por pistilos, com o estigma na ponta e o ovário embaixo. Nele estão os óvulos. Cada óvulo contém os núcleos femininos da planta.

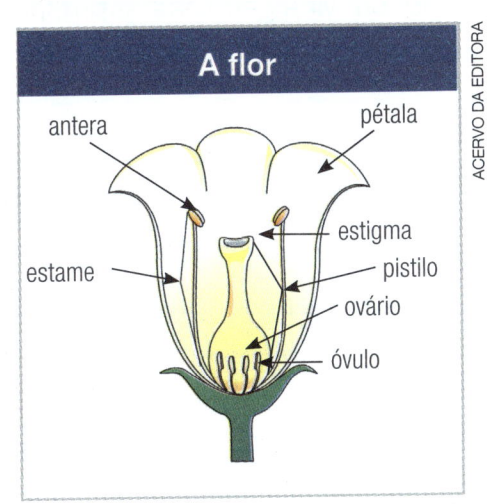

A flor

antera — pétala — estigma — estame — pistilo — ovário — óvulo

IMAGEM FORA DE ESCALA. CORES ILUSTRATIVAS.

A maioria das flores tem cores vistosas e produz um líquido adocicado, o néctar, que atrai borboletas, abelhas, morcegos. Ao ir de flor em flor para sugar o néctar, esses animais transportam grãos de pólen. Esse transporte de pólens é a **polinização**.

Morcego se alimentando de néctar de flor.

A borboleta monarca suga o néctar da flor.

A abelha em busca do néctar de uma flor.

459

A grama, o trigo, a cevada, o centeio e a aveia, por exemplo, têm flores pouco atraentes para os insetos e não produzem néctar. Nessas plantas a polinização é feita pelo vento.

Os grãos de pólen, quando caem no estigma das flores de sua espécie, formam tubos que chegam até o ovário. Então ocorre a fecundação: cada núcleo masculino de um grão de pólen se une ao núcleo feminino de um óvulo. Dessa união, forma-se uma semente. O ovário geralmente se transforma em fruto.

Os frutos amadurecem e as sementes que caem em solo úmido germinam e formam uma nova planta. Aves, morcegos e outros animais comem os frutos, e as sementes são eliminadas nas fezes desses animais e podem vir a germinar. Assim, novas plantas podem se espalhar por diversas regiões.

Flores de grama.

Fruto do pêssego e sua semente.

ATIVIDADES

1. Qual é a função das flores para as plantas?

_____

_____

2. O que é o androceu?

_____

3. O que é o gineceu?

_____

4. Onde se formam os grãos de pólen?

_____

5. Como se forma uma semente?

_____

_____

_____

6. O que é polinização? Como ela acontece?

_____

_____

_____

7. Identifique as estruturas indicadas de uma flor.

1	
2	
3	

O grupo dos animais

O ser humano, os animais e as plantas precisam de alimentos para viver.

As plantas produzem o próprio alimento. Os animais alimentam-se de outros seres vivos. Por exemplo, a aranha come insetos que comem as plantas. Essa relação de dependência alimentar em que seres vivos se alimentam de outros seres vivos chama--se **cadeia alimentar**.

Produtores, consumidores e decompositores

Produtores

A cadeia alimentar sempre tem início com os produtores, isto é, com as plantas. Elas sintetizam alimentos a partir da fotossíntese.

A fotossíntese ocorre nas folhas, onde há clorofila, o pigmento que dá a cor verde aos vegetais.

Nas folhas, na presença da luz e da clorofila, ocorre uma reação química entre a água e o gás carbônico, formando a glicose, o açúcar essencial à nutrição das plantas, e liberando oxigênio para a atmosfera.

A água para o processo da fotossíntese é absorvida do solo, junto com outros minerais, formando o que denominamos de seiva bruta.

A seiva bruta é transportada da raiz até as folhas por vasos condutores. Nas folhas, a glicose produzida se mistura à água, formando a seiva elaborada, que então é transportada para todo o vegetal para a produção de outros nutrientes.

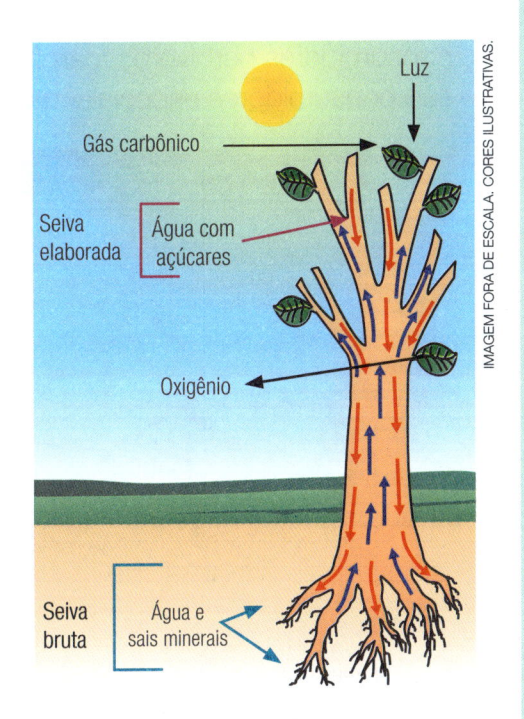

Consumidores

O ser humano e os outros animais não produzem o próprio alimento.

Eles dependem de outros seres vivos para se alimentar. Por isso, são chamados de **consumidores**.

Conforme o tipo de alimento que ingerem, os consumidores podem ser: **herbívoros**, **carnívoros** e **onívoros**:

- **Herbívoros** – animais que se alimentam de vegetais, como o coelho o veado, a anta e outros.
- **Carnívoros** – animais que se alimentam de outros animais, como a onça, as cobras, o lobo-guará, o jacaré, o gavião e muitos outros.
- **Onívoros** – animais que se alimentam tanto de vegetais como de outros animais, o ser humano e o porco, por exemplo.

Decompositores

Os seres vivos morrem e são digeridos por ação de fungos e bactérias, chamados de decompositores. Durante a decomposição, formam-se substâncias minerais importantes para a fertilização do solo. Elas são absorvidas pelas plantas, dando início a um novo ciclo.

Cadeia alimentar

No esquema a seguir está representada a relação de dependência alimentar de vários seres vivos. O ponto de partida é a energia luminosa, que permite a síntese de nutrientes pelas plantas, por isso as cadeias alimentares são transferência de energia de um ser vivo para outro.

Nas cadeias alimentares, geralmente, as plantas são os produtores, os animais os consumidores herbívoros, carnívoros e onívoros, enquanto os fungos e as bactérias são consumidores especiais, que decompõem os restos das plantas e de animais.

Cadeia alimentar

As plantas fazem fotossíntese

Produtores

Consumidor primário

O gafanhoto serve de alimento para o sapo.

Consumidor secundário

O sapo serve de alimento para a cobra.

Consumidor terciário

Decompositores

Os sais minerais liberados na decomposição fertilizam o solo e são absorvidos pelas plantas.

Os animais e as plantas que morrem são decompostos por fungos e bactérias, devolvendo os sais minerais ao ambiente.

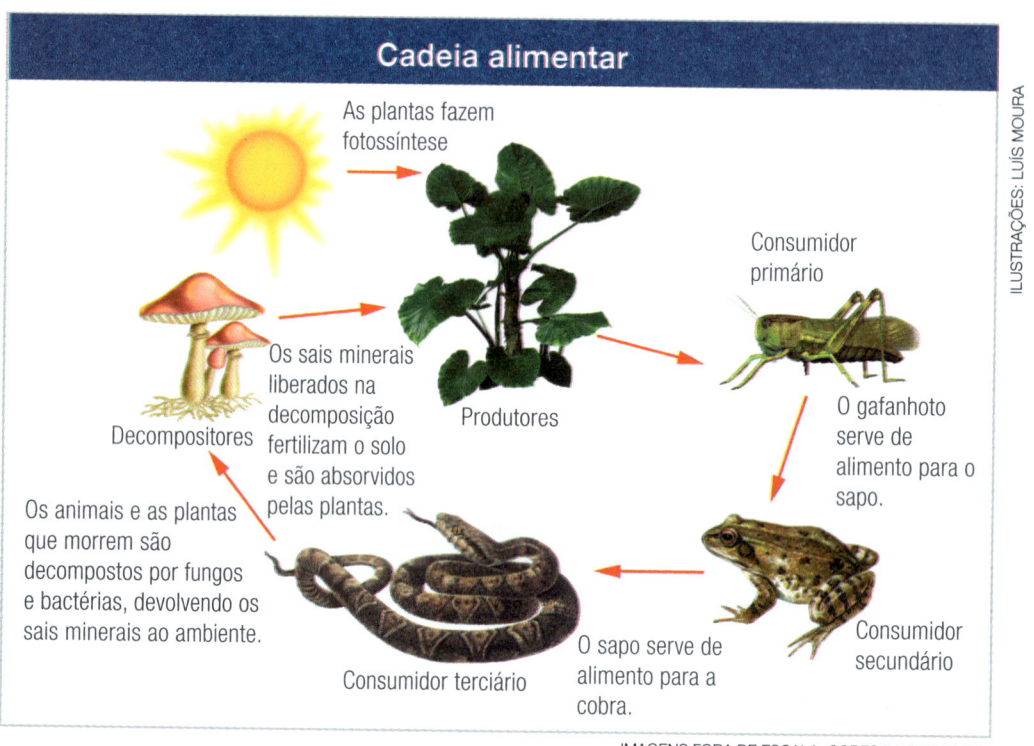

ILUSTRAÇÕES: LUIS MOURA

IMAGENS FORA DE ESCALA. CORES ILUSTRATIVAS.

Digestão dos animais

Os alimentos ingeridos pelos animais passam por transformações para serem aproveitados. Por exemplo: a capivara se alimenta de vegetais, principalmente gramíneas. Ela precisa transformar os componentes dos vegetais em nutrientes necessários para viver e conservar seu corpo.

Um animal carnívoro, por sua vez, transforma os componentes de outro animal em nutrientes necessários à sua sobrevivência.

O processo de extrair os nutrientes dos alimentos chama-se digestão. Os nutrientes são a porção dos alimentos que pode ser utilizada para o funcionamento normal do organismo.

Eles são absorvidos pelo sangue e chegam a todas as partes do corpo.

As partes não digeridas dos alimentos são eliminadas na forma de fezes.

O organismo, porém, produz outros resíduos que são eliminados do sangue pelo processo de filtragem feito pelos rins. Esses resíduos são chamados de excretas.

A capivara se alimenta de gramíneas.

Os rins são os principais órgãos excretores dos animais vertebrados. Eles filtram o sangue e eliminam os resíduos na forma de urina. Outra forma de eliminação dos resíduos do corpo é através do suor.

Se os resíduos não forem eliminados do corpo, causarão doença e morte.

Ave alimentando-se de inseto.

ATIVIDADES

1. Teste seus conhecimentos.

a) O que é uma cadeia alimentar?

_____
_____
_____

b) Como são chamados os seres que fabricam o próprio alimento?

_____
_____

c) E os seres que não fabricam o próprio alimento?

_____
_____

d) Que seres são decompositores? Qual é a sua função?

_____
_____
_____

2. O que é clorofila e qual é a sua importância na fotossíntese?

_____
_____
_____

3. Responda.

a) Por que as plantas verdes são chamadas de seres produtores da cadeia alimentar?

_____
_____
_____

b) Como as plantas conseguem seus nutrientes?

_____
_____

c) De que as plantas precisam para fazer a fotossíntese?

_____
_____
_____

d) Em que parte da planta é realizada a fotossíntese?

_____

_____

_____

_____

4. Complete as afirmações.

a) Na fotossíntese, as plantas absorvem _____ e liberam _____.

b) A mistura de água e nutrientes minerais chama-se _____.

c) A _____ é distribuída das folhas para toda a planta.

5. O que são animais onívoros? Dê exemplos.

_____

_____

_____

_____

6. Dê três exemplos de seres vivos produtores e três exemplos de seres vivos decompositores.

_____

_____

_____

_____

7. Copie as frases, retirando o **não**, quando necessário, para que todas as afirmações fiquem corretas.

a) Os animais **não** produzem seus nutrientes; então, precisam comer plantas e outros seres vivos.

_____

_____

_____

b) Os alimentos ingeridos pelos animais **não** precisam passar por transformações para serem aproveitados.

_____

_____

_____

c) Os nutrientes **não** são a parte dos alimentos que pode ser utilizada pelo organismo.

_____

_____

d) As partes **não** digeridas dos alimentos são eliminadas.

_____

_____

8. Complete as frases.

a) Muitas transformações dos alimentos que ocorrem em nosso corpo produzem resíduos que são eliminados na urina e no suor. Esses resíduos são chamados de _____.

b) Os _____ são os principais órgãos excretores dos vertebrados.

c) O _____ é filtrado nos rins.

d) Se os resíduos não forem eliminados, causarão _____ e _____.

e) Resíduos retirados do sangue são eliminados na forma de _____ e de _____.

f) Os rins filtram o sangue e eliminam as excretas na forma de _____.

9. Construa, no espaço abaixo, uma cadeia alimentar em que o homem participe.

Depois, apresente seu trabalho para outros grupos da sala.

O comportamento e a interação animal

Os animais apresentam vários tipos de comportamento para proteger os filhotes, cooperar com animais de outras espécies e se defender.

Cuidado com a prole

Muitos animais **cuidam da prole**, isto é, dos filhotes. Geralmente é a mãe que alimenta os filhos até eles serem capazes de conseguir alimentos. Os animais também defendem os filhotes dos predadores.

Os pássaros constroem ninhos e alimentam os filhotes até eles serem capazes de voar. As leoas amamentam os filhotes até eles serem capazes de caçar e se defender, tarefas que os filhotes aprendem nas lutas entre eles e ao acompanharem de longe as mães nas caçadas.

Uma ave cuidando de seus filhotes no ninho.

Cooperação

Muitas espécies de animais vivem em cooperação, isto é, um animal ajuda o outro e ambos são beneficiados. O anu, por exemplo, é uma ave que come os carrapatos que grudam na pele dos bois para sugar sangue. Nessa cooperação, o anu se alimenta e o boi fica livre dos carrapatos.

Ao se alimentar dos carrapatos que grudam na pele do boi, o anu ajuda o animal a se livrar dos parasitas.

Defesa

Os animais reagem quando são ameaçados. Algumas vezes atacam para **defender** seus filhotes. Os cães, por exemplo, latem. As zebras dão coices violentos nas leoas que tentam caçar seus filhotes.

Gato-palheiro reagindo ao se sentir ameaçado.

Demarcação de território

O espaço de moradia, caça e reprodução de um animal é seu território.

Muitos animais **marcam o território** com urina. Os ursos arranham as árvores e nelas deixam o cheiro de suas patas. Muitas aves têm gritos de alerta para avisar a presença de predadores no território.

O urso costuma arranhar árvores para marcar seu território.

Predadores e presas

A predação é um tipo de interação entre os animais: o predador captura a presa para se alimentar. A aranha que captura a mosca na teia é o predador; a mosca é a presa. Quanto maior for a presa, maior dificuldade terá o predador de capturá-la. Por essa razão, muitos predadores caçam em grupo, como as leoas.

Os predadores têm muitas adaptações que permitem a captura de presas: as aranhas tecem teias, algumas cobras têm dentes que injetam veneno, os leões têm garras e dentes afiados.

As presas, por sua vez, têm muitas maneiras de fugir dos predadores: a lula solta uma tinta escura na água para ofuscar a visão do seu atacante, o tatu-bola se enrola, o gambá solta substâncias malcheirosas.

A camuflagem é outra maneira de confundir os predadores. O bicho-pau, por exemplo, possui formato e cor que se camuflam com os galhos e folhas das plantas.

Bicho-pau. Mede cerca de 20 cm de comprimento.

A borboleta da mesma cor que a flor da helecônia fica camuflada para se proteger dos predadores.

ATIVIDADES

1. Descreva o comportamento animal que você observa nas fotos a seguir.

_____

2. Descreva uma reação de demarcação do território ou de proteção aos filhotes que você tenha notado ou visto em cães e gatos.

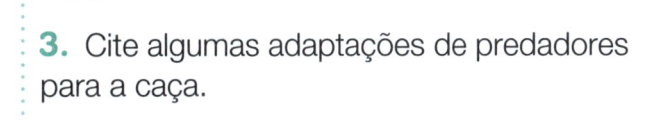

_____
_____

3. Cite algumas adaptações de predadores para a caça.

_____
_____

4. Cite algumas adaptações das presas para se defender de seus predadores.

_____
_____

5. Pode-se dizer que a camuflagem das presas é um comportamento de proteção? Justifique.

_____
_____

6. No espaço a seguir, cole fotos de animais que trabalham em sistema de cooperação, que demarcam território e predadores e presas.

467

LIÇÃO 7 — OS ALIMENTOS

Os alimentos são responsáveis pelo crescimento do nosso corpo; também o protegem contra doenças e fornecem energia para a realização das mais diversas de suas atividades.

Há alimentos de **origem vegetal**, **animal** e **mineral**.

Os alimentos de **origem vegetal** são as verduras, as frutas, os legumes, os cereais, as sementes.

Os de **origem animal** são as carnes, o leite, os queijos, os ovos, a manteiga, os embutidos, como linguiças e salsichas.

FOTOS: CPG

Vegetal.    Animal.    Mineral.

O sal é um alimento de **origem mineral**.

De acordo com a função, os alimentos classificam-se em **construtores**, **energéticos** e **reguladores**.

Os **alimentos construtores** atuam na estrutura do nosso corpo. Eles contêm proteínas, cálcio e ferro que favorecem o crescimento e fortalecem o organismo. Exemplos: carnes, ovos, leite e derivados – como queijo, ricota e iogurte –, feijão, ervilha, milho, lentilha, grão-de-bico e soja.

Os **alimentos energéticos** fornecem energia ao organismo. São os alimentos que contêm açúcares, como massas, pães, farinhas, mel, beterraba, batata, mandioca. E os que contêm gorduras, como manteiga, margarina, óleos vegetais, nozes e castanhas.

Os **alimentos reguladores** ajudam a regular as funções do corpo, pois contêm vitaminas, sais minerais e fibras. As vitaminas e fibras são encontradas nas frutas, nas verduras e nos legumes em geral; os sais minerais são encontrados no queijo, no leite, no peixe, no fígado, no amendoim.

Uma boa alimentação deve conter os três tipos de alimento em uma mesma refeição: construtores, energéticos e reguladores.

Os principais tipos de nutrientes são os açúcares, as gorduras, as proteínas, as vitaminas, os sais minerais e a água.

Açúcares: são substâncias energéticas produzidas pelos vegetais e encontradas na cana-de-açúcar; em cereais, como o trigo, a aveia, o centeio e outros; no leite; no amido existente nas raízes, sementes e frutas.

Gorduras: são importantes reservas alimentares encontradas nos óleos e nas gorduras de origem animal ou vegetal.

Proteínas: são substâncias que contribuem para a formação do nosso corpo. Existe grande variedade de fontes de proteína na natureza. Os alimentos de origem animal e alguns vegetais, como a soja e o feijão, são ricos em proteínas.

Vitaminas: são substâncias indispensáveis à nossa vida. Sua ausência na dieta alimentar provoca graves doenças. As vitaminas são encontradas tanto nos alimentos de origem animal como nos de origem vegetal.

Sais minerais: são tão importantes à nossa saúde como as vitaminas, porque também são responsáveis pelo desenvolvimento e funcionamento do organismo. São encontrados em pequenas doses em todos os alimentos.

Água: indispensável à vida dos seres vivos. Está presente em todas as partes do nosso corpo, até nos ossos. Ela representa 70% do corpo do ser humano.

VOCABULÁRIO

amido: substância branca e sem sabor existente em muitas plantas, especialmente nos grãos de cereais, na batata e na mandioca.

Fique de olho em sua alimentação. Procure manter uma dieta equilibrada com alimentos de todos os grupos.

O conteúdo dos alimentos

As frutas contêm vitaminas, fibras e açúcares.

As verduras têm vitaminas, fibras, sais minerais, mas fornecem pouca energia.

Pães, bolos, biscoitos são ricos em amido e fornecem muita energia.

Peixes, carne, ovos, queijo são ricos em proteínas.

ATIVIDADES

1. Teste seus conhecimentos.

a) Por que os alimentos são importantes?
_____
_____
_____
_____

b) De que origem são os alimentos que comemos?
_____
_____
_____
_____

2. O que são proteínas?
_____
_____
_____

3. Dê exemplos de alimentos ricos em proteína.
_____
_____
_____
_____

4. Quais são as funções dos:

a) alimentos construtores?
_____
_____

b) alimentos energéticos?
_____
_____
_____

c) alimentos reguladores?
_____
_____
_____

5. Classifique os alimentos de acordo com a origem.

A Animal   **V** Vegetal   **M** Mineral

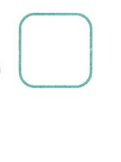

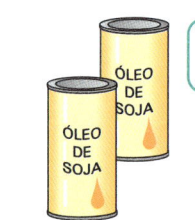

IMAGENS FORA DE ESCALA. CORES ILUSTRATIVAS.

Vitaminas: indispensáveis para o organismo

O papel das vitaminas no organismo é extremamente importante. Quando falta uma vitamina no corpo, por ela não estar na alimentação da pessoa ou pelo organismo não conseguir aproveitá-la dos alimentos, surge uma doença específica. Veja a seguir os tipos de vitaminas, seu papel no organismo e os principais alimentos que contêm essas vitaminas.

Frutas, legumes e verduras são fontes importantes de vitaminas.

Vitamina	Função	Fonte
A	Indispensável para a visão, auxilia o crescimento e aumenta a resistência contra doenças.	Leite, gema de ovo, queijo, manteiga, cenoura, alface etc.
B	Ajuda no crescimento e na formação do sangue; mantém saudáveis os olhos, os cabelos, as unhas e a pele.	Leite, gema de ovo, carne, miúdos (fígado, rins e coração), peixe, fermento, legumes, cereais, repolho, feijão etc.
C	Combate infecções e aumenta a resistência contra doenças.	Laranja, limão, caju, acerola, tomate, legumes, batatas, espinafre e pimentão.
D	Auxilia na formação dos ossos e dos dentes. Para o corpo absorver a vitamina D é necessária a presença da luz solar, por isso precisamos tomar alguns minutos de sol por dia.	Gorduras de origem vegetal e animal, como margarina, óleos e manteiga.
K	Ajuda na cicatrização dos ferimentos.	Frutas, legumes e verduras.

ATIVIDADES

1. Onde são encontradas as vitaminas?

_____
_____
_____
_____
_____

2. Onde encontramos a vitamina B? Qual é a sua importância?

_____
_____
_____
_____
_____
_____
_____
_____

3. Que tipo de vitamina contém cada alimento a seguir?

a) leite _____. **b)** peixe _____.

c) miúdos _____. **f)** ovo _____.
d) tomate _____. **g)** laranja _____.
e) manteiga _____. **h)** cenoura _____.

4. Complete as frases.

a) A vitamina D é necessária para a formação dos _____ e dos _____.

b) As infecções são combatidas pela vitamina _____.

5. Pesquise, recorte e cole no caderno figuras de alimentos que contêm as vitaminas A e C.

6. Responda.

a) Que vitamina ajuda na cicatrização dos ferimentos?

_____

b) Cite alimentos ricos em vitamina A.

_____
_____
_____
_____

c) Que vitaminas são encontradas no leite e em seus derivados?

_____

Cuidados com a alimentação

- Comer alimentos variados.
- Preferir alimentos naturais.
- Beber água filtrada ou fervida.
- Evitar alimentos fritos.
- Evitar balas, salgadinhos e outras guloseimas.
- Fazer as refeições nas horas certas.
- Comer apenas o necessário.

Obesidade infantil

Muita gente acha que uma criança gorda é uma criança saudável, mas isso não é verdade. A criança obesa pode se tornar um adulto obeso.

A obesidade é um sério problema de saúde. Pode causar pressão alta e diabetes. E aumenta o risco do obeso desenvolver doenças do coração.

É importante que, desde criança, a pessoa mantenha o peso adequado.

Para isso, é recomendável:

- não comer frituras;
- não comer mais do que é necessário;
- não trocar as refeições por bolachas, balas, salgadinhos e chocolates;
- refrigerantes e refrescos artificiais em excesso
- caminhar sempre que possível;
- praticar esportes;
- preferir alimentos que contenham fibras.

Aula de educação física na Escola Municipal Cordolino Ambrósio, em Petrópolis (RJ), 2006. A atividade física previne a obesidade.

- Escreva uma carta a um amigo contando quais são os perigos da obesidade infantil.

Observe as imagens a seguir.

Geladeira de carnes em supermercado.

Geladeira de sucos, queijos e iogurtes em supermercado.

Você sabe dizer por que esses alimentos estão dispostos em geladeiras nos supermercados?

Muito provavelmente você deve saber que se ficarem fora da geladeira vão estragar rapidamente, não sendo mais possível consumi-los.

Todos os alimentos estragam, uns mais rapidamente que outros. É inclusive por isso que são indicados prazos de validade nas embalagens.

Essas transformações dos alimentos são causadas pela ação de seres microscópicos: **bactérias** e **fungos**. Em contato com certas espécies de fungos e bactérias, os alimentos emboloram e apodrecem.

Queijo embolorado.

Fruta embolorada.

Os fungos são seres vivos que podem ser vistos a olho nu, como os cogumelos e os bolores, ou microscópicos, como os fermentos usados na produção de pães. Os fungos alimentam-se principalmente dos açúcares.

As bactérias são microscópicas e nutrem-se, principalmente, das proteínas. Em ambientes frios, como no interior da geladeira, fungos e bactérias proliferam menos. Por isso, os alimentos duram mais quando armazenados nesses locais.

Os alimentos que se estragam facilmente são chamados alimentos perecíveis. Eles estão mais sujeitos à ação de fungos e bactérias do que outros tipos de alimento.

Observe a foto desta página e da página seguinte. Ambas foram feitas em um microscópio e mostram um tipo de fungo e um tipo de bactéria.

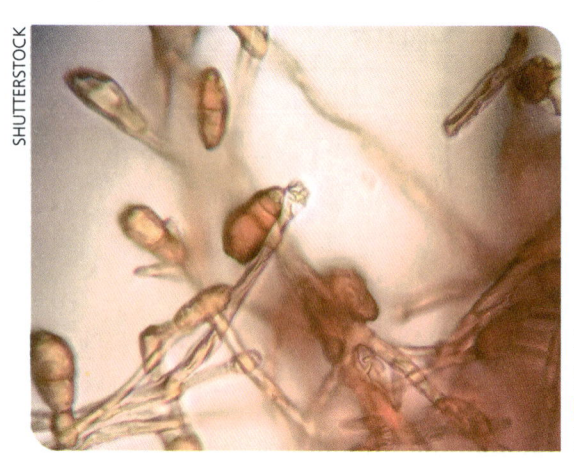

Fungos em imagem microscópica. Esses fungos são seres vivos muito pequenos e não seria possível vê-los a olho nu. Mas, com a ajuda de **microscópios**, aparelhos que aumentam bastante a imagem, eles podem ser vistos e microfotografados.

VOCABULÁRIO

microscópio: aparelho usado para observar seres muito pequenos. Ele pode aumentar o tamanho daquilo que observamos em mais de mil vezes.

Fungos e bactérias estão presentes em todos os ambientes. Em uma floresta, por exemplo, esses seres microscópicos se instalam nas folhas e nos galhos que caem e nos insetos e outros animais mortos. Esses restos formam o que se chama de **matéria orgânica**.

Os fungos e as bactérias são extremamente importantes nos ambientes, pois transformam a matéria orgânica em nutrientes que podem ser absorvidos, por exemplo, pelas raízes das plantas com a

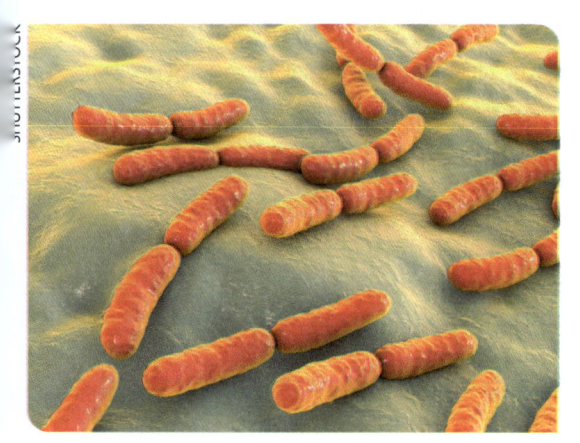

Bactérias em imagens microscópicas e coloridas artificialmente.

água. Esses organismos fazem parte da biosfera e decompõem (fazem apodrecer) a matéria orgânica. Por isso, são chamados decompositores.

VOCABULÁRIO

decompositor: ser vivo capaz de nutrir-se de animais e vegetais mortos, o que permite que os nutrientes desses seres mortos voltem ao ambiente.

Fungos e bactérias são utilizados na produção de alimentos.

O pão francês, por exemplo, é feito da fermentação dos açúcares da massa por leveduras, um tipo de fungo. As leveduras são usadas no processo de fermentação para a fabricação de bebidas e o etanol combustível.

Bactérias são empregadas na produção de iogurtes e queijos.

Conservação dos alimentos

Assar, cozinhar ou ferver elimina os microrganismos presentes nos alimentos e retarda sua decomposição. Por isso se ferve o leite. Esse é um processo de conservação que usa o calor.

Outras técnicas de conservação são a pasteurização, a desidratação e o congelamento.

Grelhar, cozinhar ou assar os alimentos favorece sua conservação.

A pasteurização

A pasteurização é um processo criado pelo cientista francês Louis Pasteur, em 1856. Ela permite que os alimentos fiquem conservados por um tempo bem maior do que se fossem apenas cozidos. A pasteurização permite que alguns alimentos, como leite, iogurte, suco e queijo, durem mais tempo.

Nesse processo, o leite e os sucos, antes de serem embalados ou utilizados na fabricação de outros produtos, são aquecidos a 75 °C durante 20 segundos. Em seguida, baixa-se a temperatura muito rapidamente até chegar a 5 °C.

Uma variação da pasteurização, denominada ultrapasteurização, é utilizada para os produtos chamados "longa vida". Nesse caso, o aquecimento inicial é de até 140 °C por 3 segundos; em seguida, baixa-se a temperatura até 32 °C. Os produtos são embalados em caixas especialmente criadas para armazená-los e duram até seis meses fora da geladeira.

A pasteurização ajuda a matar a maioria dos microrganismos que estragam os alimentos. No entanto, mesmo sendo pasteurizado, o leite deve ser fervido antes de ser consumido.

A desidratação

Outro processo de conservação dos alimentos é a desidratação. A desidratação retira a água dos alimentos e, com isso, dificulta a proliferação de microrganismos, pois a água é fundamental para a sobrevivência desses pequenos seres. A carne-seca, o bacalhau, as frutas secas e o leite em pó são exemplos de alimentos desidratados.

O processo de desidratação pode ser acompanhado da salga do alimento, que aumenta a eficiência da conservação.

O processo de desidratação e salga de carnes é um dos mais antigos métodos de conservação dos alimentos.

O congelamento

O congelamento, isto é, o armazenamento de alimento em temperaturas baixas, retarda a decomposição. O congelamento, quando feito de forma correta, conserva a qualidade dos alimentos.

O congelamento dos alimentos aumenta sua durabilidade.

Você sabe por que o bacalhau é tão salgado?
O sal retira a água do peixe, deixando-o seco. Sem a água, as bactérias não sobrevivem no bacalhau. Com isso, ele se conserva por bastante tempo, mesmo fora da geladeira. O mesmo processo é usado na carne-seca.
Na obtenção do leite em pó ou do café solúvel, também se utiliza o processo de desidratação: a eliminação da água é praticamente total.

Outras técnicas de conservação dos alimentos

Algumas técnicas de conservação dos alimentos eram utilizadas antes do desenvolvimento da geladeira, do congelador ou do *freezer* e de equipamentos de pasteurização ou de desidratação dos alimentos.

A defumação é uma técnica para conservar carnes. Acredita-se que a defumação da carne foi descoberta quando os seres humanos tentavam defender seus alimentos do ataque de animais e os deixavam próximos à fogueira. Com o calor, a carne desidratava, e a fumaça lhe dava sabor diferenciado.

Outra técnica de conservação consiste em guardar as carnes mergulhadas em gordura, evitando a entrada de oxigênio, o que impede que os decompositores sobrevivam. As sardinhas enlatadas mergulhadas em óleo ou azeite são um exemplo dessa técnica.

A conserva em vinagre utilizada para vegetais torna o ambiente muito ácido, impedindo a sobrevivência de fungos e bactérias.

Frutas cozidas e mantidas em calda de açúcar também são uma forma de conservação.

Armazenar carnes em óleo, como a sardinha em lata, conserva o alimento por vários anos.

Conservas de vegetais em salmoura e vinagre, outra forma de conservação.

As compotas de doces também são uma forma de conservação das frutas.

Alimentação saudável

Como você já sabe, para manter a saúde, precisamos comer alimentos variados, como: frutas, legumes, verduras, cereais, ovos, carnes e leite.

A carne, os ovos, o leite e seus derivados contêm proteínas e gorduras necessárias ao crescimento.

As raízes e os grãos contêm açúcares, que fornecem energia.

As frutas e as verduras contêm vitaminas e sais minerais, que protegem nosso corpo contra doenças.

Alimentos naturais e industrializados

Os alimentos consumidos no estado em que são retirados da natureza, sem passar por processos industriais, são alimentos naturais.

Os alimentos industrializados sofrem modificações para ficar com o aspecto e o gosto desejados. Eles recebem produtos para que durem mais tempo do que os alimentos naturais. Geleias, extratos de tomate, maioneses, salsichas, salames, margarinas e iogurtes são exemplos de alimentos industrializados.

Ao comprarmos alimentos industrializados, devemos tomar alguns cuidados. O principal deles é verificar a data de validade na embalagem do produto. É muito importante que o alimento esteja dentro do prazo.

O ketchup é uma mistura de tomate com outros ingredientes, que são indicados no rótulo do produto.

O rótulo ou a embalagem dos produtos indica quais são os componentes do alimento: a quantidade de gordura, de carboidratos, de vitaminas, de sais minerais. Para as pessoas que precisam tomar cuidado com a ingestão de alguns desses componentes, essas informações são muito importantes. Todos nós devemos verificar a composição dos produtos.

Os aditivos químicos devem ser divulgados na embalagem dos alimentos. Eles são substâncias artificiais que têm a função de conservar os alimentos e dar cor, aroma, textura e outras características a eles.

Os aditivos químicos podem causar danos à saúde e, por isso, a quantidade ingerida diariamente deve ser controlada. Muitos corantes usados em doces causam alergia. Sempre dê preferência ao consumo de alimentos frescos em vez de alimentos industrializados.

Cuidados com a alimentação

Os alimentos que comemos têm grande influência em nossa saúde. Por isso, devemos escolhê-los com muita atenção e cuidado.

Na escolha dos nossos alimentos, devemos adotar as seguintes atitudes:
- Dar preferência a alimentos naturais em vez dos enlatados e industrializados.
- Ficar atento ao prazo de validade dos alimentos.
- Não comprar alimentos em latas amassadas, enferrujadas ou estufadas.
- Não comer alimentos embolorados.
- Escolher alimentos com pouca gordura.
- Evitar alimentos com muito açúcar.
- Evitar alimentos fritos.
- Comer verduras, legumes e frutas regularmente.
- Manter os alimentos em locais limpos, secos, frescos e ventilados.

- Conservar os alimentos perecíveis na geladeira ou no congelador.
- Manter os alimentos protegidos de insetos, roedores e outros animais.
- Lavar as mãos antes de manipular os alimentos.
- Lavar bem os alimentos que serão consumidos crus, especialmente as verduras.
- Utilizar água tratada ou fervida para lavar os alimentos.

Verduras, legumes e frutas devem ser bem lavados antes de serem consumidos.

Ao comprar produtos industrializados, é preciso ler o rótulo para saber quais são os ingredientes presentes no alimento.

ATIVIDADES

1. Por que os alimentos estragam?

_____
_____
_____

2. Cite dois microrganismos responsáveis pela deterioração dos alimentos.

_____

3. Identifique as técnicas de conservação e escreva abaixo de cada frase.

assar	cozinhar
ferver	pasteurização
desidratação	congelamento

a) Retirar a água dos alimentos pela secagem ao Sol.

_____

b) Eliminar os microrganismos presentes nos alimentos pela ação do calor.

_____

c) Aumentar a durabilidade dos alimentos pelo armazenamento em temperaturas baixas.

_____

d) Ajuda a matar os microrganismos presentes nos alimentos por meio da técnica da alta temperatura por alguns segundos com a imediata baixa da temperatura.

_____

4. Complete as frases com as palavras do quadro.

| frutas | leite | grãos | energia | ovos |
| carne | necessários | verduras |

a) A _____, os _____, o _____ e seus derivados são _____ ao crescimento.

b) As raízes e os _____ contêm açúcares que fornecem _____.

c) As vitaminas e os sais minerais das _____ e das _____ protegem o corpo contra doenças.

5. Preencha a ficha com informações sobre sua alimentação.

Os alimentos naturais que eu como são:

_____

_____

Os alimentos industrializados que eu como são: _____

_____

_____

Horários das minhas refeições:

Café da manhã: _____

Lanche: _____

Almoço: _____

Jantar: _____

---

6. O que são alimentos naturais? Dê exemplos.

_____

_____

_____

7. O que são alimentos industrializados? Dê exemplos.

_____

_____

8. Copie o nome dos alimentos, classificando-os de acordo com a origem: vegetal, animal ou mineral.

beterraba	alface	laranja	sal	ovos
cenoura	repolho	carne	peixe
leite	frango	banana	água

a) Vegetal: _____

_____

b) Animal: _____

c) Mineral: _____

9. Assinale o que devemos observar ao adquirir um alimento.

☐ marca ☐ ingredientes

☐ prazo de validade ☐ estado de conservação da embalagem

☐ cor da embalagem

10. Forme um grupo com três colegas. Pesquisem em uma embalagem de biscoito salgado ou doce quais são seus componentes e preencham a tabela a seguir. Vocês acham que esse tipo de alimento é importante para a saúde?

Dados do biscoito	
Marca	
Sabor	
Data de fabricação	
Data de validade	
Ingredientes	
Informações nutricionais	
Aditivos e conservantes	

8 TRANSMISSÃO DE DOENÇAS

Observe as imagens a seguir.

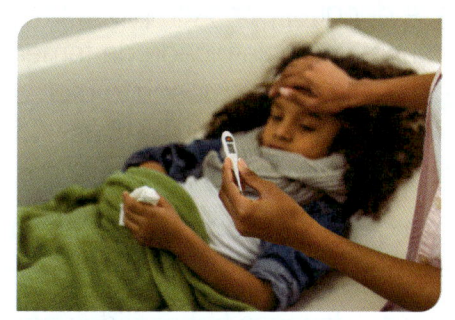

Atendimento médico.

Medição de temperatura.

As pessoas ficam doentes ao longo da vida. Algumas doenças são mais fáceis de tratar e curar, como gripes e resfriados, enquanto outras são mais graves, como a cólera e a hepatite.

Para evitá-las é importante saber de que forma são transmitidas e como prevenir o contágio. Quando uma doença atinge muitas pessoas de uma região, dizemos que ocorre uma epidemia, como a de dengue das últimas décadas e a de covid-19. Esta, por afetar o mundo todo, tornou-se uma pandemia.

Doenças hereditárias

Existem doenças transmitidas de pais para filhos. Essas doenças são chamadas hereditárias e causadas por fatores genéticos, isto é, pelas informações genéticas que recebemos dos nossos pais.

Essas informações são responsáveis pelo modo como nosso corpo é formado, desde a cor dos cabelos e dos olhos até problemas como o diabetes e a hemofilia.

VOCABULÁRIO

cólera: doença que provoca infecção intestinal e morte por desidratação.
hepatite: doença que ataca e compromete o fígado.
diabetes: doença que provoca o aumento do nível de açúcar no sangue.
hemofilia: doença que impede o controle de sangramentos, dificultando a cicatrização.

Doenças infecciosas

Existem doenças causadas por seres vivos, como os vírus e as bactérias. Esses microrganismos entram no nosso corpo e prejudicam seu funcionamento. Essas doenças são chamadas **doenças infecciosas**.

Podemos adquiri-las quando entramos em contato com pessoas doentes. Por exemplo, quando alguém está com gripe e dá um espirro, grande número de vírus é espalhado no ar. Esses vírus podem entrar no corpo de outra pessoa por meio da respiração, contaminando-a.

Muitas doenças contagiosas são transmitidas por picadas de insetos. A dengue, por exemplo, é uma doença causada por vírus transmitida pela picada da fêmea do mosquito *Aedes aegypti*. Quando o mosquito pica alguém com a doença, ele se contamina com o vírus. Ao picar outra pessoa, o mosquito transmite o vírus.

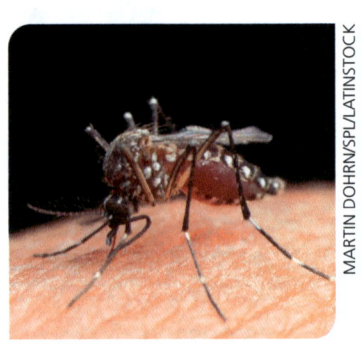

A doença de Chagas e a febre amarela também são transmitidas por insetos.

No caso das doenças transmitidas por insetos, a melhor forma de combatê-las é fazer a prevenção da doença, impedindo que os transmissores proliferem.

Barbeiro, inseto vetor da doença de Chagas.

O mosquito *Aedes aegypti* é vetor da dengue e da febre amarela.

No caso da dengue, conheça algumas medidas de prevenção:

1. não deixar no quintal ou em áreas externas objetos como garrafas, pneus ou outros recipientes que possam acumular água, pois a fêmea do mosquito transmissor da dengue põe seus ovos nesses locais;

2. colocar areia nos pratinhos que ficam embaixo das plantas, para evitar que acumulem água;

3. lavar diariamente a vasilha de água dos animais domésticos;

4. tampar as caixas-d'água e mantê-las limpas;

5. cobrir as piscinas.

Algumas vezes, quando estamos doentes, a temperatura do corpo fica maior que 37 °C e temos febre. A febre não é uma doença, mas sinal de que o corpo está com infecção. A febre é um sinal de defesa, pois elevar a temperatura ajuda o corpo a eliminar o agente agressor. Porém, é preciso atenção: febre muito alta ou por vários dias seguidos precisa ser verificada o quanto antes por um médico.

Os antibióticos e as vacinas

As bactérias causam infecções que devem ser tratadas com o uso de antibióticos.

Uma forma de evitar muitas doenças é por meio das vacinas. Elas estimulam o organismo a criar defesas contra os vírus e as bactérias causadores de doenças, como poliomielite, sarampo, catapora, varíola, meningite, hepatite, tétano, covid-19 e muitas outras.

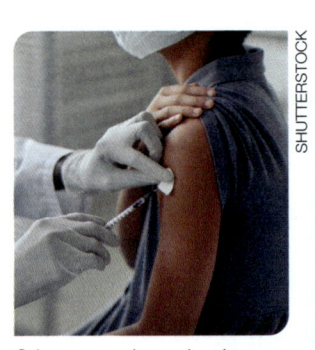

Criança sendo vacinada.

As vacinas nos protegem contra várias doenças. Na rede pública de saúde estão disponíveis as seguintes vacinas:
- BCG (contra tuberculose).
- Hepatite B.
- DTP (difetira, coqueluche e tétano).
- Pentavalente (contra difteria, tétano e coqueluche, hepatite B e infecções por *Haemophilus influenzae* tipo B).
- Poliomielite injetável.
- Poliomielite oral.
- Rotavírus.
- Febre amarela.
- Tríplice viral (contra caxumba, rubéola e sarampo).
- *Influenza* (gripe).
- Pneumocócica (contra meningites bacterianas, pneumonias, sinusite,
- inflamação no ouvido e bacteremia).
- Antimeningocócica (contra doença meningocócica).
- Tetraviral (sarampo, rubéola, caxumba, varicela.
- Hepatite A.
- HPV (papilomavírus)

Verminoses

Além dos microrganismos, os vermes podem causar doenças aos seres humanos. As doenças causadas pelos vermes se chamam **verminoses**.

Existem vários tipos de verme, e as doenças mais comuns causadas por eles são a **ascaridíase** (lombrigas), a **teníase** (solitária), a **oxiuríase**, a **ancilostomíase** (amarelão) e a **esquistossomose**.

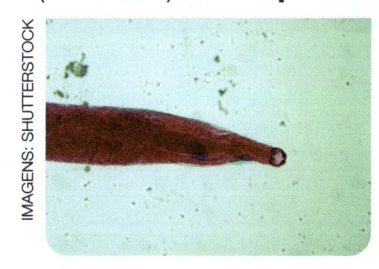

Ancilóstomo.

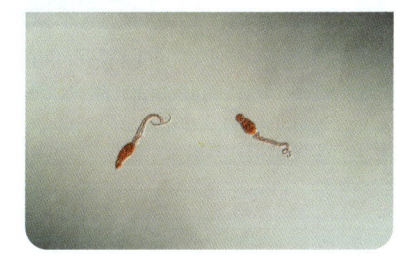

Esquistossomo.

Lombriga.

Solitária.

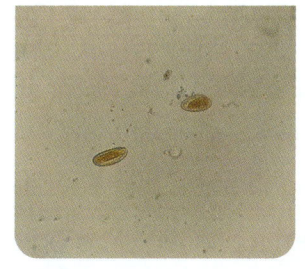

Ovos de oxiúro.

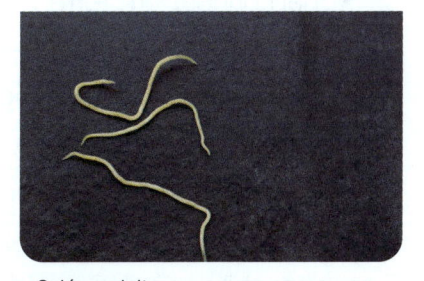

Oxiúro adulto.

Ascaridíase, teníase e oxiuríase são transmitidas por alimentos contaminados com os ovos desses vermes.

Frutas e verduras mal lavadas, água contaminada, carnes cruas ou malcozidas, mãos sujas, objetos contaminados (brinquedos, copos, pratos, talheres etc.) são formas de contaminação dessas doenças.

No caso do amarelão, o contágio pode acontecer pela penetração direta por meio da pele (sola dos pés) se a pessoa pisar em solos contaminados por fezes humanas que contenham ovos do verme.

A esquistossomose é transmitida em lagos ou lagoas contaminadas, pela entrada direta na pele dos pés, das mãos ou pela boca.

Os principais sintomas relacionados às verminoses são: cólicas abdominais, enjoo, mudança do apetite, falta de disposição, fraqueza, emagrecimento, tontura, vômito, diarreia com ou sem perda de sangue ou fome constante.

As principais formas de prevenção contra as verminoses são:
- lavar bem as mãos sempre que usar o banheiro e antes das refeições;
- conservar as mãos sempre limpas e as unhas aparadas, além de evitar colocar a mão na boca;
- beber somente água filtrada ou fervida;
- lavar bem os alimentos antes do preparo, principalmente se forem consumidos crus;
- andar somente calçado;

Lavar bem verduras e legumes antes de serem consumidos evita doenças provocadas por vermes.

As mãos precisam ser constantemente lavadas, especialmente após o uso do vaso sanitário e antes das refeições e de dormir.

As unhas das mãos e dos pés precisam estar sempre cortadas.

Manter a higiene física e mental do corpo ajuda na prevenção de doenças.

- comer apenas carne bem cozida;
- não brincar em terrenos baldios, com lixo ou água poluída;
- manter limpa a casa para evitar a presença de moscas e outros insetos;
- ter cuidados com as higienes pessoal e doméstica;
- ferver ou filtrar a água usada na alimentação;
- não nadar ou brincar em lagoas que não se sabe se estão contaminadas.

A prevenção deve ser feita com a criação de programas de educação para a saúde. É responsabilidade das autoridades governamentais disponibilizar saneamento básico para toda a população, criando condições de moradia compatíveis com uma vida saudável.

ATIVIDADES

1. O que é importante saber para evitar as doenças?

_____
_____

2. O que são doenças hereditárias?

_____

3. O que são doenças infecciosas?

_____
_____

4. Como se chamam as doenças que podem ser transmitidas por contato humano? Dê exemplos.

_____
_____
_____

5. Como podem ser adquiridas as doenças contagiosas?

_____
_____

6. Para que servem as vacinas?

_____
_____

7. Contra quais doenças as crianças devem ser vacinadas?

_____
_____

8. Que doenças contagiosas você já teve? Que vacinas você já tomou?

_____

9. Troque os números pelas sílabas correspondentes e forme uma frase.

1	2	3	4	5	6
cân	e	de	são	do	ças
7	8	9	10	11	12
não	en	con	xem	gi	cer
13	14	15	16	17	18
plos	ta	o	di	sas	a
19	20	21	22	23	24
tes,	be	ma	reu	mo	tis

16 + 18 + 20 + 19   22 + 21 + 24 + 23

2   1 + 12   4   2 + 10 + 13   3

5 + 8 + 6   7   9 + 14 + 11 + 15 + 17

_____
_____
_____

10. Leia as frases e copie só o que devemos fazer.

- Andar descalço na terra.
- Lavar as mãos após usar o vaso sanitário e antes das refeições.
- Tomar vacinas.
- Comer algo apanhado do chão.
- Beber água sem ser filtrada ou fervida.
- Lavar bem as verduras.

_____
_____
_____

11. Como se contrai ascaridíase?

_____
_____

Coleção Eu gosto m@is

ARTE

4º ANO
ENSINO FUNDAMENTAL

SUMÁRIO

Lição 1 – Cultura indígena — **489**

Lição 2 – Textura — **491**

Lição 3 – Arte indígena – Cerâmica indígena — **493**

Lição 4 – Formas geométricas — **496**

Lição 5 – Literatura de cordel — **497**

Lição 6 – Dia das Mães – Quadro para a mamãe — **499**

Lição 7 – Festa Junina – Mastro junino — **501**

Lição 8 – Musicalizando – Chocalho indígena — **503**

Lição 9 – Objeto indígena – Filtro dos sonhos — **505**

Lição 10 – Dia dos Pais – Porta-retratos — **507**

Lição 11 – Simetria — **510**

Lição 12 – Conhecendo Paul Cézanne — **512**

Lição 13 – Dia das Crianças – Cofre de monstro — **514**

Lição 14 – Caricatura — **516**

Lição 15 – Instrumento musical indígena – Tacupu — **517**

CULTURA INDÍGENA

Observe as imagens a seguir.

Cerâmica marajoara.

Cestaria de grupo indígena da região Norte.

Cocar feito com penas de aves.

Escultura em madeira de indígenas guarani.

Quando os portugueses chegaram ao Brasil, o território era ocupado por milhares de indígenas, distribuídos do litoral até o extremo Norte. Milhares deles foram exterminados pelo colonizador europeu. Na atualidade sobrevivem em nosso país 305 etnias indígenas, que falam 274 línguas diferentes.

Cada etnia possuiu costumes culturais próprios, que se refletem nos objetos que produzem, sejam eles para atender as necessidades diárias ou dedicados a adornos do corpo e outras funções.

Para a produção desses objetos, os indígenas utilizam de elementos que encontram na natureza, como o barro para a cerâmica, a palha para o trançado, as penas para os cocares e outros adornos, a madeira para a escultura. Além disso, utilizam-se de pigmentos naturais extraídos de plantas, rochas ou da terra. Por exemplo, da planta urucum podem extrair um pigmento vermelho, do jenipapo produzem pigmento preto, do calcário, branco. Os pigmentos também são usados na pintura corporal.

Além dos objetos que produzem, há também os rituais que marcam os ciclos anuais com cantos, danças e ornamentos específicos. Essas festas ocorrem para marcar nascimentos, iniciações, casamentos, mortes, plantio de roças, colheita de alimentos, migrações de peixes e pássaros.

Indígena Pataxó, com pintura corporal e adornos. Bahia.

Indígenas da etnia Dessena preparados para celebração de ritual. Amazonas, 2022.

ATIVIDADES

1. Depois de conhecer um pouco sobre a cultura indígena, vamos continuar a desenhar uma trama como fazem muitas etnias indígenas na pintura corporal e nos acabamentos de objetos que produzem.

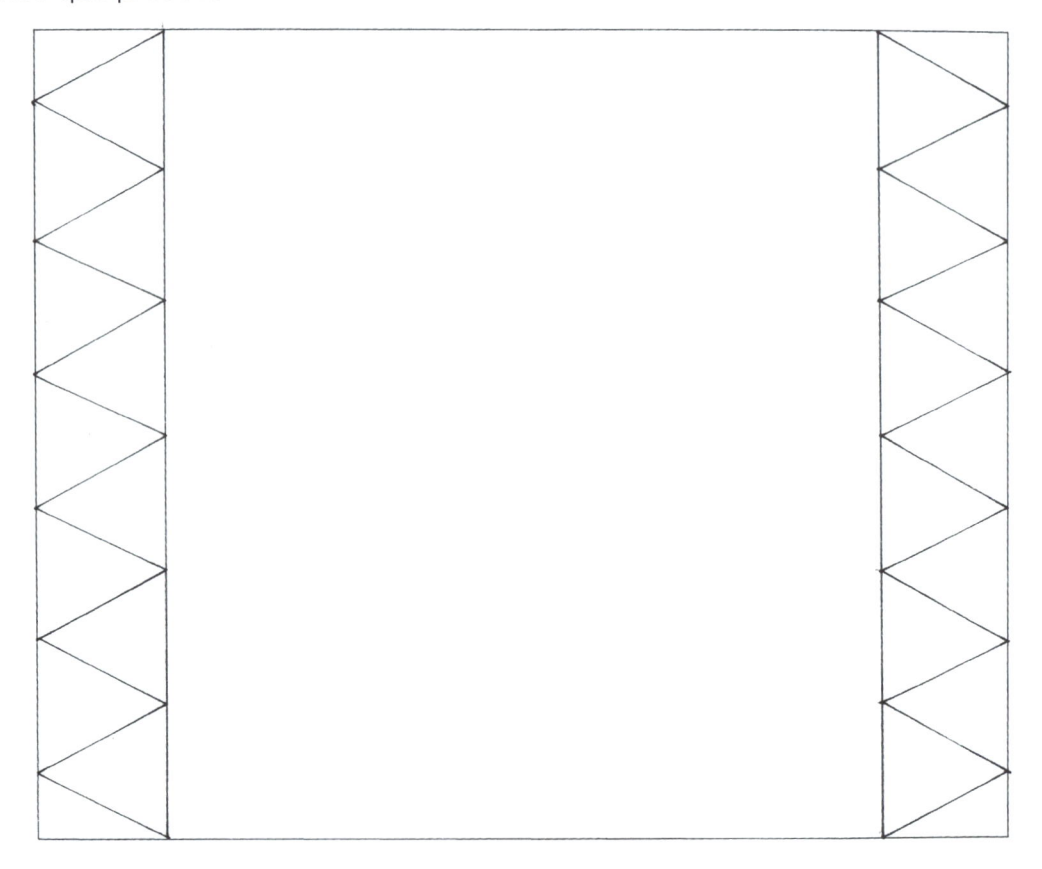

TEXTURA

Quando passamos a mão sobre uma superfície, sentimos sua **textura**. Cada objeto ou elemento da natureza tem uma textura característica. Imagine uma maçã. Ela é lisa, não é? Agora, pense na areia. Ela é granulada, não é? Ou seja, a maçã e a areia têm texturas diferentes.

Observe, nestas imagens, que cada objeto tem um tipo de textura.

FOTOS: GETTY IMAGES

ATIVIDADES

Você vai representar diferentes texturas.

Providencie uma moeda, alguns clipes, uma folha de árvore natural, uma chave e mais alguns objetos de sua escolha. Coloque cada um deles por baixo do papel e passe o lápis por cima. Use lápis de cor.

AÇÃO 3 — ARTE INDÍGENA – CERÂMICA INDÍGENA

A **arte indígena** faz parte da cultura material dos indígenas, ou seja, faz parte do cotidiano deles. São exemplos dessa arte a pintura no próprio corpo, a cerâmica, a cestaria, a arquitetura, a arte plumária, entre outros elementos de sua cultura.

Tudo o que os indígenas fazem é para uso próprio. Eles fazem arte com prazer e esmero.

A **cerâmica** é um dos gêneros mais importantes da arte indígena. A matéria-prima utilizada é a argila, que é moldada com as mãos.

Vamos construir uma imitação de cerâmica indígena com materiais reutilizáveis.

MATERIAIS

- prato ou bacia de plástico
- papel filme
- cola
- pincel
- revista ou jornal velho
- tinta

PASSO A PASSO

1. Encape o recipiente com o papel filme.

2. Rasgue a revista em pequenos pedaços. Passe cola com o pincel na bacia e vá colando os pedaços da revista, depois espere secar. Repita essa operação por, no mínimo, cinco vezes. Não economize na cola.

3. Quando estiver totalmente seco, retire com cuidado o recipiente e o papel filme.

Tenha muito cuidado ao usar a cola!

4. Pinte de ocre e espere secar. Se for preciso, apare as rebarbas com a tesoura.

5. Com a tinta preta, faça alguns desenhos em estilo indígena e espere secar.

6. Agora, pinte dentro das formas, usando cores da terra (tons amarronzados e avermelhados).

LIÇÃO 4

FORMAS GEOMÉTRICAS

As **formas geométricas planas** são figuras formadas por uma linha fechada.

Quadrado.   Círculo.   Retângulo.   Triângulo.   Losango.

Pinte as formas geométricas abaixo. Use lápis de cor de cores quentes, conforme as cores mostradas nos modelos acima.

Veja que bonito trabalho você vai realizar: uma obra de arte em cores quentes!

SEÇÃO 5 — LITERATURA DE CORDEL

A literatura de cordel está presente na nossa cultura. Não se sabe ao certo quando teve origem; se veio de Portugal e aqui se aprimorou ou nasceu aqui mesmo no Brasil. O certo é que ela conta sempre uma história por meio de versos cheios de rimas. Veja um trecho de uma música que explica um pouco sobre o cordel.

Literatura de cordel

É poesia popular,
É história contada em versos
Em estrofes a rimar,
Escrita em papel comum
Feita pra ler ou cantar.

A capa é em xilogravura,
Trabalho de artesão,
Que esculpe em madeira
Um desenho com ponção
Preparando a matriz
Pra fazer reprodução.
[...]
Os folhetos de cordel
Nas feiras eram vendidos
Pendurados num cordão
Falando do acontecido,
De amor, luta e mistério,
De fé e do desassistido.

A minha literatura
De cordel é reflexão
Sobre a questão social
E orienta o cidadão
A valorizar a cultura
E também a educação.
[...]

Francisco Diniz. *Literatura de Cordel*. Paraíba: Projeto Cordel, 2006. CD. Disponível em: http://www.projetocordel.com.br/o_que_e_cordel.htm. Acesso em: 31 jul. 2022.

Agora que você sabe um pouco sobre o cordel, vamos fazer uma gravura, que é como os cordelistas fazem a capa dos livros de cordel que produzem.

Para fazer uma gravura é preciso produzir uma matriz, que pode ser feita em bandeja de isopor ou papelão. Mãos a obra?!

MATERIAIS

- placa de isopor (de supermercado)
- lápis
- tinta guache
- rolinho de pintar ou pincel
- papel sulfite

PASSO A PASSO

- Com um lápis, faça seu desenho na plaquinha de isopor ou no papelão.
- Pressione a ponta do lápis, afundando um pouco no isopor ou papelão.
- Para criar os sulcos (as linhas fundas), que produzirão o desenho na hora da impressão. Pressione o lápis com cuidado para não quebrar sua ponta.
- Com o rolinho, pincel ou até mesmo com o dedo, passe tinta na plaquinha, sem exagerar.
- Por último, carimbe o papel, apertando bem a plaquinha contra ele para o desenho ficar bem impresso.
- Retire a plaquinha com cuidado e pronto!

A quantidade certa de tinta é importante para definir bem a impressão. Talvez você precise imprimir várias vezes. Comece com pouca tinta e vá aumentando devagar, até chegar à quantidade adequada.

6 DIA DAS MÃES – QUADRO PARA A MAMÃE

O **Dia das Mães** foi criado para celebrar e homenagear todas as mães.

A origem dessa comemoração vem da Grécia antiga. Em Roma, as comemorações duravam três dias.

Cada país comemora a data com suas tradições locais e em um dia especial dedicado às mães.

No Brasil, a data é comemorada no segundo domingo de maio.

Vamos construir um quadro para a mamãe com materiais reutilizáveis.

MATERIAIS

- caixa de leite
- fita-crepe 
- tesoura
- cola líquida
- guardanapo 
- tinta
- caneta permanente
- pincel

PASSO A PASSO

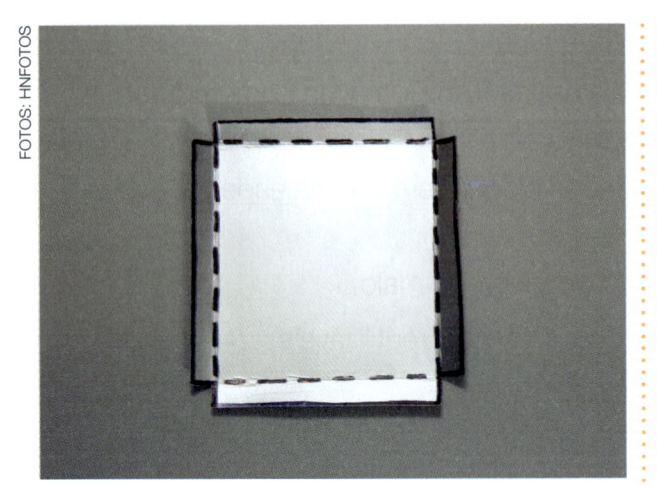

FOTOS: HNFOTOS

1. Abra a caixa de leite e corte nas linhas contínuas, conforme a imagem. Depois, dobre nas linhas tracejadas.

2. Com a fita-crepe, feche os quatro cantos do quadro.

3. Passe cola na caixa e cole pedaços do guardanapo. Espere secar. Em seguida, passe tinta branca. Quando estiver seco, desenhe uma flor no quadro.

4. Pinte usando cores vivas. Deixe secar e depois pinte novamente. Com a tinta preta, faça os contornos e os detalhes. O quadro para presentear a mamãe está pronto! Use sua criatividade. No lugar da flor, você pode desenhar frutas ou objetos diversos.

FESTA JUNINA – MASTRO JUNINO

As **Festas Juninas** fazem parte da tradição de nosso país. Elas acontecem no mês de junho, por isso são chamadas *juninas*. Às vezes, acontecem no mês de julho, quando são chamadas *julinas*.

Essas festas apresentam características próprias em cada região do Brasil e contam com comidas típicas, como pamonha, curau, milho cozido, pipoca, canjica, pinhão, arroz-doce, pé de moleque, entre outras guloseimas. Também não podem faltar a fogueira, a quadrilha e as brincadeiras.

Vamos construir um mastro junino com materiais reutilizáveis.

MATERIAIS

- 2 caixas de leite
- tesoura
- fita-crepe
- cola líquida
- guardanapo
- fio de náilon
- tinta
- pincel
- caneta permanente

PASSO A PASSO

1. Abra as duas caixas de leite e recorte uma caixa. Use um retângulo maior e um menor; na outra, faça a mesma coisa, porém deixe 1 cm a mais para fazer a junção das duas caixas. Use fita-crepe para juntar as partes (una os dois retângulos menores, de forma que fiquem com a mesma medida dos retângulos maiores). Use o centímetro a mais para fechar as três partes.

2. Passe cola na caixa e cole pedaços do guardanapo. Espere secar.

3. Faça desenhos relacionados à Festa Junina nos três lados do mastro.

4. Pinte de acordo com os desenhos e espere secar. Pinte o fundo. Com a caneta permanente, desenhe os detalhes.

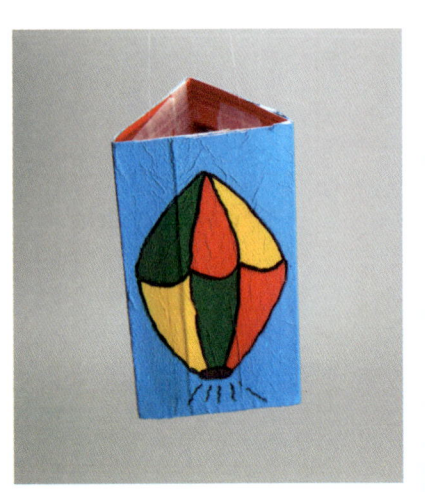

5. Coloque o fio de náilon na parte de cima para pendurar. Seu mastro junino está pronto!

8 MUSICALIZANDO – CHOCALHO INDÍGENA

A **musicalização** pode acontecer em qualquer fase da vida. O objetivo maior da musicalização nas escolas é desenvolver a criatividade e a sensibilidade musicais e promover a integração pela música. Por meio de brincadeiras e jogos, o aluno aprende ritmo, sincronia, sons de orquestra, sons de instrumentos regionais e folclóricos, dança, canto, entre outros aspectos importantes para a sensibilização musical.

Vamos construir um chocalho indígena com materiais reutilizáveis.

MATERIAIS

- lã
- pote de xampu 
- cabo de madeira 
- cola quente 
- fita-crepe 
- cola líquida 
- guardanapo 
- tinta 
- pincel 
- feijão 
- pena 

A cola quente deve ser usada na presença de um adulto.

PASSO A PASSO

FOTOS: HNFOTOS

1. Coloque o feijão dentro do pote de xampu e encaixe o cabo de madeira no bocal do pote. Passe cola quente para fixar e, depois, passe fita-crepe, para ficar bem firme.

2. Passe cola no pote e cole pedaços de guardanapo. Deixe secar.

3. Faça uma pintura no estilo indígena, com formas que se repetem.

4. Com a tinta preta, faça o contorno das formas feitas anteriormente. Espere secar.

5. Com a lã, amarre a pena no cabo do chocalho. O chocalho indígena está pronto!

9 OBJETO INDÍGENA – FILTRO DOS SONHOS

O **filtro dos sonhos** faz parte de uma lenda indígena.

Diz a lenda que as crianças de uma tribo estavam tendo pesadelos por causa de uma guerra que estava acontecendo entre duas tribos. O pajé, preocupado, levou penas e pedras como oferenda aos Grandes Espíritos, pedindo ajuda para resolver o problema.

O Grande Espírito da Aranha fez um arco com cipó e teceu nele uma teia. No final, prendeu a pena e a pedra, com o objetivo de que as más energias ficassem presas, deixando passar somente as boas.

O pajé, então, colocou o filtro dos sonhos na entrada das ocas, e as crianças não tiveram mais pesadelos. E os habitantes da aldeia, tendo somente boas energias, restabeleceram a paz e a harmonia na tribo. Com isso, a guerra acabou.

Vamos construir um filtro dos sonhos com materiais reutilizáveis.

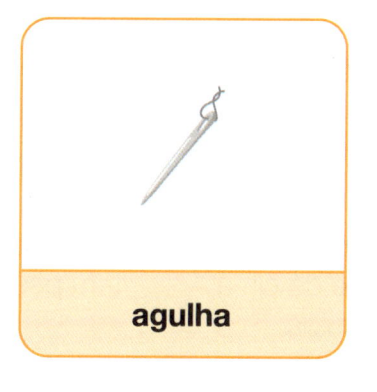

MATERIAIS

- garrafa PET
- lã
- tesoura
- agulha
- pena

PASSO A PASSO

FOTOS: HNFOTOS

1. Na parte lisa da garrafa, corte um arco de aproximadamente 1 cm de largura. Amarre o fio e comece a fazer a teia. A cada 3 cm, dê uma volta com o fio ao redor da largura do arco. Em seguida, dê um nó.

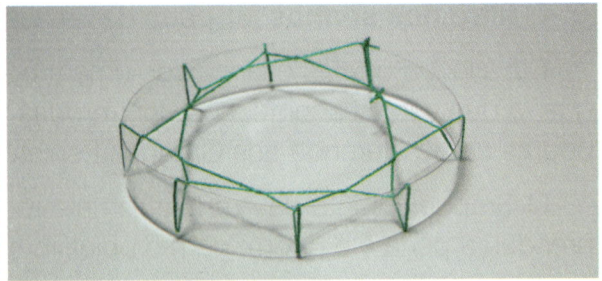

2. Inicie a segunda camada da teia do mesmo modo que fez com a primeira. Mas, agora, coloque o fio na agulha para facilitar o trabalho, como na imagem. Passe a agulha com a linha no centro de cada espaço. Vá puxando para ficar firme. Quando chegar no começo novamente, dê um nó e corte o fio. A segunda camada está pronta.

3. Vá para a terceira camada, repetindo os passos da segunda. Faça isso até chegar ao centro do filtro. Depois, dê um nó. Amarre um fio na parte de cima para pendurar o filtro. Em seguida, amarre um fio embaixo para colocar a pena.

4. Amarre a pena. Depois, dê vários nós para não soltar. Seu filtro dos sonhos está pronto! Agora, nunca mais você terá pesadelos.

10 DIA DOS PAIS – PORTA-RETRATOS

Pai, uma pessoa tão importante na vida de uma criança. Ele é um dos responsáveis pelo bem-estar, pela saúde, pela educação, pela alimentação e pelo amor de seus filhos.

No Brasil, o Dia dos Pais é comemorado no segundo domingo do mês de agosto. Em outros países, porém, a data é comemorada em outros dias.

Vamos construir um porta-retratos com materiais reutilizáveis.

MATERIAIS

- 2 caixas de leite
- cola quente
- bandeja de isopor preta 
- tesoura 
- régua
- caneta permanente

A cola quente deve ser usada na presença de um adulto.

PASSO A PASSO

FOTOS: HNFOTOS

1. Com a régua, meça 2,5 cm nos quatro lados da caixa com base no retângulo maior. Faça isso nas duas caixas. Em uma das partes, corte fora o retângulo maior, deixando apenas uma margem.

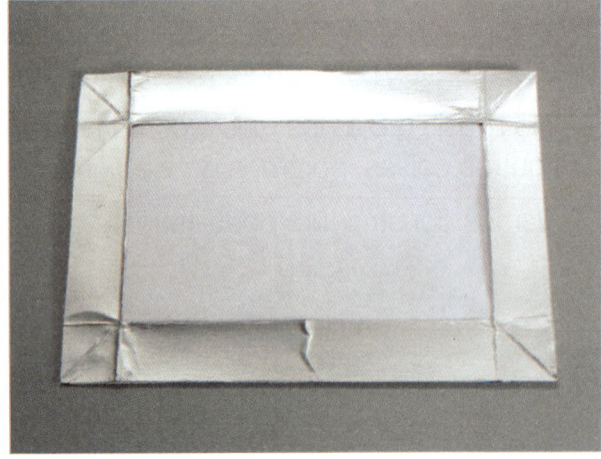

2. Cole uma parte na outra, deixando a parte de cima aberta para colocar a foto.

3. Corte a bandeja de isopor, formando pequenos quadrados.

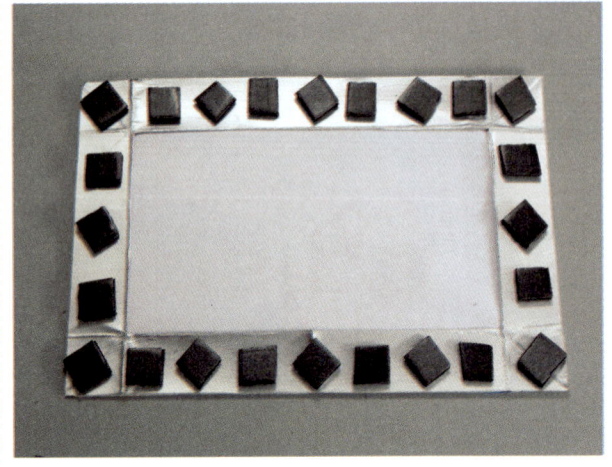

4. Cole os quadrados de isopor na parte da frente do porta-retratos. Use a criatividade na hora de colar.

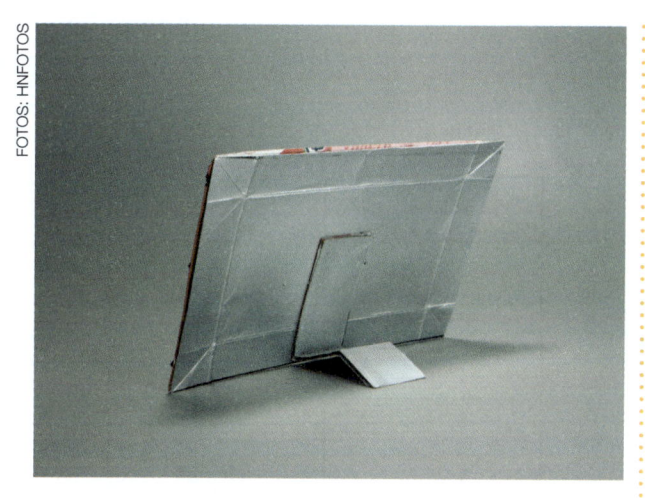

5. Para que ele fique em pé, recorte uma tira da caixa de leite, dobre e cole na parte de trás.

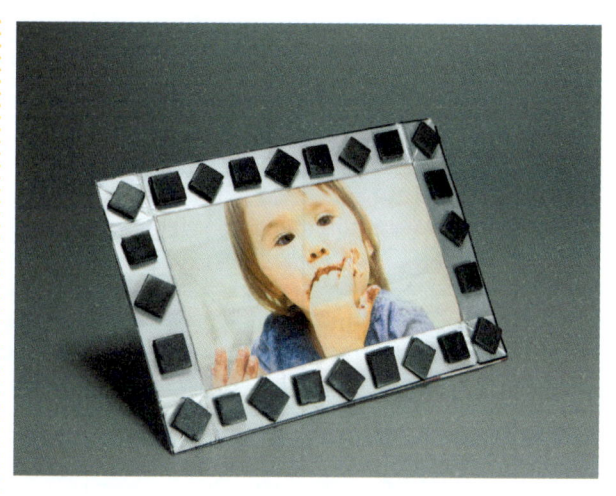

6. Coloque uma foto bem bonita e presenteie seu pai.

ATIVIDADES

Escreva uma mensagem para o seu pai.

_____
_____
_____
_____
_____
_____

LIÇÃO 11 — SIMETRIA

Observe estes quadrados divididos em oito partes.

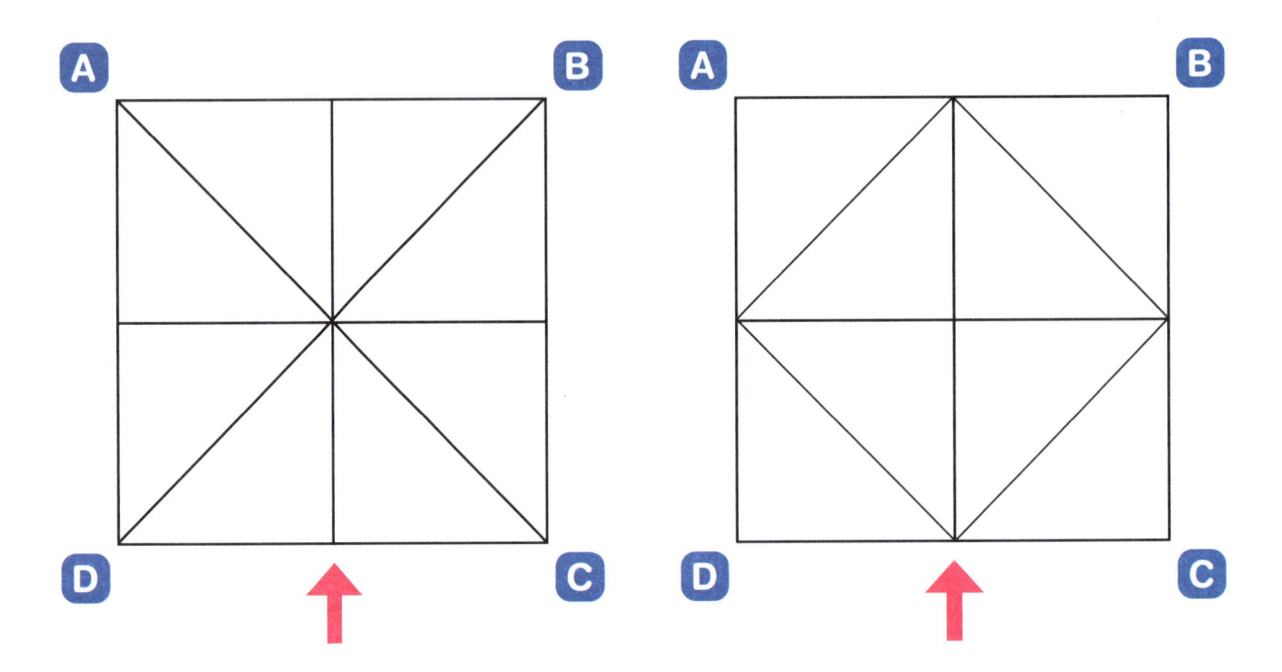

Se dobrarmos esses quadrados ao meio pela linha indicada, os pontos A e B vão se sobrepor, assim como os pontos C e D.

O mesmo acontecerá com as linhas do desenho.

Dizemos que essas figuras têm **simetria**, e a linha indicada em cada uma delas é o **eixo de simetria** da figura.

ATIVIDADES

Agora vamos colorir as figuras.

Usando lápis de cor, pinte as figuras de modo a manter a simetria.

O primeiro desenho já está pintado de forma simétrica.

Faça o mesmo com as outras figuras.

LIÇÃO 12 — CONHECENDO PAUL CÉZANNE

Paul Cézanne nasceu em 19 de janeiro de 1839, em Aix-en-Provence, na França.

Abandonou o curso de Direito para estudar Desenho e Pintura na Academia Suíça das Artes.

Participou de muitas exposições. Era um pintor que valorizava a cor e a forma. Foi casado com Hortense Fiquet, com quem teve um filho chamado Paul.

Cézanne ficou muito conhecido por suas obras de natureza-morta, que mostram frutas, flores e jarras sobre mesas.

Em 15 de outubro de 1906, Cézanne foi surpreendido por uma tempestade. Morreu sete dias depois, vítima de pneumonia.

Jarra de gengibre e frutas, de Paul Cézanne, 1895. Óleo sobre tela, 73 cm × 60 cm.

Maçãs, pêssegos, peras e uvas, de Paul Cézanne, 1879-1880. Óleo sobre tela, 38,5 cm × 46,5 cm.

A baía de Marselha, vista de L'Estaque, de Paul Cézanne, 1885. Óleo sobre tela, 80,2 cm × 100,6 cm.

ATIVIDADES

Você conheceu um pouco da obra de Paul Cézanne, que ficou famoso por pintar quadros que mostram flores e frutas. Agora é a sua vez. Que tal pintar esta obra de arte? Tente deixá-la parecida com a de Cézanne. Use lápis de cor.

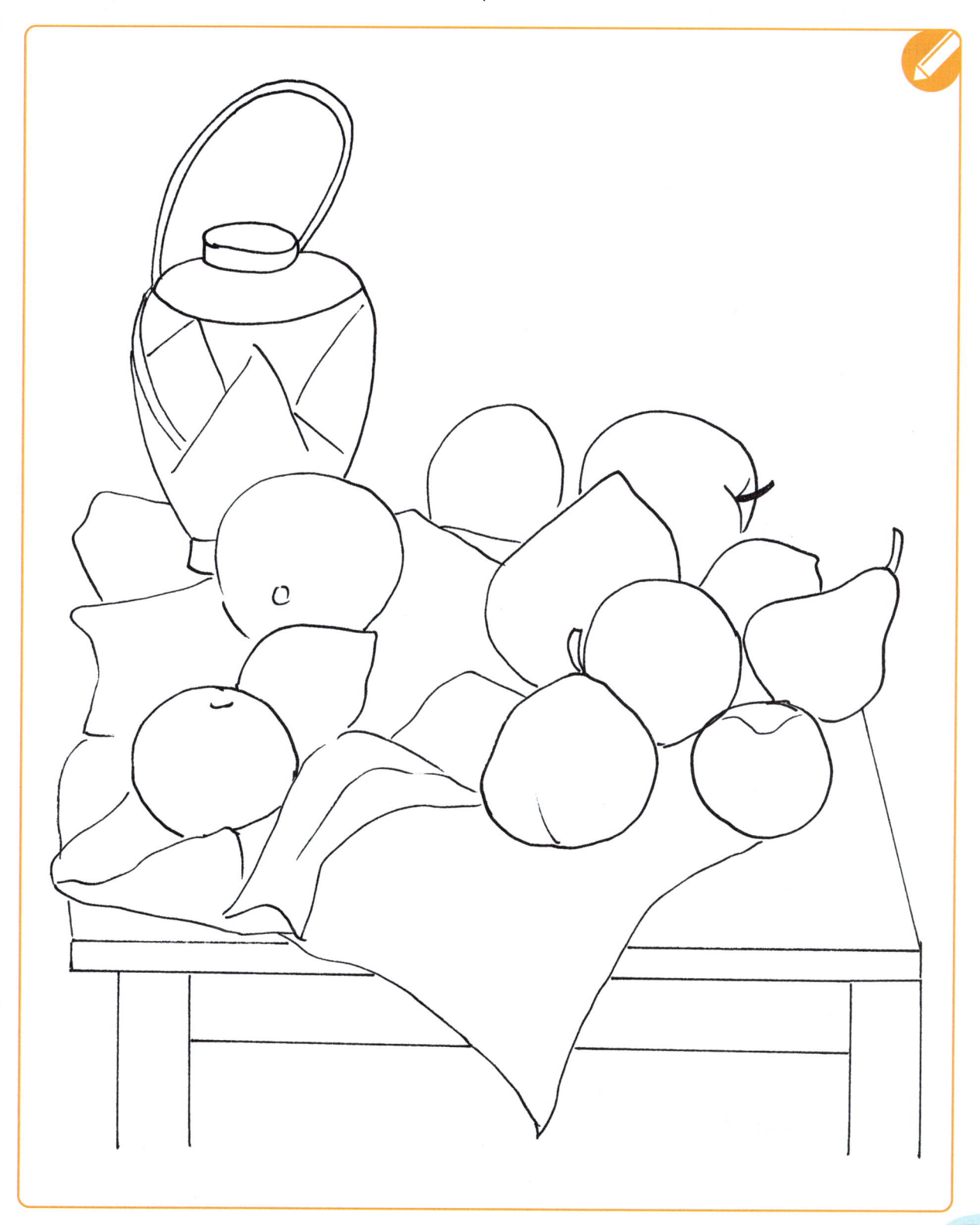

LIÇÃO 13 — DIA DAS CRIANÇAS – COFRE DE MONSTRO

O Dia das Crianças é comemorado no dia 12 de outubro; porém, em outros países, é comemorado em outras datas.

Essa data foi criada para comemorar a aprovação da Declaração dos Direitos das Crianças.

Fazer um cofrinho é muito importante para ensinar às crianças a importância de economizar.

Vamos construir um cofre de monstro com materiais reutilizáveis.

MATERIAIS

A cola quente deve ser usada na presença de um adulto.

- pote com tampa
- cola líquida
- cola quente
- bolinha de isopor
- tinta
- pincel
- estilete
- caneta permanente

PASSO A PASSO

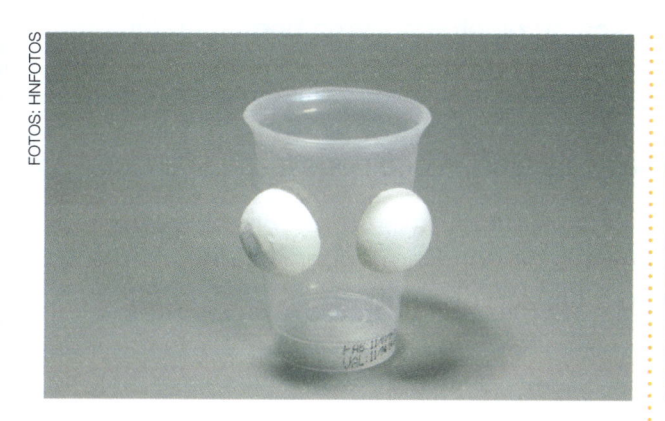

1. Com a ajuda do professor, corte a bolinha de isopor ao meio usando o estilete. Cole as duas partes da bolinha de isopor com a cola quente no pote, formando os olhos do monstro.

2. Passe cola no pote e cole pedaços de guardanapo. Espere secar.

3. Pinte o monstro.

4. Pinte a boca e os dentes e, com a caneta permanente, desenhe os detalhes.

5. O professor deverá, novamente, ajudar a fazer o corte na tampa do pote, com o estilete, para colocar as moedas. Coloque a tampa no monstro. Agora, é só colocar as moedas e juntar um dinheirinho.

LIÇÃO 14
CARICATURA

A **caricatura** consiste em retratar uma pessoa ou objeto de forma bem-humorada. Para isso, o artista exagera os traços que são marcantes na pessoa, tornando o desenho engraçado.

Observe-se no espelho e, depois, faça a sua caricatura. Você pode fazer a cabeça grande, exagerando-a em relação ao corpo.

Use lápis grafite para desenhar e pinte com lápis de cor. Para cobrir o fundo, molhe de leve a ponta do giz colorido na água e pinte o espaço que sobrar.

INSTRUMENTO MUSICAL INDÍGENA – TACUPU

O **tacupu,** também conhecido como **pau de chuva**, é um instrumento musical indígena que produz um som muito relaxante e gostoso de ouvir.

É um instrumento de percussão que produz um som que imita o barulho da chuva, por isso o nome "pau de chuva". É muito usado nas cerimônias religiosas indígenas.

Os indígenas construíam seus instrumentos utilizando os galhos de uma árvore chamada embaúba ou usavam bambu.

Vamos construir um tacupu com materiais reutilizáveis.

MATERIAIS

A cola quente deve ser usada na presença de um adulto.

- rolo de papel toalha
- fita-crepe 
- tesoura 
- cola quente 
- EVA colorido 
- papel-alumínio
- arroz

PASSO A PASSO

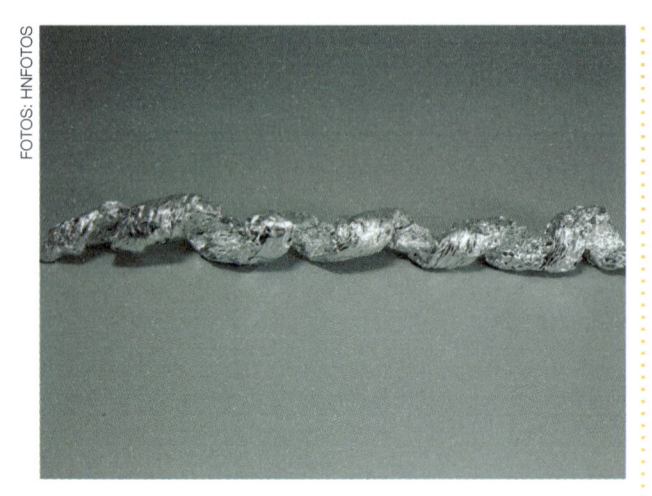

FOTOS: HNFOTOS

1. Enrole o papel-alumínio formando um espiral, como na imagem.

2. Feche uma das pontas do rolo com a fita-crepe e coloque o espiral e o arroz dentro.

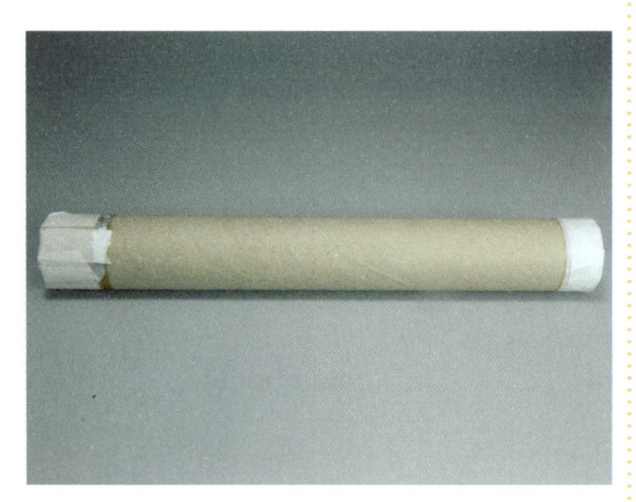

3. Feche a outra ponta do rolo.

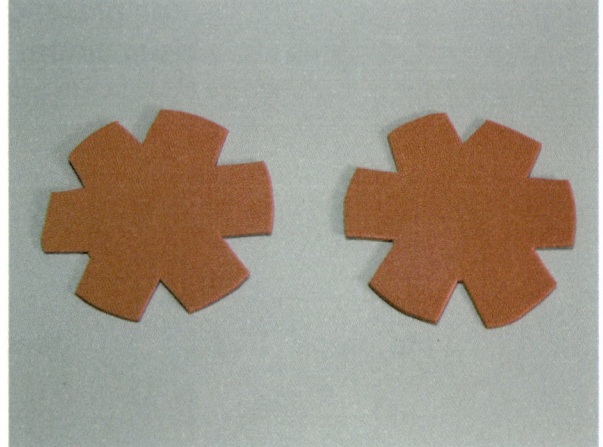

4. Faça dois círculos no EVA no diâmetro do rolo. Em seguida, faça pequenos cortes para facilitar a colagem. Depois, cole com cola quente.

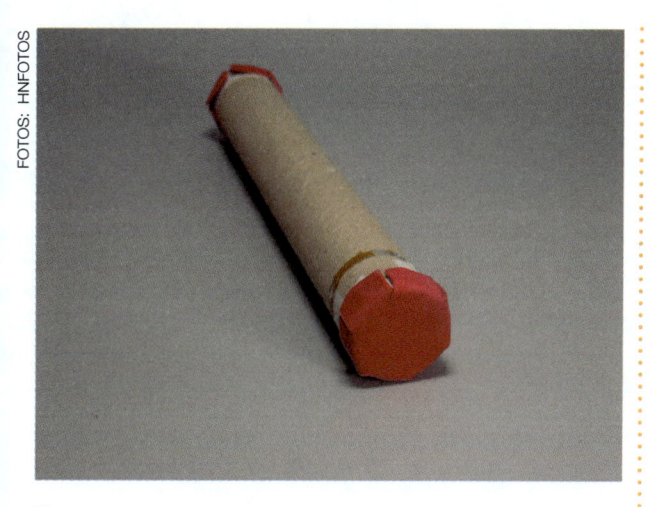

5. Corte um retângulo no EVA na largura do rolo e cole.

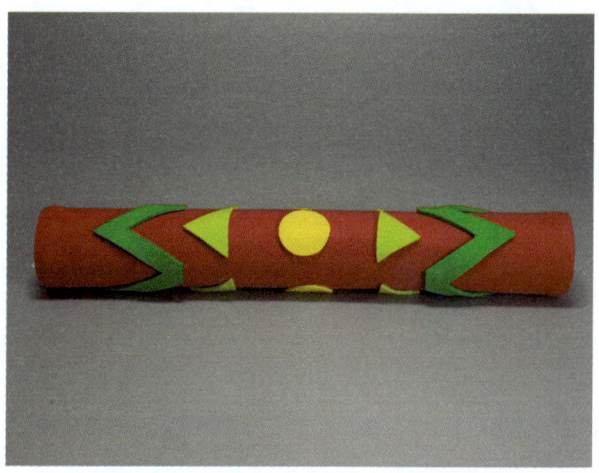

6. Corte figuras nas outras cores de EVA e cole. Lembre-se de que os indígenas usavam as mesmas figuras repetidamente. Seu tacupu está pronto! Chacoalhe em vários ritmos diferentes para imitar a chuva forte ou a garoa.

ATIVIDADES

Desenhe instrumentos indígenas.

Coleção Eu gosto m@is

LÍNGUA INGLESA

4º ANO
ENSINO FUNDAMENTAL

CONTENTS

Lesson 1 – My country is Brazil **523**
(O meu país é o Brasil)
- Nationalities 524
  (Nacionalidades)
- Past tense 526
  (Tempo verbal Passado)

Lesson 2 – What kind of sports do you like? **528**
(De que tipo de esportes você gosta?)

Lesson 3 – What sports did they practice? **530**
(Quais esportes eles praticaram?)
- Let's see some sports 530
  (Vamos ver alguns esportes)
- Regular and irregular verbs 531
  (Verbos regulares e irregulares)

Lesson 4 – How often do you… **534**
(Com qual frequência você…)
- Frequency adverbs 535
  (Advérbios de frequência)

Lesson 5 – When I was younger I used to… **537**
(Quando eu era menor eu costumava…)
- I used to 538
  (Eu costumava…)

Lesson 6 – Would you like to… **539**
(Você gostaria de…)

Lesson 7 – Where are you going on your vacation? **541**
(Aonde você vai nas suas férias?)
- Future 541
  (Futuro)
- When? 543
  (Quando?)

Review **544**
(Revisão)

Glossary **550**
(Glossário)

LESSON 1: My country is Brazil
(O meu país é o Brasil)

Mercedes is from Bolivia.
(Mercedes é da Bolívia.)

Brian is from England.
(Brian é da Inglaterra.)

Zola is from Nigeria.
(Zola é da Nigéria.)

Noriko is from Japan.
(Noriko é do Japão.)

Pietro is from Italy.
(Pietro é da Itália.)

Rosario is from Mexico.
(Rosario é do México.)

Marc is from France.
(Marc é da França.)

Joaquina is from Portugal.
(Joaquina é de Portugal.)

João is from Brazil.
(João é do Brasil.)

Nationalities
(Nacionalidades)

Attention!
(Atenção!)

Country	Nationality	Language
Argentina	Argentine	Spanish
Brazil	Brazilian	Portuguese
England	English	English
France	French	French
Greece	Greek	Greek
Italy	Italian	Italian
Mexico	Mexican	Spanish
Portugal	Portuguese	Portuguese
Russia	Russian	Russian
Spain	Spanish	Spanish
United States	American	English

ACTIVITIES

1. Complete the chart with the languages spoken in each country.
(Complete a tabela com as línguas faladas em cada país.)

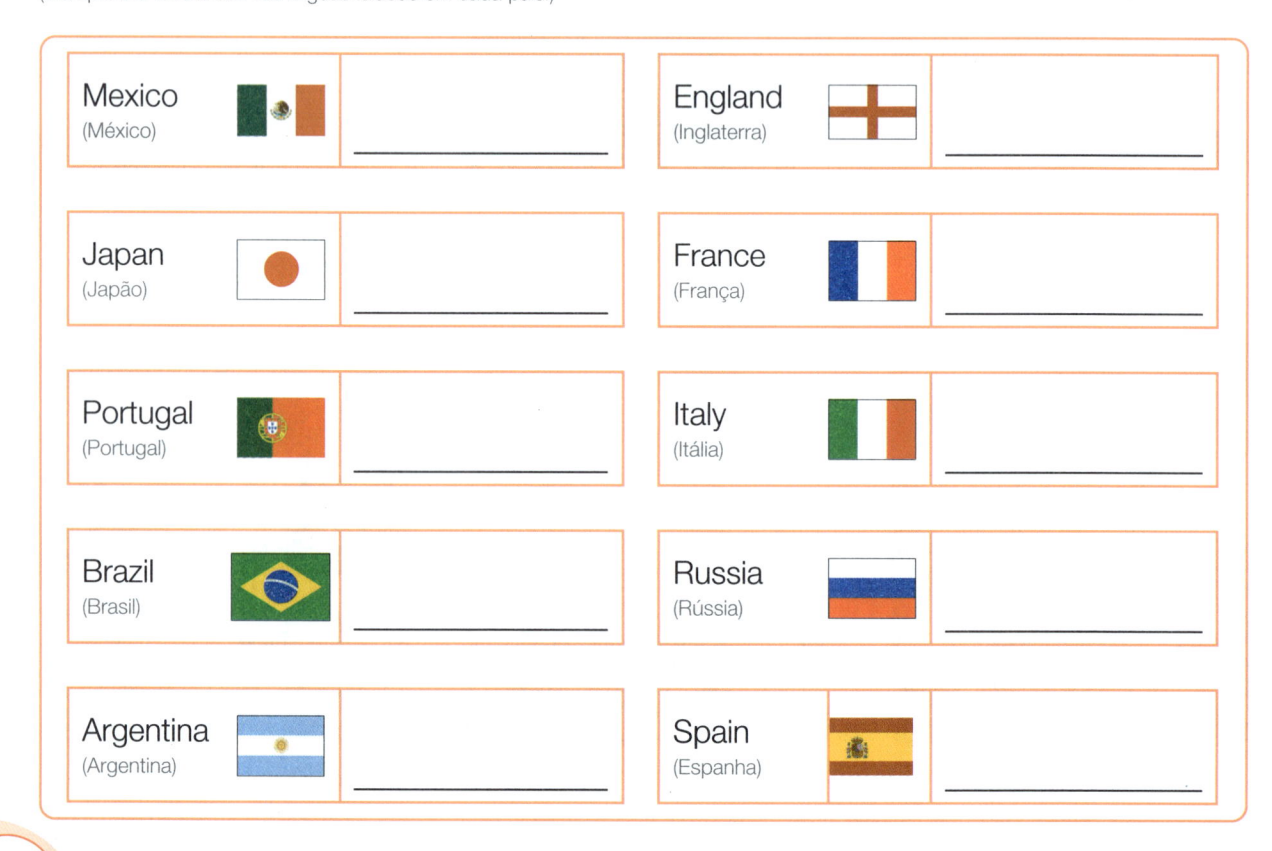

Mexico (México) _____

England (Inglaterra) _____

Japan (Japão) _____

France (França) _____

Portugal (Portugal) _____

Italy (Itália) _____

Brazil (Brasil) _____

Russia (Rússia) _____

Argentina (Argentina) _____

Spain (Espanha) _____

2. Follow the model and complete the sentences.
(Siga o modelo e complete as frases.)

Model:

I am from France.
I am French.

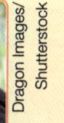

a) I am from _____.

I am _____.

b) I am from _____.

I am _____.

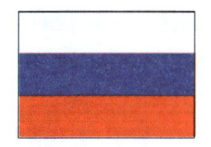

c) She is from _____.

She is _____.

3. Read the text and answer true (T) or false (F).
(Leia o texto e responda verdadeiro ou falso.)

Maria – Hello, Joe!
Joe – Hi, Maria! This is my friend Gabriela.
Maria – Hi, Gabriela! Nice to meet you. Where are you from?
Gabriela – I am from Argentina. And you, Maria?
Maria – I am Brazilian.

	T	F
a) Joe and Maria are friends.	☐	☐
b) Maria and Gabriela are friends.	☐	☐
c) Gabriela is Argentinian.	☐	☐
d) Maria is Brazilian.	☐	☐

4. Let's research.
(Vamos pesquisar.)

Famous person ☐   Relative ☐

Past tense
(Tempo verbal Passado)

Attention!
(Atenção!)

Usamos o simple past para falar de algo que aconteceu no passado. Examples:

- I studied History yesterday.
- He went to the restaurant last night.
- Cabral discovered Brazil in 1500.
- Juscelino Kubitschek founded Brasilia in 1960.

VOCABULÁRIO

yesterday: ontem
last week: a semana passada
last month: o mês passado
last night: ontem à noite

simple present	simple past	translation
study	studied	estudar
travel	traveled	viajar
go	went	ir
eat	ate	comer
play	played	jogar, brincar, tocar
discover	discovered	descobrir
find	found	encontrar, descobrir
attack	attacked	atacar
write	wrote	escrever
found	founded	fundar

5. Underline the verbs in the past in the text.
(Sublinhe os verbos no passado no texto.)

My favorite person

My grandfather was born in Italy. He came to Brazil when he was 6 years old with his parents and brothers. He worked in a big coffee farm and went to a small school. They learned the culture, the food and the language.

6. Underline the verbs. Write the present tense and the translation.
(Sublinhe os verbos. Escreva a nova forma presente e a tradução.)

> **Model:**
> I <u>played</u> video games yesterday.
> play, jogar.

a) I traveled to the beach last week.
_____

b) Susan studied Math at school.
_____

c) Columbus discovered America.
_____

d) Cabral discovered Brazil.
_____

e) Marcos Pontes went to the space in 2006.
_____

7. Write the present of these verbs.
(Escreva o presente destes verbos.)

was _____

came _____

worked _____

went _____

learned _____

studied _____

traveled _____

ate _____

played _____

discovered _____

found _____

attacked _____

wrote _____

527

LESSON 2
WHAT KIND OF SPORTS DO YOU LIKE?
(De que tipo de esportes você gosta?)

They like rafting.

He practices windsurf.

We like diving.

He loves climbing.

She likes rappel.

She loves skiing.

ACTIVITIES

1. Read the text and answer the questions.
(Leia o texto e responda às perguntas.)

A lot of people like sports. Some people like sports with excitement, emotion and high risks. They don't want to play soccer, swim or ride a bike. They are looking for something else. They want ADVENTURE!

Climbing, windsurfing, rafting, rappelling, motocross are considered extreme sports and to practice a radical sport you have to be well-prepared, strong and healthy. And don't forget to get a good coach.

Text written especially for this book.

Motocross is an extreme sport.

a) What are the extreme sports mentioned in the text?

_____,
_____,
_____,
_____ and
_____.

b) What do you need to practice an extreme sport?

I have to be well-_____,
_____,
_____ and
get a _____.

c) According to the text, do you need a person to help you with this practice?

_____.

2. Brazil in the sports.
(O Brasil nos esportes)

3. Make sentences.
(Faça frases.)

a) _____
_____
(doesn't / climbing / He / like)

b) _____
_____
(I / like / diving)

c) _____
_____
(like / she / doesn't / rafting)

d) _____
_____
(windsurf / like / They)

e) _____
_____
(She / windsurf / likes)

LESSON 3

WHAT SPORTS DID THEY PRACTICE?
(Quais esportes eles praticaram?)

Let's see some sports
(Vamos ver alguns esportes)

soccer
(futebol)

Anderson played soccer yesterday.
(Anderson jogou futebol ontem.)

tennis
(tênis)

Jane won an important tennis competition last month.
(Jane venceu uma importante competição de tênis no mês passado.)

volleyball
(volei)

Silvia played volleyball last week.
(Silvia jogou vôlei na semana passada.)

swimming
(natação)

Phil swam in the pool this morning.
(Phill nadou na piscina hoje de manhã.)

handball
(handebol)

Our team lost the handball competition last year.
(Nosso time perdeu a competição de handebol no ano passado.)

basketball
(basquete)

John played basketball last Sunday.
(John jogou basquete domingo passado.)

530

ACTIVITIES

1. Let's find the sports.
(Vamos encontrar os esportes.)

S	A	M	X	G	W	J	B	Y	V
O	T	E	N	N	I	S	A	I	O
C	V	B	L	I	K	S	S	Z	L
C	N	M	X	M	T	H	K	A	L
E	C	V	W	M	Y	B	E	C	E
R	N	T	U	I	C	S	T	R	Y
D	O	D	X	W	G	H	B	G	B
P	E	U	L	S	K	Q	A	H	A
F	P	Q	F	E	Z	J	L	R	L
O	E	F	B	G	A	D	L	I	L

Regular and irregular verbs
(Verbos regulares e irregulares)

> **Attention!**
> (Atenção!)
>
> Os verbos no passado têm formas diferentes. Os verbos regulares terminam sempre em **-ed** e os irregulares têm terminações variadas.
> Exemplos:
>
> **Regulares**
>
> - **Play**
>   I **played** soccer.
>   He **played** soccer.
>
> - **Study**
>   I **studied** English.
>   He **studied** English.
>
> **Irregulares**
>
> - **Eat**
>   I **ate** a sandwich.
>   She **ate** a sandwich.
>
> - **Read**
>   I **read** a book.
>   She **read** a book.
>
> - **Swim**
>   I **swam** in the pool.
>   He **swam** in the pool.
>
> - **Begin**
>   I **began** to understand.
>   She **began** to understand.

531

2. Separate the verbs in the present and in the past.
(Separe os verbos no presente e no passado.)

ate   played   relax   studied

swim   went   eat   go

Present	Past

3. What did you do yesterday?
(O que você fez ontem?)

relaxed – played – read

a) Mark _____ soccer.

b) John _____ at the beach.

c) Anna _____ a book.

d) Gabriel _____ tennis yesterday.

4. Match.
(Relacione.)

a) see

b) eat

c) read

d) swim

e) play

f) watch

g) imagine

h) believe

i) listen

j) write

☐ ouvir

☐ assistir

☐ escrever

☐ imaginar

☐ comer

☐ acreditar

☐ nadar

☐ ler

☐ jogar, brincar

☐ ver

5. Let's play!
(Vamos brincar!)

6. Connect the verb to their sentences in the simple past tense.
(Ligue o verbo às suas sentenças no passado.)

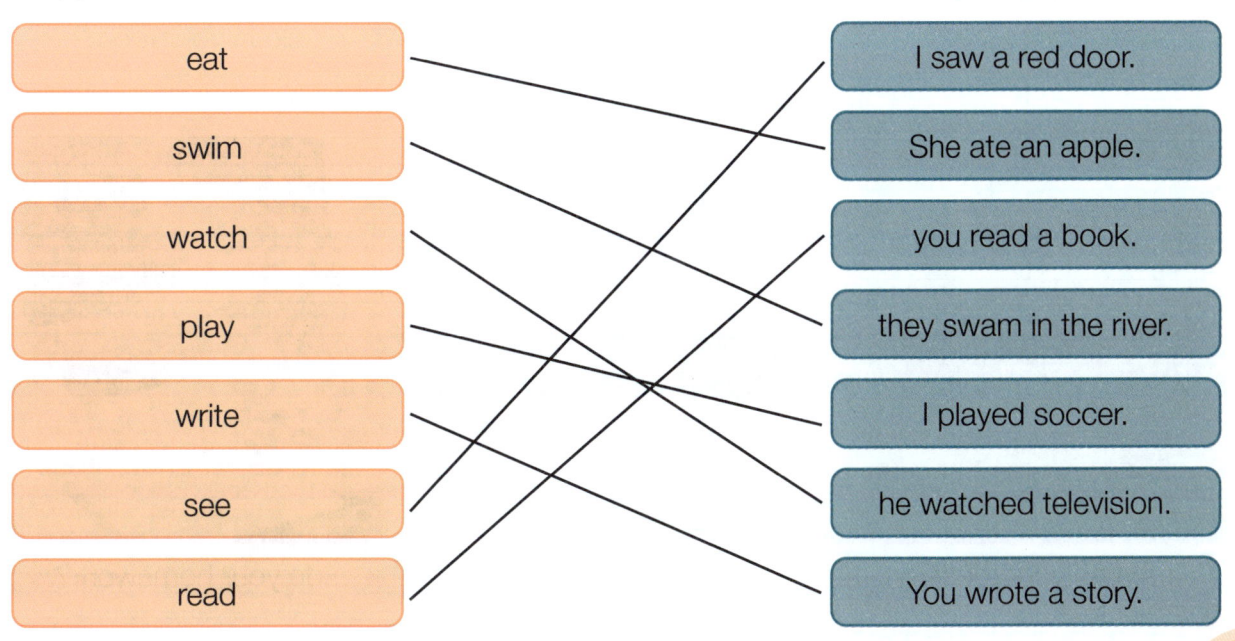

eat	I saw a red door.
swim	She ate an apple.
watch	you read a book.
play	they swam in the river.
write	I played soccer.
see	he watched television.
read	You wrote a story.

533

LESSON 4

HOW OFTEN DO YOU...
(Quantas vezes você...)

...take a shower?
(toma banho?)

...brush your hair?
(escova seu cabelo?)

...wash your hands?
(lava suas mãos?)

...make your bed?
(arruma sua cama?)

...wash the dishes?
(lava a louça?)

...clean your room?
(limpa seu quarto?)

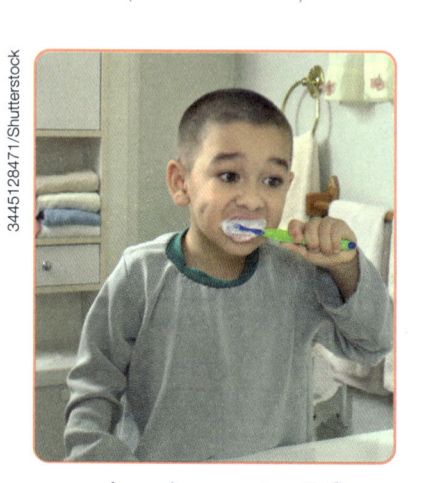

...brush your teeth?
(escova seus dentes?)

...go to school?
(vai para a escola?)

...do your homework?
(faz sua lição de casa?)

Frequency adverbs
(Advérbios de frequência)

Attention!
(Atenção!)

Os **frequency adverbs** são usados para indicar a frequência com que realizamos determinadas ações.

- **always:** sempre
- **sometimes:** às vezes
- **never:** nunca
- **every day:** todo dia

David goes to school **every day**.

ACTIVITIES

1. Think and answer.
(Pense e responda.)

How often do you...

	always	sometimes	never	every day
go to school? (vai à escola?)				
wash the dishes? (lava a louça?)				
wash your hands? (lava as mãos?)				
comb your hair? (penteia o cabelo?)				
make the bed? (arruma a cama?)				
clean your room? (limpa o quarto?)				
do your homework? (faz a lição de casa?)				

VOCABULÁRIO

shower: chuveiro
take a shower: tomar banho

2. Let's work.
(Vamos trabalhar.)

3. Let's color to show how often you do the following activities.
(Vamos colorir para mostrar a frequência com que você faz as seguintes atividades.)

How often do you...

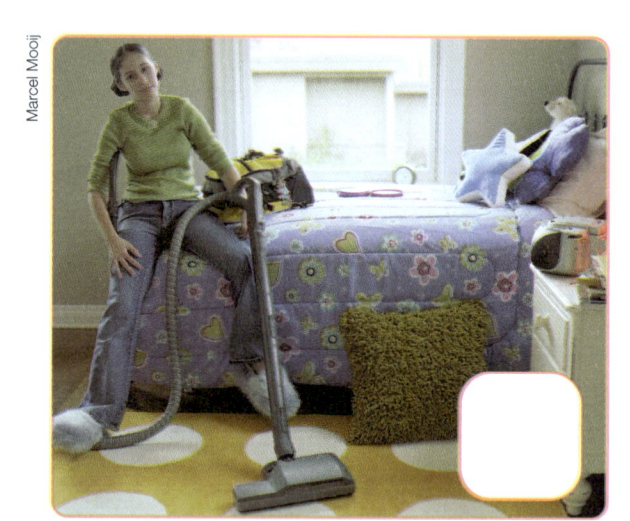

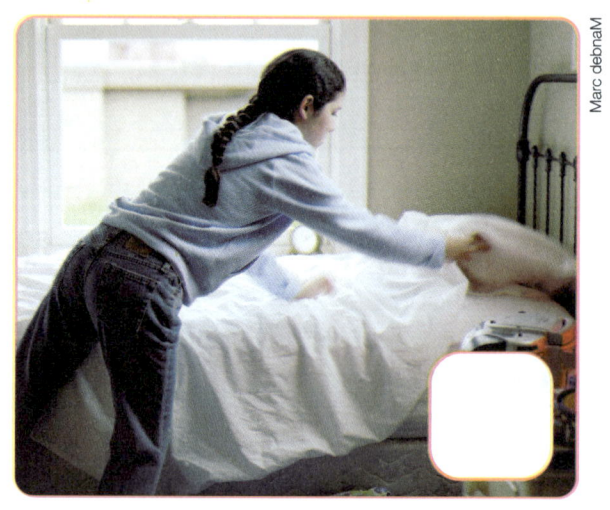

🟧 never   🟨 sometimes   🟦 always   🟩 every day

LESSON 5
WHEN I WAS YOUNGER I USED TO...
(Quando eu era menor eu costumava...)

When I was seven years old, I used to go to school in the afternoon.
(Quando eu tinha sete anos, costumava ir à escola à tarde.)

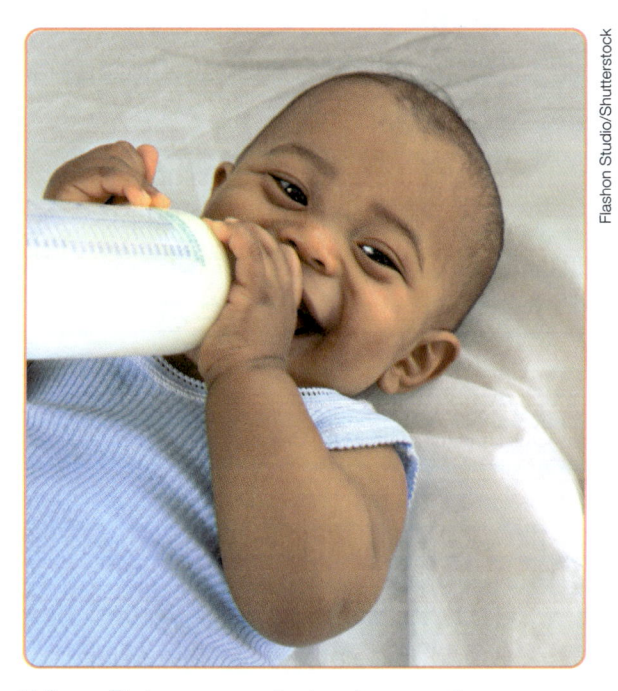

When Peter was a baby, he used to drink a lot of milk.
(Quando Peter era bebê, ela costumava tomar muito leite.)

When Lily was three years old, she used to ride a tricycle.
(Quando Lily tinha três anos, ela costumava andar de triciclo.)

When I was one year old, I used to use a pacifier.
(Quando eu tinha um ano, costumava usar uma chupeta.)

LÍNGUA INGLESA

537

I used to...
(Eu costumava...)

Attention!
(Atenção!)

Para falar de coisas que aconteciam no passado, usamos a expressão:

used to

- Paul used to go to school.
- Mary used to study English.
- He used to sleep late.
- She used to eat ice cream.
- My brother used to see cartoons.

ACTIVITIES

1. Complete the sentences.
(Complete as frases.)

> used to play in the garden
> used to use a pacifier
> used to ride a bike
> used to take a bottle of milk

a) My mother _____ when she was 10.

b) My father _____ when he was 1.

c) My teacher _____ when she was 8.

d) I _____ when I was 2.

VOCABULÁRIO

garden: jardim
pacifier: chupeta
to take a bottle: tomar mamadeira

2. Write the sentences with "used to".
(Escreva as frases com "used to".)

Model

8 / used to play with her grandmother

When she was 8 years old, she used to play with her grandmother

4 / used to play with toy cars

a) When he _____, he _____.

2 / used to sleep with a teddy bear

b) When he _____, he _____.

538

LESSON 6

WOULD YOU LIKE TO...
(Você gostaria de...)

...swim in the pool at the club?
(...nadar na piscina no clube?)

...visit a museum?
(...visitar um museu?)

...play soccer with me?
(...jogar futebol comigo?)

...go to my uncle's farm?
(...ir à fazenda do meu tio?)

...go to my birthday party?
(...ir a minha festa de aniversário?)

...go to a barbecue?
(...ir a um churrasco?)

...play in my house?
(...brincar na minha casa?)

...go to the beach?
(...ir à praia?)

539

ACTIVITIES

1. Answer the questions.
(Responda às perguntas.)

Use:

Yes, thanks. or I'm sorry. I can't.

Models

– Would you like to go to my birthday party?
– Yes, thanks.

– Would you like to go to my birthday party?
– I'm sorry, I can't.

a) Would you like to go to the movies?
_____

b) Would you like to go to a restaurant?
_____

c) Would you like to go to the beach?
_____

d) Would you like to go to the club?
_____

e) Would you like to go to a farm?
_____

f) Would you like to go to my birthday party?
_____
_____

2. Complete the sentences.
(Complete as frases.)

birthday party

a) Would you like to go to my
_____

play on the street

b) Would you like to
_____

go to the park

c) Would you like to
_____

go to the beach

d) Would you like to
_____

VOCABULÁRIO

beach: praia
birthday party: festa de aniversário
farm: fazenda
barbecue: churrasco

LESSON 7
WHERE ARE YOU GOING ON YOUR VACATION?
(Aonde você vai nas suas férias?)

LÍNGUA INGLESA

I am **going to** a farm.
(Vou para uma fazenda.)

I am **going to** a summer camp.
(Vou para um acampamento de verão.)

I am **going to** the mountain.
(Vou para a montanha.)

I am **going to** the beach.
(Vou para a praia.)

Future tense
(Tempo verbal Futuro)

Simple Future

É usado para falar de planos no futuro.

Exemplos:

I am **going to** the club.

He is **going to** my house.

They are **going to** Recife.

ACTIVITIES

1. Let's write.
(Vamos escrever.)

> is going   are going

a) Where is he going on his vacation?

He _____ to the farm.

b) Where are they going on their vacation?

They _____ to Salvador.

541

2. Let's write where they are going to.
(Vamos escrever para onde eles vão.)

Model:

They are going to the swimming pool.
(go to the swimming pool)

a) _____
(go to the soccer game)

b) _____
(go to the beach)

c) _____
(go to the club)

d) _____
(go to a barbecue)

e) _____
(go to a party)

f) _____
(go to the zoo)

g) _____
(go to the movies)

3. Let's find the words.
(Vamos encontrar as palavras.)

N	E	X	T	W	E	E	K	E	N	D
A	T	L	O	H	U	C	V	S	E	B
S	I	B	M	C	G	H	X	C	N	K
M	K	P	O	R	L	W	N	I	E	D
J	N	G	R	F	E	D	V	L	X	B
F	T	E	R	G	F	X	W	T	T	A
U	I	S	O	M	Y	E	M	I	W	N
F	H	G	W	Q	J	H	O	D	E	C
U	V	K	Y	F	O	S	N	X	E	W
O	R	M	T	Z	L	E	W	W	K	B
N	E	X	T	M	O	N	T	H	I	Y
P	V	G	J	Z	N	D	Z	O	C	T
H	Q	R	P	T	S	P	A	V	P	Q

4. Let's talk.
(Vamos conversar.)

When?
(Quando?)

> next weekend = próximo fim de semana
> tomorrow = amanhã
> next week = semana que vem
> next month = mês que vem

5. Complete.
(Complete.)

a) We are going to the club _____.

b) They are going to school _____.

c) I am going to the beach next _____.

d) He is going to a restaurant _____.

e) We are going to 5th grade _____.

f) My grandfather is coming to visit me _____.

REVIEW
(Revisão)

> **I can ask people where they are from.**
> (Eu consigo perguntar de onde as pessoas são.)
>
> – Where are you from?
> – I **am from** Belo Horizonte.

1. Answer the questions.
(Responda às perguntas.)

a) Where are you from? (Canada)
_____
_____

b) Where are you from? (Japan)
_____
_____

c) Where are you from? (Spain)
_____
_____

d) Where are you from? (United States)
_____
_____

2. Write the nationalities.
(Escreva as nacionalidades.)

a) Paul is from the U.S.A.

He is _____.

b) Mary is from Mexico.

She is _____.

c) Meggy is from England.

She is _____.

d) José Maria is from Brazil.

He is _____.

e) Peter and Joseph are from France.

They are _____.

3. Match.
(Relacione.)

Countries   **Languages**

a) Brazil   (   ) Spanish

b) Portugal   (   ) French

c) England   (   ) Portuguese

d) France   (   ) Italian

e) United States   (   ) English

f) Italy   (   ) Spanish

g) Spain   (   ) English

h) Argentina   (   ) Spanish

i) Mexico   (   ) Greek

j) Greece   (   ) Portuguese

k) Russia   (   ) Russian

I learned some verbs in the present and in the past.
(Eu aprendi alguns verbos no presente e no passado.)

Present	Past	Translation
study	studied	estudar
travel	traveled	viajar
go	went	ir
eat	ate	comer
play	played	jogar, brincar, tocar
discover	discovered	descobrir
find	found	encontrar, descobrir
attack	attacked	atacar
write	wrote	escrever
found	founded	fundar

4. Write sentences with the simple past.
(Escreva frases no passado.)

a) Alexander Flemming / discovered / the penicilin.

_____

_____

b) The pirates / found / the treasure.

_____

_____

c) Pele / played / soccer.

_____

_____

d) They / ate / pizza.

_____

_____

e) Studied / we / a lot

_____

_____

f) My family / Ilhéus / visited

_____

_____

g) liked / They / the party

_____

_____

VOCABULÁRIO

a lot: muito   **party:** festa

545

5. Connect.
(Ligue.)

Verbs	Translation
see	acreditar
eat	comer
read	assistir
swim	escrever
play	imaginar
write	nadar
imagine	ler
believe	jogar
listen	escutar
watch	ver

6. Write 3 sentences using the simple past.
(Escreva 3 frases usando o passado simples.)

a) _____

_____

b) _____

_____

c) _____

_____

I learned to talk about the frequency of actions.
(Eu aprendi a conversar sobre a frequência das ações.)

Never | **Sometimes**
Every day | **Always**

Example:

– How often do you go to the beach?

– I **always** go to the beach.

7. Complete the questions and write the answers.
(Complete as perguntas e escreva as respostas.)

a) How often do you _____ _____? (study English)
_____
_____.

b) How often do you _____ _____? (go to school)
_____
_____.

c) How often do you _____ _____? (eat chocolate)
_____
_____.

d) How often do you _____ _____? (play soccer)
_____
_____.

e) How often do you _____ _____? (go to the movies)
_____
_____.

f) How often do you _____ _____? (comb your hair)
_____
_____.

8. Draw and write.
(Desenhe e escreva.)

a) I _____ every day.

b) I never _____.

c) I usually _____.

I learned how to receive and make invitations.
(Eu aprendi a receber e a fazer convites.)

Would you like to go to ...?	
...a barbecue	...a birthday party
...a restaurant	...the movies
...the club	...a party

9. Answer the questions.
(Responda às perguntas.)

a) Would you like to go to my party?
_____
_____
_____

b) Would you like to eat an ice-cream?
_____
_____
_____

I learned to talk about things I used to do.
(Eu aprendi a conversar sobre coisas que costumava fazer.)

– I **used to** play with my friends.

10. Write 2 things you used to do when you were a little child.
(Escreva 2 coisas que você costumava fazer quando era criança.)

a) _____
_____

b) _____
_____

11. Write the sentences.
(Escreva as frases.)

- to take a bottle.

1 year old

a) When I was _____ I used to _____.

- to watch TV every day.

7 years old

b) When I was _____, I used to _____.

Ilustrações: José Luis Juhas

> **I learned how to make plans for the future.**
> (Eu aprendi a fazer planos para o futuro.)
>
> – I **am going to** the supermarket tomorrow.

12. Complete the sentences.
(complete as frases)

a) I am going to _____
_____.

b) I will _____
_____.

13. Write 3 things to do on your vacation.
(Escreva 3 coisas para fazer nas suas férias.)

a) _____
_____
_____
_____

b) _____
_____
_____
_____

c) _____
_____
_____
_____

14. Write the sentences.
(Escreva as frases.)

a) _____
_____

I / going / beach. / to the / am

b) _____
_____

She / going to / eat / cereals. / is

c) _____
_____

He / going / play. / to / is

d) _____
_____

They / going / are / club. / to the

e) _____
_____

are / to the / movies. / We / going

f) _____
_____

I / going / restaurant. / to the / am

g) _____
_____

going / to watch / is / She / TV.

h) _____
_____

They / to / are going / sleep.

LÍNGUA INGLESA

549

GLOSSARY

a lot – muito (s), bastante
about – sobre
action – ação
adventure – aventura
always – sempre
American – americano (a)
Argentine – argentino (a)
barbecue – churrasco
basketball – basquete
beach – praia
bed – cama
bike – bicicleta
birthday – aniversário
book – livro
Brazilian – brasileiro (a)
brother – irmão
brush – escovar
clean – limpar
climbing – escalar
country – país
comb – pente
come – vir
discover – descobrir
dishes – pratos
diving – mergulho
draw – desenhar
drink – bebida, beber
eat – comer
else – mais
emotion – emoção

English – inglês, inglesa
every day – todo dia
excitement – excitação
farm – fazenda
found – fundar
French – francês, francesa
friends – amigos (as)
from – de
garden – jardim
get – conseguir
go – ir
good – bom, boa
hair – cabelo
healthy – saudável
high – alto (a)
homework – lição de casa
how often? – com que frequência?
invitation – convite
Italian – italiano (a)
Japanese – japonês, japonesa
kind – tipo
language – língua
last week – a semana passada
last month – o mês passado
last night – ontem à noite
like – gostar
listen – ouvir
little – pequeno (a)
make – fazer

Mexican – mexicano (a)
month – mês
morning – manhã
movies – cinema
musical – musical
need – precisar
never – nunca
next – próximo
pacifier – chupeta
party – festa
past – passado
people – pessoas, povo
person – pessoa
play – jogar, tocar, brincar
pool – piscina
Portuguese – português, portuguesa
prepared – preparado (a)
radical – radical
rafting – rafting
rappel – rappel
read – ler
relax – relaxar
ride – cavalgar
risk – risco
romance – romance
room – quarto
Russian – russo, russa
sandwich – sanduíche
school – escola
shower – chuveiro
sleep – dormir
soccer – futebol
some – algum, alguns

sometimes – às vezes
something – algo, alguma coisa
sport – esporte
street – rua
strong – forte
study – estudar
summer camp – acampamento de férias
swim – nadar
swimming – natação
talk – falar, conversar
take a bottle – tomar mamadeira
take a shower – tomar banho
teacher – professor (a)
teeth – dentes
things – coisas
tomorrow – amanhã
use – usar
used to – costumava
vacation – férias
want – querer
wash – lavar
watch – assistir
week – semana
weekend – final de semana
when – quando
where – onde
windsurfing – windsurfe
would you like? – você gostaria?
write – escrever
yesterday – ontem

Coleção

Eu gosto m@is

ALMANAQUE

Frações

$\dfrac{1}{1}$

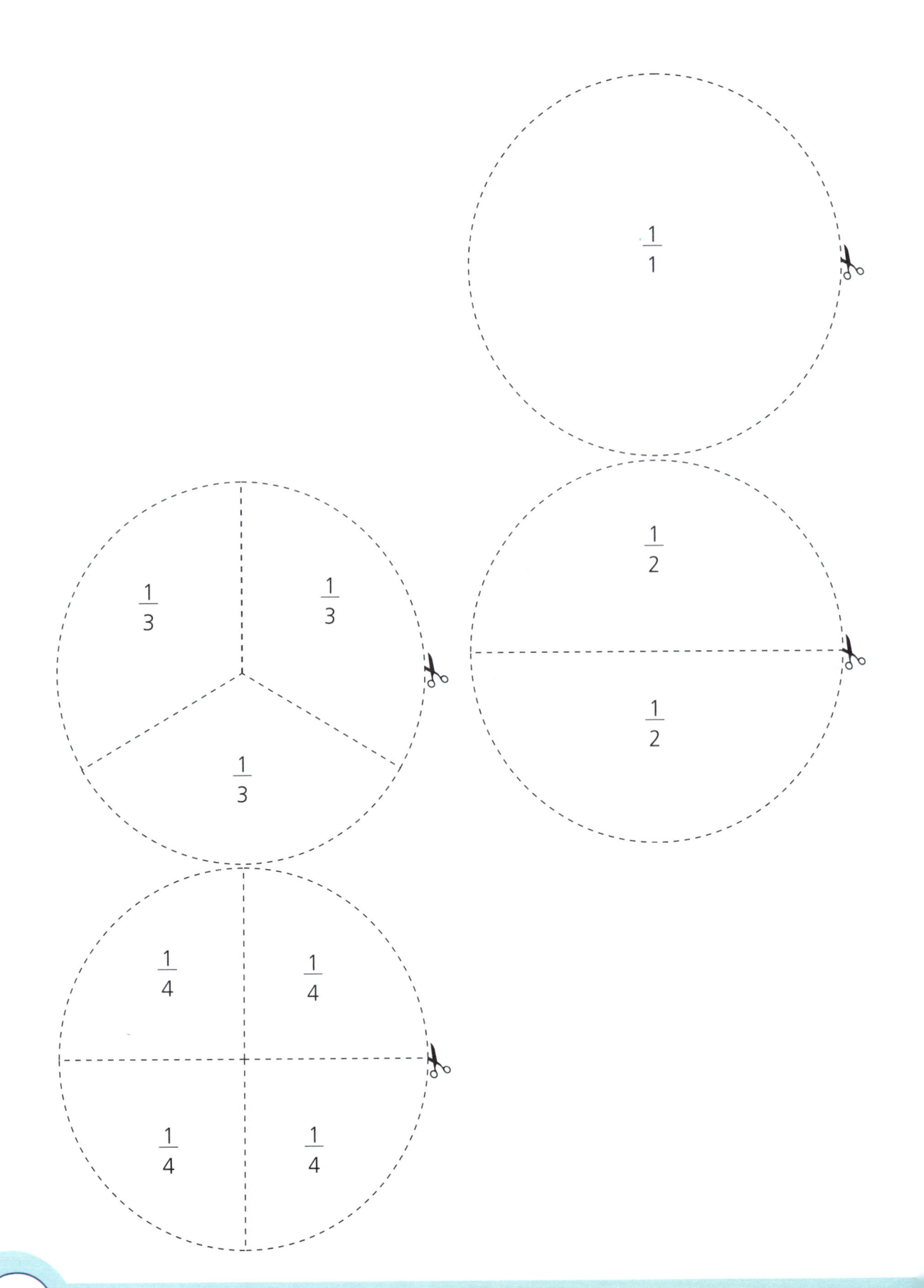

$\dfrac{1}{3}$ $\dfrac{1}{3}$ $\dfrac{1}{3}$

$\dfrac{1}{2}$ $\dfrac{1}{2}$

$\dfrac{1}{4}$ $\dfrac{1}{4}$ $\dfrac{1}{4}$ $\dfrac{1}{4}$

Parte integrante da Coleção Eu gosto m@is – Integrado 4º ano – IBEP.

ALMANAQUE

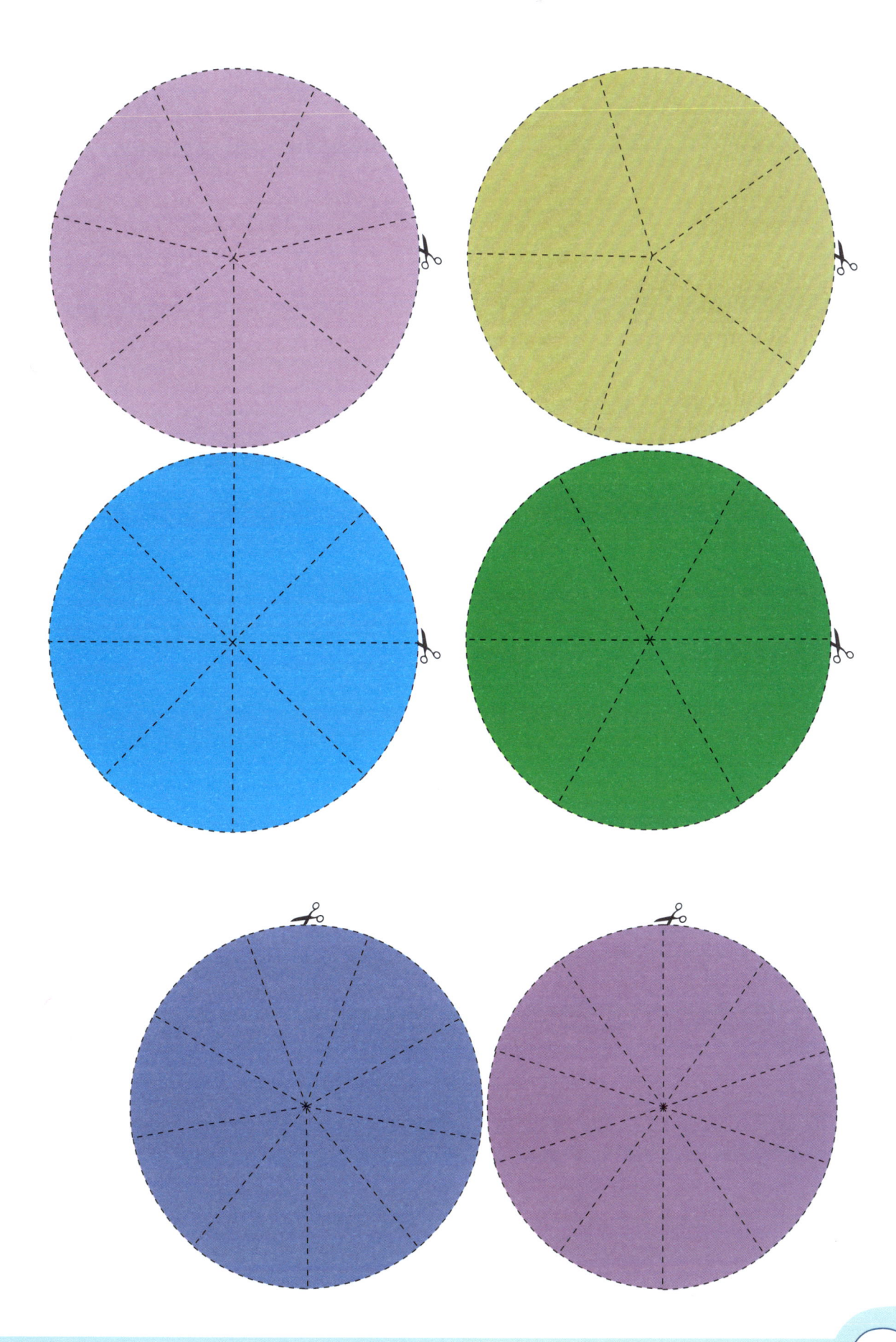

555

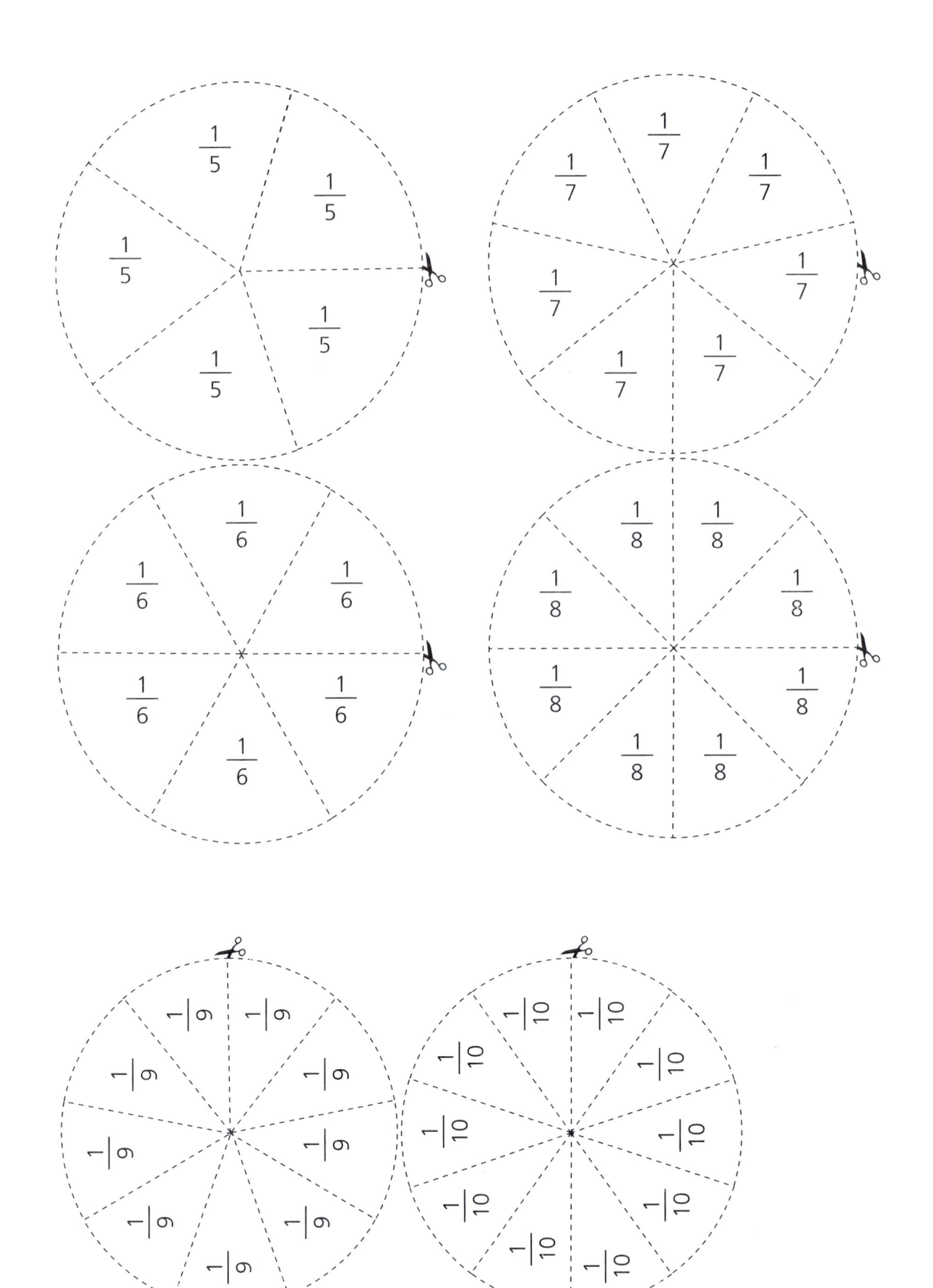

Adesivos para colar na página 281:

Adesivos para colar na página 346:

Grupo Rancho Folclórico, de Portugal, faz apresentação. Foto de 2011.

Mulheres espanholas apresentação de dança típica em Sevilha, Espanha, 2012.

Japonesas vestem roupas tradicionais, 2012.

Parte integrante da Coleção Eu gosto m@is – Integrado 4º ano – IBEP.